福建省社科規劃青年項目（FJ2015C194）

福州大學哲學社會科學學術著作出版資助計劃項目

清人三家諟正段氏 《說文注》 考論

宋鐵全◎著

人民出版社

前　言

　　《說文》之學至有清而極盛，乾嘉學人精研許書之恉者，不盛稱述。①段玉裁、桂馥、朱駿聲、王筠輩歷爲學人所欽仰。段氏茂堂撰定《說文解字注》三十卷，博綜夐絕，精審宏浚，集一時之大成。王念孫稱之"蓋千七百年來無此作矣"（《說文解字注·序》）。王力曰："對《說文》來說，段注可以說是青出於藍而勝於藍。"②"段書精當的地方甚多，令人驚歎；雖有缺點，終是瑕不掩瑜。在《說文》研究中，段氏應坐第一把交椅，那是毫無疑義的。"③惜乎段氏好逞己意，輕率武斷，論者每病其穿鑿曲通。清人匡段、訂段、補段、申段、箋段之風蔚爲風尚。

　　清人高郵王氏、朱氏駿聲、王氏筠三家研治段氏《說文注》，審擇精嚴且不盲從輕信，方法周備而能啟人心目，辭暢理順亦多不刊之論。惟其千慮一失，抑揚失當，時或難免，實當匯聚比觀，疏淪廓清。此書於清人三家相關著述中尋析明言段說之非者，發覆深究，曉然辨晳。凡其所得，則伸未竟之意，至有所失，則力矯其舛訛。參酌先賢諸家之言，復引出土古物爲據，綜採因聲求義、據形索義、群書互證之方法，洞合文字、音韻、訓詁、校勘之真識，辨故籍之失解，考文字之源流。

---

① 　據丁福保主編《說文解字詁林》"引用諸書姓氏錄"，從清初至羅振玉、王國維，凡二百零三人。

② 　王力：《中國語言學史》，山西人民出版社 1981 年版，第 114 頁。

③ 　王力：《中國語言學史》，山西人民出版社 1981 年版，第 118 頁。

　　《清人三家諟正段氏〈說文注〉考論》凡分五章，首章考述清人箋校段氏《說文注》之著述及研究現狀，說明本書研究之范疇、方法及意義；次章詳考高郵王氏父子諟正段氏《說文注》之著述，分類考辨其正段之條目，正段說之舛謬，言諸說之未備，述正段之方法、精神；三章、四章則分論朱駿聲、王筠正段之涯略，條分縷析，分類研考，是則是之，非則辨之。五章則以餘論攏收之。書後且附附錄、索引，以資參照。此書總取關切條目八十五例，索隱鉤沈，揚摧是非，以期釐清個中懸解，得其所宜。誠是，三家正段之方法、要旨自可審知，《說文》之原委底蘊益復煥顯，段書之幽韻閫奧略得窺見。

目　録

第一章 緒 論

　　"夫《說文》爲六藝之淵海，古學之總龜，視《爾雅》相敵而賅備過之，《說文》未明，無以治經。"① "讀書者先須識字，故不可不讀《說文》。"② 《說文》之學至清代而極盛，乾嘉學人精研許書之恉者，不可勝數。段玉裁、桂馥、朱駿聲、王筠等"說文四大家"歷爲學人所欽仰，尤以段氏成就最大。馮桂芬曰："《說文》多古義奧賾，初學驟難通曉，注家雖多，必以金壇段先生《注》爲最，故讀《說文》者又不可不讀段《注》，數十年來風行海內，承學之士幾於家置一編。"③

　　段玉裁（字若膺，號懋堂），江蘇金壇人，學通經史，積數十年之力專研《說文》，先成《六書音均表》五卷，又著《說文解字注》三十卷，"通古今之訓詁，明聲讀之是非"④，以校勘學、考據學之方法而治文字學，文字而兼聲音、訓詁，或校勘許書文字，或闡發許書體例，或加注文字古音，或以許書校釋群書，精審宏浚，博綜复絕，體大思精，"可謂文字之指歸，肄經之津筏矣"⑤。王力曰："段氏《說文》之學獨樹一幟，影響非常之大。"⑥ "他是許氏的功臣，又是許氏的諍臣。他趕上了許氏又超過

---

① 語見嚴可均《說文校議·序》。
② 語見馮桂芬《重刻段氏〈說文解字注〉序》（代）。
③ 語見馮桂芬《重刻段氏〈說文解字注〉序》（代）。
④ 語見阮元《〈段氏說文注訂〉序》。
⑤ 語見阮元《〈段氏說文注訂〉序》。
⑥ 王力：《中國語言學史》，山西人民出版社 1981 年版，第 116 頁。

了他。"①

　　然而段氏盲目尊許且過於自信，《說文注》多所更張，與許書本意多有不合。加之書成而未及點校，其說未盡劃一處多見。阮元曰："然智者千慮，必有一失；況書成之時年已七十，精力已衰，不能改正，而校讎之事，又屬之門下事，往往不參檢本書，未免有誤。"②是鈕樹玉、徐承慶、王紹蘭、徐灝、馮桂芬輩傑起，或存心駁正段說，或善意彌補段書，或闡發段書義例，訂段、匡段、補段、箋段、申段等著述應運而生。

第一節　清人箋校段氏《說文注》著述考略

　　段氏《說文注》行世，遂爲研治許書之津梁，治《說文》者必讀段氏《說文注》。朱駿聲《說文段注拈誤》曰："治《說文》者，精審無過段氏，而千慮一失時亦有焉。"③清人箋校段氏《說文注》者，四十餘家，約分兩類：一則存心與其作對者，如鈕樹玉、徐承慶等；一則善意彌補段書缺點者，如馮桂芬、王紹蘭、徐灝等。④另有專事闡發段書條例者，如馬壽齡、閔孫奭等。要爲駁段說譌謬、申段說未備、校段氏引書、闡段書要義等數事。相關條目或存於研治專書之中，或散於讀書札記、論學書札、書籍序跋之内。今梳理匯總，表而出之，枚舉如下：

表 1

序號	書名（篇名）	卷數	著者	梗概
1	說文段注簽記	一卷	王念孫	駁段說譌謬
	說文解字注序	一篇	王念孫	闡段書要義

① 王力：《中國語言學史》，山西人民出版社 1981 年版，第 116 頁
② 語見阮元《〈段氏說文注訂〉敘》。
③ 董蓮池主編：《說文解字研究文獻集成》（古代卷），作家出版社 2007 年版，第 171 頁。
④ 參見余行達《說文段注研究》，巴蜀書社 1998 年版，第 25 頁。

續表

序號	書名（篇名）	卷數	著者	梗概
	段若膺說文解字讀① 敘	一篇	王念孫	闡段書要義
2	說文段注拈誤 （經韻樓說文注商）	一卷	朱駿聲	駁段說譌謬
3	說文釋例②	一	王筠	駁段說譌謬 （隨文刊正）
4	說文解字注匡謬	八卷	徐承慶	駁段說譌謬
5	段氏說文注訂	八卷	鈕樹玉	校段書引書 駁段說譌謬
6	說文段注訂補	十四卷	王紹蘭	駁段說譌謬 申段說未備
	與伯申尚書	一篇	王紹蘭	駁段說譌謬
7	說文解字注箋	十四卷	徐灝	駁段說譌謬 申段說未備
8	說文解字段注攷正	十五卷	馮桂芬	校段書引文
	重刻段氏說文解字注序（代）	一篇	馮桂芬	闡段書要義
9	說文段注鈔案	一卷 補鈔一卷	桂馥③	駁段說譌謬 申段說未備
10	說文段注札記	一卷	龔自珍	駁段說譌謬 申段說未備
	最錄段先生定本許氏說文	一篇	龔自珍	闡段書要義
11	說文段注札記	一卷	徐松	駁段說譌謬 申段說未備
12	讀說文段注札記	一卷	錢桂森	駁段說譌謬
13	讀段氏說文札記	一篇	鄒伯奇	駁段說譌謬
14	讀段氏說文解字日記	四卷	馮世澂	校段書引書 申段說未備
15	古今文字通釋④	十四卷	呂世宜	駁段說譌謬 申段說未備

---

① 段氏《說文解字讀》乃其《說文注》之長編。

② 王筠此書隨文正段處，其數甚鉅，故專列於此。

③ 張舜徽以作偽者托名。

④ 此書取段氏《說文注》，或刪或補，摘抄改編而成。

序號	書名（篇名）	卷數	著者	梗概
16	說文段注撰要	九卷	馬壽齡	闡段書要義
17	讀說文段注記	三十卷 補遺一卷	胡玉縉	駁段說譌謬 申段說未備
18	說文注辨段	一卷	林昌彝	駁段說譌謬
	書段懋堂說文注後	一篇	林昌彝	駁段說譌謬
	讀段氏說文注	一篇	林昌彝	駁段說譌謬
	段氏說文注刊譌	一	林昌彝	未見其傳
19	說文段本刊誤	一卷	錢世敎	校段書文字
	說文段義刊補	一卷	錢世敎	駁段說譌謬
20	說文平段	一卷	于鬯	駁段說譌謬 補段說未備
21	說文段注集解	不分卷	雷浚	闡段書要義
	說文引經例辨一則	一篇	雷浚	駁段說譌謬
22	段先生說文注質疑	一篇	金鶚	駁段說譌謬
23	讀說文玉篇日記	一卷	胡常愻	駁段說譌謬
24	說文本經答問	二卷	鄭知同	駁段說譌謬
25	段注說文私測	一	王約	未見其傳
26	說文段注質疑	一	孫經世	未見其傳
27	說文段注駁正	一	何紹基	未見其傳
28	說文解字注辨正	一	沈道寬	未見其傳
29	書說文解字段注	一篇	譚獻	議段書優劣
	說文解字注疏	一	譚獻	未見其傳
30	段氏說文注跋	一篇	陸心源	駁段說譌謬
31	書段氏注說文後	一篇	顧廣圻	駁段說譌謬
32	說文解字注後敍	一篇	江沅	闡段書要義
33	段氏改說文	一篇	陸繼輅	駁段說譌謬
34	書段若膺說文解字注後	一篇	何治運	駁段說譌謬 申段說未備
	再書段氏說文注後	一篇	何治運	駁段說譌謬
35	退庵隨筆一則	一篇	梁章鉅	闡段書要義

續表

序號	書名（篇名）	卷數	著者	梗概
36	答黎生	一篇	謝章鋌	議段書優劣
37	雙硯齋筆記一則	一篇	鄧廷楨	駁段說譌謬
38	說文解字注跋	一篇	陳奐	闡段書要義
39	辨段氏說文注	一篇	王棻	駁段說譌謬
40	讀段注記	二篇	李慈銘	駁段說譌謬
41	說文解字讀序	一篇	盧文弨	闡段書要義
42	說文解字讀序	一篇	沈初	闡段書要義
43	日記鈔一則	一篇	錢大昕	駁段說譌謬
44	段氏改玝篆作王辨①	一篇	陳寶璐	駁段說譌謬
45	說文校定本	—	朱士瑞	駁段說譌謬（隨文刊正）
	正段氏改說文蘁蠱二篆爲蘁蠱之失②	一篇	朱士瑞	駁段說譌謬
46	辨說文段注有孫無遜之謬③	一篇	王祖畬	駁段說譌謬
……				

　　清人箋校段氏《說文注》之著述，以刊謬補闕爲重，此舉其中尊要者五種，枚述如下：

　　其一，鈕樹玉《段氏說文注訂》，八卷。是書乃專事駁正段書而作，或訂段書引文之誤，或駁段氏改篆、增篆、刪篆、改注之誤，細加考辨，斷以己意。鈕氏以段說之病有六：許書解字，大都本諸經籍之最先者，段氏自立條例，以爲必用本字；古無韻書，段氏創十七部，以繩九千餘文；六書轉注，本在同部，故云"建類一首"，段氏以爲諸字音旨略同，義可互受；凡引證之文，當同本文，段氏或別易一字，以爲引經會意；字者孳乳浸多，段氏見有音義相同及諸書失引者，輒疑爲淺人所增；陸氏《釋文》、孔氏《正義》所引《說文》多誤，《韻會》雖本《繫傳》而自有增

① 丁福保主編：《說文解字詁林》，中華書局 2014 年版，第 1233 頁。
② 丁福保主編：《說文解字詁林》，中華書局 2014 年版，第 1825 頁。
③ 丁福保主編：《說文解字詁林》，中華書局 2014 年版，第 12545 頁。

改，段氏則一一篤信。林昌彝曰："（鈕書）雖不無偏見，然辨段氏之失者十有二三。其所舉正，多有依據。"① 楊鍾義曰："樹玉亦重段氏學，而不欲強爲己説以傅合古意。謂段氏多所更張，非許書本來而目。爲之平議，以正其誤……於段氏千慮之失，有匡正而無掊擊。"② 鈕氏指段之失，時中其弊，然攻段氏韻部之分，適見其陋。"統觀全書，鈕氏訂段有是有非，謂其舉正'皆有依據'則過，其偏見、失誤亦不少。"③ "總的看來，鈕氏訂段的態度是比較公允的，鈕著不失爲同類著作中較好的一部。"④ 所論非虛。

其二，徐承慶《説文解字注匡謬》，八卷。是書旨在匡正段書之訛謬，或正段氏誤改字形，或駁段氏誤釋字義，或指段氏引文之失及前後抵牾者。其書共有十五目：便辭巧説、破壞形體；臆決專斷、詭更正文；以他書改本書，以他書亂本書；以意爲得理；擅改古書，以成曲説；創爲異説，誣罔視聽；敢爲高論，輕侮道術；似是而非；不知闕疑；信所不當信；疑所不必疑；自相矛盾；檢閲龐疏；乖於體例。繆荃孫曰："徐氏此書，補苴罅漏，搜剔纖微，剝其浮辭，存其精義。寧爲諍友，毋爲佞臣。"⑤ 徐氏常取金文、碑文以正段氏説形之誤，説解字義亦有勝段之處，時中段氏之病，唯攻段過烈，多作曲説，未免吹求過甚。胡樸安曰："徐承慶之正段，十三目之'自相矛盾'，誠然是段氏之誤。惟段氏成書時，年已七十，失者不能改正。校讐之事，屬之門下，吾人不能不爲段氏諒。其他十四目，是否悉中段氏之弊，著者不必遽下斷語，讀者當以研究之結果而自得之。惟有一語可先聲明者，徐氏之説，斷不能盡是，亦不能盡非。"⑥ "徐氏之病，在于過於迷信《説文》。"⑦ 皆平情之論。

---

① 舒懷主編：《〈説文解字注〉研究文獻集成》，湖北教育出版社 2018 年版，第 2581 頁。
② 舒懷主編：《〈説文解字注〉研究文獻集成》，湖北教育出版社 2018 年版，第 2602 頁。
③ 李學勤主編：《四庫大辭典》，吉林大學出版社 1996 年版，第 695 頁。
④ 張其昀：《"説文學"源流考略》，貴州人民出版社 1998 年版，第 152 頁。
⑤ 舒懷主編：《〈説文解字注〉研究文獻集成》，湖北教育出版社 2018 年版，第 2600 頁。
⑥ 胡樸安：《中國文字學史》，中國書店 1983 年版，第 312 頁。
⑦ 張其昀：《"説文學"源流考略》，貴州人民出版社 1998 年版，第 153 頁。

其三，王紹蘭《說文段注訂補》，十四卷。是書乃訂補段書而作，訂者訂段之訛，補者補段之畧。劉承幹曰："此書專考段氏《說文注》而作。懋堂先生，許學獨步。然所注《說文》，說不能有得而無失……中丞此書所訂者，與鈕氏（樹玉）、徐氏（承慶）意見相同。至於補者，多方徵引，而引申以明許氏之義，則起懋堂先生於今日，未有不心折者。"[1]李鴻章曰："受而盡讀之，有訂有補，體例畧同中允（馮桂芬）書，而所糾正，則視鈕（樹玉）、徐（承慶）爲更暢達。"[2]王氏能發明許書體例，尤善用金石材料，以圖畫說明字義。其書論證詳明，然有枝蔓之弊。胡樸安曰："視徐氏之書，更爲豐富而暢達。而持論之平實，過於鈕氏。"[3]"統觀其書，所訂補段注者，皆有根據，抉擇詳審……爲讀段注者不可不讀之書。"[4]"王氏之書，宏博過于他書。唯其如此，援引亦稍有氾濫之嫌。但總的說來，其書論證詳明，撥亂反正，功不可沒。"[5]確爲不誣。

其四，馮桂芬《說文段注攷正》，十五卷。此書乃校勘段氏引書之作，或考段氏引用篇目，或正段書字句訛誤。沈豈曰："校邠先生（馮桂芬）獨攷其稱引之本，正其舛疎之失，循文校勘，舉證原書，既不爲迴護之褊，尤不爲詆訶之激，最有裨於實學。"[6]"要而言之，馮氏之書一'考'一'正'：考者，考段氏引用篇目；正者，正段氏字句訛誤。"[7]馮氏考正，細緻嚴密，無徵不信。胡樸安曰："馮氏之攷正，固非正段訂段，亦非補段申段，直可爲段氏書之校勘者。馮氏之校勘，大有功于段氏，阮氏所謂精力就衰，不能改正者，馮氏悉爲之改正矣。阮氏所謂門下校讎不能參檢本書者，馮氏悉爲之檢矣。如有人將馮氏之所訂正者，一一附段氏原書之

---

[1]　舒懷主編：《〈說文解字注〉研究文獻集成》，湖北教育出版社 2018 年版，第 282 頁。

[2]　舒懷主編：《〈說文解字注〉研究文獻集成》，湖北教育出版社 2018 年版，第 2592 頁。

[3]　胡樸安：《中國文字學史》，中國書店 1983 年版，第 315 頁。

[4]　李學勤主編：《四庫大辭典》，吉林大學出版社 1996 年版，第 693 頁。

[5]　張其昀：《"說文學"源流考略》，貴州人民出版社 1998 年版，第 154 頁。

[6]　舒懷主編：《〈說文解字注〉研究文獻集成》，湖北教育出版 2018 年版，第 2608 頁。

[7]　張其昀：《"說文學"源流考略》，貴州人民出版 1998 年版，第 155 頁。

下，則尤便讀者也。"① 洵爲至論。

其五，徐灝《說文解字注箋》，十四卷。此書爲闡釋訂補段書之作，或疏證段氏說解，或匡正段氏訛誤，或申發段氏未備。"體例有三：或先列許慎說解原文，次節引段注，'箋曰'以下即徐氏所箋補；或段氏只注音切，則於許慎說解後逕加詮釋；於段注無疑義處，則只列許、段說解。"②"其書就注爲箋，然亦有駁段之處。……其書之卷帙，增段氏原書一倍，至爲繁重，亦可爲讀段注之輔。"③ 徐氏旁徵博引，多採金石文字，時闡許書新附字，議論中允，見解獨到。姚孝遂曰："徐灝的《說文解字注箋》，在形式上是段書的附庸，而實際上則是具有獨到見解的一部著作。他對文字的觀察與分析，是細緻而深入的，有不少精闢的論斷。"④ 蔣冀騁曰："此書既補充段說，又糾正段誤。是則是之，非則非之，持論平正，議論和平，見解精確。係許、段二君之功臣。清代所有研究段注的著作中，就其成就而言，當以此書爲最。"⑤ 最得其情。

第二節　清人箋校段氏《說文注》研究現狀

清人對於段氏《說文注》的研究，不僅可以幫助我們窺見段書的幽韻闃奧，加深對《說文》原委底蘊的瞭解，而且能籍此觀照清代語言文字學發展演進的軌跡，有著重要的學術研究價值。截至目前，學界針對清人研治段氏《說文注》的關注和研究已頗具規模，主要集中於三個領域：

第一，箋校文獻之搜採整理。丁福保《說文解字詁林》匯總"段注及考訂段注之屬"凡十種九十二卷，並於各家文集中採出正段之文三篇，歸入引用書目第九類"釋某字某句之屬"；《續修四庫全書·經部·小學

---

① 胡樸安：《中國文字學史》，中國書店 1983 年版，第 317 頁。
② 續修四庫全書總目提要編纂委員會編：《續修四庫全書總目提要·經部·小學類》，上海古籍出版社 2015 年版，第 417 頁。
③ 胡樸安：《中國文字學史》，中國書店 1983 年版，第 318 頁。
④ 姚孝遂：《許慎與說文解字》（精校本），作家出版社 2008 年版，第 87 頁。
⑤ 蔣冀騁：《說文段注改篆評議》，湖南教育出版社 1993 年版，第 38 頁。

類》輯錄考訂《說文注》之著述凡六種，《集部·別集類》收錄鄒伯奇
《讀說文段注札記》等；《叢書集成新編》編入相關文獻兩種，《補編》輯
錄"說文段注校三種"；董蓮池《說文解字研究文獻集成（古代卷）·說文
學史研究》（作家出版社 2006 年版）收錄箋校文獻凡九種；舒懷《〈說文
解字注〉研究文獻集成》（湖北教育出版社 2018 年版）整理出版正段著述
二十餘種，搜羅宏富，爲相關研究提供了更加完備翔實的資料。

　　第二，箋校歷史之宏觀考述。《續修四庫全書總目提要（稿本）·經
部·小學類》[①]（齊魯書社 1996 年版）輯錄民國楊鍾羲、馮汝玠、徐世章、
劉節、孫海波諸家考辨清人箋校段氏《說文注》著述凡十二種，措辭嚴
謹，識斷精到；胡樸安《中國文字學史》（中國書店 1983 年版）"段氏說
文解字注之檢討"一節對清人研究《說文注》重要著述作了精要闡發，持
論平允，極中肯綮；姚孝遂《許慎與〈說文解字〉》（作家出版社 2008 年
版）"歷代對《說文》的研究"一節簡要梳理訂補段氏著述凡五種；張其
昀《"說文學"源流考略》（貴州人民出版社 1998 年版）"段玉裁的'說文
學'"一節詳考清人有關《說文注》研治書目凡十七種；蔣冀騁《說文段
注改篆評議·段注研究簡史》（湖南教育出版社 1993 年版）對乾嘉至清末、
民國及一九四九年以後三個時期的《說文注》研究概況進行了考索；萬獻
初《〈說文學〉導論》（武漢大學出版社 2014 年版）"《詁林》實引著作分
類簡介"一節簡要評析了訓釋《說文注》的九種著述；舒懷《〈說文解字
注〉研究文獻集成·前言》（湖北教育出版社 2018 年版）深稽有清一代研
治段氏《說文注》的主要著述，平議詳慎，搜羅之廣，令人誠服。

　　第三，專著得失之客觀述評。臺灣陳紹慈《徐灝〈說文解字注箋〉
研究》（花木蘭文化出版社 2006 年版）闢專節討論徐灝誤議段書之謬誤
者，並總結出其在談"六書"、說部件、說語源等方面的立說之失；王婭
維《論〈徐箋〉補正〈段注〉說解字形的成就》（《寧夏大學學報》2012

---

① 續修四庫全書總目提要編纂委員會編《續修四庫全書總目提要·經部·小學類》（上海
　 古籍出版社 2015 年版）輯錄考辨清人箋校《說文注》著述凡六種。

年第 1 期）專從字形分析的角度，考查了徐氏正段取得的成就；臺灣陳清仙《王紹蘭〈說文段注訂補〉研究》（花木蘭文化出版社 2007 年版）總結了王氏正段之內容及寫作特色；舒懷《高郵王氏父子〈說文〉研究緒論》（《古漢語研究》1997 年第 4 期）言涉王氏正段的內容，並集中闡發了其研治《說文》的方法；魯一帆《王筠訂段舉例》（《芒種》2013 年第 6 期）舉例論證了王筠訂正段說的特點及方法；李軍《徐松〈徐星伯說文段注札記〉論略》（《寧夏大學學報》2014 年第 4 期）舉例說明徐氏在刪略衍文、增補脫文、調整錯位、補注音義、糾正誤說等方面取得的成果。

以上研究，內容豐富，視角各異，方法明晰，均爲本研究的開展打下了堅實的基礎。但是不難看出，時賢針對清人諟正段氏《說文注》的研究，主要集中於徐灝、王紹蘭兩家，其他幾家雖略有所涉，但整體而言相對薄弱，許多問題的研究不夠全面和深入。特別是關於高郵王氏父子、朱駿聲、王筠三家的諟正工作，雖有學者注意到並做了初步探究，但已有成果限於論題或篇幅，具體條目的辨析零散而缺乏系統，或淺嘗輒止，或持論欠允，深層次的是非辨正明顯不夠。

高郵王氏父子與段氏同爲乾嘉學派的中堅，朱駿聲、王筠與段氏同屬“《說文》四大家”，其立意精純，功力博深，恐非徐灝、王紹蘭、鈕樹玉輩可比。三家對《說文注》的研究，考證精嚴，程法周當，能發前人所未發，但其不達物情，乖舛悖繆，在所難免，個中得失亟需後輩學者鈎沉索隱，曉然辨析；且三家諟正段書之言多爲散論，相關論點分見於“高郵王氏四種”、《說文通訓定聲》《說文釋例》等著述中，研究者窮搜之不易。部分著述刊行者少，流傳不廣，未能引起學界足夠的重視，因而有著較大的研究空間。

第三節　本書研究之範疇、方法及意義

本書全面考察高郵王氏父子、朱駿聲、王筠三家諟正段氏《說文注》之狀況，在對相關語料全面爬梳的基礎上，證同疑異，考校是非，廓清紊

淆。參酌先賢諸家之言，復引出土古物爲據，凡其所得，則伸其未竟之意，至有所失，則力矯其弊訛，以期言之成理，信而有證。

一、本書之研究範疇

第一，清人箋校《說文注》考略。深入稽考《說文解字詁林》《續修四庫全書》《說文解字研究文獻集成》《說文解字研究資料彙編》《〈說文解字注〉研究文獻集成》《段玉裁全書》等文獻，全面搜集梳理清人研究《說文注》的專著、文章以及筆記條目，勾勒清人箋校段氏《說文注》之概貌，觀照諸家在清人諟正段氏《說文注》學術背景下的貢獻和地位。

第二，清人三家正段著述敘錄。窮盡性地考述高郵王氏父子、朱駿聲、王筠三家諟正段氏《說文注》的專著及札記條目，對三家正段之著述、條目進行分類統計和精要平議，全面呈現清人三家之正段之面貌。

第三，清人三家正段分類考辨。於"高郵王氏四種"、王筠《說文釋例》、王念孫《說文段注籤記》、朱駿聲《說文段注拈誤》等著述中尋析明言段氏非是之札記條目，分類研考。證段氏之非是，補諸說之未備。

第四，清人三家正段失誤例說。對三家正段之未得情實者進行辨正，細爲考求，得其所宜。證段說之舛謬，言諸說之未備。

第五，清人三家正段方法述略。探求三家正段之精神、方法，彰顯其學術思想及學術成就。

第六，清人三家正段條目索引。將三家正段之條目進行全方位搜採和整理，以表欄形式編制條目索引，分類薈集、系統歸納諸家正段之涯略。

二、本書之研究方法

其一，語料分析法。在精研文本文獻的基礎上，輔以軟體檢索系統，全面測量和整理研究所涉語料，釐分條目，整理歸納，製作條目索引語料庫。

其二，定量研考法。在參稽前賢時彥觀點的基礎上，以歷史語言學理論爲指導，利用出土文獻，綜合運用因聲求義、據形索義、群書互證等訓詁方法，結合文字、音韻、校勘、語源等學科知識，對關涉條目稽考研索，廓清紛淆，揚搉是非。

其三，定性總結法。在具體條目的個案分析後，力求歸納出三家治學精神及方法，評述其優劣得失，並從學術史的角度與清人其他諸家的勘正工作進行比照，使相關研究上升到宏觀的理論高度。

三、本書之研究意義

首先，"說文學"研究方面之意義。本書以高郵王氏、朱駿聲、王筠三家謾正段氏《說文注》爲切入點，進而言及《說文注》，再由《說文注》論及《說文》本體，條分縷析，層層推進，力圖觸及《說文》底蘊原委，達到彰顯許氏《說文》本真的目的；三家對於《說文注》的論述，率多散言，今彙聚比觀，糾謬發覆，不僅可以爲後續清人正段史的研究提供明晰而翔實的資料支持，而且有利於拓展"說文學"的研究範疇，爲語言文字學史的研究拓展新的研究領域。

其次，傳統"小學"研究方面之意義。在對清人三家謾正《說文注》的是非考校中，本書廣泛關涉文字、音韻、訓詁、校勘、語源等多種學科，以現代科學的眼光，從更廣闊的歷史文化背景上，審視《說文》、段氏《說文注》研究的重要現象和成果，揭示清代語言文字學的發展演進，幫助我們釐清傳統"小學"中某些繳繞不清的問題，亦可爲今天字典辭書的編纂、古籍校勘等提供理論依據和實踐參照。

最後，清人學術思想史研究方面之意義。言及高郵王氏、朱駿聲、王筠，學人想到的往往是"高郵王氏四種"、《說文通訓定聲》《說文釋例》《說文解字句讀》，及其在"說文學"、訓詁學、校勘學上的非凡成就。但是，對於三家在段氏《說文注》研究中的諸多建樹，顯然未能引起足夠的重視。因此，本書的研究將全方位、多角度清晰地呈現《說文》、段氏《說文注》發展脈絡及多種學術思想的因沿更革，爲當代學術思想史研究提供有益的經驗。

第二章　高郵王氏諟正段氏
《說文注》考論

　　"高郵王氏一家之家，海內無匹"①，江蘇高郵王念孫（字懷祖，號石臞）、王引之（字伯申，號曼卿）父子，博極群書，學養深厚，治學嚴謹，勇於創獲，猶精於校勘、訓詁、音韻之學，所撰"高郵王氏五種"（即王念孫所著《廣雅疏證》《讀書雜志》和王引之所著《經義述聞》《經傳釋詞》《康熙字典考證》）②博大精深，成就卓著，向爲學人所尊崇。梁啓超曰："所謂'就古音以求古義，引申觸類'，實清儒治小學之最大成功處；而這種工作，又以高郵王氏父子做得最精而最通。"③許嘉璐亦云："王氏之說經最爲精深，前人論其成就，謂爲陵越漢唐、不祧之宗，實不爲過。"④

　　朱士端《彊識編》卷三曾載："石臞先生曾注《說文》，因段氏書成，未卒業，並以藁付之。後先生見段注妄改許書，不覺甚悔。"⑤高郵二王雖非專治《說文》之學者，然其言及許書，每得個中精義，洵足以饗來學。檢二王研究《說文》之著述，或爲殘稿、未定稿，有《說文解字校勘記殘稿》一卷、《王氏讀說文記》一卷、《說文段注簽記》（或稱《段氏說文簽

---

① 阮元：《揅經室續集》，中華書局 1985 年版，第 93 頁。

② 羅振玉另輯《高郵王氏遺書》一種，江蘇古籍出版社 2000 年出版。

③ 梁啟超：《中國近三百年學術史》，河北人民出版社 2004 年版，第 223 頁。

④ 許嘉璐：《未綴集》，中國社會科學出版社 2000 年版，第 78 頁。

⑤ 舒懷主編：《〈說文解字注〉研究文獻集成》，湖北教育出版社 2018 年版，第 2577 頁。

記》）一卷、《說文諧聲譜》一卷；或爲札記，薈萃於《廣雅疏證》《讀書雜志》《經義述聞》諸書，或散見於桂馥《說文解字義證》①、朱士端《彊識編》②、張炳翔校錄《諧聲補逸》③、粤東書局刻小學彙函本《說文解字繫傳》④之中；或爲序跋，有《說文解字注序》一篇、《桂未谷說文統系圖跋》一篇、《段若膺說文解字讀敘》一篇、《重刻說文解字序》⑤一篇；或爲碑傳，有《段若膺墓志銘》一篇；或爲詩文，有《日處君而盈度賦》一篇。諸作精審博洽，識斷獨到，創獲頗豐，可爲段氏註釋、立論之明證，亦可補正段氏訓解之不足。

王氏父子長於考據，友於段氏，雖於《說文》未有專攻，然每於《讀書雜志》《廣雅疏證》《經義述聞》中稱言段氏《說文注》之得失，更出《說文段注籤記》一卷專事校正段書之非，不爲臆中之談，卓見灼識多得許書精義，實足以弼成段書。其勢也，後出之言而轉精。高郵王氏千慮一失，抑揚失當，時或不免。今爬抉諸書，取關涉之條目平議得失，決其是非，定其從違。誠是，則《說文》本真明且清，段書精蘊愈益昭顯，王氏治學之方法、精神亦可得而窺見。本書其下別以“高郵王氏諟正段氏《說文注》著述敘錄”“高郵王氏諟正段氏《說文注》分類考辨”“高郵王氏諟正段氏《說文注》失誤例說”“高郵王氏諟正段氏《說文注》方法述略”四節論之。

---

① 桂馥《說文解字義證》存錄王氏校訂《說文》之語凡一百十九條。

② 《高郵王氏遺書·王石臞文集補編》存錄“石臞先生注說文軼語”凡七條，詳見朱士端《彊識編》卷三。

③ 宋保撰《諧聲補逸》十四卷，王念孫刊正凡十七條，分載於張炳翔清光緒十年校錄《諧聲補逸》相關文字之下，劉盼遂《高郵王氏父子著述考》定名爲《刊正〈諧聲補逸〉》。參見舒懷等輯校《高郵二王合集》，上海古籍出版社 2019 年版，第 1125 頁。

④ 清光緒十五年，程械林鈔王氏《說文繫傳》校語凡二百九十三條，劉盼遂《高郵王氏父子著述考》名其曰《校正〈說文繫傳〉》。參見舒懷等輯校《高郵二王合集》，上海古籍出版社 2019 年版，第 694 頁。

⑤ 《重刊說文解字序》原署朱筠，劉盼遂以實乃王念孫代序，說見《高郵王氏遺書·王石臞文集補編》。

第一節　高郵王氏諟正段氏《說文注》著述敘錄

段氏《說文注》自是千古傑作，得高郵王氏考訂而益明益精。王氏研治段氏《說文注》之著述，或爲專事校段之專著，或屬隨文正段之札記，或是闡發本旨之序跋，此敘錄如下：

一、專事校段之專著

《說文段注簽記》（或稱《段氏說文簽記》）一卷，清王念孫撰。此書乃研治段氏《說文注》之筆札殘稿，專以校勘爲範疇。各字下間加按語，斷而不論，凡五百二十八條。或正今本《說文》之訛誤，或匡段氏《說文注》之錯謬，或申段氏《說文注》之未備。劉節曰："簽署《光祿觀察公說文段注簽記》，當出其嗣人所題。編內雖僅以校勘爲範圍，每見精意之處。……匡正金壇（段玉裁），俱見精卓不苟。念孫故擅音韻之學，而於此書所論及古音之處，尤推深造。"① 王氏匡段各條立意精純，識斷精到，不墨守成說，不妄立新說，多所論定。是書舊無傳本，民國二十四年遼陽吳闓據稿本影印，輯入《稷香館叢書》，2007 年作家出版社《說文解字研究文獻集成》（古代卷）存錄其稿本，2018 年湖北教育出版社《〈說文解字注〉研究文獻集成》整理本、2019 年上海古籍出版社《高郵二王合集》輯校本行世。

二、隨文正段之札記

《經義述聞》三十二卷，清王引之撰。此書乃研治儒學群經之學術札記，於文字、音韻、訓詁之學一以貫之，以小學校經，以小學解經，精核詳明。是書嘉慶二十二年南昌盧宣旬初刊，道光七年京師壽藤書屋重刊，江蘇古籍出版社據王氏家刻本影印"高郵王氏四種"（後附條目索引），2016 年上海古籍出版社有虞思徵等點校本。書中隨文駁正段氏《說文注》

---

① 　舒懷主編：《〈說文解字注〉研究文獻集成》，湖北教育出版社 2018 年版，第 2611 頁。

者，凡三十一條，或校段氏之誤改許書，或匡段氏之誤解許書，或駁段氏之曲說經傳等。

《讀書雜誌》八十二卷，《餘編》二卷，清王念孫撰。此書乃校釋群書之學術札記，就古音以求古義，旁徵博引，精審嚴謹。是書道光十二年王引之刊成，同治九年金陵書局重刊，另有鴻文書局"王氏四種"本，江蘇古籍出版社據王氏家刻本影印"高郵王氏四種"，2014 年上海古籍出版社有徐煒君等點校本。書中隨文勘正段氏者，凡一條。

《廣雅疏證》二十卷，《廣雅疏證補正》一卷，清王念孫撰①。此書爲校釋《廣雅》之訓詁專著，因聲求義，考辨精嚴，精詳確當。是書嘉慶元年著成，有家刻、《清經解》、淮南書局、《畿輔叢書》諸本刊行，中華書局 1983 年據家刻本影印，江蘇古籍出版社據王氏家刻本影印"高郵王氏四種"，2016 年上海古籍出版社有張靖偉等點校本。書中隨文辨正段氏《說文注》者，凡二條。

《與王畹馨中丞書》一篇，清王引之撰。此文輯入《高郵王氏遺書·王文簡公文集》，隨文匡正段氏誤改許書注文，凡一條。《高郵王氏遺書》七種，二十九卷，清末民國羅振玉編。此書所錄多爲王氏父子未刻稿，有民國十四年上虞羅氏排印本，江蘇古籍出版社 2000 年以羅氏緝本爲底本，增入劉盼遂所輯《補編》影印出版。

以上王氏說段諸條，雖非專門正段之作，但數量可觀。其不參成見，證成許義，不同肊說，發疑正讀，讀之令人解頤。

三、闡發本旨之序跋

《說文解字注序》《說文解字讀敘》各一篇，清王念孫撰。此二文究段書微旨，通段書大例，尤對段氏聲音、訓詁之方法精闢總結，至爲精當，沾溉後學。

---

① 《廣雅疏證》前十八卷爲王念孫著，後二卷蓋王念孫存其子王引之肄業之說。《廣雅疏證補正》一卷，王念孫、王引之撰，光緒二十六年黃氏海長刊印，後羅振玉刊入《殷禮在斯堂叢書》，中華書局、江蘇古籍出版社影印本《補正》皆附於後。

第二節　高郵王氏諟正段氏《說文注》分類考辨

段氏《說文注》因其校勘精確、注釋詳切而爲學人所推崇，王氏父子每於段氏校勘、註釋處措意，其諟正段說者，大抵涵涉訂段氏之誤改篆文、訂段氏之誤改注文、正段氏之誤校書傳、正段氏之誤釋書傳、正段氏之誤言聲韻等數端。[①] 本書其下擇要舉例，細作考辨。

一、訂段氏之誤改篆文

鈕樹玉《段氏說文注訂》卷末云，段氏改篆九十字，增篆二十四字，刪篆二十一字。"段氏治《說文》，改篆九十字，增篆二十四字，刪篆二十一字，其是處不在少數，然亦偶有謬誤"。[②] 王氏父子每於專著、札記中質言段氏改篆之非是，凡二十二條。[③] 此取其中四例，詳作考論。

（一）

《說文[④]·馬部》："驇，馬重皃也。（車之前重曰摯，馬重曰驇，其音義一也。《廣雅》：'驈駐，止也。''駐'即'驇'。）从馬，埶聲。（各本'埶'譌'執'。篆體上从執，則失其聲矣，今皆正。陟利切，十五部。亦勑利切。）"[⑤]《說文段注籤記》："（驇）〔驇〕，似不當改爲'（驇）〔驇〕'。"[⑥]

《說文·女部》："摯，至也。从女，埶聲。（各本作'執'聲，篆作'摯'，非也，今正。从執，則非聲矣。脂利切，十五部。）讀若

---

① 上言五事而外，王氏諟正段說者，容有他端，本書"索引一"可參之。

② 郭在貽：《訓詁叢稿》，上海古籍出版社 1985 年版，第 407 頁。

③ 此外，正段氏之誤增篆文者凡四條，正段氏之誤刪篆文者凡七條。

④ 此段氏注本《說文》，段氏注文以括號相區隔。下同。

⑤ 段玉裁：《說文解字注》，上海古籍出版社 1988 年版，第 467 頁。

⑥ 董蓮池主編：《說文解字研究文獻集成》（古代卷），作家出版社 2007 年版，第 605 頁。按，影印稿本作"驇，似不當改爲'驇'"，與王氏原意不合，此據文意改正。

埶同。（鍇本作‘執’，誤，今正。）《周書》曰：‘大命不摯。’一曰
《虞書》‘雉摯’。”①《說文段注籤記》：“摯，不當改‘摯’爲‘摯’。”②

　　《說文·車部》：“轚，抵也。（抵者，擠也。擠者，排也。車抵
於是而不過是曰轚，如馬之不前曰驨驁，詳《此部》。）从車，轚聲。
（陟利切，十五部。）”③《說文段注籤記》：“轚，當依《繫傳》舊本
作‘轚’。”④

　　按：《說文·馬部》“驨，馬重兒也”，段玉裁注：“各本‘執’譌
‘執’。篆體上从執，則失其聲矣，今皆正。”鈕樹玉訂：“按，所謂失其聲
者，不合於十七部也。然《廣韻》‘驨’與‘摯’‘驁’同收去聲《六至》，
則執聲不誤。”徐承慶匡謬：“按，《唐韻》本孫恓，《五支》《六脂》《七之》
同用。以後韻書及昆山顧氏《唐韻正》俱同。段氏執三部分用之說，謂必
不可通，故云‘失其聲’，未免固滯。”徐灝箋：“‘驨’與‘繫’同，因絆
馬之義而別从馬。‘繫’讀如‘輊’，而‘驨’讀如‘摯’者，聲之轉耳。
段改篆从執聲，非是。”王念孫籤記：“似不可改爲‘驨’。”諸家皆以段氏
改“驨”作“驨”非是。

　　《說文·女部》“摯，至也”，段玉裁注：“各本作‘執’聲，篆作
‘摯’，非也，今正。从執，則非聲矣。”鈕樹玉注訂：“按，下引《周書》
曰‘大命不摯，讀若摯同。’今《書·西伯戡黎》作‘摯’，釋文云：‘摯，
本又作摯’。則从執聲不誤。《繫傳》作‘讀若執’者，蓋傳寫脫，然作
‘執’不作‘執’。”徐承慶注匡謬：“《廣韻·廿六緝》：‘摯，之入切，至
也。’《六至》：‘摯，脂利切，至也。’《玉篇》曰：‘摯，之利、之立二切，
《說文》云‘至也’。是‘摯’‘執’兩讀而義則同。依小徐本‘讀若執’，
則同音同部，不得謂之‘非聲’矣。《手部》‘摯’，从手，執聲。段氏不

①　段玉裁：《說文解字注》，上海古籍出版社1988年版，第621頁。
②　董蓮池主編：《說文解字研究文獻集成》（古代卷），作家出版社2007年版，第606頁。
③　段玉裁：《說文解字注》，上海古籍出版社1988年版，第728頁。
④　董蓮池主編：《說文解字研究文獻集成》（古代卷），作家出版社2007年版，第606頁。

曰‘非聲’，又自亂其例。全書中立一説而前後不相合者，多類此。《西伯戡黎》釋文：‘摯，本又作䞇。今所引‘䞇’字从埶，未知據何時刊本徑改。解義云‘讀若執’，師心自用，誣妄甚矣。”徐灝注箋：“䞇，原本作‘䞇’，今從段改。”王念孫簽記：“不當改‘䞇’爲‘䞇’。”鈕、徐（承慶）、王三家以段氏改“䞇”作“䞇”失之，徐灝則以段氏改篆得之。

《説文繫傳·車部》“䡖，抵也。從車，執聲”，段氏依大徐篆文作“䡖”、注文作“从車，埶聲”。王氏簽記：“䡖，當依《繫傳》舊本作‘䡖’。”是王氏以“䡖”字當从“執”作。

今按，執聲、埶聲之字每多互譌，諸家之説未達乎一間，自當疏瀹廓清，定其從違。

“執”字，甲骨文作“”（《甲骨文合集·八〇〇》），金文作“”（《師同鼎》），从丮，从㚔，會拘制罪人之意。“埶”字，甲骨文作“”（《甲骨文合集·二八八二一》），金文作“”（《盠方彝》），从木，从土，从丮（或从又），會以手植木土中之意。“執”“埶”古文字形劃然殊别，至隸定而其字形極似，故从之者遂多牽混。“執”字古音屬緝部①，“埶”字屬月部，緝、月二部之字鮮少互諧通借②，“執”聲、“埶”聲諸字音讀較然乖異；再以形義關係明之。《説文·艸部》“蓺，艸木不生也”，朱駿聲通訓定聲：“‘蓺種’之‘蓺’即‘埶’字，與此迥别。”是“蓺”“蓺”迥然二字。《説文·衣部》“褺，私服也。从衣，執聲”，朱駿聲通訓定聲補遺：“與‘褻’字形聲義皆别。”《説文·衣部》“褻，重衣也。从衣，埶聲”，朱駿聲通訓定聲：“字亦作‘褺’，外形内聲，與‘褺’字聲義皆别。”是“褺”“褻”二字别殊。綜上，“執”“埶”二字聲義俱遠，字之从執、从埶判然不可混通。此其一。

“㚔”字，甲骨文作“”（《甲骨文合集·六七九六》），金文作“”（《㚔爵》），象梏具之形。《説文·㚔部》：“執，捕罪人也。从丮，从㚔，

① 古音依郭錫良編著《上古音手冊》（增訂本），中華書局2010年版。下同。

② 上古諧聲、詩韻緝、月二部聲通者罕見，參見何九盈《語言叢稿》，商務印書館2006年版，第188頁。

羍亦聲。"知"執"字受義於"羍",從"執"得聲之字多取"執持"之
義。例如，"摯"字，《說文擊傳·手部》："摯，握持也。從手，執聲。"
是以手持握曰"摯"；"幇"字，《說文繫傳·巾部》"幇，禮巾也。從巾，
執聲"，張舜徽約注："許書無'贄'字，'幇'即'贄'也。贄者，執以
相見之物也。許以'禮巾'釋'幇'，謂'幇'乃相見時用以爲禮之巾
也。"是執以相見之禮巾曰"幇"。"鷙"字，《說文·鳥部》"鷙，擊殺鳥
也。從鳥，執聲"，段玉裁注："殺鳥必先攫搏之，故從執。"是以爪執持
擊殺之鳥曰"鷙"；"執持"引申則有"拘繫"之義，故"縶""蟄""摯"
"萟""驁""輊""蟄"諸字皆由此受義。"縶"字，《說文·馬部》"縶，絆
馬也。……縶，縶或從糸，執聲"，張舜徽約注："縶之言蹇也，謂有物止
之不得進也。與'鷙'音同義近，語原一耳。"是馬足爲繩拘絆曰"縶"；
《說文·足部》"蹩，蹩足也。從足，執聲"，桂馥義證："'蹩足也'者，
'蹩'當爲'縶'。"是人足爲物所牽絆曰"蹩"；"蟄"字，《說文·心部》
"蟄，怖也。從心，執聲"，張舜徽約注："蓋蟄之言止也，謂因恐怖過
甚，心中凝止不復動也。"是心爲恐懼所繫而不動曰"蟄"；"摯"字，《說
文·女部》"摯，至也。從女，執聲"，張舜徽約注："摯之本義謂鍾情
也。女子厚於情感，故摯字從女而訓至耳。引申爲凡情厚之稱。"是女子
爲情所繫曰"摯"；"萟"字，《說文·艸部》"萟，艸木不生也"，段玉裁
注："'萟'之言'蟄'也，與'蓴'反對成文。"是艸木有所繫而不生曰
"萟"；"驁"字，《說文·馬部》"驁，馬重兒。從馬，執聲"，張舜徽約注：
"馬重難行謂之驁，此猶跲謂之躓，礙止謂之座，礙不行謂之蹇耳。"是馬
爲物所拘而難行曰"驁"；"輊"字，《說文繫傳·車部》"輊，抵也。從
車，執聲"，張舜徽約注："輊[1]者，車前重也。車前重則低而難行，因謂
之輊，猶馬重謂之驁，礙止謂之座，礙不行謂之蹇，跲謂之躓，語原一
耳。"是車爲物所繫而前重難行曰"輊"；《說文·虫部》"蟄，藏也。從
虫，執聲"，段玉裁注："凡蟲之伏爲蟄。"是蟲獸爲氣候所繫而藏隱不出

---

① "輊"字當作"輊"。

曰"鷙";"鷙"字,《說文繫傳·金部》"鷙,羊箠也,尚有鐵。從金,執聲",張舜徽約注:"鷙① 之言制也,所以馭制畜類也。"是駕馭拘束畜類之物曰"鷙"。準此,則"鷙""鷙""輊"諸字其義相因,形從"執"作而義取於"牽拘",如從"執"作,則義無可取。此其二。

　　"鷙""鷙""輊"三字從執而古音屬緝部,"鷙"字從執(緝部)而讀若至(質部)②,"輊"字從執而或作"輊"(質部)②,皆合於聲韻之律。《尚書·西伯戡黎》"大命不鷙",《史記·殷本紀》作"大命胡不至","鷙"(緝部)、"至"(質部)異文;《周禮·考工記·函人》"凡甲,鍛不鷙則不堅",鄭玄注"鷙之言致","致"(質部)聲訓"鷙"(緝部);劉向《九嘆·遠逝》:"雪雰雰而薄木兮,雲霏霏而隕集。阜隘狹而幽險兮,石嶙嵯以翳日。""集"(緝部)與"日"(質部)韻;《九嘆·思古》:"悲余心之悁悁兮,目眇眇而遺泣。風騷屑以搖木兮,雲吸吸以湫戾。""泣"(緝部)與"戾"(質部)韻③;《易林·臨之損》:"秋蛇向穴,不失其節。夫人姜氏,自齊復入。""入"(緝部)與"穴""節"(質部)韻;《睽之中孚》:"南向陋室,風雨並入,埃塵積淫,王母盲痺。""入""淫"(緝部)與"室""痺"(質部)韻;《震之蹇》:"蟻封戶穴,大雨將集。鵲數起鳴,牝雞歎室。""集"(緝部)與"穴""室"(質部)韻。④ 皆爲緝、質二韻聲通之明證。故段氏以"輊"字從執,改"鷙""鷙"二字從執,皆不可從。此其三。

　　"鷙"字,敦煌本《刊謬補缺切韻·至韻》"鷙,馬腳屈",高麗本《龍龕手鏡·馬部》"鷙,陟利反,馬重腳曲也",《玉篇·馬部》"鷙,竹利切。馬很也",《篆隸萬象名義·馬部》"鷙,張利反。馬重頓";"鷙"字,《玉篇·女部》"鷙,之利、之立二反。《說文》云'至也'",《篆隸萬象名義·女部》"鷙,之利、之立二反。至、鷙字",《廣韻·至韻》"鷙,至也";"輊"字,黎本《原本玉篇殘卷·車部》:"輊,竹利反。……《說

---

① "鷙"字當作"鷙"。
② 《玉篇·車部》《廣韻·至韻》曰:"輊,同輊。"
③ 參見羅常培等《漢魏晉南北朝韻部演變研究》,中華書局 2007 年版,第 241 頁。
④ 參見羅常培等《漢魏晉南北朝韻部演變研究》,中華書局 2007 年版,第 304 頁。

文》：'輊，低也。'野王案：車前低頓曰輊，後曰軒也。"《篆隸萬象名
義・車部》："輊，竹利反。車前頓，輈。"敦煌本《刊謬補缺切韻・至
韻》："輊，車前重，亦作輇。"諸書"鷙""勢""輊"諸字均从執，《玉
篇》《篆隸萬象名義》雖出《説文》後，然尤先乎二徐之釐訂許書，可爲
"鷙""勢"从執之旁證。此其四。

　　綜上所言，《說文》"鷙""勢""輊"諸字，當依小徐本俱从"執"作。
段氏改"鷙"字作"鷙"，改"勢"字爲"勢"，以爲"輊"从"執"作，
皆不免疏失。王氏謂三字俱从"執"作，得其肯綮。

（二）

　　《說文・石部》："䂻，上摘山巖空青、珊瑚陊之。从石，析聲。
（析，各本作'折'，篆體作'𥐝'，今正。……以先鄭讀爲'摘'，許
云'上摘山巖'準之，'摘'與'析'古音同在十六部，蓋作'䂻'
者是，作'䂻'者非。今本《周禮》《說文》作'䂻'皆誤本。許以
'摘'訓'䂻'，以疊韻爲訓也。）《周禮》有䂻蔟氏。"①《說文段注簽
記》："䂻，不當改爲'䂻'。"②《經義述聞・周官下・䂻蔟氏》："段說
非也。《釋文》、賈《疏》及《五經文字》《唐石經》皆作'䂻'，不作
'䂻'。又《說文》《玉篇》《廣韻》《集韻》皆有'䂻'無'䂻'，今欲
改'䂻'爲'䂻'，不知何據。且許、鄭竝云'從石，折聲'，則當作
'䂻'明矣。……段必欲改'䂻'爲'䂻'，而以爲從析聲者，徒以
'䂻'爲古'摘'字，古音'析'與'摘'同部，而'折'與'摘'
不同部耳。……段氏不明於古聲之轉，遂臆造一析聲之'䂻'字，以
合'摘'字之音。其注《說文》則徑改'䂻'爲'䂻'，改'折聲'
爲'析聲'，殆非所謂遵循舊文而不穿鑿者矣。"③

---

①　段玉裁：《說文解字注》，上海古籍出版社 1988 年版，第 452 頁。
②　董蓮池主編：《說文解字研究文獻集成》（古代卷），作家出版社 2007 年版，第 605 頁。
③　王引之：《經義述聞》，江蘇古籍出版社 2000 年版，第 217 頁。

　　按：《說文·石部》："碏，上摘巖空青、珊瑚墮之。从石，折聲。""碏"字从折聲（古音屬月部①），鄭眾讀"碏"爲"摘"（古音屬錫部），段氏以爲月、錫二韻相隔，遂改"碏"篆从析（古音屬錫部）以諧其聲，並改注文作"上摘山巖空青、珊瑚哆之"，謂許書以"摘"訓"碏"，乃疊韻爲訓。蔣冀騁《說文段注改篆評議》曰："段氏改碏爲碏，正與他歷切合。字從石，析聲。從析聲而讀他歷，聲紐由心而轉入透也。……若字從折，折古音在月部，則不得音他歷，不得讀爲摘。"②以段氏改篆爲得。

　　然"碏"篆恐不必改，此試明言之。古錫、月二部之字每多互叶通借。《六書音均表·詩經韻分十七部表》弟十六部："懬，本音在弟十五部。《詩·韓奕》合韻'軏'字，從他經作'幭'，則在本韻。"段氏猶知錫、月二部聲自相叶；《易林·需之同人》："兩矛相刺，勇力鈞敵。交綏結和，不破不缺。"《未濟之謙》："兩金相擊，勇氣均敵。日月鬮戰，不破不缺。""刺""敵""擊"（錫部）與"缺"（月部）韻③；崔瑗《司馬校尉箴》："苟任激訐，平陽玄默。以式百辟，畫一之歌，豈猶遲逊。使臣司隸，敢告執役。""逊""辟""役"（錫部）與"訐"（月部）韻④；《說文·鳥部》："鷁，鷁鸏，鳧屬。"《文選·張衡〈南都賦〉》"其鳥則有鷁鵃、鶬鵝"，李善注引《說文》曰："鷁鵃，鳧屬。"王念孫《說文段注籤記》："'鵃'者，'鸏'⑤之借字，非誤字。"（"鷁"古音屬錫部，"鸏"古音屬月部。）皆爲錫、月二部聲通之明證。故而"碏"字从"折"而讀爲"摘"，本無不可。此其一。

　　其二，蔣斧本《唐韻殘卷》弟三十四葉："碏，摘也。《周礼》有'碏簇氏'。"音"丑列反"；《六書故·地理二》："碏，敕列切。《周官》：'碏

<hr />

① 古音依郭錫良編著《上古音手冊》（增訂本），中華書局 2010 年版，下同。
② 蔣冀騁：《說文段注改篆評議》，湖南教育出版社 1993 年版，第 94 頁。
③ 參見羅常培等《漢魏晉南北朝韻部演變研究》，中華書局 2007 年版，第 304 頁。
④ 參見羅常培等《漢魏晉南北朝韻部演變研究》，中華書局 2007 年版，第 233 頁。
⑤ 原字作"鷁"，當爲"鸏"之訛，今正。

簇氏掌覆夭鳥之巢。"高麗本《龍龕手鏡·石部》："硩，丑列反。擿也。"皆爲"硩"字從"折"之顯證。

其三，硩字以"折"爲聲，義取"折取"，王氏《經義述聞·周官下·硩蔟氏》曰："然則'硩蔟氏掌覆夭鳥之巢'，義取毀折，而非取分析。當從折聲，不當從析聲也。《說文》'硩，上擿山巖空青、珊瑚墮之'，亦是毀折之義，非分析之義。"辨之甚詳。《廣雅·釋詁》"撦，取也"，王念孫疏證："撦者，《說文》：'撦，提取也。或作捤。'又云：'硩，上摘山巖空青、珊瑚墮之。《周禮》有硩蔟氏。''硩'與'捤'聲近義同。"亦爲佐證。再補一例以明其是。《墨子·非樂上》"今王公大人，雖無造爲樂器，以爲事乎國家，非直掊潦水、折壤坦而爲之也"，孫詒讓間詁："'折'，舊本訛'拆'，今據道藏本、吳鈔本及王校正。……此'折'當讀爲'擿'。《耕柱篇》云'夏后開使折金於山川'，此義與彼義正同。……壤，謂土壤；坦，讀爲壇，聲近假借字。"

鈕樹玉《段氏說文注訂》曰："按，《周禮音義》'硩'引李軌思亦反，不作'硩'。鄭注云：'硩古字從石，折聲。'"徐承慶《說文解字注匡謬》曰："按，讀爲之字，不必皆同部。《周禮·硩蔟氏》先鄭讀'硩'爲'擿'，非以字從析也。賈疏'以石投擲毀之'，'折'於毀義爲近，不必從析。'硩'是'硩'非，段氏之肊斷也。鄭康成云：'古字從石，折聲。'《周禮》《說文》皆非誤本。"徐灝《說文解字注箋》曰："《周禮》各本皆作'硩'，鄭注亦云'折聲'，無作'析聲'者，段氏誤也。段又因李音思亦反，故謂李軌本作'硩'，從析聲。但覆巢之義從折爲優，以聲求之，亦復相近。段氏以'折''析'二聲分廁脂、支二部，故云爾。竊謂不宜輕改也。"王念孫《說文段注籤記》："硩，不當改爲'硩'。"皆以段氏改篆非是，得其情實。

唯王引之謂"段氏不明於古聲之轉，遂臆造一析聲之'硩'字，以合'擿'字之音"，恐非情實。蔣斧本《唐韻殘卷》弟三十四葉"硩"字又音"他歷反"，黎本《原本玉篇殘卷·石部》"硩"從"析"而音"天厤反"，據此，知"硩"之譌"硩"其出甚早，"硩"字固非段氏臆造。

(三)

《說文·鹿部》："麤，鹿迹也。从鹿，速聲。（此部各本'麤'下'麛'上有'麤'篆，云：'鹿迹也。从鹿，速聲。桑谷切。'無論橫亙令上下二篆不相接。《釋獸》曰：'麠，其跡躔；鹿，其迹速；麋，其迹解；兔，其迹迒。'《廣雅》總之曰：'躔、迹、解、迒，迹也。'迹，曹憲匹迹反，是可以證古《爾雅》之作'速'，不作'速'，即加'鹿'，亦當作'麤'，不从速。《辵部》曰：'速，籒文迹。''速'無妨專爲鹿迹之名，即作'麤'，亦必匹迹切，在十六部，不得从速，桑古切，在三部也。）"①《說文段注籤記》："麤，《廣韻》音'匹迹'，當是'四迹'之譌。"②《經義述聞·爾雅下·其迹速》："段氏《說文注》又爲曹憲所誤，而據之以疑《說文》'麤'字，謂爲後人羼入而徑刪之。又欲改《爾雅》之'速'爲'速'，以曲從曹憲之誤音，其失甚矣。"③

按：《說文·鹿部》："麤，鹿迹也。从鹿，速聲。"段氏初刪"麤"篆，以爲淺人據誤本《爾雅》所羼入，後又改篆从"速"，移於《鹿部》之末。《廣雅·釋詁》"迹"義之"迹"，字从"束"而曹憲音"匹跡反"，是其改篆佐證。徐灝箋曰："正之是也，不必刪也。"《爾雅》郝懿行義疏："《說文》段注以'速'爲'跡'字之誤。……其說是也。"皆以段氏改篆爲得。桂馥《說文解字義證》："此从速聲，'速'當爲'速'。《爾雅·釋獸》：'鹿，其迹速。''速'亦當作'速'。《釋文》作'麤'，音素卜反，似誤。"說與段氏同。

朱駿聲《說文通訓定聲·需部》："《爾雅》：'鹿，其跡麤。'釋文：'亦作速。'段若膺訂从'速'，云'字亦作迹'，不可從。'迹'即'蹟'字。"蔣冀騁《說文段注改篆評議》曰："段刪誤。速爲迹之籒文，若字果作

---

① 段玉裁：《說文解字注》，上海古籍出版社 1988 年版，第 472 頁。
② 董蓮池主編：《說文解字研究文獻集成》（古代卷），作家出版社 2007 年版，第 605 頁。
③ 王引之：《經義述聞》，江蘇古籍出版社 2000 年版，第 676 頁。

迹，則《爾雅·釋獸》文就變爲：'鹿其跡，跡'，殊不成話，其誤顯然，今《玉篇》《廣韻》均有麤，當本《說文》，可爲二徐本佐證。"① 皆以段改非是。

王引之《與王畹馨中丞書》曰："（段）大令當據《爾雅》《說文》以正《廣雅》傳寫之誤，不當據《廣雅》傳寫之誤以改《爾雅》《說文》。"② 如依段氏改文，則《爾雅·釋獸》"（鹿）其速速"不成文理，至段氏謂"'速'無妨專爲鹿迹之名"，強詞爲說，當屬失察；況且"麤""躅"（按，顏師古注《漢書·敘傳上》"伏周孔之軌躅"曰："躅，跡也。三輔謂牛蹄處爲躅。"）二字，聲近③義通，語出同源，改"速"從"束"，則義無所取。王氏明辨是非，以聲音通訓詁，據語境求語義，所到冰釋。

《說文·鹿部》"麤，鹿迹也"，張舜徽約注："《辵部》：'迹，步處也。'乃獸蹄鳥迹之通名，豈鹿迹所得專。且'速''迹'既一字，則不煩復造'從鹿，速聲'之'麤'④字也。若鹿之跡即曰'跡'，則《爾雅·釋畜》之文，將讀爲'其迹迹'⑤矣，尚可通乎？故知此字必从速疾之'速'，非有譌誤。《爾雅》音素卜反，大徐音桑谷切；皆聲在心紐，與'纖''小''星''散'諸字爲雙聲。'麤'訓鹿迹，謂其迹之小也。鹿足與鼋、豕之足相似，其蹄甚小，與馬、牛迥異，故爲專字以名之。段氏注本徑刪此篆，妄矣。"發疑正讀，暢釋積滯，所言甚是。

考之字書、韻書，《唐韻殘卷》二十二頁："麤，素谷反，麤麤跡。出《辵疋》。"王仁昫《刊謬補缺切韻·屋韻》："麤，鹿跡。"《龍龕手鑒·鹿部》："麤，音速，麤鹿跡也。"《篆隸萬象名義》："麤，桑屋反，跡。"皆爲《說文》"麤"篆從"速"作之佐證。

鈕樹玉《段氏說文注訂》曰："《石鼓文》有'麀□速⌐'，則《釋獸》

---

① 蔣冀騁：《說文段注改篆評議》，湖南教育出版社 1993 年版，第 147 頁。

② 王念孫等撰，羅振玉輯印：《高郵王氏遺書》，江蘇古籍出版社 2000 年版，第 205 頁。

③ "麤"上古屬心母屋部，"躅"上古屬定母屋部。

④ 此字原作"麤"，字從"速"作，誤，此正。

⑤ 原作"甚迹迹"，"其"字誤作"甚"，此正。

之'速',《鹿部》之'麤',並非後人改竄。'其速速'不成文理。"徐承慶《說文解字注匡謬·九曰似是而非》曰:"'速'即'迹'字。如《釋獸》'其迹'下仍疊本字,則不可解。《石鼓文》'鹿速﹦',字從束,不從束作'速','速'則不成文理。可見《爾雅》之'速'非竄入,《鹿部》'麤'篆亦非後人竄入矣。《字林》作'麤',本諸《說文》,不爲紕繆。"二氏以段說誤謬,皆得之。然引《石鼓文·車工》"麀鹿速速"以證成《爾雅》"鹿,其跡速"之訓,恐非是。《石鼓文》"速速"當讀曰"趚趚",《集韻》:"趚,趚趚,走聲。"① 此義當與《爾雅》鹿跡之"速"無涉。

(四)

《說文·糸部》:"繼,續也。從糸𢇇。(各本篆文作'繼',解作'從糸𢇇',則不可通,今正。此會意字,從糸𢇇者,謂以糸聯其絕也。自傳寫譌亂,併篆體改之,因又刪'𢇇'篆矣。古詣切,十五部。)𢇇,繼或作𢇇,反𢇇爲𢇇。(大徐無篆文,但有'一曰反𢇇爲𢇇'六字,不可了。小徐本云'或作𢇇,反𢇇爲𢇇',今依以補一篆文,乃使文從字順矣。')"② 《說文段注簽記》:"繼,不當改爲'繼'。"③

按:《說文·糸部》"繼,續也。從糸𢇇。一曰反𢇇爲繼",王筠釋例:"段氏補'𢇇'篆是也。……而改'繼'爲'繼',則大謬也。古文'絕'作'𢇇',指事字也;反'𢇇'爲'𢇇',會意字也。小篆又加'糸'耳。"④ 徐承慶注匡謬:"字訓'續',反𢇇爲繼,因形以見義也。絕訓'斷絲',二字相反,從'𢇇'則不可通矣。"徐灝注箋:"但既'反𢇇爲𢇇',則'𢇇'即'繼'之古文而相承增'糸'旁。今改篆體從𢇇,則謬矣。"蔣冀聘《說文段注改篆評議》曰:"即古文絕字。糸即系斷,不能會'繼

① 參見黃德寬主編《古文字譜系疏證》,商務印書館 2007 年版,第 995 頁。
② 段玉裁:《說文解字注》,上海古籍出版社 1988 年版,第 645 頁。
③ 董蓮池主編:《說文解字研究文獻集成》(古代卷),作家出版社 2007 年版,第 606 頁。
④ 王力以王氏說是。參見王力《中國語言學史》,山西人民出版社 1981 年版,第 117 頁。

承'之意。段云'以系聯其絕也',殊爲牽強。殆繼之古文作▨,從反▨,篆文作繼,乃後起加偏旁字。"① 諸家皆以段改爲謬,得之。然囿於《說文》"反▨爲繼"之誤說,淆亂"▨""▨"二字形義,恐屬不察,今請詳考。

"▨"字,"絕"(《說文》"斷絲也")之初文,甲骨文作"▨"(《甲骨文合集·一四二三》),戰國文字作"▨"(《中山王方壺》"以內▨邵公之業")、或作"▨"(《包山楚簡·二四九》"▨無後者"),從刀,從糸(或二糸),會以刀絕絲之意。隸作"▨",或作"▨",正反無別,本屬一字(《說文》"繼"下注文"反▨爲繼",恐不可從)。秦文字疊加"卩聲"而作"▨"(《睡虎地秦墓竹簡·日甲一七背》),遂與《說文》"▨"篆無別。此字《說文》古文作"▨",所從"彡"形乃"刀"字之訛。《說文》"斷"字("截也。從斤,從▨"),秦文字作"▨"(《睡虎地秦墓竹簡·法一二二》),從斤,從▨,▨亦聲,當爲《說文》"▨"篆所承;而"▨"字,"繼"(《說文》"續也")之初文,甲骨文作"▨"(《甲骨文合集·二九四〇》),象連絲之形。戰國金文作"▨"(《拍敦蓋》"▨母呈用祀"),字中以橫筆表連絲之義。篆文初作"▨",連絲之筆訛爲"匕",則與"刀"狀形似,《說文》所錄"▨"篆乃後起加旁字。其字本隸作"▨",其後訛爲"▨",遂與從"刀"之"▨"牽混。準此,《說文》"繼"字注文"從糸▨",自不必改。

《慧琳音義》卷三十七"繼嗣"注:"上雞詣反……《說文》:'續也。從糸,▨聲。'"卷四十五"繼嗣"注:"上稽隸反……《說文》:'續也。從糸,▨聲。'"卷六十九"繼嗣"注:"上雞藝反……《說文》:'續也。從糸,從▨,▨亦聲'。"《希琳音義》卷三"紹繼"注:"下古詣反……《說文》:'從糸▨。'"可爲《說文》"繼"篆自非從"▨"之明證。

綜上,段氏改"繼"爲"繼",以篆體"從糸▨",並注曰"以糸聯其絕",強詞爲說,恐屬大謬。王氏不爲曲說所惑,糾誤存真,得其正解。

---

① 蔣冀騁:《說文段注改篆評議》,湖南教育出版社 1993 年版,第 63 頁。

二、訂段氏之誤改注文

段玉裁曰：“校書之難，非照本改字不譌不漏之難也，定其是非之難。是非有二：曰底本之是非，曰立說之是非。”① 段氏校書，參稽眾本，綜合群書，鉤考真僞，耳聞目驗，擇善而從，以復許書舊觀。其於《說文》注文的校訂，“則遽數之不能終其數。其精彩處，每每與唐寫本暗合，故人們嘆其‘博思冥契之功’。今將唐寫本《說文》木部殘卷與段注校訂相比勘，以見其校勘之善，識見之銳。”② 然段氏校書不免憑臆改易，武斷專輒，時爲學人所病。徐承慶《說文解字注匡謬》第二目“臆決專輒，詭更正文”，專列段氏改易許書注文之弊。王氏父子每於專著、札記中直言段氏改注之訛謬，凡一百四十八條。此取其中四例，細爲辨正。

（一）

《說文·肉部》：“膏，肥也。（按，‘肥’當作‘脂’。‘脂’字不廁於此者，許嚴人物之別。自‘胙’篆已下乃謂人所食者。‘膏’謂人脂，在人者可假以名物，如無角者膏是也。‘脂’專謂物，在物者不得假以名人也。）从肉，高聲。”③《肉部》：“肪，肥也。（‘肥’，亦當作‘脂’。）从肉，方聲。”④《肉部》：“胕，脅肉也。从肉，孚聲。一曰胕，腸閒肥也。一曰膫也。（‘肥’當作‘脂’。此別一義，謂禽獸也。）”⑤《說文段注籤記》：“膏、肪、胕，注‘肥’字皆不誤。”⑥《讀書雜志·漢書·地理志·可㸌》：“古者謂膏爲肥，故此云‘肥可㸌’，而《說文》亦云‘膏，肥也’，‘肪，肥也’，‘胕，腸閒肥也’。段氏《說文注》不得其解，乃謂此三‘肥’字皆‘脂’字之譌，豈其

---

① 段玉裁：《經韻樓集》，鳳凰出版社 2010 年版，第 313 頁。
② 蔣冀騁：《說文段注改篆評議》，湖南教育出版社 1993 年版，第 12 頁。
③ 段玉裁：《說文解字注》，上海古籍出版社 1988 年版，第 169 頁。
④ 段玉裁：《說文解字注》，上海古籍出版社 1988 年版，第 169 頁。
⑤ 段玉裁：《說文解字注》，上海古籍出版社 1988 年版，第 169 頁。
⑥ 董蓮池主編：《說文解字研究文獻集成》（古代卷），作家出版社 2007 年版，第 604 頁。

然乎？"①

按：《說文·肉部》"膏""肪""胕"三字皆屬名詞，許書以形容詞"肥"（《說文》"肥，多肉也"）字訓解，則三字名詞之義不可顯，故段氏改字以求其義通。王氏具言段氏改注之謬。較而論之，王說似爲得。

許書說釋本有詞性不分之例。黃季剛曰："古人詞例，與今世不同，古人用字，衹明詞位，不明詞性，異其詞位，則異其詞性矣。許君作書，即遵此例。"② 徐復更申析爲"名字釋作動字""名動靜諸字可通用"二例。其云："古者雙聲疊韻同音之字，其義多可通用。所謂聲相近者，義相通也。……尋《說文》中疊韻雙聲同音之可通用者，尚多。例如'窾，空也''空，窾也''窠，空也'，又'刑，到也''到，刑也'皆是。蓋吾人言語，無名字則無所主，無動字則無所發明，無靜字則無所發揮光大也。其可通用，理亦準此，不明斯恉，窒礙橫生矣。"③ 是故《說文》以形容詞"肥"訓解名詞"肪"，適合此例而不爲誣。"肪""肥"既可通用，則"膏""胕"併以"肥"字爲訓，可推而知之。此徵之許書義例可證者一。

"肥"字固有"脂膏"之義。《篆隸萬象名義·肉部》："脂，諸時反，肥凝，膏。"《水部》："油，餘周反，麻肥。"《慧琳音義》卷五十二"地肥"注："扶非反，劫初地脂也。"《玄應音義》卷十八"地肥"注："扶非反，劫初時地脂，亦名地味也。"《慧琳音義》卷六十七"肪膏"注："下果勞反……《說文》亦'肥'也。"皆其證。因此，《說文》"膏""肪""胕"三字以"肥"爲訓，無煩改字。此外，《說文·肉部》"腴，腹下肥也"，段氏依《文選注》改作"腴，腹下肥者"，亦屬不必。《慧琳音義》卷五十六"脂腴"注引《說文》曰："腹下肥也。"是其明證。此徵之字書可證者二。

綜上，略可知許書"膏""肪""胕""腴"之訓確不可易。段氏率臆

---

① 王念孫：《讀書雜志》，江蘇古籍出版社 2000 年版，第 268 頁。
② 徐復：《說文疑義舉例》，《金聲》1931 年第 1 期。
③ 徐復：《說文疑義舉例》，《金聲》1931 年第 1 期。

刊改，似有失察之嫌。

（二）

　　《說文·面部》："靦，面見人也。（各本無'人'，今依《毛詩
正義》補。面見人，謂但有面相對，自覺可憎也。《小雅·何人斯》：
'有靦面目。'傳曰：'靦，姡也。'《女部》曰：'姡，面靦也。'按，
《心部》曰：'青徐謂慙曰慚。'音義皆同。而一從心者，慙在中；一
從面者，媿在外。韋注《國語》曰：'靦，面目之皃也。'）從面見，
見亦聲。《詩》曰：'有靦面目。'"①《說文段注籤記》："靦，注本作
'人面貌'。"②《經義述聞·爾雅中·釋言·靦姡也》："今人以'靦'
爲面慙貌，非也。《說文》'靦，人面皃也'，（今本'人面皃'譌
作'面見'。……《說文繫傳》及段氏《注》皆誤解'靦'字，今訂
正。）③'姡，面靦也'。（《爾雅》訓'靦'爲'姡'，《說文》訓'姡'
爲'面靦'其義一也。今本'面靦'譌作'面醜'……今據《何人
斯》正義及邢《疏》所引訂正。）"④

　　按：《說文·面部》"靦，面見也"，《毛詩正義》引《說文》曰"靦，
面見人"，段氏據此以校訂許書說解。字書、傳注每以"面慙""慙皃"訓
解"靦"字，故段氏曲通曰："面見人，謂但有面相對，自覺可憎也。"《說
文·女部》"姡，面醜也"，段玉裁注："《面部》'靦'下曰'面見人也'，
如今人言無面目相見，其義彼此相成，此許例也。"率爾牽合，殊爲穿穴。
徐承慶《說文解字注匡謬》批評其"以它書改本書"，王氏《經義述聞》
具言段說訛謬。

　　《說文·面部》"靦，面見也"，張舜徽約注："'皃''見'形近易淆。

---

① 段玉裁：《說文解字注》，上海古籍出版社 1988 年版，第 422 頁。
② 董蓮池主編：《說文解字研究文獻集成》（古代卷），作家出版社 2007 年版，第 605 頁。
③ 原書豎行雙列小字，廁於正文之內，以此括號別之他文，下同。
④ 王引之：《經義述聞》，江蘇古籍出版社 2000 年版，第 645 頁。

桂馥、錢坫亦謂'面見'當作'面皃',是矣。"是"靦"本義"人面目皃",無可疑義。《國語·越語下》"余雖靦然而人面哉",韋昭注:"靦,面目之貌。"《詩·小雅·何人斯》"有靦面目",朱熹集傳:"靦,面見人之貌也。"《爾雅·釋言》"靦,姡也",邢昺疏:"'靦'與'姡'皆面見人之貌。"皆其明證。

《慧琳音義》卷六十二"靦面"注引《說文》曰"靦,見也。從面,見聲也",卷八十八"靦顏"注引《說文》曰"面見皃。從面,見聲。"《六書故·人三》:"靦,《說文》曰:'面見也。'"知"皃"之訛"見",其出也早。段氏未能諟正,反易之以"面見人",且強爲之詞,訛以滋訛。

王引之《經義述聞》曰:"《方言》:'愐,憮也,荆楊青徐之閒曰愐。'此與'有靦面目'之'靦'異義。而左思《魏都賦》曰'有靦瞢容,神藥形茹',任昉《彈曹景宗》奏曰'惟此人斯,有靦面目',《玉篇》亦曰'靦,憮皃',則皆誤以'靦'爲'愐'矣。"以爲"靦"非謂"憮皃",左思、任昉、顧野王用"靦"爲"愐"皆非是,恐非情實。《說文·面部》"靦,面見也",徐灝注箋:"王氏訂正《說文》謬字是也。蓋本作'人面皃',傳寫'皃'誤作'見',又移'人'字於下耳。至謂'靦'非'憮貌',則猶有所扞格而不能通。'靦'之本義謂人面皃,而憮赧之義即由是而生。蓋人有媿恥之事,無以對人,則但仰而相覷,故'靦'有懷憮義,亦有不知媿怍義,與'赧'音義相近,但'赧'爲面發赤耳。《玉篇》:'靦,憮皃。'左思《魏都賦》:'有靦瞢容,神藥形茹。'任昉《彈曹景宗》奏曰:'惟此人斯,有靦面目。'此憮赧之義也。《方言》曰:'獝,楚鄭或曰姡。'又曰:'姡,獝也。江淮之閒,凡小兒多詐面獝或謂之姡。'此則不知愧怍之謂也。語言文字有一字而兼包數義者,此類是也。《心部》'愐'即'靦'之異文。"折衷詳慎,至爲辨晰。《說文·面部》"靦,面見也",張舜徽約注:"蓋靦之言珉也,珉者,安也,謂面色安閒也。因引申爲不愧於心、無動於中之稱。"是知"人面目皃"引伸而有"憮""無媿"諸義。"愐"或爲"靦"之後出分別字,王氏必以"靦""愐"二字絕然異義,未免固滯。左思《魏都賦》:"有靦瞢容,神藥形茹。弛氣離坐,愐墨而謝。"文中"覰""愧"並出，皆於"慙愧"取義，如依王氏之論，則一用"愧"字之借，一用其本字，恐未有是理。

（三）

《說文·糸部》："繭，蠶衣也。（衣者，依也。蠶所依曰蠶衣。蠶不自有其衣，而以其衣衣天下，此聖人之所取法也。）从糸，从虫，从芇。（芇聲，各本作'萬省'，萬不得爲繭會意。《韻會》'萬省聲'，'萬'上从二十并，亦非也。《五經文字》曰：'从虫，从芇，芇音綿。'許書《宀部》有'芇'字，'相當也'，讀若宀。張參所據本是矣。今據正。虫者，蠶也。芇者，僅足蔽其身也。工殄反，十四部。）"①《說文段注籤記》："繭，注未可改。"②

按：《說文》："繭，蠶衣也。从糸，从虫，萬省。"大徐、小徐各本注文皆作"萬省"，段氏以从"萬"不得會意，遂據張參《五經文字》改注爲"从芇"（《說文》："芇，相當也"），取繭僅足遮蔽蠶身之義。徐承慶《說文段注匡謬》指摘段氏"以它書亂本書"，王念孫亦以段改非是。

今考字典辭書，《慧琳音義》卷十七"作繭"注："堅顯反……《說文》：'蠶衣也。從糸，從虫，從芇。'"卷四十五"作繭"注："堅顯反……《說文》：'蠶衣也。從糸，從虫，從芇。'（芇）音眠。芇者，象蛾兩角相當也。"卷九十九"淪繭"注："下堅顯反……《說文》：'蠶衣也。從糸，從虫，從芇。'像蛾兩角相當也。芇音眠。"《六書故》卷三十"繭"字注："《說文》曰：蠶衣也。從糸，從虫，徐本從萬省，唐本從芇。"皆爲段氏改注"從芇"之明證。此字秦文字作"𦇧"（《睡虎地秦墓竹簡·日甲一三背》"非𦇧乃絮"），从糸，从虫，从芇。所从"芇"形，蓋即許書之"芇"（篆文作"芇"）字。段氏改注，審察精微，不囿成說，頗得古人造

---

① 段玉裁：《說文解字注》，上海古籍出版社1988年版，第643頁。
② 董蓮池主編：《說文解字研究文獻集成》（古代卷），作家出版社2007年版，第606頁。

字本意。

《說文·芇部》"芇，相當也"，段玉裁注："从芇則知之矣，取兩角相當，从門則不可知也。以繭从'芇聲'求之，則三直均長。"又以"繭"从"芇聲"，自亂其說。《慧琳音義》卷六十"一繭"注："堅顯反……《說文》：'蠶衣也。從糸，從虫，芇聲。'芇音眠，象蛾兩角相當也。"卷六十七"以繭"注："字從虫，從糸，芇聲。芇音眠。"卷八十五"繭栗"注："上堅典反……《說文》：'繭，蠶衣也。從糸，從虫，芇聲也。'芇音眠，象蛾兩角。"《玄應音義》卷十七"以繭"注引《蒼頡解詁》云："字從虫，從糸，芇聲。芇音眠。"皆以"繭"字从"芇"得聲。

今按，《說文》"繭"字，或訓"从糸，从虫，从芇"，或訓"从糸，从虫，芇聲"。徐灝《說文解字注箋》曰："段訂是也。《六書故》引唐本正'从芇'。然'芇'當爲聲。段注《芇部》亦曰'繭'从芇聲，非會意也。"桂馥《說文解字義證》曰："《字鑑》引作'芇聲'。戴侗云：'唐本從芇。《五經文字》'繭'從芇，芇音縣。《干祿字書》作'繭'從芇。馥謂'芇'誤作'芇'。《蒼頡解詁》'繭'字從虫，從糸，芇聲。芇音眠。"皆以"芇聲"說爲勝，正本清源，頗得許書真貌。王氏明謂許書"注未可改"，墨守成說，未免偏執。

（四）

《說文·蚰部》："蠶，任絲蟲也。（任，俗訛作'吐'，今正。'任'與'蠶'以疊韻爲訓也。言惟此物能任此事，美之也。'絲'下曰：'蠶所吐也。'）从蚰，朁聲。（昨含切，古音在七部。讀如驂。）"[1]《說文段注箋記》："蠶，改'吐'爲'任'，非。"[2]

按：《說文》"蠶"字注文，大徐、小徐諸本頗有出入。大徐國圖藏

---

① 段玉裁：《說文解字注》，上海古籍出版社 1988 年版，第 674 頁。

② 董蓮池主編：《說文解字研究文獻集成》（古代卷），作家出版社 2007 年版，第 606 頁。

宋刻元修本、平津館叢書本、藤花榭本、四部叢刊本、和刻本皆作"任絲也"，唯文淵閣四庫本、汲古閣本作"吐絲蟲"；小徐四庫本、四部叢刊本、祁寯藻刻本皆作"任絲也"，新安江氏藏本則作"吐絲蟲"。段氏參互鉤稽，以"任絲"爲勝，遂改許書注文作"任絲蟲"，王氏明謂段改非是。

《希麟音義》卷四"蠶繭"注："上雜含反。《說文》：'任絲也。'《六書故·動物四》"蠶"字注引《說文》曰："任絲也。"據此，知段氏所改固有所本。然而段氏所云"言惟此物能任此事，美之也"，實屬牽強。《說文》"蠶，任絲也"，徐灝注箋："任，猶妊也，非任事之謂也。"張舜徽約注："任者，孕也，謂蠶孕絲而吐之也。"得其所宜。今按，"任""妊"皆有"負載"義。"任"字，《詩經·生民》"是任是負，以歸肇祀"，鄭玄箋："任，猶抱也。""妊"字，《說文》"妊，孕也"，段玉裁注："孕者，裹子也。"二字音同義通，本屬同源。而後"任"字或加"女"旁以專表其義，如《慧琳音義》卷八十一"蛹蠶"注引《說文》作"妊絲也"、卷十四"蠶繭"注引《說文》作"妊絲蟲也"。《說文》未錄"妊"篆，慧琳所引當爲後人改動。

今《說文》各本或有作"吐絲蟲"者，蓋屬牽混《說文》《考聲》二書而訛誤。《慧琳音義》卷十四"蠶繭"注："上藏倉反……《考聲》云：'吐絲蟲名也。'《說文》：'妊絲蟲也。'"明謂《說文》作"妊絲"，《考聲》爲"吐絲"。《慧琳音義》卷三十一"蠶繭"注引《說文》作"吐絲蟲"、卷九十九"蠶衣"注引《說文》作"吐絲"，知《說文》之誤其出也早。王念孫以"吐絲蟲"爲是，恐未達許書本旨。

至於段氏改文作"任絲蟲"，仍有"蟲"字，未免拘墟。依許書屬辭之例，名物之詞每以動詞（或動詞性詞組）爲訓。"軸"訓曰"持輪"，"軔"訓曰"礙車"，"碓"訓曰"舂"，"緘"訓曰"束匧"，"卦"訓曰"筮"，"鉉"訓曰"舉鼎"，皆其例。《說文》"蠶"訓"任絲"，當與其同屬。故而許意"蠶"者，所以任絲也，如依段氏注文加"蟲"字，反失《說文》行文之例，是其失。

三、正段氏之誤校書傳

清人視校勘爲讀書、治學之先務，一般能綜合運用本校、對校、他校、理校諸法，善於將文字、訓詁、音韻、版本、目錄、輯佚、辨僞等研究成果運用於群書校勘，集前代之大成。"段玉裁《說文解字注》，其中校釋之典籍凡三百又二種，一種在百條以上者頗多。"[①] 段氏校書以理校見長，所據包括小學、名物、典制、義例等方面，參以對校、本校、他校諸法，善定是非，每得精闢結論，但一味強調理校，難免臆斷妄改，可謂得失相兼。王氏父子以聲音通訓詁，據小學校書傳，郅爲精博，每多不刊之論。其稱言段氏誤校書傳者，凡十三條。此舉其中四例，詳作考辨。

（一）

《說文·土部》："坁，箸也。（《左傳·昭廿九年》'物乃坁伏，鬱湮不育'，杜注：'坁，止也。'此'坁'字見於經者，而《開成石經》譌作'坻'，其義迥異。楚金所見《左傳》故未誤，尋其所由，蓋唐初已有誤'坻'者，故《釋文》曰：'坁音旨。又音丁禮反。'後一音則已譌爲'坻'。凡字切'丁禮'者，皆'氐'聲也。今版本《釋文》及《左傳》及《廣韻·四紙》，皆作'坻'，'坻'行而'坁'廢矣。）从土，氏聲。（諸氏切，十六部。與十五部之'坻'異義。）"[②]《說文段注簽記》："坁，《左傳釋文》音旨，又丁禮反。則當作'坻'矣。"[③]

按：《左傳·昭公廿九年》"物乃坁伏"，段氏依"坁"字本義（《說文·土部》"坁，小渚也"）訓解，其義未通，遂易《左傳》"坻"字作"坁"（《說文·土部》"坁，箸也"）。阮元《十三經注疏校勘記》說與段同。《說文·土部》"坁，箸也"，張舜徽約注："坁之言止也，謂附著於土留止

---

①　余行達：《說文段注研究》，巴蜀書社 1998 年版，第 125 頁。

②　段玉裁：《說文解字注》，上海古籍出版社 1988 年版，第 687 頁。

③　董蓮池主編：《說文解字研究文獻集成》（古代卷），作家出版社 2007 年版，第 606 頁。

不去也。昭公二十九年《左傳》所云'物乃坻伏',乃用本義。今本'坻'譌作'坻',自《開成石經》以來然矣。"亦同段説。然則"坻"字乃與《左傳釋文》"丁禮反"之音不合,王氏疑段氏改經非是。

今按,《左傳》恐不煩改字。《廣雅·釋詁》"攻,伏也",王念孫疏證補正:"諸書無訓'攻'爲'伏'者,'攻'當爲'攷',字之誤也。……《玉篇》音丁禮切。攷者,伏藏之名。襄二十九年《左傳》'若泯棄之,物乃坻伏',釋文:'坻,音旨,又丁禮反。'《後漢書·馬融傳》'駭愡底伏',李賢注云:'底伏,猶滯伏也。''坻''底'竝與'攷'通,是'攷'與'伏'同義。王褒《四子講德論》:'雷霆必發而潛底震動。''潛底',猶潛伏也。'伏'與'隱'義相近,故《釋言》又云:'攷,隱也。'《論衡·感虛篇》云'夏末政衰,龍乃隱伏',即《傳》所云'物乃坻伏'也。"① 《經義述聞·春秋左傳下·官宿其業物乃坻伏》:"杜解'物乃坻伏'云:'坻,止也。'《釋文》:'坻,音旨,又丁禮反'。《正義》曰:'若滅弃所掌之事,則其物乃止息而潛伏。'家大人曰:杜、孔分'坻''伏'爲二義,非也。'坻'讀爲'攷'。攷,隱也。言滅弃其業而不脩,則所掌之物乃隱伏而不出也。《廣雅》'攷,隱也',曹憲音丁禮反。王褒《四子講德論》'雷霆必發,而潛底震動','潛底',猶潛隱也。馬融《廣成頌》"疏越蘊慉,駭洞底伏",'底伏',猶隱伏也。'坻''底'竝與'攷'通。《論衡·龍虛篇》引《左傳》'坻'作'低','低伏',亦隱伏也。故《感虛篇》又云:'夏末政衰,龍乃隱伏。'"② 準此,知"攷""伏"皆取義於"隱","坻伏""底伏""低伏""攷伏"諸詞義同。王氏復原存真,理據充分,得其確解。

再以字典辭書明之。黎本《原本玉篇殘卷·广部》:"底,都礼反。《左傳》'物乃底伏',杜預曰:'底,山③也。'又曰'勿使有所應閔淋底,以雲其體'④,杜預曰:'底,滯也。'《説文》:'上居居也,一曰下也。'野

① 王念孫:《廣雅疏證》,江蘇古籍出版社2000年版,第423頁。
② 王引之:《經義述聞》,江蘇古籍出版社2000年版,第468頁。
③ "山"乃"止"字之訛。
④ 原書字多舛訛,今《左傳·昭公元年》作:"勿使有所壅閉湫底,以露其體。"

王案：《淮南》'上窮至高之末，下測至深之底'是也。"《慧琳音義》卷三十一"無底"注："下丁禮反。杜注《左傳》'底，止也，滯也。'《淮南子》云'上窮之末，下測至深底'是也。"顧氏、慧琳所見《左傳》俱作"底伏"，如依王氏所言，"底""坻"並通"敀"，而義爲"隱"，是與《左傳》文義正相密合。段氏不明假借之例，改"坻"作"坻"，以不誤爲誤，恐失校勘之旨。

（二）

《說文·鼎部》："鼏，以木橫貫鼎耳舉之。从鼎，冂聲。《周禮》'廟門容大鼏七箇'，（《玫工記·匠人》文。今本作'大扃七箇'，許所據作'鼏'，用此知《禮經》古文本亦作'鼏'。古文以'鼏密①'連文，今文以'鉉密①'連文。鄭上字從古文，下字從今文，遂'鼏鼏'連文，轉寫恐其易混，則上字易爲'扃'耳。）即《易》'玉鉉，大吉'也。"②《經義述聞·儀禮·扃鼏》："段說非也。《說文》'鉉'字注《易》謂之鉉，《禮》謂之鼏'，'禮'上當有'周'字。'鼏'字注《周禮》"廟門容大鼏七個"，即《易》"玉鉉，大吉"也'，正與'鉉'字注合，是其明證。俗本'禮'上脫'周'字，而解者遂以爲《儀禮》，若《儀禮》古文果作'鼏'，鄭安得輒改爲'扃'乎？《易》作'鉉'，《周禮》作'鼏'，皆正字，故許君引之。若《儀禮》古文作'扃'，乃'鼏'之借字。已言《周禮》謂之'鼏'，不須更引《儀禮》矣。"③

按：《儀禮》"扃鼏"連言凡十次，其下常見鄭玄"今文'扃'爲'鉉'，古文'鼏'爲'密'"之注語。據此，知《儀禮》古文作"扃密"，今文作"鉉鼏"。鄭氏上字取古文，下字從今文，故今之《儀禮》"扃鼏"

---

① 段書有誤，"密"字當作"鼏"。
② 段玉裁：《說文解字注》，上海古籍出版社 1988 年版，第 319 頁。
③ 王引之：《經義述聞》，江蘇古籍出版社 2000 年版，第 234 頁。

連文。然則《說文》"鉉"下曰"《禮》謂之鼏"，此與鄭玄所見《禮經》古文不合，段氏遂臆斷鄭氏本"鼏鼏"連文，恐其轉寫牽混，遂以"扃"字代"鼏"字。固宜段氏校書之多鑿。

《說文·鼎部》："鼏，以木橫貫鼎耳而舉之。《周禮》'廟門容大鼏七箇'，即《易》'玉鉉，大吉'也。"《說文·金部》"鉉，舉鼎也。《易》謂之鉉，《禮》謂之鼏。"二字引文其義正合，王氏遂疑"鉉"字注"禮"上當脫"周"字，則《周禮》用"鼏"，是爲正字，《儀禮》古文作"扃"，當是借字，鄭玄所注《儀禮》本作"扃鼏"，無煩改字。王氏言之有據，言之成理，說較段氏更爲可信。

考許書引《禮》之例，凡二十五見，共分七類：其一，稱《禮》即屬《儀禮》（即《禮經》）者，共十例。例如，《刀部》"刷，刮也。从刀，刷省聲。《禮》有'刷巾'"，段玉裁注："《禮》謂《禮經》十七篇也。"《女部》"婚，婦家也。《禮》，娶婦以昏時，婦人侌也，故曰婚。从女昏，昏亦聲"，段玉裁注："《禮》謂《禮經》。"其二，引《禮記》而謂之《禮》者，共五例。例如，《玉部》："瑈，蜃屬。从玉，刕聲。《禮》：佩刀，士瑈珕而珧珌。"段玉裁於"禮"下補"記曰"二字；《壴部》"鼕，夜戒守鼓也。从壴，蚤聲。《禮》：昏鼓四通爲大鼓，夜半三通爲戒晨，旦五通爲發明"，段玉裁注："此當云《禮記》。"其三，引《周記》而謂之《禮》者，共四例。例如，《玉部》"璋，剡上爲圭。从玉，章聲。《禮》六幣：圭以馬，璋以皮，璧以帛，琮以錦，琥以繡，璜以黼"，段玉裁注："見《周禮·小行人》。"《巾部》"席，藉也。《禮》：天子諸侯席有黼繡純飾"，段玉裁注："謂《周官經》。"其四，引《禮緯含文嘉》而謂之《禮》者，共二例。例如，《木部》："樂，樂木，似欄。从木，䜌聲。《禮》：天子樹松，諸侯柏，大夫樂，士楊"，段玉裁注："《禮》，謂《禮緯含文嘉》也。"《土部》："墀，塗地也。从土，犀聲。《禮》：天子赤墀。"段玉裁注："蓋出《禮緯含文嘉》之文。"其五，引《明堂月令》而謂之《禮》者，凡一例。《酉部》"酋，繹酒也。从酉，水半見於上。《禮》有大酋，掌酒官也"，段玉裁注："《禮》謂《明堂月令》：'仲冬，乃命大酋。'"其六，所引今《儀禮》

無此文或闕疑待考者，凡二例。例如，《方部》："舫，方舟也。从方，亢聲。禮：天子造舟，諸侯維舟，大夫方舟，士特舟"，段玉裁注："《大雅》詩傳及《釋水》同。"《糸部》："緇，帛赤色也。从糸，晉聲。《春秋傳》曰：緇雲氏。《禮》有'緇緣'"，段玉裁注："十七篇無'緇緣'，俟考。"

綜上所言，《說文》引經稱"禮"者，或意爲《儀禮》，或意爲《周禮》，或意爲《禮記》，或意爲《禮緯含文嘉》，或意爲《明堂月令》，自非特指《儀禮》。段氏所謂"凡單言《禮》者，皆謂《禮經》，今之《儀禮》也"①，恐非情實。《金部》"鉉"下曰："《易》謂之鉉，《禮》謂之鼏。"王引之謂此《禮》當爲《周禮》，言之成理，但以"禮"上當補"周"字，實屬不必。

（三）

　　《說文·糸部》："縈，落也。（落者，今之'絡'字。古叚'落'不作'絡'，謂包絡也。……《馬融傳》曰：'縈彙四野之飛征。'李注引《說文》，又引《國語》'縈於山有牢'，賈逵注云：'縈，還也。'按，'還''環'古今字，古用'還'不用'環'。《國語》'縈於山有牢'，今本譌作'環山於有牢'，韋注曰：'環，繞也。''山''於'誤倒，'環'爲俗字。蓋非韋氏之誤，而淺人轉寫所致也。知古書之舛繆不可知者多矣。）从糸，裹聲。（胡畎切，十四部。李賢又胡串反。）"②《說文段注簽記》："縈，解《齊語》未妥。"③

按：韋注本《國語》"環山於有牢"，段氏以"環"爲"縈"之俗字，淺人轉寫所致。王氏以段說未妥，惜不該備，今試作辨正。

《國語·齊語》"使海於有蔽，渠弭於有渚，環山於有牢"，韋昭注："環，繞也。"此韋注本《國語》；《後漢書·馬融傳》"然後舉天網，頓八

---

① 語見《說文·金部》"鉉"字注。
② 段玉裁：《說文解字注》，上海古籍出版社1988年版，第647頁。
③ 董蓮池主編：《說文解字研究文獻集成》（古代卷），作家出版社2007年版，第606頁。

紘，摯斂九藪之動物，繯橐四野之飛征"，李賢注："《國語》曰：'繯於山有罕。'賈逵注云：'繯，還也。'"羅本《原本玉篇殘卷·系部》"繯，《國語》'繯山於有牢'，賈逵曰：'繯，還也。'"是知賈注本《國語》作"繯山"，與韋注本有異。然《國語》"環山""繯山"，無可遽定孰本孰俗，試以四事明之。其一，《國語·越語上》"三江環之，民無所移"，韋昭注："環，繞也。"《國語·晉語二》"戎翟之民實環之"，韋昭注："環，繞也。"韋氏稱言"環，繞也"者，凡三見，豈俱爲淺人所妄改？段說頗爲可疑；其二，《説文·系部》"繯，落也"，段玉裁注："'落'者，今之'絡'字。古段'落'不作'絡'，謂包絡也。"此謂"環繞"乃"繯"之本義。《説文·玉部》"環，璧也"，段玉裁注："'環'引伸爲'圍繞無端'之義，古祇用'還'。"此謂"環繞"乃"環"之引伸義。準此，則《齊語》作"繯山"，或作"環山"，皆無不可，段氏必以"環山"淺人轉寫致誤，恐不盡中肯；其三，《説文·玉部》"環，璧也"，朱駿聲通訓定聲："段借又爲'繯'。《齊語》'環山于有牢"，注：'繞也。'"則以"圍繞"乃"環"之借義。然則"睘"聲之字每有"圓還"義，如"還""圜""鐶""擐""嬛""環""繯"，皆是。未可局定"繯""環"二字孰本孰借。假使"繯"確爲本字，尤不足勘定《齊語》必爲"繯山"，因舊籍非用本字而用見行之字者，比比是。段氏必以"環"乃"繯"字之俗，殆爲偏滯；其四，經傳"環"義"圍繞"者，其數較"繯"字爲眾。《周禮·秋官·司寇》"環人"注："環，猶圍也。"《禮記·儒行》："儒有一畝之宮，環堵之室。"《孟子·公孫丑下》："三里之城，七里之郭，環而攻之而不勝。"《左傳·襄公二十八年》："慶氏以其甲環公宮。"《史記·孟子荀卿列傳》："於是有裨海環之。"無煩贅言。段氏以"環"乃"繯"之俗字，恐有臆斷之嫌。

《後漢書·馬融傳》李賢注引《國語》曰："繯於山有罕。"段氏執此以定今之《國語》"山""於"二字誤倒，恐不明虛詞之所用。"於"字，王引之《經傳釋詞·於》云："《廣雅》曰：'於，于也。'常語也。亦有於句中倒用者。《書·酒誥》：'人無於水監，當於民監。'猶言'無監於水，當監於民’也。僖九年《左傳》曰：‘入而能民，土於何有。’言‘何有於土’也。昭十九年《左傳》曰：‘其一二父兄，私族於謀而立長親。’言‘私謀於族’也。又曰：‘諺所謂室於怒，市於色者，楚之謂矣。’言‘怒於室而色於市’也。”① 馬建忠《馬氏文通·虛字·於字之用·於字在轉詞後》曰：“司詞後乎介字，轉詞後乎動字者，常也。內、外《傳》有反是者，後此則未之見也。《左·昭十一》：‘王貪而無信，唯蔡於憾。’‘所於’憾者‘蔡’也，故‘於蔡’乃‘憾’之轉詞，今先焉。‘蔡’乃‘於’字司詞，今亦先焉。此皆反乎常例，而詞氣較勁。又《十九》：‘其一二父兄，懼隊宗主，私族於謀而立長親。’‘私族於謀’者，‘謀於私族’也，或云‘私謀於族’也，是則‘私’爲狀字，而與‘謀’字不合也，於例不安。又《四》：‘亡於不暇，又何能濟！’‘亡於不暇’者，‘不暇於亡’也。又《僖九》：‘入而能民，土於何有！’言‘何有於土’也。又《昭十九》：‘諺所謂室於怒，市於色者，楚之謂矣。’言‘怒於室，色於市’也。《齊語》：‘管子對曰：“以魯爲主，反其侵地堂潛，便海於有蔽，渠弭於有渚，環山於有牢。”’言‘有蔽於海，有渚於渠弭，有牢於環山’也。諸引句唯見於內、外《傳》者。”② 王引之、馬建忠之說確不可易。“於”屬介詞，所引賓語間有前置其身者，以增累詞氣。段氏未詳其恉，故有“山”“於”誤倒之論，其治虛詞之疏，略見一斑。

（四）

《說文·邑部》：“郡，周制，天子地方千里，分爲百縣，縣有四郡。故《春秋傳》曰‘上大夫受縣，下大夫受郡’是也。至秦初，天下置三十六郡以監縣。从邑，君聲。（渠運切，十三部。按，《釋詁》曰：‘郡，乃也。’此未得其說，疑‘那’之誤也。）”③《經義述聞·爾雅上·郡臻仍迺侯乃也》：“段氏若膺曰：‘“郡”當爲“那”之誤。’”……

---

① 王引之：《經傳釋詞》，江蘇古籍出版社 2000 年版，第 13 頁。

② 馬建忠：《馬氏文通》，商務印書館 2004 年版，第 260 頁。

③ 段玉裁：《說文解字注》，上海古籍出版社 1988 年版，第 283 頁。

諸書無訓'那'爲'乃'者，段說亦失之。……《法言·孝至篇》曰：'龍堆以西，大漠以北，郡勞王師，漢家不爲也。'郡者，仍也，仍者，重也，數也。言數勞王師於荒服之外，漢家不爲也。《法言》謂'仍'爲'郡'，義本《爾雅》，則'郡'非誤字明矣。"①

按：《爾雅·釋詁》："郡，乃也。"段氏以"郡""乃"二字義遠，遂疑"郡"字乃"那"字之訛。然考之群書，"那"字罕有訓"仍"者，故段氏校字頗爲可疑。

《爾雅·釋詁》"郡，乃也"，郝懿行義疏："郡者，'君'之叚借也。《水經·河水注》引黃義仲《十三州記》云：'郡之爲言君也。'然則'君'與'庝'義近，通作'寷'。《詩》'又寷陰雨'，傳：'寷，困也。''寷'訓困，與'乃'訓難義又近。箋云：'寷，仍也。'《漢書·敘傳》'寷世薦亡'，'寷'亦訓仍。'仍'與'乃'其義同矣。"郝氏謂"郡"通"君"，"君"通"寷"，"寷"有"仍"義，而"仍""乃"同義，故"郡"亦有"仍"義。輾轉疏通，強爲之解，恐失之鑿。

王氏以"郡"從"仍"取義，"仍""乃"同聲通用，故《爾雅》訓"郡"爲"乃"，極中肯綮，令人信服，惜言之未詳。此以聲義關係證成其說。"君"字，甲骨文作"𠂤"（《甲骨文合集·二四一三二》），金文作"𠁁"（《作冊令方彝》"眔者尹眔里𠁁"），從尹，從口（或以"口"爲分化符號），尹亦聲。《儀禮·喪服》"君，至尊也"，鄭玄注："天子、諸侯及卿大夫有地者皆曰君。"從"君"得聲之字，多有"尊""大"之義。"君"字，《說文·口部》："君，尊也。從尹，發號，故從口。"是人之尊大者曰"尊"；"莙"字，《說文·艸部》"莙，牛藻也。從艸，君聲"，朱駿聲通訓定聲："《爾雅》'莙，牛藻'，注：'似藻，葉大，江東呼爲馬藻。'按，凡物之大者曰牛、曰馬或曰王。"是藻之大者曰"莙"；"頵"字，《說文·頁部》："頵，頭頵頵大也。從頁，君聲。"《廣韻·真韻》："頵，大頭。"是

① 王引之：《經義述聞》，江蘇古籍出版社 2000 年版，第 629 頁。

頭大貌曰"頵"。又"羣""宭""峮""裠""輑""攈""窘""郡"諸字均含有"多""連"之義。《說文·羊部》:"羣,輩也。从羊,君聲。"是羊多而相連則成"羣";《說文·宀部》:"宭,羣居也。从宀,君聲。"是人多而相連聚居爲"宭";《廣韻·真韻》:"峮,嶙峮,山相連皃。"是山多而相連之貌爲"峮";《說文·巾部》"裠,下裳也。从巾,君聲",朱駿聲通訓定聲:"或从衣。《釋名》:'裙,下裳也。裙,群也,聯接群幅也。'"是多幅相連之物爲"裠";《說文·車部》:"輑,軺車前橫木也。从車,君聲。"是連接車兩側之物爲"輑";《說文·攴部》"攈,朋侵也。从攴,从羣,羣亦聲",徐鍇繫傳:"《史》云'羣盜',此意也。"是人多相連而攻侵爲"攈";《說文·穴部》"窘,迫也。从穴,君聲",段玉裁注:"《小雅》'又窘陰雨',毛傳:'窘,困也。'按,箋云:'窘,仍也。'仍者,仍其舊而不能變,亦是困意。"是困多相連而不能變爲"窘";《釋名·釋州國》:"郡,群也,人所群聚也。"是人多而相連聚居之地爲"郡"。推究語源,"君聲可載相連義,兼聲字'嶜''霖''爒''㹖'等所記錄語詞可相證。'嶜',山崖層疊、相連接;'霖',連續下雨;'爒',連續烘烤;'㹖',犬連續叫。君聲、兼聲本相近且相通。"[1]

　　綜上,"郡"字固有"群多""相連"之義,此與"仍"字"因襲""連續""重複"諸義正相契合。而"仍""乃"二字聲近義通,文獻多所通用。"《說文》'仍'從乃聲,故二字同聲而通用,鄭仲師注《周官》既讀'乃'爲'仍',而《吳語》'邊遽乃至',《左偉·哀十三年》正義引作'邊遽仍至'。《大雅·雲漢》箋'天仍下旱災亡亂之道',正義曰:'定本《集注》"仍"字皆作"乃"。'是'仍'字古通作'乃'也。《史記·張耳陳餘傳》'乃求得趙歇',《漢書》'乃'作'仍'。《匈奴傳》'乃再出定襄',《漢書》'乃'作'仍'。《淮南·道應篇》'盧敖乃與之語',《論衡·道虛篇》'乃'作'仍'。是'乃'字古亦通作'仍'也。"[2] 王氏辨之甚詳。是知《爾雅》

---

① 殷寄明:《漢語同源詞大典》,復旦大學出版社 2018 年版,第 754 頁。

② 王引之:《經義述聞》,江蘇古籍出版社 2000 年版,第 629 頁。

以"乃"字訓"郡"字，確爲不誣，無煩改字。

四、正段氏之誤釋書傳

段玉裁曰："昔東原師之言：'僕之學不外以字攷經，以經攷字。'余之注《說文解字》也，葢竊取此二語而已。"① 段氏引用經傳以證成許書，又籍注述《說文》而校釋經傳。王念孫曰："（段氏）於許氏之說，正義借義，知其典要，觀其會通，而引經與今本異者，不以本字廢借字，不以借字易本字，揆諸經義，例以本書，若合符節，而訓詁之道大明。"② 黃侃曰："段《注》多說經義，類皆精覈，使人因治《說文》而得治經之法，其可寶重，政在於此。"③ 段氏以經證字，以字解經，表裏相應，相得益彰，字義緣經典而確證，經典因字義而明通。其發蒙解滯者十之八九，然而穿鑿不經，適成謬說者亦不少。王氏父子論其釋書之非者，凡七十條。此舉其中四例，細作考論。

（一）

《說文·欠部》："歊，盛气怒也。（《左傳》'昌歜'，言陽氣辛香以爲菹，其氣觸鼻，故名昌歜。'歜'之讀在敢反者，語之轉也。'歊'與'歜'同在三部，音轉皆可入八部，是以《玉篇》云：'歊，亦徂感切，昌蒲也'。葢古本《左傳》有作'昌歊'者，二字可相假借，皆可讀屋、沃本韻之音，非必定當在敢反也。）从欠，蜀聲。（尺玉切，三部。）"④《經義述聞·春秋左傳上·昌歜》："《廣韻·入聲·一屋》：'歊，《說文》本才六切，歟歊也。''才六'之音轉爲'在感'，乃幽、侵二部之通，'歊'從黿聲，而音在感切，猶'鈶'從枲聲，而音徐鹽切。'黿''枲'皆以'先'爲聲也。若從蜀聲之字，偏考諸

① 語見陳奐《〈說文解字注〉跋》。
② 語見王念孫《〈說文解字注〉序》。
③ 黃侃：《黃侃論學雜著》，中華書局 1964 年版，第 147 頁。
④ 段玉裁：《說文解字注》，上海古籍出版社 1988 年版，第 412 頁。

書，無讀入侵部者。以是知其當從亀，不當從蜀也。特以‘歇’字
或省作‘歌’，‘亀’字隷書作‘**黽**’，與‘蜀’相似，故傳寫者誤作
‘歌’。……段氏乃欲改爲‘尺玉切’，而云‘香氣觸鼻，故名昌歌’，
我未之前聞也。”①

　　按：《左傳·僖公三十年》“饗有昌歜”，杜預注：“昌歜，昌蒲菹。”
陸德明釋文：“歜，在感反。”孔穎達正義：“此‘昌歜’之音，相傳爲‘在
感反’。”“歇”字從蜀聲，今音尺玉切，古音當屬屋部②。此與陸、孔二氏
“在感反”之音遠隔。

　　王氏依《玉篇·欠部》“歜，子合、才六二切。鳴歜也。亦作‘嗽’。
又俎敢③切，菖蒲菹也”，疑《左傳》“菖歜”乃“菖歜”之譌。因經籍從
亀之字每省從黽，“黽”“蜀”二字形似，故從亀之“歜”譌從蜀，乃至菖
歜義之“歜”與盛气怒義之“歜”字形牽混。此其所據者一；“歜”字從
亀聲，今音才六切，古音本在幽部④，然幽、侵二部語音極近，故音轉入
侵部，音俎感切。故“菖蒲菹”之“歜”，今音俎感切，自爲不誣。《左
傳》今音在感反之“歜”字，形自可疑。此其所據者二。

　　王氏謂從亀之字每省從黽，“黽”“蜀”二字形近，故“歜”字每譌
作“歜”。此言頗有見地，此徵之字書以明之。黎本《原本玉篇殘卷》：
“歜，子合、才陸二反，《説文》‘鳴歜也’。野王案：口相鳴之聲也。或爲
‘嗽’字，在《口部》。又音俎感反，《左氏傳》‘饗有昌歜、白、黑、形
鹽’，杜預：‘蒲菹也。’‘鮮’名‘歜’，《説文》爲‘奐’⑤字，在《奐部》。”
《篆隷萬象名義·欠部》：“歜，子合反，‘嗽’字，鯪。”高麗本《龍龕手
鏡·欠部》：“歜，子答反，歜歌，聲也。”綜上所載，“歜”字譌變之跡略

①　王引之：《經義述聞》，江蘇古籍出版社 2000 年版，第 414 頁。
②　古音依郭錫良編著《上古音手册》(增訂本)，中華書局 2010 年版。下同。
③　“敢”字當作“感”，黎本《原本玉篇殘卷》可證。
④　王氏幽、覺二部不分，郭錫良編著《漢字古音手册》(增訂本) 以“歜”字隷覺部。
⑤　“奐”當爲“鮺”之訛。《説文·魚部》：“鮺，藏魚也。南方謂之鮺，北方謂之鮺。”

得如下：

歆 —→ 歆 —→ 歆 —→ 歆
　　↘ 歆 —→ 歆 ↗

　　黎本《原本玉篇殘卷》於字頭作"歆"（即"歆"），於引文作"歆"，或爲"昌歆"譌作"昌歆"之顯證。王氏之論確爲不誣。

　　王氏又以幽、侵二部韻通，故"歆"音才六切，音轉而爲俎感切，則頗爲可疑。"歆"字从黿聲，今音才六切，古音當屬覺部。上古幽、侵二部語音極近，然覺、侵二部聲通者罕見。王氏幽、覺二部不分，其所舉幽、侵互諧通作之例，恐不足爲恃。① 才六切、俎感切聲既遠隔，固不必輾轉而強求其音轉。《原本玉篇殘卷》："歆，子合、才陸二反……又音俎感反，《左氏傳》'響有昌歆，白黑形鹽'，杜預：'蒲菹也。''鮓'名'歆'。《說文》爲'臭'② 字，在《臭部》。"《篆隸萬象名義》："歆，子合反，'嗍'字，鮢。"知"歆"字容兼蒲菹、藏魚二物，亦即知藏魚者，或言"鮢"，或言"歆"。藏魚之"鮢"，字从今聲，《唐韻》音俎慘反，聲與俎感反之"歆"字無所別。故疑"藏魚"之"歆"音本才六切，然字多舛訛，論者每不識，乃至俎感切之聲誤从"鮢"字。同物異名，一名之音而爲他名所趨同者，於古多見。《說文·艸部》"菫，艸也。从艸，里聲。讀若釐"，段玉裁注："里之切。一部。按，《廣韻》'菫'讀'許竹''丑六'切者，因'菫''蓄'同物而誤讀'菫'同'蓄'也。"《說文·鳥部》"雉，繳射飛鳥也。从隹，弋聲"，朱駿聲通訓定聲："'雉'即'鳶'字，鵰也，雎也。……《詩·四月》'鳶'與'鮪'韻，'鶉'與'鷺'韻，'天'與'淵'韻。後人聲讀誤从'鵰'音耳。"皆其例。王氏之言自非的論。

　　段氏拘泥字形，未明《左傳》"昌歆"實爲"昌歆"之訛，反依"歆"

---

① 王氏所舉皆幽、侵相通之例，唯"《頤》六四：'虎視眈眈'與'逐'韻"者除外。然驗之《周易》"顛頤，吉。虎視眈眈，其欲逐逐，無咎"，亦不足證"眈"字必與"逐"字爲韻。

② "臭"當爲"煮"字之訛。

字本義（盛气怒也）強爲之辭，曰"言陽氣辛香以爲菹，其氣觸鼻，故名昌歜"，違誤甚明。又云："'歜'之讀在敢反者，語之轉也。'歃'與'歜'同在三部，音皆可入八部。"段氏音轉之說粗疏含混，覺、屋二韻字轉而入談部者絕少，其說實不可從。

（二）

　　《說文·鬲部》："鬻，鼎實。惟葦及蒲。（按，《詩》'其殽維何，炰鼈鮮魚'，此謂鼎中肉也。'其蔌維何，維筍及蒲'，此謂鼎中菜也。菜謂之芼。《釋器》曰：'肉謂之羹，菜謂之蔌。'毛曰：'蔌，菜殽也。'菜殽對肉而言。……凡肉謂之醢，菜謂之菹，皆主謂生物實於豆者。肉謂之羹，菜謂之芼，皆主謂孰物實於鼎者。）陳臿謂鍵爲鬻。从鬲，速聲。餗，鬻或从食束。"① 《經義述聞·毛詩下·其蔌維何》："《周官·醢人》'加豆之實，深蒲箈菹'，今云'維筍及蒲'，則'蔌'爲豆實明矣。《說文》作'鬻'，乃'蔌'之借字。蓋古人謂鬻爲鬻。……鼎中爲鬻，故'鬻'字從鬲。鬲者，鼎屬也。與'維筍及蒲'之'蔌'訓爲菜者殊義，特以'蔌''鬻'同聲，故《大雅》借'鬻'爲'蔌'，不得以假借之字，而遂以豆實爲鼎實也。許君之說殆失之矣。若以爲芼羹之菜，則尤不可通。……段氏彌縫許說，而謂'菜謂之芼，實於鼎中'，非也。"②

　　按：段氏以爲"鬻"（或作"餗"）、"蔌"同字，強詞爲說，未合於經傳、字書，違誤甚明。

　　"蔌"字，《爾雅·釋器》"菜謂之蔌"，郭璞注："蔌者，菜茹之總名。"《詩經·大雅·韓奕》"其蔌維何，維筍及蒲"，毛氏傳："蔌，菜殽也。"孔穎達疏："蔌者，菜茹之總名。"《慧琳音義》卷九十九"蔬蔌"

---

① 段玉裁：《說文解字注》，上海古籍出版社 1988 年版，第 112 頁。
② 王引之：《經義述聞》，江蘇古籍出版社 2000 年版，第 168 頁。

注："蔌，素祿反。《文字典說》：'蔌，菜總名也。從草，欶聲。'"《六書故·植物四》："蔌，孫卜切。澤野之物可茹者。《詩》云：'其蔌維何，維筍及蒲。'（今俗謂蔬。蔬、蔌一聲也。）"是知古之所謂"蔌"，即今之所謂"蔬"；"鬻"（或作"餗"）字，《周易·鼎》"鼎折足，覆公餗，其形渥，凶"，孔穎達疏："餗，糝也，八珍之膳。"《周易·繫辭下》"《易》曰：鼎折足，覆公餗，其形渥，凶。言不勝其任也"，陸德明釋文："'餗'，馬作'粥'。"黎本《原本玉篇殘卷·食部》："餗，思穀反。《周易》：'鼎析①足，覆公餗。'野王案：鼎實也。《說文》：'陳留人謂饘爲餗也。'或爲'鬻'字，在《鬻部》。"《六書故·工事四》："餗，桑谷切。鼎實也。《易》曰：'鼎折足，覆公餗。'又作'鬻'。"是知古之所謂"鬻"（"餗"），即今之所謂"粥"。蔣斧本《唐韻殘卷》弟二十二葉："蔌，郭璞云：'菜茹之惣名。'……餗，鼎實。"亦以"蔌""餗"屬二物。王氏駁正段說，以"豆實""鼎實"言說"蔌""鬻"（"餗"）之所別，足成定論。

經傳"鬻""蔌"二字多所通借，《說文》未錄"蔌"字，故所收"鬻"字兼包"蔬"（即"豆實"）、"粥"（即"鼎實"）兩義。《爾雅·釋器》"菜謂之蔌"，郭璞注："蔌者，菜茹之總名，見《詩》。"郝懿行義疏："蔌者，'餗'之叚音也，《說文》作'鬻'，云：'鼎實。惟葦及蒲。陳留謂鍵爲鬻。或從食，束聲，作餗。'按：《易·鼎》釋文引馬云：'餗，鍵也。'鄭云：'菜也。'《詩·韓奕》傳：'蔌，菜殽也。'是'蔌''餗'通。《說文》兼包二義，從《詩》則'蔌'爲菜殽，故云'惟葦及蒲（葦，《詩》作"筍"）；從《易》則'餗'爲糜饘，故云'謂鍵爲鬻。'郭但言'見《詩》'，義未備也。……郭本作'蔌'，故但言菜，遂失'蔌''餗'通借之義。"郝氏精研故訓，辨析經旨，所言極是。《說文·鬻部》"鬻，鼎實。惟葦及蒲"，張舜徽約注："古所謂蔌，今所謂蔬也。本書《艸部》無'蔌'字，許君蓋即以'鬻'當之。《詩·大雅·韓奕篇》云：'維筍及蒲。'而許云'惟葦及蒲'者，許未明引《詩》句，正不必與經文全合。"頗有

---

① "析"字當爲"折"字之訛。

見地。

今按，"鬵"爲"鼎實"，"葦""蒲"屬"菽"，《說文》合二義以說釋，或引《詩》以明字之通借。許書引經說假借之例多見，例如，《人部》"佣，大皃。从人，同聲。《詩》曰：'神罔時佣'"，段玉裁注："今本作'恫'，傳曰：'恫，痛。'按，痛者，恫之本義。許所據本作'佣'，偁之以見《毛詩》假'佣'爲'恫'也。"《彳部》"徥，徥徥，行皃也。从彳，是聲。《爾雅》曰：'徥，則也'"，段玉裁注："今本《釋言》作：'是，則也。'蓋古《爾雅》假'徥'爲'是'也。此偁《爾雅》說叚借。"《耳部》"耼，耳大垂也。从耳，冄聲。《詩》曰：'士之耼兮'"，段玉裁注："此引《詩》說叚借也。毛《傳》曰：'耼，樂也。''耼'本不訓樂，而可叚爲'媅'字。《女部》曰：'媅者，樂也。'"其例甚繁。《說文》"鬵"下，段氏訂作"鼎實也。《詩》云：'其菽維何，維筍及蒲'"，當合於《說文》引經明假借之體例。許書"菽"字本無，遂借"鬵"字以記其義，段氏未能明通，牽混"菽""鬵"而立說，失之穿鑿。然王氏"許君之說殆失之矣""彌縫許說"之論，亦過甚其辭。

（三）

《說文·車部》："軌，車徹也。（車徹者，謂輿之下兩輪之閒。空中可通，故曰車徹，是謂之車軌。軌之名，謂輿之下隋方空處，《老子》所謂'當其無，有車之用'也。高誘注《呂氏春秋》曰：'兩輪之閒曰軌。'毛公《匏有苦葉》傳曰：'由輈以下曰軌。'合此二語，知軌所在矣。上距輿，下距地，兩旁距輪，此之謂軌。毛云'由輈以下'，則輿下之輈，軌也；輈下之軸，軌也；虛空之處，未至於地，皆軌也。濡軌者，水濡輪閒空虛之處，而至於軸，而至於輈，則必入輿矣。）从車，九聲。"①《說文段注籤記》："軌，注謬。"②《經義述

---

① 段玉裁：《說文解字注》，上海古籍出版社 1988 年版，第 728 頁。
② 董蓮池主編：《說文解字研究文獻集成》（古代卷），作家出版社 2007 年版，第 606 頁。

聞・毛詩上・濟盈不濡軌》："要而論之，毛《傳》本謂水由軸以上爲濡軌，非謂車由輢以下爲軌，則輿下之説無根。高《注》本謂兩輪閒之徹廣，非謂兩輪閒之空方，則輪閒之訓亦舛。至徹之爲車跡，古今所同，乃亦以空方之處言之，謂爲中空而通，則考之經典，驗之傳注，無一合者矣。此段氏千慮之一失，學者勿爲苟同可也。"①

按：《説文・車部》"軌，車徹也"，桂馥義證："徹、轍古今字。《漢書・文帝紀》：'結徹於道。'《陳平傳》：'門外多長者車徹。'《後漢書・班固傳》'豈特方軌竝迹'，注云：'軌，轍也。'《史記・司馬相如傳》'結軌還轅'，索隱引張揖云：'軌，車迹也。'"《説文新附・車部》："轍，車迹也。从車，徹省聲。本通用'徹'，後人所加。"段氏依《戰國策・齊策》《呂覽・勿躬》《淮南子・覽冥》高誘三注，訓"軌"爲"輿下隋方空處"（即車兩輪之間、車輿下中空之處），又據此解《詩經》"濡軌"爲"水濡輪閒空虛之處"（即河水浸漬車兩輪之閒空虛處），實屬大誤。

《説文》"軌，車徹也"，朱駿聲通訓定聲："訓'軌'爲兩輪之間、車輿之下中空處，殊誤。"徐灝注箋："《廣雅》曰：'軌，跡也。'《史記・司馬相如傳》：'結軌還轅'，索隱引張揖曰：'結，屈也。軌，車迹也。'蓋車輪之跡往來交錯，故曰'結軌'。軌从九聲，九者，屈曲究盡之義也。段因高誘注《呂覽》云'兩輪之閒曰軌'，遂以'軌'爲輿下空處，其説大謬。王氏引之已辯之。"張舜徽約注："本書'軌''𨋩'二篆比敘，明其義同，知許意亦自以'車迹'訓'軌'無疑。段氏必謂'軌'爲'輿下隋方空處'，非也。"諸氏皆以段説謬訛，當屬堅確之論。

今則以聲義關係證之。"九"字，甲骨文作"⺄"（《甲骨文合集・二〇七三八》），金文作"⺄"（《盂鼎》"唯⺄月"），象人臂節之形，當爲"肘"字初文。《説文・九部》："九，陽之變也。象其屈曲究盡之形。"臂節可曲可伸，故"九"有"糾曲"義。痕跡往來交錯，義與糾曲

① 王引之：《經義述聞》，江蘇古籍出版社 2000 年版，第 124 頁。

相通，故從“九”得聲之字每有“痕跡”義。例如，“軌”字，《說文·車部》：“軌，車徹也。从車，九聲。”《廣雅·釋詁》：“軌，跡也。”《孟子·盡心下》‘城門之軌’，朱熹集注：“軌，車轍跡也。”是車輪碾壓之痕跡曰“軌”；“厹”字，《說文·厹部》：“厹，獸足蹂地也。象形，九聲。《爾疋》曰：‘狐貍貛貉醜，其足蹞，其跡厹’。……蹂，篆文從足，柔聲。”《集韻·有韻》：“厹，獸跡。或作蹂。”《爾雅·釋獸》“貍狐貒貈醜，其足蹯，其跡内”，邢昺疏：“其指頭著地處名内。”是獸足踐地之跡曰“厹”（或作“内”）。“九”聲之字亦有“道路”之義，例如，“軌”字，《廣雅·釋宮》“軌，道也”，王念孫疏證：“軌，謂車道也。”《淮南子·本經》“五星循軌而不失其行”，高誘注：“軌，道也。”“馗”字，《說文·九部》“馗，九達道也。似龜背，故謂之馗。馗，高也。从九，从首”，段玉裁注：“會意。首猶向也，故道字亦从首，九亦聲。”《文選·鮑照〈蕪城賦〉》“峭嶙古馗”，李周瀚注：“馗，道也。”“車跡”與“車道”其義相通。又，“九”聲之字有“側旁之物”義，例如，“軌”字，《禮記·少儀》“祭左右軌范”，鄭玄注：“軌與軹於車同謂轊頭也。”孔穎達疏：“軌，謂轂末。”是車軸側旁自轂中出者曰“軌”（即車軸頭）；“厬”字，《說文·厂部》：“厬，仄出泉也。从厂，晷聲。讀若軌。”此字《爾雅》作“氿”。《爾雅·釋水》“氿泉穴出。穴出，仄出也”，王引之述聞：“泉皆自穴中出，而氿泉獨言‘穴出’者，‘穴’非‘孔穴’之‘穴’，乃‘回穴’之‘穴’也。……然則邪謂之回，僻謂之穴。僻者，偏也。氿泉從旁出，故曰‘穴出’，又曰‘仄出’。”是自旁穴流出之泉水曰“氿”。故而“車跡”“車道”“車轊頭”諸義皆爲“軌”字所固有，段氏誤解《說文》，曲說毛《傳》，於文義扞格難通。

　　總之，“軌”字本義“車跡”，《戰國策·齊策》“車不得方軌”，鮑彪注：“軌，車轍也。”《漢書·司馬相如傳》“結軌還轅”，顏師古注：“軌，車迹也。”是其例；引申則車跡之間距（或車兩輪之間距）曰“軌”，《周禮·考工記·匠人》“經涂九軌”，鄭玄注：“軌，謂轍廣。”《中庸》“今天下車同軌”，朱熹章句：“軌，轍迹之度。”是其例；再者，車軸兩端之

軸頭亦曰"軌",《詩經·邶風·匏有苦葉》"濟盈不濡軌",陸德明釋文:
"軌,謂車轊頭也。"王先謙三家義集疏:"軌者,軸之兩端。"是其例。段
氏合三義而爲一,臆造"軌"乃"輿之下隋方空處",強解經義而失之疏。
王氏論段氏之誤有三,皆切中其弊,洵是不移之論。

王引之曰:"高氏之說凡三見。一爲《齊策》'車不得方軌'注,一
爲《呂氏春秋·勿躬篇》'車不結軌'注,一爲《淮南·覽冥篇》'車軌不
接於遠方之外'注。……是高誘所注'軌'字皆謂'徹廣'。"① 今按,車
兩輪所碾之跡曰"軌"(即"車徹"),引申則兩輪所碾痕之間距亦曰"軌"
(即"徹廣"),本義、引伸義分別釐然。書傳"方軌""結軌""車軌"諸
語皆於"車徹"取義,高誘俱以"兩輪之閒曰軌"(即"徹廣")訓解,非
義所安。張舜徽《車部》"軌"字注:"凡史傳中所云'結徹''結軌',皆
謂車輪之迹縱橫交錯,如相糾結然也。否則不合以'結'言矣。"所言甚
是。段氏據高氏誤注,臆斷"軌"字本義,訛以滋訛。王氏駁正段說,明
辨是非,但於高氏拘攣處不能直言。

(四)

《說文·木部》:"樕,木相摩也。(《釋木》曰:'木相磨,槷。'
按,《大雅》:'作之屏之,其菑其翳。脩之平之,其灌其栵。'《爾雅》:
'立死,菑;蔽者,翳;木相磨,槷。'除灌木叢木已見於上,則槷即
栵也。以文法論,栵必非木名。毛云:'栵,栭也。'栭謂之而小木相
迫切,與《爾雅》義無不合也。栭爲小木,如鮞爲魚子。)從木,埶
聲。"②《說文段注籤記》:"樕,此非'其灌其栵'之'栵'。"③

《說文·木部》:"栵,栭也。(《大雅》'其灌其栵',毛曰:'栵,
栭也。'栭與灌爲類,非木名,謂小木叢生者,如魚子名鯤鮞也。許
云'栵,栭也'者,字之本義。曲枅加於柱,枅加於曲枅,栭又加

---

① 王引之:《經義述聞》,江蘇古籍出版社 2000 年版,第 126 頁。
② 段玉裁:《說文解字注》,上海古籍出版社 1988 年版,第 251 頁。
③ 董蓮池主編:《說文解字研究文獻集成》(古代卷),作家出版社 2007 年版,第 604 頁。

於枡，以次而小，故名之栵。毛取小木之義，故亦曰'栵，栭也'。從木，列聲。《詩》曰：'其灌其栵。'(《大雅》文。許說爲本義，毛傳爲引伸假借之義。)"①《說文段注籤記》："栵，此字本在前諸木名內，後人移置於'栭'字之上，而段氏四屬之說，謬矣。《玉篇》'栵'字在'檴''栲'二字之間，不與'栭'相連。"②

　　《經義述聞·毛詩中·其灌其栵》："段氏《詩經小學》讀'栵'爲《爾雅》'木相磨，槸'之'槸'，非是。(段注《說文》'槸'字曰：'《釋木》曰："木相磨，槸。"槸即栵也，毛云："栵，栭也。"栭謂小木相迫切，與《爾雅》義無不合也。'此尤迂曲而不可通。《爾雅》之'栵，栭'與'椋，即來''樕，樸'竝列，其爲木名明甚，豈謂'小木相迫切'乎?)"③

　　按：《詩經·大雅·皇矣》"脩之平之，其灌其栵"，其"栵"字訓解，要有四說，各辨正如下：

　　其一，"栵"爲木名。《詩經·皇矣》"其灌其栵"，毛亨傳："栵，栭也。"《爾雅·釋木》"栵，栭"，郭璞注："樹似檽樕而庳小，子如細栗可食，江東亦呼爲栭栗。"郝懿行義疏："《詩》'其灌其栵'毛傳、《說文》俱用《爾雅》。"王引之述聞："《爾雅》之'栵，栭'與'椋，即來''樕，樸'竝列，其爲木名明甚。"《說文·木部》"栵，栭也。從木，列聲。《詩》曰'其灌其栵'"，王念孫注籤記："栵，此字本在前諸木名內，後人移置於'栭'字之上。"徐灝注箋："許義訓與《爾雅》同，而引《詩》'其灌其栵'，則亦以爲木名也。此篆應與上諸木名類廁，因與'栭'相涉，故後人移之。其實'栭'訓'屋枅上標'，亦假借爲用耳。《詩》'其灌其栵'，灌爲叢木，栵則小木多刺，故脩之平之。"是知《詩》毛傳、《爾雅》《說文》皆以"栵"爲木名。然《詩經·皇矣》"其灌""其

① 段玉裁：《說文解字注》，上海古籍出版社1988年版，第254頁。
② 董蓮池主編：《說文解字研究文獻集成》(古代卷)，作家出版社2007年版，第604頁。
③ 王引之：《經義述聞》，江蘇古籍出版社2000年版，第161頁。

栵"相對爲文，"灌"義叢木，"栵"反爲木名，恐於文法不合，故此說頗可疑。

其二，"栵"爲叢生之小木。《說文·木部》"栵，栭也。從木，列聲"，段玉裁注："《大雅》'其灌其栵'，毛曰：'栵，栭也。'栭與灌爲類，非木名，謂小木業生者，如魚子名鯤鮞也。許云'栵，栭也'者，字之本義。曲枅加於柱，枅加於曲枅，栭又加於枅，以次而小，故名之栭。毛取小木之義，故亦曰'栵，栭也'。……許說爲本義，毛《傳》爲引伸假借之義。"今《說文》列"栵"篆於"櫨""枅""栭""㯠"之間，段氏遂以"屋枅上標"爲"栵"字本義，而"小木"則其引申假借①義。又，《木部》"㮚，木相摩也"，段玉裁注："按，《大雅》：'作之屏之，其菑其翳。脩之平之，其灌其栵。'《爾雅》：'立死，㨉。蔽者，翳。木相磨，㮚。'除灌木叢木已見於上，則㮚即栵也。以文法論，栵必非木名。毛云：'栵，栭也。'栭謂之而小木相迫切，與《爾雅》義無不合也。栭爲小木，如鮞爲魚子。"依段氏，則《爾雅》"立死，㨉。蔽者，翳。木相磨，㮚"正與《詩經》"其菑其翳……其灌其栵"義合，是"栵"乃"㮚"字，樹枝相切摩之義。然則《爾雅》蒐集故訓編纂所成，此處蓋非必解《詩經》，段說不可從。段氏誤合"栭"之"小木"、"㮚"之"木相摩"二義以爲一，遂定"栵"義乃"小木相迫切"，並執此以解《詩經》"其灌其栵"，望文生義而失之。

其三，"栵"爲行生之小木。《詩經·皇矣》"其灌其栵"，朱熹集傳："栵，行生者也。"《六書故·植物一》："栵，力制、良薛二切。《詩》云：'作之屏之，其菑其翳。修之平之，其灌其栵。'程氏曰：'業生曰灌，行生曰栵。'（《爾雅》：'栵，栭。'舅氏曰：'《詩》云：菑、翳、灌、栵。不應"栵"獨爲木名。程說是也。'）"《說文·木部》"栵，栭也"，張舜徽約注："栵之言列也，謂其生長成行列也。"今以聲義關係申之。"歺"

---

① 段氏"引伸假借"之說，"引伸""假借"含混不清，細揣此處文義，當以"引伸"爲是。

字,甲骨文作"𠬪"(《甲骨文合集·一八八〇五》),象殘骨之形。《說文·𣦵部》:"𣦵,列骨之殘也。"或以爲"列"字初文。從"𣦵"得聲之"列""裂""𠝤""鴷""齧""𥝤""迾"等字均含"分開"之義。"列"字,《說文·刀部》"列,分解也。从刀,𣦵聲",段玉裁注:"列之本義爲分解,故其字從刀。"是以刀分解謂之"列";"裂"字,《說文·衣部》"裂,繒餘也。从衣,列聲",朱駿聲通訓定聲:"字亦作'𠝤'。《廣雅·釋詁二》:'裂,裁也。'《三》:'𠝤,餘也。'"是與主體分開之繒餘謂之"裂";"鴷"字,《爾雅·釋鳥》"鴷,斲木",郭璞注:"口如錐,長數寸,常斲樹食蟲,因名云。"是啄木使分裂之鳥謂之"鴷";"齧"字,《說文·齒部》"齧,齒分骨聲。从齒,列聲",朱駿聲通訓定聲:"从齒列,會意,列亦聲。"字亦作"𪗀",《集韻·薛韻》:"𪗀,齒分骨也。"是以齒分骨之聲謂之"𪗀";"𥝤"字,《說文·禾部》"𥝤,黍穰也。从禾,列聲",張舜徽約注:"下文'穰,黍𥝤已治者。'許云已治,謂已收取其實空存其莖與穗也,蓋析言之,實在其上謂之莖,實不在其上則謂之穰。"字亦作"𥟊",《廣雅·釋草》:"𥟊,黍穰謂之",王念孫疏證:"𥝤即𥟊字。"是與黍實分開之桿謂之"𥝤";"迾"字,《說文·辵部》:"迾,遮也。从辵,列聲。"《漢書·昌邑哀王劉髆傳》'迾宮清中備盜賊',顏師古注:"李奇曰:'迾,遮也。'"是分開阻遏謂之"迾"。凡物分裂則有縫如行列,故從"𣦵"得聲之"列""鴷""例"諸字又含"行列"之義。"列"字,《說文·刀部》"列,分解也。从刀,𣦵聲",段玉裁注:"引伸爲行列之義。""鴷"字,《說文·馬部》"鴷,次弟馳也。从馬,列聲",段玉裁注:"次弟成行列之馳也。"王筠句讀:"言就列不亂也。"字亦作"駵",《玉篇·馬部》:"駵,次第馳也。"是馬次第成列而馳謂之"鴷";"例"字,《說文·人部》"例,比也。从人,列聲",桂馥義證:"《玉篇》:'例,類例也。'"是等列比類謂之"例"。據此以推,則從"𣦵"得聲之"栵"字,義謂行生之木,自無不可。今《漢語大詞典》(縮印本)上卷:"栵,成行生的小樹。《詩·大雅·皇矣》:'脩之平之,其灌其栵。'朱熹集傳:'灌,叢生者也。栵,行生者也。'"① 乃以此說爲是。

其四，"枿"爲草木伐後樹椿重生之枝條。《詩經·皇矣》"其灌其枿"，王引之述聞："枿，讀爲烈。烈，栜也，斬而復生者也。《方言》曰：'烈、栜，餘也。陳鄭之閒曰栜，晉衛之閒曰烈，秦晉之間曰肄，或曰烈。'"馬瑞辰傳箋通釋："王說是也。栜，《說文》作'櫱'，云：'櫱，伐木餘也。'"王氏不囿成說，發明新訓，以聲音通訓詁，暢釋積滯。較"木名""叢生小木""行生小木"諸說爲勝，今學者多取此說，例如，程俊英《詩經譯注·皇矣》："枿，從老樹椿上發出再生的樹。"② 漢語大字典編纂委員會編纂《漢語大字典》(第二版九卷本)曰："枿，叢生的小樹。《詩·大雅·皇矣》：'脩之平之，其灌其枿。'王引之述聞：'枿，讀爲烈。烈，栜也，斬而復生者也。'"③ 引《詩》既稱王說，然所列義項乃"叢生的小樹"，是書證與義項不相符合，失之。

五、正段氏之誤言聲韻

段玉裁撰成《六書音均表》五卷，分古韻爲十七部，於《說文》篆文反切下標明其部數，且附《六書音均表》於《說文注》之末。王念孫曰："吾友段氏若膺，於古音之條理察之精，剖之密。嘗爲《六書音均表》，立十七部以棕核之。因是爲《說文注》，形聲讀若，一以十七部之遠近分合求之，而聲音之道大明。"④ 錢大昕曰："今段君復因顧（炎武）、江（永）兩家之說，證其違而補其未逮，定古音爲十七部。若網在綱，有條不紊。窮文字之源流，辨聲音之正變，洵有功於古學者已。"⑤《說文》九千余字，段氏自創古韻十七部以統攝之，務使其各安

---

① 漢語大詞典編纂委員會漢語大詞典編纂處編纂：《漢語大詞典》(縮印本)，漢語大詞典出版社 1997 年版，第 2555 頁。

② 程俊英：《詩經譯注》，上海古籍出版社 2012 年版，第 272 頁。

③ 漢語大字典編纂委員會編纂：《漢語大字典》(第二版九卷本)，崇文書局、四川辭書出版社 2010 年版，第 1282 頁。

④ 語見王念孫《〈說文解字注〉序》。

⑤ 語見《〈六書音均表〉序》。

其位，不致雜廁，"俾形聲相表裡，因崇推究，於古形、古音、古義可互求焉"①。然段氏狃於部分故，每下偏論，乃致自亂其說。王念孫嘗撰《六書音均表書後》《與李鄀齋方伯論古韻書》諸文細論段氏分部之所失，分古韻爲二十一部②，就古音以求古義，說較段氏細密而合理，有清古音學至此定於一尊。王氏駁正段氏《說文》注音者，凡五十二條，不回護遷就，不妄立新說，措辭嚴謹，固稱精詳。此舉四例，以資隅反。

（一）

　　《說文·刀部》："刑，剄也。（此字本義少用，俗字乃用'刑'爲'罰荆''典荆''儀荆'字，不知造字之恉既殊，井聲、开聲各部。凡井聲在十一部，凡开聲在十二部也。）从刀，开聲。（戶經切。按，古音當與《一先》韻內'开聲'諸字爲伍。）"③《說文段注簽記》："刑，开聲在十二部未確。"④

　　《說文·竹部》："笄，先也。从竹，开聲。（古兮切，古音在十二部。）"⑤《說文段注簽記》："笄，古音當在十一部。"⑥

　　《說文·羽部》："翄，羽之翄風。亦古之諸矦也。一曰，射師。从羽开。（鍇本無'聲'，鉉有。蓋會意兼形聲也。五計切，十五部。开合韻也。俗作'羿'。）"⑦《說文段注簽記》："翄，非十五部。"⑧

　　《說文·門部》"開，張也。从門，开聲。（玉裁謂，此篆开聲，古音當在十二部。讀如'攐帷'之'攐'，由後人讀同'閞'，而

---

① 此《說文》篆文"一"下段氏注語。
② 王氏晚年從孔廣森說，於東部中分出冬部，乃成二十二部。
③ 段玉裁：《說文解字注》，上海古籍出版社 1988 年版，第 182 頁。
④ 董蓮池主編：《說文解字研究文獻集成》（古代卷），作家出版社 2007 年版，第 604 頁。
⑤ 段玉裁：《說文解字注》，上海古籍出版社 1988 年版，第 191 頁。
⑥ 董蓮池主編：《說文解字研究文獻集成》（古代卷），作家出版社 2007 年版，第 604 頁。
⑦ 段玉裁：《說文解字注》，上海古籍出版社 1988 年版，第 139 頁。
⑧ 董蓮池主編：《說文解字研究文獻集成》（古代卷），作家出版社 2007 年版，第 604 頁。

定爲苦哀切。）”①《說文段注箋記》：“開，古音在〔十〕五部②，不在十二部。”③

按：《說文·刀部》“刑，剄也”，段玉裁注：“凡开聲在十二部也。”以“刑”字古音屬十二部。又注曰：“古音當與《一先韻》內‘开聲’諸字爲伍。”又以“刑”字當屬十四部；《說文·竹部》“笄，先也”，段玉裁注：“古音在十二部。”以“笄”字屬十二部；段氏《六書音均表·古十七部諧聲表》則以“开聲”字歸入弟十一部，段說之不一例若此。郭在貽指其闕失曰：“每字下注明‘古韻幾部’，然多有誤。”“按《羽部》‘翆’字從羽开聲，注云‘十五部’，石部‘研’字從石开聲，注云‘十四部’，同一开聲，一說十二部，一說十五部，一說十四部。又考《六書音均表》，开聲既不在十二部，也不在十四部、十五部，而是在十一部。”④

王念孫《毛詩羣經楚辭古韻譜·耕弟六》“刑、聽、傾（《蕩》七章)”韻、“經、刑（《易·本命篇》‘東西爲緯’四句)”韻、“聽、誠、刑、生、貞、傾（《晉語三·國人誦》)”韻、“平、刑、贏（‘泆獄訟’六句)”韻、“生、刑（‘死生因天地之刑’二句)”韻，以“刑”字古音隸第十一部。王氏不同段氏肊說，謂“开聲在十二部未確”，惜言之未詳。至以“笄”字亦在十一部，則頗爲可疑。

其一，《說文·开部》“开，平也。象二干對構，上平也”，段玉裁注：“古賢切，古音在十四部。”朱駿聲通訓定聲：“愚謂即‘岍’字，山名，吳嶽也，象上平下削枝起之形，或加山旁。‘并’字、‘枅’字皆從此會意。”以“开”字隸乾部。徐灝注箋：“开聲古音在元部，寒韻之‘雃’‘栞’古音未變者也。聲轉如‘堅’，先韻之‘汧’‘蚈’‘妍’‘趼’，聲稍轉而仍相近者也。又轉如‘涇’，青韻之‘鈃’‘形’是也。又轉如

---

① 段玉裁：《說文解字注》，上海古籍出版社1988年版，第588頁。
② 影印稿本作“古音在五部”，當脫“十”字，此補正。
③ 董蓮池主編：《說文解字研究文獻集成》（古代卷），作家出版社2007年版，第606頁。
④ 郭在貽：《訓詁叢稿》，上海古籍出版社1985年版，第421頁。

'箕'，齊韻之'笄''栍'是也。"以"开"篆古音在十四部。唐作藩《上古音手冊》（增訂本）、郭錫良《漢字古音手冊》（增訂本）皆歸"开"字入元部。故以"开"諧聲之"趼"（大徐五甸切）、"鵳"（大徐古賢切）、"豣"（大徐古賢切）、"研"（大徐五堅切）、"妍"（大徐五堅切）、"訮"（大徐呼堅切）、"汧"（大徐苦堅切）、"麉"（大徐古賢切）、"雃"（大徐苦堅切）、"薰"（大徐古典切）、"鼆"（大徐古賢切）、"狷"（大徐五甸切）、"葕"（大徐古典切）、"栞"（大徐苦寒切）、掔（小徐禦堅切）、蚈（《廣韻》苦堅切①）諸字皆從"开"聲而音隸十四部。

其二，古音元、耕二部每多互諧。例如，《六書音均表·詩經韻分十七部表》弟十一部："睘，本音在弟十四部。《詩·杕杜》合韻'菁''姓'字。一作'牮牮'，則在本韻。"今按，《詩經·唐風·杕杜》"有杕之杜，其葉菁菁。獨行睘睘，豈無他人？不如我同姓"，"睘"（元部）與"菁""姓"（耕部）爲韻。陳奐《釋毛詩音》："菁菁，青聲；睘睘，'睘'从袁聲，與'菁''姓'爲韻。此元、耕二部相通。如'子之還兮'，《漢書》作'子之營兮'也。《齊風·還》'子之還兮'，《齊詩》作'營'，《韓詩》作'嫙'。"又，《淮南子·兵略篇》："蓄積孰多？士卒孰精？甲兵孰利？器備孰便？""精"（耕部）與"便"（元部）爲韻②；《淮南子·精神篇》："以道爲紃，有待而然。抱其太清之本，而無所容與，而物無能營。""然"（元部）與"營"（耕部）爲韻③；《淮南子·原道篇》："萬方百變，消搖而無定。""變"（元部）與"定"（耕部）爲韻④；《易林·大壯之觀》："攣急縮頸，行不得前。五石示象，襄霸不成。""前"（元部）與"成"（耕部）爲韻⑤；《易林·升之震》："當變立權，摘解患難。渙然冰釋，六國以寧。""難"（元部）與"寧"（耕部）爲韻⑥。俱爲元、耕韻通之明證。是

---

① 《說文》未收"蚈"字，音讀依《廣韻》。
② 參見羅常培等《漢魏晉南北朝韻部演變研究》，中華書局2007年版，第260頁。
③ 參見羅常培等《漢魏晉南北朝韻部演變研究》，中華書局2007年版，第262頁。
④ 參見羅常培等《漢魏晉南北朝韻部演變研究》，中華書局2007年版，第262頁。
⑤ 參見羅常培等《漢魏晉南北朝韻部演變研究》，中華書局2007年版，第292頁。
⑥ 參見羅常培等《漢魏晉南北朝韻部演變研究》，中華書局2007年版，第292頁。

"邢"（大徐戶經切）、"刑"（大徐戶經切）①、"形"（大徐戶經切）、"鈃"（大徐戶經切）、并（大徐府盈切）②諸字均從"开"聲而音隷十一部。

其三，元部之與脂部亦有聲諧者。例如，《六書音均表·詩經韻分十七部表》弟十五部："鮮，本音在弟十四部。《詩·新臺》合韻'泚''瀰'字，顧氏亦不辨爲合韻矣"。今按，《詩·邶風·新臺》"新臺有泚，河水瀰瀰。燕婉之求，籧篨不鮮"，"鮮"（元部）與"瀰"（脂部）爲韻；弟十五部："怨，本音在弟十四部。《詩·谷風》合韻'嵬''萎'字，讀如'伊'。"今按，《詩·小雅·谷風》"習習谷風，維山崔嵬。無草不死，無木不萎。忘我大德，思我小怨"，"怨"（元部）與"伊"（脂部）互叶；《易林·復之渙》："怒非其怨，貪妬腐鼠。而呼鵲鴟，自令失餌，倒被災患。""怨""患"（元部）與"鴟"（脂部）韻；《易林·既濟之蒙》："太山上奔，變見太微。陳吾廢忽，作爲禍患。""微"（微部漢時已併脂部）與"患"（元部）韻。③故"枅"（大徐古兮切）、"筓"（大徐古兮切）、"羿"（大徐五計切）④、"弱"（大徐五計切）、"盰"（大徐苦兮切⑤）諸字從"开"聲而隷十五部，無違於音理。段氏以"羿"字古音在十五部，殆無可疑，然則王氏以段說非是，又謂"筓"字古音在十一部，恐不可從。

其四，《說文繫傳·門部》"開，張也。從門，开聲"，段玉裁注："按，大徐本改爲'從門，從开'，以开聲之字古不入之咍部也。玉裁謂，此篆开聲，古音當在十二部。讀如'攘帷'之'攘'，由後人讀同'闓'，而定爲苦哀切。"徐灝箋："段氏开聲、襄聲竝入元部，故云讀如'攘'。灝謂，'開'從开聲，當入齊部，與'筓'同聲，而轉如'闓'。"段氏、徐氏

---

① 刑聲字"荊"亦歸十一部。

② 并聲字"瓶（缾）、屏、荓、萍、骿、餅、栟、邢、併、艵、庰、駢、姘、絣、蚲、耕、偋、軿"亦歸十一部。

③ 參見羅常培等《漢魏晉南北朝韻部演變研究》，中華書局2007年版，第296頁。

④ "羿"字，唐作藩編著《上古音手冊》（增訂本）、楊劍橋《漢字音韻學講義·附錄·上古和中古韻部例字表》皆隷脂部，郭錫良編著《漢字古音手冊》（增訂本）則隷質部。

⑤ 《說文·目部》"盰"字，讀若攜，大徐又音苦兮切，《廣韻》戶圭切，段玉裁歸十六部，郭錫良歸支部。

皆據小徐，以"開"字從开聲。今考"開"字古文字形，古璽文作""（《上海博物館藏印選》"方之鉨"），《說文》古文作""，從収，從門，會雙手開門之意，篆文則訛從"开"作""。《說文·門部》"開，張也"，朱駿聲通訓定聲："按，從門，從収一。一者，關也。小篆與古文不異，筆畫整齊之耳，非從开也。"王筠句讀："小徐作'开聲'，皆非也。小篆仿古文''之形而變之，遂與'开'字相似。"極中肯綮。段氏以"開"從开聲，且注"古音當在十二部"，恐失其形，又失其韻。今按，"開"字古音在十五部，書傳不乏其證。《管子·大匡》"衛公子開方"，《呂覽·知接》作"衛公子啟方"，"開""啟"異文同音。"啟"字，段氏《說文注》併歸十五部；《周易·繫辭上》"夫易，開物成務"，釋文曰："開，如字，本亦作'閮'，音同。""開""閮"異文同聲。"閮"字，段氏《說文注》歸十五部。皆其明證。是王氏以"開"字"古音在十五部，不在十二部"，發疑正讀，足成定論。

綜而言之，從开得聲之字，古音分隸十四部（元部）、十一部（耕部）、十五部（脂部）三部。朱駿聲《說文通訓定聲》"开、研、訮、雅、鳽、研、狅、汧、妍、薫、鼅、猣、枾、栞、掔"諸字歸乾部，"并、刑、形、鈃、邢"等字歸鼎部，"枅、笄、羿、兓、盰"諸字歸履部，頗爲精當。段氏《說文注》以"开"字隸十四部，"开"聲諸字或在十一部，或在十二部，或在十四部，或在十五部，《六書音均表》又歸"开"聲字於十一部，游移其辭，不成定論。王氏以"开聲在十二部未確"，識斷精到，然立辭過簡，是以詳蒐細討，略出己見。

（二）

《說文·馬部》："騭，牡馬也。從馬，陟聲。（鉉本此下有'讀若郅'三字，此必後人羼入，非許原文也。'陟'聲古音在今職韻，'郅'聲古音在今質韻，相隔甚遠。諸家訓'登'，子慎音'陟'，騭之爲'之翼切'無可疑矣。蓋自僞孔安國解《尚書》云'騭，定也'，意謂爲'質'之假借，而陸德明乃曰'之逸反'，師古乃音

'質'。尤而效之者，且改《方言》之'騭'爲'郅'，增竄'讀若郅'三字於許書，世有善讀書者，必能心知其意矣。一部。)"① 《說文段注籤記》："騭，'讀若郅'三字不宜刪。"②

按：《說文·馬部》："騭，牡馬也。从馬，陟聲。""陟"字上古屬一部（職部③）字，"郅"字屬十二部（質部）。段氏以職、質二韻遠隔，且小徐本未見"讀若郅"三字，遂以大徐本"讀若郅"乃後人羼入。王筠《說文解字句讀》本之，未能執正。

《說文·馬部》"騭，牡馬也"，徐灝注箋："竊謂宜以'陟'從'騭'併入質韻。段氏乃徑刪《說文》，而謂《方言》爲人所改，偏以職韻爲正，何其擇之不精邪？"有所匡正，然猶有未達，其"'涉''陟'竝从步，涉水與登山一也。葢'陟'之古音本與'涉'同部，聲轉入質，猶爲相近，職韻則去之遠矣"云云，尤爲謬戾。張舜徽約注："《爾雅·釋詁》：'騭，陞也。'郭注引《方言》云：'魯衛之間曰騭。'而《方言》原文則作'郅'。葢'騭''郅'音同，古人通用。許云'騭讀若郅'，自亦有所本矣。段氏注本徑刪去'讀若郅'三字，非是。"略得其實，然謂"騭""郅"音同，宜其未必。王念孫言段說非是，惜未能明言。此試爲辨析。

"陟""騭"二字古音隸職部，恐無可疑。例如，《周禮·春官宗伯·大卜》"掌三夢之灋，一曰'致夢'、一曰'觭夢'、一曰'咸夢'"，孔穎達疏："陟之言得也，讀如'王德翟人'之'德'。"按，"得""德"古音屬職部；《史记·夏本紀》云："帝用此作歌曰：'陟天之命，維時維幾。'"《尚书·虞書·益稷》作："帝庸作歌曰：'勑天之命，惟時惟幾。'"按，"陟"讀爲"勑"（古音屬職部），而於"敬奉"取義；《經義述聞·爾雅下·牡曰騭》："騭之爲言猶特也。《廣雅》曰：'騭、牡、特，雄也。'

①　段玉裁：《說文解字注》，上海古籍出版社 1988 年版，第 460 頁。
②　董蓮池主編：《說文解字研究文獻集成》（古代卷），作家出版社 2007 年版，第 605 頁。
③　古音依郭錫良編著《上古音手冊》（增訂本），中華書局 2010 年版。下同。

服子慎注《漢書·五行志》曰：'駤音陟。''陟''駤'同音，故古或以'陟'爲'駤'。《夏小正》：'四月，執陟攻駒。'陟，謂牡馬也。'執'與'繫'通。"按，"特"字古音屬職部。皆其顯證。

"駤"字屬職部而讀若"郅"（質部），未失音理。《六書音均表·詩經韻分十七部表》弟一部："節，本音在弟十二部。《離騷》合韻'服'字，讀如'側'。此今韻即'唧'字入職韻之所因也。"第十二部："減，本音在第一部。《詩·下武》合韻'匹'字。《韓詩》作'築城伊淢'，則在本韻矣。"是段氏猶知一部（職部）、十二部（質部）韻通；《說文·肉部》："肞，髀骨也。从肉，乙聲。臆，肞或从意。""乙聲"古音在質部，"意聲"古音在職部，質、職二部韻通；《說文·疒部》："癋，頭痛也。从疒，或聲。讀若'溝淢'之'淢'。"按，"或聲"古音在職部，"淢"字古音在質部，職、質二部相通；楊雄《解嘲》："往昔周網解結，羣鹿爭逸。離爲十二，合爲十七。四分五裂，並爲戰國。"按，"國"（職部）與"逸""七"（質部）爲韻①；張衡《東京賦》："于南則前殿靈臺，魤驪家福。諜門曲樹，邪阻城淢。奇樹珍果，鉤盾所職。西登少華，亭候修敕。九龍之內，實曰嘉德。西南其戶，匪雕匪刻。我后好約，乃宴斯息。"按，"福""職""敕""德""刻""息"諸字（職部）與"淢"（質部）爲韻②。無煩縷舉。

（三）

《說文·酉部》："配，酒色也。从酉，己聲。（'己'非聲也，當本是'妃省聲'，故段爲'妃'字。又別其音'妃'平、'配'去。滂佩切，十五部。）"③《說文段注籤記》："配，'己聲'不誤。"④

《說文·非部》："芆，別也。从非己。（舊'己'下有'聲'字，

①　參見羅常培等《漢魏晉南北朝韻部演變研究》，中華書局 2007 年版，第 235 頁。
②　參見羅常培等《漢魏晉南北朝韻部演變研究》，中華書局 2007 年版，第 221 頁。
③　段玉裁：《說文解字注》，上海古籍出版社 1988 年版，第 748 頁。
④　董蓮池主編：《說文解字研究文獻集成》（古代卷），作家出版社 2007 年版，第 606 頁。

今刪。己猶身，非己，猶言不爲我用。會意。非亦聲。非尾切，十五部。)"①《說文段注籤記》："妃，‘聲’字不可刪。"②

　　《說文·土部》："圮，毀也。从土，己聲。(符鄙切，古音在一部。)《虞書》曰：'方命圮族。'醅，圮或从手，配省，非聲。(大徐作‘从手，从非，配省聲’，未知孰是。此蓋即《户部》之‘扉’‘屝’字，其音義皆略同也。)"③《說文段注籤記》："圮，古音在十五部。"④

　　按：其一，《說文·女部》"妃，匹也。从女己"，段玉裁注："各本下有‘聲’字，今刪。此會意字，以女儷己也。芳非切，十五部。"段氏以諧聲與今音不合，遂刪注文"聲"字，注音在十五部。朱駿聲通訓定聲："从女儷己會意。"說與段氏同。徐灝注箋："段刪‘聲’字非是，配亦己聲也。"王氏《說文段注籤記》："妃，‘聲’字不當刪。"亦謂"聲"字不當刪。按，"妃"字，甲骨文作"𡚽"(《甲骨文合集·二八六六》)，金文作"𡚼"(《十四年陳侯午敦》"作皇妣孝大𡚼祭器")，从女，巳聲，義取"配偶"。⑤"己""巳"形似韻同(古音皆之部⑥)，故篆文聲化而从己聲。或曰甲骨文作"𡚽"(《甲骨文合集·三二一七一》)，或作"𡚻"(《甲骨文合集·三二一六六》)，从女(或从人)，从卪(或从妾)，會一對男女人牲之意，戰國楚文字作"𢼄"(《郭店楚墓竹簡·忠信之道·五》)，从人从卪會意，乃配偶之專字。⑦篆文右旁聲化而作"己"；《說文·酉部》"配"字，各本皆作"己聲"，今音滂佩切。段氏亦以諧聲、今音不諧，遂謂"配"从妃省聲。鈕樹玉訂："妃、配並从己聲，《釋詁》妃音配，《廣韻》妃收

---

① 段玉裁：《說文解字注》，上海古籍出版社 1988 年版，第 583 頁。
② 董蓮池主編：《說文解字研究文獻集成》(古代卷)，作家出版社 2007 年版，第 606 頁。
③ 段玉裁：《說文解字注》，上海古籍出版社 1988 年版，第 691 頁。
④ 董蓮池主編：《說文解字研究文獻集成》(古代卷)，作家出版社 2007 年版，第 606 頁。
⑤ 徐中舒《甲骨文字典》、高明《古文字類編》(增訂本) 皆取此說。
⑥ 古音依郭錫良編著《上古音手冊》(增訂本)，中華書局 2010 年版。下同。
⑦ 此裘錫圭、陳劍說。參見季旭昇《說文新證》，福建人民出版社 2010 年版，第 886 頁。

平、去二聲，《玉篇》音同。"徐灝箋："妃、配皆當从己聲。"徐承慶匡謬："妃、配並从己聲，段氏以己在《六止》，爲不可通也。"王念孫亦謂"己聲"不誤。按，"配"字，甲骨文作"𠂤"（《甲骨文合集·五零零七》），金文作"𨟠"（《南宮父鐘》"𨟠皇天"），从酉，从卩。戰國齊文字作"𨟠"（《陳逆匜》"元𨟠季姜"），所从右旁訛爲"乁"，篆文本之，右旁聲化訛从己聲。"妃"字金文未見，匹配之義多用"配"，篆文則皆从己聲，聲同義通，本屬同源。今按，"妃""配"兩漢古音在脂部①，所从"己"字在之部，漢時之、脂二部多所互諧。例如，揚雄《羽獵賦》："拖蒼猳，跋犀牦，蹴浮麇。"其"牦"（之部）與"猳""麇"（皆脂部）爲韻；揚雄《逐貧賦》："徒行負笈，出處易衣。身服百役，手足胼胝。或耘或耔，沾體露肌。朋友道絶，進宮淩遲。厥咎安在？職汝爲之！"其"之"（之部）與"衣""胝""肌""遲"（皆脂部）爲韻；司馬相如《美人賦》："女乃弛其上服，表其褻衣，皓體呈露，弱骨豐肌，時來親臣，柔滑如脂。臣乃脈定於内，心正於懷，信誓旦旦，秉志不回，翻然高舉，與彼長辭。"其"辭"（之部）與"衣""肌""脂""懷""回"（皆脂部）爲韻；《鐃歌戰城南》："思子良臣，良臣誠可思：朝行出攻，暮不夜歸。"其"思"（之部）與"歸"爲韻；②蔡邕《答卜元嗣詩》："辱此休辭，非余所希，敢不酬答，賦誦以歸。"其"辭"（之部）與"希""歸"（脂部）爲韻；孔融《六言詩》貳："郭李分爭爲非，遷都長安思歸。瞻望關東可哀，夢想曹公歸來。"其"來"（之部）與"非""歸""哀"（皆脂部）爲韻；《古詩爲焦仲卿妻作》："府吏聞此變，因求假暫歸。未至二三里，摧藏馬悲哀。新婦識馬聲，躡履相逢迎。悵然遙相望，知是故人來。"其"來"（之部）與"歸""哀"（皆脂部）爲脂。③皆是其例。據此，東漢許慎訓"妃""配"二字曰"己聲"，當無可疑。王氏以許書"己聲"不誤，得其肯綮。

---

① 先秦微部，兩漢時併入脂部。參見羅常培等《漢魏晉南北朝韻部演變研究》，中華書局2007年版。

② 參見羅常培等《漢魏晉南北朝韻部演變研究》，中華書局2007年版，第167頁。

③ 參見羅常培等《漢魏晉南北朝韻部演變研究》，中華書局2007年版，第168頁。

又，《說文·肉部》"肥，多肉也。从肉卪"，段氏注："鉉等曰：'肉不可過多，故从卪。'符非切，十五部。"王氏以《繫傳》"从肉，卪聲"爲是，其《說文段注籤記》曰："肥，注當作'从肉，巳聲'。"張舜徽《說文解字約注》云："戴侗曰：'徐氏之說，尤鑿而迂。肥、妃皆以己爲聲。……戴說得之。證以本書甚、配諸字，俱从己聲而音與肥近，知肥字固當以形聲解之也。"則以"肥"从己聲。今考古文字形，其字戰國晉文字作"刟"（《古璽匯編·一六四二》）、楚文字作"刟"（《包山楚簡·二二五》）、秦文字作"胍"（《睡虎地秦墓竹簡·日乙九一》），从肉，从卪。① 篆文本之，是"肥"字固不从己，張氏說失之。今按，兩漢"肥"字在脂部，所从"卪"字在質部②，脂、質二部陰入對轉，語音極近。例如，張衡《西京賦》："於是衆變盡，心酲醉。般樂極，悵懷萃。陰戒期門，微行要屈。降尊就卑，懷璽藏綬。"其"屈""綬"（質部）與"醉""萃"（脂部）爲韻；馬融《長笛賦》："於是山水猥至，渟涔障潰。頵淡滂流，碓投瀺穴。爭湍蘋縈，汩活澎濞。波瀾鱗淪，窊隆詭戾。眇瀑噴沫，奔遯碭突。"其"穴""突"（質部）與"潰""濞""戾"（脂部）爲韻；蔡邕《胡廣黃瓊頌》："天之烝人，有則有類。我胡我黃，鐘厥純懿。巍巍特進，仍踐其位。赫赫三事，七佩其綬。奕奕四牡，沃若六轡。袞職龍章，其文有蔚。參曜乾台，窮寵極貴。功加八荒，群生以遂。超哉邈乎，莫與爲二。"其"綬"（質部）與"類""懿""位""轡""蔚""貴""遂""二"（脂部）爲韻。③ 其例甚繁。據此，則許書"肥"字訓爲"卪聲"，恐無可疑。王氏以《繫傳》"卪聲"爲是，自屬不誤。

清朱士端《彊識編·石臞先生注說文軼語》曰："妃、配，王云當有'己'字，妃、配等字從此得聲。'己'即古'飛'字也。"《彊識編·說

---

① 林義光《文源》以會人食肉則肥意，楊樹達《文字形義學》以會卪（刞）上下多肉意，黃德寬《古文字譜系疏證》疑从肉，卪（刞）聲。

② 先秦物部，兩漢時併入質部。參見羅常培等《漢魏晉南北朝韻部演變研究》，中華書局2007年版。

③ 參見羅常培等《漢魏晉南北朝韻部演變研究》，中華書局2007年版，第169頁。

文肥字考》："嘗聞之石臞先生曰：肥本作'肍'，從肉，從ㄈ。ㄈ，古文'飛'字。士端謹私塾先生之教而申其義。桉，許書'肍''妃''配'皆從ㄈ，爲古文'飛'字得聲，故古文'ㄈ'字與'己'字迥異。①……《說文·非部》：'韭，別也。從非，ㄈ聲。'此即許書從古文ㄈ聲之遺。"據此，知王氏又以"妃""配""肥""韭"乃从ㄈ（古文"飛"）得聲，馬敘倫《說文解字六書疏證》以此說爲得。然考之古文字形，"飛"字，戰國文字作"飛"（《曾侯乙墓竹簡·一七一》），未見作"ㄈ"者。古文"妃""配""肥"諸字，右旁皆未見作"ㄈ"者。此說實不可從。

其二，《非部》"韭"字，各本皆作"從非，己聲"，今音非尾切。段氏以諧聲與今音不合，遂刪許書"聲"字，注音在十五部，朱駿聲通訓定聲："此字當隸《己部》，從己，非聲。"亦以"己聲"非是。今按，"非"字，甲骨文作"飛"（《甲骨文合集·一六九二七》），疑與"北"（甲骨文作"北"，"背"之初文）乃同源字，象相背之形，②"違背"即其本義。《大戴禮記·夏小正》"羊蓋非其子而後養之"，王聘珍解詁引《說文》云"非，違也"，是其例。引申則有"錯誤""反對"諸義，虛化則爲否定副詞。其後別加"己聲"而成形聲字，以專表其初義。今按，"紀"（《說文》"絲別也"）、"韭"（《說文》"別也"）二字從"己"得聲，皆有"別"義，聲近義通，當屬同源。而"韭"漢時古音在脂部，與之部之"己"聲諧，故許慎訓"韭"曰"己聲"，信爲不誣。張舜徽《說文解字約注》云："韭即非之後增體。韭之訓別，猶非之訓違耳。本書《八部》：'分，別也。從八，從刀。'刀以分別物也。韭與分雙聲，語之轉也。"極中其實。是故"別也"之義本作"非"，後加聲符"己"，遂聲化而成形聲字。段氏以"韭"從非己會意，注曰"己猶身，非己，猶言不爲我用"，強詞爲說，失之穿鑿。徐灝箋曰："段率臆說之耳。"王氏以許書"聲"字不當刪，得之。

其三，《土部》"圮"字，從土，己聲，或體作"䣱"，從配省聲。段

---

①　朱士端《說文校定本》卷二"屁"字下，亦云"肥"字從古文"飛"字得聲，注云："曩嘗受教于石臞先生，先生云然。"

②　參見黃德寬主編《古文字譜系疏證》，商務印書館 2007 年版，第 3168 頁。

氏《六書音均表·古十七部諧聲表》"己聲"在弟一部，其注《土部》"圮"（今音符鄙切）、《心部》"忌"（今音渠記切）、《支部》"改"（今音古亥切）、《女部》"攺"（今音居擬切）、《山部》"屺"（今音墟里切）、《邑部》"邔"（今音居擬切）、《木部》"杞"（今音墟里切）、《艸部》"芑"（今音驅里切）、《糸部》"紀"（今音居擬切）皆在第一部。朱駿聲《說文通訓定聲》亦歸"圮"入頤部（即段氏第一部）。是"圮"字依諧聲、今音則古音當在第一部；然《說文》"圮"字，許書以"毀"訓"圮"，取疊韻爲訓，其或體作"䃡"，从配省聲。張舜徽約注："圮與毀，實一語也。在喉爲毀，在脣則爲圮矣。本書《屵部》'崹，崩也''崹，崩聲'，並與圮義同。圮，或體作䃡，从配省聲，猶崹从配聲耳。"準此，則"圮"字在十五部。今按，"圮"字古音以一部（之部）說爲勝。《釋名·釋山》："山無草木曰屺。屺，圮也，無所出生也。"劉熙以"圮"字聲訓"屺"（之部），是其明證。是"圮""屺"二字从"己"得聲，俱有"斷絕""破敗"之義，聲近義通，本屬同源。而"毀""配"兩漢音在脂部，漢時之、脂二部語音頗近，故許慎以"毀"（脂部）訓"圮"（之部），或體"䃡"（之部）从配（脂部）省聲，"圮"（之部）、"崹"（脂部）、"崹"（脂部）音近同源，皆於聲韻之律相合。故王氏以"圮"古音在十五部，似不可信。

（四）

《說文·鳥部》："鷙，擊殺鳥也。从鳥，从執。（各本作'从鳥，執聲'，非也。許說會意，鄭說形聲，皆可以知此字之非執聲也。不曰'从執鳥'，而曰'从鳥，从執'者，惡其以鳥殺鳥，傷其類，且容所殺不獨鳥也。殺鳥必先攫搏之，故从執。《小正》傳曰：'諱殺，故言摯。'然則'摯'者，執也。脂利切，古音在十二部。一作'鷙'，从折聲，則在十五部。）"[1]《說文段注籤記》："（鷙）〔鷙〕，（執）

---

① 段玉裁：《說文解字注》，上海古籍出版社 1988 年版，第 155 頁。

〔執〕聲不誤。"①

　　《說文·羊部》："羍，羊名。从羊，執聲。汝南平輿有羍亭。讀若晉。(《春秋》'蔡滅沈'，杜預、司馬昭②皆云：'平輿有沈亭。'疑沈亭即羍亭也。羍从執聲，執與沈皆七部字也。'讀若晉'之'晉'疑有誤。大徐即刃切，《篇》《韻》同。)"③《說文段注籤記》："(羍)〔羍〕，注'讀若晉'，不誤。"④

　　按：《說文·手部》"摯，握持也。从手，从執"，《繫傳》作"从手，執聲"，段氏訂作"从手執"，注曰："會意也。脂利切，十五部。"王念孫籤記："當有'聲'字。"《說文·鳥部》"鷙，擊殺鳥也。从鳥，執聲"，段氏訂作"从鳥，从執"，注曰："脂利切，古音在十二部。"鈕樹玉訂："按，'摯''鷙'並从'執聲'。《繫傳》'摯'本作'執聲'，而解字刪去'聲'字。今'鷙'下亦刪去'聲'字，並非。"王念孫《說文段注籤記》亦以"鷙"字从執聲。今按，《手部》"摯"字，甲骨文作"𥪣"(《甲骨文合集·五七〇》)，秦文字作"𥪣"(《睡虎地秦墓竹簡·日甲一三九正》"𥪣盜賊")，从手，从執，執亦聲，會罪人被執以手抑之之意。大徐本作"从執"，小徐本作"執聲"，今音脂利切，古音當在第七部(緝部)⑤。《說文》"摯，握持也"，桂馥義證："執即摯"。《睡虎地秦墓竹簡·日甲一三九正》"摯盜賊"，"摯"用同"執"(緝部)。《左傳·昭公十七年》"我高祖少皞摯之立也"，《漢書·律曆聲》作"我高祖少昊摰

<hr />

① 董蓮池主編：《說文解字研究文獻集成》(古代卷)，作家出版社2007年版，第604頁。影印稿本作"鷙，執聲不誤"，與王氏原意不符，此據文意改正。

② 馮桂芬《說文解字段注攷正》曰："司馬昭，'昭'蓋'彪'字之誤。《郡國志》二：'汝南郡平輿有沈亭。'"

③ 段玉裁：《說文解字注》，上海古籍出版社1988年版，第146頁。影印稿本"羍"誤作"羍"，此正。

④ 董蓮池主編：《說文解字研究文獻集成》(古代卷)，作家出版社2007年版，第604頁。

⑤ 郭錫良編著《漢字古音手冊》(增訂本)歸其入緝部，唐作藩編著《上古音手冊》(增訂本)歸其入質部，此依郭氏說。

之立也"，"摯""縶"（緝部）異文。皆其明證。段氏《六書音均表·古十七部諧聲表》弟十五部諧聲偏旁"摯聲"單列，當屬不必；《鳥部》"鷙"字，今音脂利切，大徐、小徐皆作"執聲"（緝部）。① 段氏歸"鷙"字入第十二部，以其與第七部"執聲"不相諧，遂改許書"執聲"爲"从執"。按，古書七部之與十二部每多互諧，"執"聲之字多有"執持"之義，"鷙""鷙""摯""贄""勢""鞏""縶""熱"諸字皆从執聲（緝部），而古音在第七部（緝部），俱於"執持"而受義，本書前文辨之甚詳，此不贅言。故"鷙"从執聲，本無可疑。徐灝《說文解字注箋》："段氏於《馬部》之'鷙'、《女部》之'勢'、《巾部》之'幃'，今本誤作'執'者，皆改从'執聲'，是也。獨此'鷙'字與《手部》之'摯'未改。蓋以'鷙'有搏執義，而'摯'訓握持故也。灝謂，此二字亦當從《唐韻》竝作'執聲'。'執'即'埶'字，其引申爲有技能之俘。鷙鳥以擊殺爲事，即从埶聲，亦未始非因聲載義，不必專取搏執之義。若'摯'字从手，其於握持之義固已有之，更不必用執爲聲矣。"徐氏彌縫段說，乃以"摯""鷙"二字从"埶"作，強詞爲說，其誤甚於段氏。

又，《說文·羊部》"羴"字，許書各本皆作"執聲"，讀若晉，今音即刃切。然"執"古音在七部（緝部），"晉"古音在十二部（真部），諧聲、讀若音不相諧。故"羴"字韻部所屬，要有三說：或據諧聲偏旁，歸"羴"字入第七部。依段氏，"沈亭"即"羴亭"，"沈""羴"古音皆在七部②，故許書"讀若晉"有誤；朱駿聲申發段說，其《說文通訓定聲》曰："'讀若晉'當作'讀若瞫'，'瞫''羴'一聲之轉也。"歸"羴"字入臨部（第七部）。按，《說文》"瞫"字，段氏古音在七部。徐灝《說文解字注箋》曰："沁韻'沈'字本有直禁切之音，'讀若晉'或即'沈'之音譌。《唐韻》即刃切之'刃'，疑亦'妊'之音譌也。"按，"沈"字古

---

① 郭錫良編著《漢字古音手冊》（增訂本）歸其入緝部，唐作藩編著《上古音手冊》（增訂本）歸其入質部，此依郭氏說。

② 《說文·水部》"沈"字，段氏又云其在第八部，其說不一例。

音在七部。今學界多以七部說爲是。① 此其一；其二，或依許書讀若、今音，歸"摯"字入第十二部。鈕樹玉《段氏說文注訂》曰："但注'摯亭'於'沈亭'下，未必'沈亭'即'摯亭'。'晉'字無可疑。《玉篇》子各切，《廣韻》即刃切。"嚴可均《說文聲類》"摯"從談類執聲而轉入真類，當據讀若歸入十二部。王念孫《說文段注簽記》謂"讀若晉"不誤，疑亦以十二部爲是。然終與七部之"執聲"不合；其三，或以"執聲"乃"執聲"之誤，依諧聲偏旁"摯"字當入第十五部。《說文》"摯"字，徐鉉注："執非聲，未詳。"桂馥義證："執聲者，當從執。"張舜徽約注："桂氏謂當從執聲，是也。下當云'讀若睧'。本書《秝部》'睧'下云：'讀若薿薿。''薿'與'執'雙聲，故'摯'從執聲，得讀'睧'也。睧之籀文作'晉'，與'晉'形近，傳寫者遂譌'晉'爲'晉'耳。"按，"執"字古音疑母月部，"睧"字古音疑母之部，聲同韻遠。此說恐非盡善。

第三節　高郵王氏諟正段氏《說文注》失誤例說

　　高郵王氏父子研治段氏《說文注》，不囿成說，考證精嚴，持論平實，折衷詳慎，結論精當，足以醒瞶指迷，嘉惠學林。然其求之過深，偏執拘墟，以致未得情實者，間或有之。實當爬抉諸例，隱括其類，糾其訛錯。

　　推王氏致誤之緣由，要爲過信他書而誤、輕言假借而誤、形義未明而誤、以臆改字而誤、拘泥傳本而誤數端。此書其下將細爲考論。

---

① 例如，漢語大字典編纂委員會編纂《漢語大字典》（崇文書局、四川辭書出版社 2010 年版）、宗福邦主編《故訓匯纂》（商務印書館 2007 年版）歸其入侵部，賈海生《說文解字音證》（浙江大學出版社 2014 年版）歸其入邑部（緝部），張道俊《〈說文解字注〉古韻訂補》（中國社會科學出版社 2014 年版）歸其入第七部。

一、過信他書而誤例

段玉裁每據後出《玉篇》《廣韻》《韻會》勘正《說文》，然以意爲之者多有，徐承慶《說文解字注匡謬·四曰以它書亂本書》專言其譌謬。據他書而誤改本書，殆爲學人通病，王氏父子亦未能免。

（一）

《說文·心部》："悊，敬也。（《口部》'哲'下曰'知也'。'悊'與'哲'義殊。《口部》云'哲或从心作悊'，蓋淺人妄增之。因古書聖哲字或从心而合之也。）从心，折聲。（陟列切，十五部。）"① 《經義述聞·春秋名字解詁上·伯虔字子析》："《說文》：'悊（先歷切），敬也。'（二徐本'悊'誤作'悊'，音陟列切。案：'悊'乃'哲'之重文，已見《口部》而訓爲知，不得又見《心部》而訓爲敬也。段氏茂堂亦沿其誤，今依《玉篇》《廣韻》改正。）'悊'與'析'通。"②

按：《說文·口部》"哲，知也。从口，折聲。悊，哲或从心"，段玉裁注："《韻會》引《說文》：古以此爲'哲'字。按，《心部》云：'悊，敬也。'疑'敬'是本義，以爲'哲'是假借。"以"哲""悊"義殊，"悊"本義"敬"，借作"哲"乃有"知"義，今許書"哲"下"悊，哲或从心"諸字當刪。《說文·心部》"悊，敬也。从心，折聲"，朱駿聲通訓定聲："（悊）叚借爲哲。"其說與段氏同；王氏以"哲""悊"同字，本義爲"知"，而"敬"義之"悊"字，本當作"悊"，今本許書有誤。桂馥《說文解字義證》："本書《口部》有'悊'字，此當作'悊'，字之誤也。《玉篇》：'悊，先歷切，憼也。'《廣韻》：'悊，先擊切，敬也。'"其說與王氏同。

經傳、字書"悊"字多用同"哲"。《尚書·皋陶謨》"知人則哲"，《漢

---

① 段玉裁：《說文解字注》，上海古籍出版社1988年版，第503頁。

② 王引之：《經義述聞》，江蘇古籍出版社2000年版，第539頁。

書·五行志上》引作"知人則悊"，顏師古注："悊，智也。"《詩經·周頌·雝》"宣悊維人"，陸德明釋文："悊，音哲，本亦作哲。"《說文》"悊"字，徐鍇注："古人以此爲'哲'字。"《唐韻殘卷》弟三十三頁："哲，智。或作悊。陟列切。"《玄應音義》卷十二"明喆"注："哲，古文喆、悊二形。"《六書故·人六》："悊，陟列切。明察也。……亦通作哲。"如依段氏，則"悊"字假借爲"哲"，乃有"知"義；如依王氏，則"悊""哲"本一字，本有"知"義。

今按，《說文·心部》"悊，敬也"，張舜徽約注："許書廣録異文，多有形同而義殊者。如《木部》：'枏，木也。'而屎之或體作'枏'；《水部》：'湩，河津也。'而唾之或體作'湩'。此例甚繁，未易悉數。豈可定其孰爲正體，孰爲譌變。若無確據，而輒斷爲後人妄增，斯亦惑矣。'悊''忠'雙聲，故同訓爲'敬'。桂馥以爲當依《玉篇》《廣韻》改作'悊'，非也。"確爲有見。《木部》"屎，籆柄也。從木，尸聲。枏，屎或從木，尼聲"，是"枏木"曰"枏"，"籆柄"亦曰"枏"。《口部》"唾，口液也。從口，垂聲。湩，唾或從水"，是"河津"曰"湩"，"口液"亦曰"湩"。《心部》"哲，知也。從口，折聲。悊，哲或從心"，是"敬"義曰"悊"，"知"義亦曰"悊"。是故"形同義殊"之字蓋許書所固存，果此，則段氏《口部》云'哲或從心作悊'，葢淺人妄增之'之論，恐未切當。而王氏據後出《篇》《韻》，以爲許書"敬"義之"悊"當從"析"作，亦未足取。此其一。

經傳、銘文"誓""折"二字或讀曰"悊"，而義爲"敬"。《說文·言部》"誓，約束也。從言，折聲"，朱駿聲通訓定聲："(誓)叚借爲悊。《爾雅·釋言》：'誓，謹也。'《禮·文王世子》：'曲藝皆誓之'。注：'謹也。'"《番生簋》"克𤔲乓德"，"𤔲"字隸作"誓"，而讀爲"悊"。[1]《王孫誥鐘》"肅𤔲畏哉"、《古璽彙編·四二九九》"𤔲上"、《中山王鼎》"於虖𤔲（哉）"，"折"字皆讀爲"悊"。[2]率爲許書"悊"篆從"折"而作之明證。此其二。

---

[1]　參見黃德寬主編《古文字譜系疏證》，商務印書館 2007 年版，第 2452 頁。

[2]　參見黃德寬主編《古文字譜系疏證》，商務印書館 2007 年版，第 2451 頁。

《廣雅·釋訓》"烈烈、悊悊，憂也"，王念孫疏證："《小雅·采薇篇》云：'憂心烈烈'，'烈'與'烈'同。各本'烈烈'謁作'烈烈'。《集韻》《類篇》竝引《廣韻》'烈烈，憂也'，今據以訂正；'悊悊'各本謁作'悊悊'。《玉篇》：'悊，先歷切。憂也。'《集韻》《類篇》竝引《廣雅》'悊悊，憂也'，今據以訂正。"按，《詩經·小雅·采薇》"憂心烈烈，載飢載渴"，鄭玄箋："烈烈，憂貌。"三國魏阮籍《詠懷》之六一："軍旅令人悲，烈烈有哀情。"是"烈烈"者，重言形況字，"烈烈"者亦同，語轉則爲"悊悊"。"烈"字古音屬來母月部，"悊"字則屬端母月部，"烈""悊"韻同聲近，"烈烈""烈烈""悊悊"當屬語出同源者。《玉篇·心部》："悊，先歷切。憋也，憂也。"其"憂也"之義，字從"折"作，聲義乃通。而"憋也"之義，字反從"析"作，實屬舛謬。惜王氏未能分晰，反據謁錯《玉篇》《廣韻》而斠訂《廣雅》《說文》，以是爲非，殊爲憾事。此其三。

《敦煌變文集·秋胡變文》："（秋胡）度周遊魯，魯侯召而悊之。""悊"字正用其"敬也"義。此其四。

要而論之，段氏刪削"哲"篆"悊，哲或從心"注語，實屬不必，王氏臆改許書"悊"篆，亦屬專輒。

（二）

《說文·目部》："眜，目不明也。（今音'眜'在末韻，'眛'在隊韻。玆從末之字見於《公》《穀》二傳及《吳都賦》，從未之字未之見。其訓皆曰'目不明'，何不類居而畫分二處？且《玉篇》於'眠''瞷'二字之間，云：'眜，莫達切，目不明。'蓋依《說文》舊次。則知《說文》原書從末之'眜'當在此，淺人改爲從未，則又增從未之'眛'於前也。）從目，末聲。（莫佩切，十五部。）"[1]《經義述聞·春秋名字解詁上·鄭騕蔑字明楚唐蔑字明》："《玉篇》'目不正'之'正'雖與今本《說文》同誤作'明'，而莫達切之音尚不

---

① 段玉裁：《說文解字注》，上海古籍出版社1988年版，第134頁。

誤，'莫達'與'莫撥'同，可據《廣韻》'眜，目不正也，莫撥切'以正之矣。段氏《說文注》不能釐正，而以莫佩切之'眛'爲《說文》所無，非也。"①

按：《說文·目部》"眛，目不明也"，朱駿聲通訓定聲："與从未之'眜'同字。"初以"眛""眜"一字，後於《補遺》更正其說，云："(眜)與'眣'略同，當云'目不正也'。"說與王氏同。王筠《說文釋例》、馮桂芬《說文解字段注考正》皆引王引之說，以其說爲長。

王氏訂定許書義訓略有二因：今《說文》"眛""眜"二篆，形似而訓同，序字亦與《玉篇》有別。尚且"眜"字義訓於《廣韻》乃"目不正"，與許書有異。此王氏所以致疑者一；《說義》"眣"字，音讀與"眜"同，訓曰"目不正"。將無"眜"字之訓亦當同於"眣"乎？此王氏所以致疑者二。然則王氏改注頗嫌武斷，容有可議者。

其一，从"未"得聲之字每有"不明"之義。例如，"昧"字，《說文·日部》"昧，爽，旦明也。从日，未聲"，朱駿聲通訓定聲："將明尚暗之時也。"是天色將明而未明曰"昧"；"妹"字，《釋名·釋長幼》："妹，昧也，猶日始入，歷時少尚昧也。"是女子年少而尚昧曰"妹"；"寐"字，《說文·瘳部》"寐，臥也。从瘳省，未聲"，徐鍇繫傳："寐之言迷也，不明之意也。"朱駿聲通訓定聲："眠而無知曰寐。"是睡臥而神志不明曰"寐"；"祙"字，《說文·鬼部》"魅，老精物也。……魅，或从未聲"，《玉篇·示部》"祙，即鬼魅也"。是徵表不明之物怪曰"魅"（或曰"祙"）。其例甚夥。是"眜"字从未而於"不明"取義，不足置辨。然因之以从未之"眜"取義必與"眛"字殊別，更且變亂《說文》"眛"字義訓，恐不足取。況"眜"義之爲"目不正"者，經傳無所證。《玉篇·目部》"眛""眜"竝出，義皆"目不明"，《篆隸萬象名義·目部》"眛，妄艾切，不明"，"眜，亡達切，不明"，訓與《玉篇》同。王氏乃執後出《廣韻》

① 王引之：《經義述聞》，江蘇古籍出版社 2000 年版，第 536 頁。

訂正《說文》"眜"字訓解，宜失之草率。

其二，《說文·𦣻部》"𦣻，目不正也。从丫，从目。……讀若末"，徐鍇繫傳："丫，角戾也。此會意。"蔣斧本《唐韻殘卷》弟三十頁："𦣻，《說文》云：'目不正。'"箋注本《切韻·末韻》："𦣻，《說文》：'目不正。'"準此，《說文》"𦣻"字訓曰"目不正"，自非傳寫錯亂。一部之字率於部首取義，此則許書列字通例。許書《𦣻部》之"瞢"（《說文》"目不明也"）、"莫"（《說文》"火不明也"）、"蔑"（《說文》"勞目無精也"）、"夢"（《說文》"不明也"），皆於"不明"取義。然諸字所从之"𦣻"，其義獨與"不明"之義無涉，未有是理。《說文·𦣻部》"𦣻，目不正也"，張舜徽約注："凡視物必正其目，而後得明晰。故'目不正'與'目不明'義實相因，非有二也。許君必以不正說之者，以其字从丫耳。"張說頗爲精覈。"𦣻"字，甲文作"🐾"（《甲骨文合集·五六〇》"勿🐾用五百"）、"🐾"（《甲骨文合集·四九一四》"勿🐾"），義與許書迥異①。或以"𦣻"字乃"眉"之分化字，②然終與"目不正"之義乖違。王氏以爲"𦣻""眜"音同，遂執"𦣻"字義訓訂改"眜"字說釋，恐違本失真。

其三，"蔑"字之與"末"字，古音同屬明母月部，聲同而義合。《說文·木部》"末，木上曰末"，段玉裁注："又與'蔑''莫''無'聲義皆通。"《尚書·君奭》"無能往來，茲迪彝教，文王蔑德降于國人"，鄭玄注："蔑，小也。"孔穎達疏謂："蔑，小也。小謂精微也。"《逸周書·祭公》："茲申予小子，追學於文武之蔑。"王念孫《讀書雜志·逸周書四》："予謂'蔑'與'末'同。穆王在武王後四世，故曰'追學於文武之末。'《小爾雅》曰：'蔑，末也。'"李富孫《詩經異文釋》卷十三："'喪亂蔑資'，《潛夫論·敘錄》'蔑'作'末'。"此以經傳用字明之者一；"蔑"聲

---

① 黃德寬主編《古文字譜系疏證》（商務印書館 2007 年版，第 2522 頁）："甲骨文'勿𦣻'，'𦣻'與'勿'連用以加強語氣。"

② 劉釗《古文字構形學》（福建人民出版社 2006 年版，第 128 頁）："其實'𦣻'並不是一個獨立起源的字，是因爲許慎對蔑字結構已不甚了了，便將本從眉的字'🐾'上部截取下來以統屬從'𦣻'的幾個字。從蔑字的演變看，'𦣻'應是從眉字分化出的一個字。古音眉在明紐脂部，在明紐月部，二字雙聲，韻爲旁對轉。"

字每有"端末"之義。例如，《說文·韋部》："韤，足衣也。"《釋名·釋衣服》："韤，末也，在腳末也。"是衣在足端謂之"韤"；《說文·目部》："瞢，目眵也。"《釋名·釋疾病》："目眥傷赤曰䁳。䁳，末也，創在目兩末也。"是創在目末謂之"䁳"。"端末"引申則有"微小"義，"懱""矊""糪""鷩""蠛""䍶""鱴""鑖""磢""髍"諸字皆於此取義。《廣雅·釋詁》"綿，微也"，王念孫疏證："懱者，《說文》：'懱，輕易也。'《大雅·桑柔篇》'國步蔑資'，鄭箋云：'蔑猶輕也。'《周語》云：'鄭未失周典，王而蔑之，是不明賢也。''蔑'與'懱'同。今人猶謂輕視人爲蔑視矣。……《玉篇》：'矊，面小也。'《說文》：'糪，麩也'。《方言》'江淮陳楚之內謂木細枝爲蔑'，注云：'蔑，小貌也。'《衆經音義》卷十引《埤倉》云：'篾，析竹膚也。'《字通》作'蔑'。《顧命》'敷重蔑席'，鄭注云：'蔑，析竹之次青者。'《玉篇》：'鷩，鷩雀也。'亦通作'懱'。《方言》'桑飛，自關而西或謂之懱爵'，注云：'即鷦鷯也。又名鸋鴂。''懱'言'懱截'。《廣韻》：'矊尐，小也。''矊尐'與'懱截'同，即'鸋鴂'之轉也。《荀子·勸學篇》'南方有鳥焉，名曰蒙鳩'，楊倞注云：'蒙鳩，鷦鷯也。''蒙'亦'蔑'之轉，'蒙鳩'猶言'蔑雀'。《爾雅》：'蠓，蠛蠓。'《甘泉賦》注引孫炎注云：'蟲小於蚊。'是凡言'蔑'者，皆微之義也。"是其證。又，《說文·弼部》"䍶，涼州謂鬻爲䍶。从鬲，糪聲"，朱駿聲通訓定聲："即糜也。糜、䍶一聲之轉。"《廣雅·釋器》"糜，糊也"，王念孫疏證："糜之言靡細也。米麥屑謂之糜，猶玉屑謂之靡。"是細碎之米屑曰"䍶"；《玉篇·金部》："鑖，小鋌也。"《廣韻·黠韻》："磢，磢硴，小石。"《廣韻·黠韻》："髍，髍骱，小骨。"是"鑖""磢""髍"諸字皆有"微小"之義。物微則視之不明，故引申而有"不明"之義。例如，"蔑"字，《說文·苜部》"蔑，勞目無精也"，段玉裁注："目勞則精光茫然。通作'眜'。"是目勞而視之不清曰"蔑"；"瀎"字，《說文·水部》"瀎，拭滅皃"，段玉裁注："拭滅者，拂拭滅去其痕也。"是痕拭而其跡不明貌曰"瀎"；"㒼"字，《說文·苜部》"㒼，火不明也。……讀與蔑同"，張舜徽約注："火不明，謂室中燎火無光，見物不審諦也。火不明則目不能見物，故二義實相因。火不明謂之莫，勞目無精謂之蔑，實一語耳。"是燎火無光而不能見物曰"莫"。視"末"聲字孳乳之徑，乃與"蔑"聲字極似。例如，"末"字，《說文・木部》："末，木上曰末。从木，一在其上。"是木端謂之"末"；"袜"字，《玉篇・衣部》："袜，腳衣。"是衣在足端謂之"袜"。"端末"引申則有"微小"義。例如，"麩"字，《玉篇・麥部》："麩，麪也。今呼米屑爲麩。""粖"字，《廣韻・末韻》："粖，糜也。"是細碎之米屑曰"麩"、曰"粖"；"垅"字，《玉篇・土部》："垅，塵壞也。"《廣雅・釋詁》："垅，塵也。"是細碎之埃土曰"垅"；"沫"字，《玉篇・水部》："沫，又水浮沫也。"《廣韻・末韻》："沫，水沫。"是細小之漚泡曰"沫"；"砞"字，《玉篇・石部》："砞，碎石。"《集韻・末韻》說與《玉篇》同。是細碎之石曰"砞"。"微小"引申而有"不明"之義。"怽"字，《玉篇・心部》《廣雅・釋詁》《廣韻・末韻》皆云："怽，忘也。"是忘而不明謂之"怽"；"昩"字，《集韻・末韻》："昩，日中不明也。"是日中不明曰"昩"；"眜"字，《說文・目部》："眜，目不明也。"《玉篇・目部》："眜，目不明。"《集韻・末韻》："眜，《說文》'目不明也'。"是目之不明曰"眜"。此以聲義關係明之者二；《說文・韋部》"韤，足衣也"，朱駿聲通訓定聲："字亦作'韎'。"《玉篇・韋部》："韤，足衣。亦作'袜'。"是"韤"字从"蔑"，猶从"末"；《說文・䰜部》"鬻，涼州謂鬻爲鬻。粖，鬻或省从末"，朱駿聲通訓定聲："當'从鬲，从米，蔑聲'，或'从米，末聲'。"是"鬻"字从"末"也固宜；《玉篇・魚部》："䲙，海中魚，似鮑也。""鱴，同上。"是"䲙"字从"末"、从"蔑"無所別；《說文・目部》"瞢，目眵也。从目，蔑省聲"，張舜徽約注："此字初但作'蔑'，'矊''瞢'皆後增體也。《苜部》：'蔑，勞目無精也。'勞目無精，謂目勞則視之不明也。凡人用目過勞或夜寐不足，則目赤；目赤必自兩末起。目赤成疾則不能視矣。與上文'眜'字，聲義並近。'蔑''末'，語之轉也。"是"瞢"字从"蔑"、从"末"質無殊別。此以文字或體明之者三。要之，"蔑""末"二字聲義俱通，"眜"字从"末"而於"蔑"字取義，殆於字理相合。準是，則《說文》"眜"字訓以"目不明"，實爲不誣，王氏之說殆非至論。

《說文》"昧""眛"同訓"目不明"，或以爲一字，似亦不確。《說文》
"眛，目不明也"，張舜徽約注："'眛''昧'二篆說解雖同，而其所以得
義者則異。'昧'之本義爲勞目無精，古與'蔑'通。'眛'之本義，蓋
謂眛暗不曉事也。《淮南子·精神篇》：'故覺而若眛。'高注云：'眛，暗
也；厭也。楚人謂厭爲眛，喩無知也。'《淮南》此處，乃用眛字本義。段
氏謂從未之字未之見，可謂失之眉睫矣。本書《日部》'昧'下云：'一
曰闇也。''昧''眛'受義同原，得相通假。僖公二十四年《左傳》：'目
不別五色之章爲眛。'是以'眛'爲'昧'也。'昧''眛'二字，形似
訓同，易致淆亂。許君欲兩存之故不以類居，而必畫分二處也。"張氏以
"昧""眛"別殊二字，誠是。然解"眛"字本義爲"不曉事"，則頗可疑。
字從"目"作，而義竟與"目"義無關，未見是理。竊謂二字渾言無別，
故許氏皆以"目不明"釋之，經傳亦每多互用。析言之，則"昧"字本
義目之視物不清，目傷勞則瞻物模糊；"眛"字本義目之不辨五色，譬猶
今之所謂"色弱""色盲"者。《左傳·僖公二十四年》"目不別五色之章
爲眛①"，借"眛"爲"昧"，正用"昧"字本義。而"眛暗不曉事"實爲
"眛"字引申義。聊備一說。

綜而言之，段氏依《玉篇》字序，以爲"昧"字《說文》所無，自
非確論，然猶未徑改許書，可謂審慎。而王氏拘於《玉篇》《廣韻》故，
擅易許書"眛"字義訓，恐失之疏漏。

二、輕言假借而誤例

王念孫曰："詁訓之指，存乎聲音。字之聲同聲近者，經傳往往假借。
學者以聲求義，破其假借之字而讀本字，則渙然冰釋。如其假借之字强爲
之解，則詁籍爲病矣。"② 王引之曰："學者改本字讀之，則怡然理順；依借

---

① 阮刻本《十三經注疏·春秋左傳正義》、四部叢刊本《春秋經傳集解》皆作"眛"，而
《康熙字典》引作"昧"，且爲《故訓匯纂》所承。

② 語見王引之《經義述聞·自序》。

字讀之，則以文害辭。"① 洵屬至論。王氏父子不墨守成說，不妄立新說，以古音求古義，觸類旁通，不限形體，考證論斷，世稱精詳。然王氏輕言假借而疏通文意之弊，學者每有所病。②

（一）

　　《說文·左部》："差，貳也。左不相值也。（《左氏傳》'其卜貳圉'，杜注：'貳，代也。'按，《外傳》作'以代圉'，謂用世次當立之圉。《左傳》作'貳圉'，謂副貳之圉。《坊記》注引之。此則當各依文爲釋。杜注《左》云：'貳，代也'，似爲牽合。）从左乑。"③《經義述聞·春秋左傳上·其卜貳圉》："《晉語》曰：'其改置以代圉也'，此《傳》曰'其卜貳圉也'，'貳'即'代'之借字也。'貳''貳'字相似，學者多見'貳'，少見'貳'，故'貳'譌爲'貳'矣。鄭注《坊記》引此作'貳'，而解爲君之貳。彼正義：'卜副貳之子圉令爲君'，則'卜貳圉'下必增'爲君'二字，而其意始明，其失也迂矣。且《晉語》之文，正謂代立，非謂副貳也。蓋鄭所見本已譌作'貳'，故說之未確。……故《晉語》作'其改置以代圉'，韋昭注曰：'欲令更立他公子以代子圉，言父子避位以感羣下。'其說是也。（段氏《說文注》'差'字云'以代圉，謂用世次當立之圉。'大誤。）"④

　　按：《左傳·僖公十五年》"且告之曰：'孤雖歸，辱社稷矣，其卜貳圉'"，"貳"字之義略有兩說：其一，漢司馬遷《史記·晉世家》："晉矦亦使呂省等報國人曰：'孤雖得歸，毋面目見社稷，卜日立子圉。'"《禮記·坊記》"以此坊民，民猶忘其親而貳其君"，唐孔穎達正義："僖公十五年《傳》稱晉惠公被秦所納，既而背秦，秦伯伐之，戰於韓，被秦所

---

① 王引之：《經義述聞》，江蘇古籍出版社 2000 年版，第 756 頁。
② 參見王雲路《詞彙訓詁論稿》，北京語言文化大學出版社 2002 年版，第 31 頁。
③ 段玉裁：《說文解字注》，上海古籍出版社 1988 年版，第 200 頁。
④ 王引之：《經義述聞》，江蘇古籍出版社 2000 年版，第 408 頁。

獲。命其大夫歸，立其子圍爲君。稱卜副貳之子圍令爲君。”《說文·左部》“差，貳也”，段玉裁注：“《左傳》作‘貳圍’，謂副貳之圍。”《說文·貝部》“貳，副益也”，朱駿聲通訓定聲：“《左·僖十五傳》‘其卜貳圍也’。”皆以《左傳》“貳”爲“副貳”之義；其二，《左傳》“其卜貳圍”，晉杜預注：“貳，代也。”《國語·晉語》“君使乞告二三子曰：‘秦將歸寡人，寡人不足以辱社稷，二三子其改置以代圍也’”，三國吳韋昭注：“欲令更命立它公子以代子圍，言父子避位以感動群下。”則以《左傳》“貳”爲“取代”之義。王引之即以杜預、韋昭說爲是，且質言段說非是。

王氏以“貳”爲“貳”字之訛，“貳”又“代”字之借，乃與杜氏“貳，代也”之注文契合。然此說委曲比附，宜失之穿鑿。

舊籍刊正，王氏好言“貳”字之譌，實則未必，學者多有所論。“士引之之《經義述聞》云，貣與貳相似而誤爲貳。其實，貳是不一，忒訓差爽，《說文》：‘差，貳也。’《廣雅》：‘忒，差也。’義即相通，自可互用。故《毛詩》‘其儀不忒’，《釋文》：‘不忒，他得反，本或作貳。’是忒、貳義通互用之證，不必如王氏所云‘士貳其行’，‘貳’當爲‘貣’，雖定忒是借字，貳是譌字，以通其說。蓋王氏重於形似之譌，音近之借。不知義通者音異亦可互用，固爲古書異文之習例也。”[1]“假借之例，至王氏而大明。既已操之優如裕如矣，每遇己意以爲古籍或前說之未安者，輒以假借之說通之，‘通’則‘通’矣，曰古義必如是，則未可許也。過猶不及，豈大家每不能免於斯蔽邪？如解《左傳》‘不可以貳’‘不能苟貳’‘臣不改貳’‘好學而不貳’‘不貳其命’‘其卜貳圍也’。”[2]論難得其肯綮。此其一；至王氏以“貳”爲“代”字之借則頗嫌武斷。《左傳》“替代”之“代”多見，如《宣公十四年》“鄭人懼，使子張代子良于楚”，《成公二年》“自今無有代其君任患者”，《昭公二年》“秋，鄭公孫黑將作亂，欲去游氏而代其位”，皆其例。而獨於此乃以“貳”字假之，恐與事理不合。此其二；

<hr>

① 沈兼士：《沈兼士學術論文集》，中華書局1986年版，第238頁。
② 語見許嘉璐《〈經義述聞〉弁言》。

王氏又以《國語》證之，亦有可商者。《晉語》"秦將歸寡人，寡人不足以辱社稷，二三子其改置以代圉也"，以文意揣之，其所"改置"者，蒙上必爲"寡人"，而"以"者，連詞，表承接，"代"者，義即更易。故此句言寡人有辱社稷，宜改置晉君而易之以圉。王氏狃於韋氏注，顧執之以勘正《傳》文，恐失其恉。此其三。合此數事，知王氏之說不無可疑。

　　楊伯峻《春秋左傳注》曰："卜貳，卜日立其子圉爲君也。……王引之《述聞》據此（韋昭注），欲改《傳》文之'貳'爲'貳'，牽就韋注以合《左傳》，不悟《傳》文但謂惠公以復位爲辱社稷，與子圉何涉，而亦當謀代之乎？即韋注符合《國語》本意，亦《國語》自《國語》，《左傳》自《左傳》，不必牽合。說本楊樹達先生《讀左傳》。"① 此說頗是，唯以"卜日立其子圉爲君"訓之"卜貳"，似有增字爲訓之弊。《史記·晉世家》"孤雖得歸，毋面目見社稷，卜日立子圉"，當爲楊氏所據者，然《史記》終非《左傳》，如據之以定"卜貳"之義，恐稍嫌牽合。

　　今按，"卜貳"之"貳"義即"副貳"，略無可疑。《國語·晉語一》"夫太子，君之貳也"，韋昭注："貳，副也。"是其證。而"卜"字當爲"取擇"之義，緣卜占必有所決，故"卜"字引申而有"取擇"之義。例如，《呂氏春秋·舉難》"卜相曰：'成與璜孰可？'此功之所以不及五伯也"，漢高誘注："卜，擇也。"《淮南子·本經訓》"乃舉兵而伐之，戮其君，易其黨，封其墓，類其社，卜其子孫以代之"，高誘注："卜，擇其子孫之賢者。"經傳"卜""擇"亦每連言，劉向《古列女傳·辯通傳·齊鍾離春》："卜擇吉日，立太子，進慈母，拜無鹽君爲后。"《呂氏春秋·仲春紀·二月紀》"擇元日命人社"，高誘注："嫌日有從否，重農事故卜擇之。"《後漢書·杜欒劉李劉謝列傳·欒巴傳》："大行皇帝晏駕有日，卜擇陵園，務從省約，塋域所極，裁二十頃。"皆其明證。準此，則《左傳》"卜貳圉"，當以"取擇副貳之圉"解之，言寡人有辱社稷，擇立太子圉可矣；《定公八年》"寡人辱社稷，其改卜嗣，寡人從焉"，其"改卜嗣"或可以

_____

① 楊伯峻：《春秋左傳注》（修訂本），中華書局 1990 年版，第 360 頁。

"改之而擇立繼承者"解之，言寡人有辱社稷，宜改置衛君而立之太子。

此外，使令依杜氏、韋氏，解《左傳》"貳"字爲"代"，意寡人有辱社稷，請以他公子代子圉，亦不必輾轉改字以求其文義相通。"貳"義不專一，古書習見，例如，《書·五子之歌》"太康尸位以逸豫，滅厥德，黎民咸貳"，僞孔安國傳："君喪其德，則衆民皆二心矣。"引申則有"變易"之義，例如，《詩·小雅·都人士序》："古者長民，衣服不貳。"鄭玄箋："變易無常謂之貳。"而"變易""取代"其義互通，是"代"義乃"貳"字所固有，王氏先改字，後破讀，恐失之牽附。

綜上所言，《左傳》"卜貳圉"之"卜"如以"取擇"釋之，則文從字順。楊伯峻或拘於《史記》之載，必沾"日"字以爲訓，殆未明"卜"即"取擇"之義，其說雖未至當，然較之王氏說，猶去《左氏》之旨个遠。段氏以爲《國語》"以代圉"意乃"用世次當立之圉"，其失也迂，至解《左傳》"貳圉"乃"副貳之圉"，則爲不誣。

（二）

《說文·艸部》："菸，鬱也。（《王風·中谷有蓷》'暵其乾矣'，毛曰：'暵，菸皃。陸艸生於谷中傷於水。'玉裁按，'暵'即'蔫'字之假借，故既云'暵其乾'，又云'暵其溼'，'乾''溼'文互相足。）从艸，於聲。一曰痿也。（按，'鬱''痿'二義互相足。）"①《經義述聞·毛詩上·暵其濕矣》："二章之'脩'，三章之'濕'，與一章之'乾'同意。故其狀之也，皆曰'暵'。暵者，乾之貌也。歲旱則草枯，雖之乾乃傷於旱，非傷於水也。《詩》言'中谷'，不必皆有水之地。《葛覃》之詩曰'葛之覃兮，施于中谷'，固非蔓延於水中也。毛云'陸草生於谷中，傷於水'，乃不得其解而爲之辭。段氏《說文》'菸'字注謂'暵即蔫字之假借'，'蔫，菸也'，蓋曲徇毛《傳》之說。徧考書傳無以'暵'爲'蔫'者，且經云'暵其乾'，不云

---

① 段玉裁：《說文解字注》，上海古籍出版社 1988 年版，第 40 頁。

'暵其菸'也。段說非是。"①

按：《說文·水部》"灘，水濡而乾也。从水，鸂聲。《詩》曰'灘其乾矣'"，段玉裁注："《王風》文。今《毛詩》作'暵'，蓋非也。一章曰'灘其乾矣'，二章曰'灘其脩矣'，三章曰'灘其溼矣'。知'灘'兼濡與乾言之。毛《傳》曰'菸皃'，'菸'者，一物而濡之乾之，則菸邑無色也。"此以《詩經》"暵"字乃"灘"之誤字；《說文·艸部》"菸，鬱也。從艸，於聲"，段玉裁注："《王風·中谷有蓷》'暵其乾矣'，毛曰：'暵，菸皃。陸艸生於谷中傷於水。'玉裁按，'暵'即'蔫'字之假借，故既云'暵其乾'，又云'暵其溼'，'乾''溼'文互相足。"此以《詩經》"暵"字為"蔫"之借字。段說前後未能劃一。

王氏既云段說之謬，且質言毛《傳》、許書之失。馬瑞辰曰："暵，《說文》字作'灘'，又作'灘'，云'水濡而乾也'，其義蓋本毛《傳》。其實'暵'義止為'暵燥'，即'乾貌'耳，不必如毛《傳》以為'傷於水'也。毛《傳》蓋由誤以'中谷'為'谷中'，不知'中谷'之'中'只為語詞，猶《葛覃》詩'施于中谷'亦謂谷旁，非謂葛生水中也。三章《傳》云'雛遇水則濕'，皆由誤解'中谷'而因此致誤。""《經義述聞》謂'濕'當讀為'暵'，其說是也。《廣雅》：'暵，曝也。'《玉篇》：'暵，欲乾也。'《一切經音義》引《通俗文》'欲燥曰暵'。與前二章'暵其乾矣''暵其脩矣'文義正同。"②乃以王氏為得。程俊英《詩經譯注》亦取此說。③

比類以觀，段、王二說恐皆未允當。《詩·王風·中谷有蓷》"中谷有蓷，暵其乾矣"，毛亨傳："暵，菸皃。陸艸生於谷中傷於水。"鄭玄箋："興者，喻人居平安之世，猶蓷之生於陸，自然也。遇衰亂凶年，猶蓷之生谷中，得水則疾將死。有女遇凶年而見棄，與其君子別離，嘅然而暵，傷已見棄，其恩薄。"此詩以蓷生谷中受水而枯起興，喻婦人受夫侵

---

① 王引之：《經義述聞》，江蘇古籍出版社 2000 年版，第 130 頁。
② 馬瑞辰：《毛詩傳箋通釋》，中華書局 1989 年版，第 236 頁。
③ 參見程俊英《詩經譯注》，上海古籍出版社 2012 年版，第 73 頁。

害而見棄，此則毛、鄭二氏之意。段氏即取此說，初以"暵"爲"蔫"字之借，又謂"暵"乃"灘"字之譌，游移其辭，自非確詁。而《說文·日部》"暵，乾也。耕暴田曰暵。从日，堇聲"，朱駿聲通訓定聲："[段借]爲'灘'。《詩》：'中谷有蓷，暵其乾矣。'傳：'菸貌。'"其以"暵"爲"灘"字之借；承培元《說文引經證例》曰："（灘）今作'暵'，衛包所改，與鄭及毛《傳》義皆不合，毛《傳》曰'菸皃'。《艸部》：'菸，鬱也。一曰痿也。'鬱者，以水漬物之偁，如'醢'曰'韭鬱'，'豉'曰'鬱尗'，皆謂以酒漬之可證。是毛本作'灘'可見矣。……衛包不達其義，以'暵'易'灘'，而古義失矣。徐爰《詩音義》引毛《傳》曰'菸皃'，本尚未誤也。"以爲"暵"字乃衛包所改；王先謙曰："《三家》作'灘'者，《說文》'灘，水濡而乾也，从水，鸂聲。《詩》曰：灘其乾矣'，文與《毛》異，蓋出《三家》，較作'暵'義合。"① 乃以"灘"字較"暵"字差勝。今按，諸說皆未至當。《說文·日部》"暵，乾也"，《火部》"熯，乾皃"，王筠以"暵""熯"二字乃異部重文。準此推之，許云"水濡而乾"，猶云"水濡而乾皃"。② 故而"灘"之言乾也，"暵""灘"俱於"乾皃"受義，《毛詩》作"暵"，義取稍泛，許氏作"灘"，義取略細，二字義通，自無緣品定孰優孰劣。《說文》"灘，水濡而乾也，从水，鸂聲。《詩》曰：'灘其乾矣'"，王筠句讀："《王風·中谷有蓷》文。今作'暵'。《傳》曰：'暵，菸皃。'許說水濡而乾，所以申毛也。《艸部》'蔫，菸也'，'菸，鬱也。一曰痿也'。蓋艸傷于水，鬱幽之而氣不揚，雖未遽萎，而已失其性，漸即於乾也。"王氏以許氏申毛，不云毛氏非是，得其所宜。

王氏以"暵"爲狀乾之辭，得其實，至謂不可云"暵其濕"，三章"濕"字乃"㬠"之借字，則不敢苟同。毛、許二說恐未可輕駁，請以三事明之。

谷者，幽溼之地，《詩·小雅·十月之交》"高岸爲谷，深谷爲陵"者

---

①　王先謙：《詩三家義集疏》，中華書局 1987 年版，第 323 頁。

②　或曰：古者動、靜同辭，是"水濡而乾"亦猶"水濡而乾皃"。

是。物生谷中，每多繁茂，《詩·周南·葛覃》"葛之覃兮，施于中谷，維葉萋萋""葛之覃兮，施于中谷，維葉莫莫"言其事。今則蓷生谷中，枝葉扶疏，華榮紛縟，然暴水猝至，遂爲水傷。適與詩之所興——有女遇凶年而見棄者冥合。《爾雅·釋草》"萑，蓷"，郭璞注："今茺蔚也。葉似荏，方莖，白華生節間。又名益母，《廣雅》云。"王質《詩總聞》："益母草在野甚多，最能任酷烈，日愈烈色愈鮮，則性不宜水可知。"李時珍《本草綱目·草部·隰草類·茺蔚》："北草及子皆充盛密蔚，故名茺蔚。……茺蔚，近水濕處甚繁。"吳其濬曰："（茺蔚）此草雖生池澤，然不生於水，傷水之說，乃格物之至者也。故知鬱臭、夏枯諸名，洵非誤載。"[1] 皆箸明此事。依此，則王氏"歲旱則草枯，蓷之乾乃傷於旱，非傷於水也""毛云：'陸草生於谷中，傷於水。'乃不得其解而爲之辭"云云，恐與情實者不合。此其一。

再以詩意觀之。首章"其乾矣"，言蓷之株小者傷水而萎枯；二章"其脩矣"，言蓷之株中者傷水而乾縮。[2] 乾燥而縮，猶未枯槁，此毛氏所以言"且乾"之故；三章"其濕矣"，言蓷之株大者傷水而猶渥。"蓋艸傷于水，鬱幽之而氣不揚，雖未遽萎，而已失其性，漸即於乾也。"[3] 而"暵""灘"二字，固爲狀乾之辭。此詩各章起興之辭事類而微別，猶之《召南·桃夭》首章"桃之夭夭，灼灼其華"、次章"桃之夭夭，有蕡其實"、三章"桃之夭夭，其葉蓁蓁"，《魏風·汾沮洳》首章"彼汾沮洳，言采其莫"、次章"彼汾一方，言采其桑"、三章"彼汾一曲，言采其藚"，啓事稍異。承培元《說文引經證例》云："詩一章曰'灘其乾'，言濡而已乾者易矮也。二章曰'脩'，言濡而乾，高大者稍難矮也。三章曰'溼'，濡而未乾者，不易矮也。今皆矮焉，是旱盛也。以鄹說足毛'菸'字義而義益箸明矣。……今則以'暵'爲'晞'，故王氏《經義述聞》疑'溼'爲'曀'之譌，則猶泥于今'暵'之說，而未嘗以毛《傳》參之也。今水

---

[1]　吳其濬：《植物名實圖考》，中華書局 2018 年版，第 265 頁。
[2]　《釋名·釋飲食》："脩，脩縮也。乾燥而縮也。"
[3]　語見王筠《說文解字句讀》"灘"字注。

厓曰'灘',亦本'濡而乾'之義。"略得其實。此其二。

　　王氏又以三章之"濕"乃"曩"字之借,容有可議者。"㬎"字,《說文·日部》:"㬎,眾微杪也。从日中視絲。古文以爲'顯'字。"故从"㬎"得聲之字,每有"濡溼"之義。例如,"溼"字,《說文·水部》:"溼,幽溼也。从水;一,所以覆也,覆而有土,故溼也;㬎省聲。""濕"字,《說文·水部》:"濕,水出東郡東武陽,入海。从水,㬎聲。""隰"字,《說文·𨸏部》"隰,阪下溼也。从𨸏,㬎聲",段玉裁注:"《釋丘》曰:'下溼曰隰。'又曰:'陂者曰阪,下者曰隰。'"張舜徽約注:"隰之言溼也。謂其地常幽溼也。""塌"字,《說文·土部》"塌,下入也。从土,㬎聲",段玉裁注:"此與'下溼曰隰'義略同。"張舜徽約注:"許以'下入'訓'塌','下入'猶云'下陷',地下陷則溼矣。"至於"曩"字,經傳未之見,而字書、韻書載之。《玉篇·日部》:"曩,欲乾也。"《玄應音義》卷二十三"乾曩"注引《通俗文》曰"欲燥曰曩",卷二十二"乾曩"注引《通俗文》曰"欲燥曰曩。曩,微乾也。"《龍龕手鏡·日部》:"曩,欲燥也。"《廣韻·緝韻》:"曩,欲燥也。"今執"溼""濕""隰""塌"諸字例之,疑"曩"字亦由"濡溼"而得義,故溼而欲燥、濡而微乾謂之"曩"。再以舊籍之用證之。沈知言《通玄祕術·松六·陰伏紫金丹》:"文火養,長令魚眼沸,七日七夜。勿令火絕水耗。旋換添之,時時開攪,勿令粘綴鐺底。日滿曩乾,加火鍛通赤。冷,以湯沃去鹽味,日中乾之。"《松六·太陽紫粉丹》:"待冷開取藥,以白蜜拌令曩曩。"《松六·鄭氏三生丹》:"伏火丹砂、伏火北庭礦砂、伏火龍腦(已上三味,各一兩半。同研如麵,以漿水拌令曩曩,日中乾之後,更細研之。)"《松六·綺金丹》:"右並同研,汞星盡,令細如粉,以濃甘草湯拌令曩曩,日中乾之。"揣之文意,"曩"義爲溼而微乾,恐無可疑。是"曩"字後出,乃與"濕"("溼")①字語出同源。王氏以"嘆"字非狀濕之辭,遂易"濕"字

────────────

① 《說文·水部》"濕"字,段玉裁注:"漢隸以'濕'爲燥溼字,乃以'溧'爲沛濕字。"

爲"暵"，殊不知"暵"字固有"潤濕"之義。此其三。

綜斯所言，《中谷有蓷》首章"暵其乾矣"，段氏或以"暵"字乃"灘"之誤字，或以"暵"字爲"蔫"之借字，說不一例，然猶與毛、許之意相蒙，故爲小失；《中谷有蓷》三章"暵其濕矣"，王氏以"暵"字不得狀濕，遂讀"濕"字爲"暵"，輕言假借而遽定毛、許之非是，恐失於草率。

三、形義未明而誤例

王氏父子治學嚴謹，精思博考，不參成見，勇於創獲。其校勘、訓詁交相爲用，相得益彰，是以古籍、前說其義未安者，每至王氏而能融通曉暢，歷爲學人所稱道。漢隸今字、漢唐舊注固爲斠正古字、詮釋經籍之信據，然王氏讀而未能審其形、明其義，執一端以忽其餘遂致誤下偏論者，偶或有之。

（一）

《說文·鳥部》："鷻，鷙鳥也。（此今之'鶚'字也。……《詩》'匪鶉匪鷻'，《正義》'鷻'作'鶉'，引孟康曰：'鶉，大雕也。'又引《說文》'鷻，鷙鳥也。'是孔沖遠固知'鷻'即'鶉'字。陸德明本乃作'鳶'，云以專反，今《毛詩》本因之，又以'與專反'改《說文》'鷻'字之音，誤之甚矣。鷻，《夏小正》作'弋'，與職切，俗作'鳶'，與專切。）从鳥，叀聲。"① 《經義述聞·通說上·鷻鳶不同字》："段說非也。……今《傳》與《箋》皆不爲'鷻'字作解，則經文之作'鳶'不作'鷻'可知矣。……至謂《大雅》'鳶飛戾天''鳶'字亦當作'鷻'，則尤爲舛誤。……段君不知以《詩》之'匪鶉匪鷻'正《說文》'匪鶉匪鷻'之誤，反欲以《說文》傳寫之誤字改經文之字之不誤者，不亦顛乎？"②

---

① 段玉裁：《說文解字注》，上海古籍出版社 1988 年版，第 154 頁。
② 王引之：《經義述聞》，江蘇古籍出版社 2000 年版，第 734 頁。

《說文·鳥部》:"鷻,雕也。"(《夏小正》謂之'弋','十有二月
鳴弋','弋'即'雕'也。'弋'之字,變爲'鳶',讀與專切,'鳶'
行而'弋'廢矣。'鳶'讀與專切者,與'鷻'疊韻,而又雙聲。《毛
詩正義》引《倉頡解詁》'鳶即鷻也。'然則《倉頡》有'鳶'字,從
鳥,弋聲。許無者,謂'鷻'爲正字,'鳶'爲俗字也。)從鳥,敦
聲。"① 《廣雅疏證》"鷻,雕也",王念孫補正:"段以'鳶'爲《夏小
正》'鳴弋'之'弋',又以'鳶'爲'鷻'之俗字,大謬。"②

　　按:"鳶"字(今音與專切,義爲"鷗")之與"弋"字(今音與職
切,義爲"繳"),音隔義遠,二字別殊。段氏以《夏小正》"鳴弋"之
"弋"俗作"鳶",又以"鳶"乃"鷻"之俗字,故《說文》未錄"鳶"
篆。然"鳶""弋"二字,古音懸隔,且"鳶"字其出也早,是段說頗
爲可疑。王引之《經義述聞·通說上·鳶鳶不同字》曰:"《夏小正》'鳴
弋',傳曰:'弋也者,禽也。''弋'即'鳶'之譌。蓋本作'鳶',省作
'鳶',後人脫其下半耳。金履祥曰:'弋,當作鳶。'"又曰:"('鳶'字)
不應《說文》不載,蓋《鳥部》有此字而傳寫者脫之也。"以爲"禽也"
之字本作"鳶",隸書省作"鳶",其後譌作"弋",今本《說文》"鳶"篆
奪誤。

　　今按,"鳶""雖""弋"三字,經傳、字書牽混已久。此請發覆深究
數事,尋繹諸字竄亂訛變之跡。

　　"鳶"字,王引之曰:"其'鳶'字,《說文》未載,以諧聲之例求之,
則當'從鳥,戈聲'而書作'鳶'。'鳶'字古音在元部,古從戈聲之字多
有讀入此部者。故《說文》'閱'從戈聲而讀若'縣';'戓'從戈聲而讀
若'環'。'鳶'之從戈聲而音與專切,亦猶是也,此聲之相合者也。"③足

---

① 　王引之:《經義述聞》,江蘇古籍出版社 2000 年版,第 734 頁。
② 　王念孫:《廣雅疏證》,江蘇古籍出版社 2000 年版,第 436 頁。
③ 　王引之:《經義述聞》,江蘇古籍出版社 2000 年版,第 734 頁。

成定論。此字金文作"🐦"（《鳶斛》）①，戰國楚文作"🦅"（《長沙子彈庫戰國楚帛書》）、或作"🦅"②（《上海博物館藏戰國楚竹簡·競建內之》），皆取"戈"爲聲符③，本隸作"鳶"（或"戜"）；戰國秦文又有"🦅"字（《睡虎地秦墓竹簡·日甲五一背》"以廣灌爲🦅以燔之"），其義爲"鴟"而隸作"戜"，當爲"鳶"之增筆或體字。然則戰國文字"戈""芇"二形每多逼似。例如"朔"字，《包山楚簡·六三》作"🦅"、《包山楚簡·九八》作"🦅"；再如"逆"字，《鄂君車節》作"🦅"，《包山楚簡·七五》作"🦅"，《睡虎地秦墓竹簡·日甲四四》作"🦅"。二字所從之"芇"，誠與"戈"字形似。准此以例，疑"鳶"至篆文誤從"芇"而作"🦅"，此許書所以存錄"鳶"篆而音其與專切。《詩經·四月》"匪鶉匪鳶"，孔穎達正義："《說文》又云'鳶，鷙鳥也。'"《玉篇·鳥部》："鳶，同上（鳶）。"《說文·鳥部》"鳶，鷙鳥也"，徐鉉注："芇，非聲。……今俗別作'鳶'，非是。"固知"鳶"篆後世從俗而誤作"鳶"。段氏不了，以"鳶""鳶"各字，且強詞辨難，因有"鵰"俗作"鳶"之論；王氏亦未達，故有《說文》本有"鳶"篆然"傳寫者脫之"之論。二說皆恐未當。今考"鳶"字形演之跡，略得如下：

表 2

| | 金文 | 戰國文字 | | 小篆 | 隸書 |
		楚文	秦文		
字形	🐦	🦅🦅	🦅	🦅	鳶
隸定	鳶	戜	戜	鳶	
備註		"鳶"或體	"鳶"或體	"鳶"訛體	"鳶""鳶"形混

---

① 此准于省吾說。參見古文字詁林編纂委員会編纂《古文字詁林》（第四冊），上海教育出版社 2004 年版，第 242 頁。

② 《競建內之》"高宗命 伒戜 量之以邦"，"伒戜"讀曰"傅說"。（"戜"古音屬餘母元部，"說"古音屬餘母月部，二字聲同韻轉。）是知"戜"字當從"戈"（歌部）作，從"弋"（職部）則聲不相諧。

③ "戈"字古音屬歌部，"鳶"字古音屬元部，二部陰陽對轉。

"雉"字，甲骨文作"[字形]"（《甲骨文合集·五七三九》"不其乎多射[字形]獲"），从戈，从隹。然古文偏旁"戈""弋"每常互作，例如銘文"貳"字或作"[字形]"（《邵大叔斧》）、"忒"字或作"[字形]"（《侯馬盟書·三一七》），皆譌从"戈"；再如甲骨文"馘"字或作"[字形]"（《甲骨文合集·三〇九六七》），金文"或"字或作"[字形]"（《保卣》），又譌从"弋"。是其例。以故朱歧祥曰："（'[字形]'）象弋射獲隹鳥，隸作'雉'。……卜辭用本義。"① 此義經傳每作"弋"，如《詩經·女曰雞鳴》"將翱將翔，弋鳧與雁"，鄭玄箋："弋，繳射也。"引申則所獵之禽亦曰"弋"，如《大戴禮記·夏小正》："十有二月鳴弋。弋也者，禽也。"《晏子春秋·雜下二六》"晏子相景公，食脫粟之食，炙三弋、五卵、苔菜耳矣"，孫星衍音義："言炙食三禽。"戰國秦文字別有"[字形]"字（《睡虎地秦墓竹簡·日甲三〇背》），若以秦簡"鳥"作"[字形]"（《睡虎地秦墓竹簡·日甲四九背》）、"[字形]"（《睡虎地秦墓竹簡·日甲九五背》）例之，"[字形]"上當爲"弋"而字隸爲"鳶"②，今音與職切，義即弋射。《睡虎地秦墓竹簡·日甲·詰咎》"故丘鬼恒畏人，畏人所，爲芻矢以鳶之，則不畏人矣""鬼恒夜鼓人門，以歌若哭，人見之，是凶鬼，鳶以芻矢，則不來矣""鬼恒襄人之畜，是暴鬼，以芻矢鳶之，則止矣"三例，"鳶"字皆用本義"弋射"，不煩破讀。③ 是知戰國秦文之"鳶"字亦即小篆之"雉"字，今音與職切。今求"雉"字形變之跡，略得如下：

---

① 古文字詁林編纂委員會編纂：《古文字詁林》（第四冊），上海教育出版社 2004 年版，第 124 頁。

② "弋"字秘飾之"丶"與"鳥"字首筆"丿"固非連作一體，故"鳶"字不从"戈"。

③ 張守中撰集《睡虎地秦墓竹簡文字編》（文物出版社 1994 年版，第 56 頁）、王輝編著《古文字通假字典》（中華書局 2008 年版，第 240 頁）皆以"鳶"（今音與專切，其義"鷗"）通"弋"（今音與職切，其義"弋射"），然元部字之與職部字終歸音隔，故不取此。

表 3

	甲骨文	戰國秦文字	小篆	隸書
字形				
隸定	⿱弋隹	鳶	隿	
備註		“隿”或體		

至“弋”字，《大戴禮記・夏小正》：“十有二月鳴弋，弋也者，禽也；先言鳴而後言弋者，何也？鳴而後知其弋也。”段玉裁、朱駿聲皆以“鳴弋”即“鳴鳶”，王念孫以“鳴弋”乃“鳴鳶”之訛，皆未確當。今按，“弋”本義“弋射”，引申而義“禽鳥”。“鳴鳶”之“鳶”實“⿱戈鳥”之俗作，其義爲“鴟”。是“弋”之所涵，視“鳶”字而寬，弋禽自不必鳶鳥；再考《夏小正》文意，知“鳴弋”即“弋鳴”，言禽叫也。《詩經・七月》：“四月秀葽，五月鳴蜩。”“鳴蜩”即“蜩鳴”，可互祥之。而“鳴鳶”者，《禮記・曲禮上》“前有塵埃，則載鳴鳶”，孔穎達疏：“鳶，今時鴟也。……前有塵埃起，則畫鴟於旌首而載之，衆見咸知以爲備也。”是“鳴鳶”謂鳴狀之鳶。綜上可知，“鳴弋”“鳴鳶”其義殊別，無容淆之。

《説文・隹部》“隿，繳躲飛鳥也。从隹，弋聲”，朱駿聲通訓定聲：“此誼‘弋’字之轉注。經傳無作‘隿’者，‘隿’即‘鳶’字，鵰也，雎也。從鳥、從隹同。”朱氏拘泥字形，顧以“隿”（今音與職切）、“鳶”（今音與專切）一字，殊嫌傅會。王引之《經義述聞》曰：“‘⿱戈鳥’字上半與‘武’字上半同體，故隸書減之則訛爲‘鳶’，（隸書從戈之字或省作‘弋’。……故‘⿱戈鳥’字從戈而省作‘鳶’。）增之則又訛爲‘⿹𢦏鳥’。”然書至隸體而形多舛訛，依隸改篆未可輕信。且況“鳶”“⿹𢦏鳥”二體皆出戰國，非爲比至隸書乃如是作，王說恐非。或曰：“⿱戈鳥”“鳶”本屬兩字，“鴟”義之“⿱戈鳥”緣何從俗作“鳶”乃至相涉而誤耶？答曰：字形切似而外，疑戰國秦文之“⿱戈鳥”增筆而訛作“⿹𢦏鳥”，學人或以其从𢦏聲（古音屬之部），遂與从弋聲（古音屬職部）①之"鳶"相混。姑備一說。

　　要而論之，"鳶"字古文本从戈聲，至篆文而訛从芅，今《說文》"鳶"字猶存"與專切"之音。"鳶""鳶"本屬一字，至隸書而訛作"鳶"，《說文》"皵"下引《詩·四月》曰"匪鶉匪鳶"，而今《詩》作"匪鶉匪鳶"，一取篆文，一用隸書，皆屬不誤。段氏不明文字變易之跡，以爲"鳶"（義"鴟"）、"鳶"（義"鷃"）各字，謂《大戴禮記·夏小正》"鳴弋"之"弋"俗作"鳶"，"鵰"字俗體作"鳶"，又謂《詩·旱麓》"鳶飛戾天"之"鳶"當作"鳶"。說皆非是；王氏拘泥漢隸字形，亦以"鳶"（義"鴟"）、"鳶"（義"雕之大者"）絕然兩字，又以《說文》"匪鶉匪鳶"之"鳶"當依《詩經》訂作"鳶"，恐未得其實。

（二）

　　《說文·馬部》："駹，馬面顙皆白也。（面者，顏前也。《釋嘼》曰：'面顙皆白惟駹。'按，言'惟'者，以別於上文'旳顙''白顛''白達''素縣'也。面顙白，其他非白也，故从尨。《周禮》'駹車'，借爲尨襆字也。）从馬，尨聲。"②《經義述聞·爾雅下·釋畜·膝上皆白惟馵面顙皆白惟駹》："《說文》'駹，馬面顙皆白'，但言'駹'而不言'惟駹'，是惟爲語詞也。段氏《注》云'《釋畜》言"惟駹"者，以別於上文"旳顙""白顛""白達""素縣"'，亦非。……又案：駹者，白色也。故鴟之白者謂之'駹鴟'。邵以'駹'爲不純色，引《周官·犬人》'用駹'，尤非。"③

　　按：《說文》"駹"字，段玉裁注："面顙白，其他非白也，故从尨。"王引之非之，云："駹者，白色也。故鴟之白者謂之駹鴟。"王念孫《廣雅疏證》詳載此說。《廣雅·釋鳥》"鵊鴟，鴟"，王念孫疏證："'鵊'與

---

① 古音之、職二部對轉。
② 段玉裁：《說文解字注》，上海古籍出版社1988年版，第462頁。
③ 王引之：《經義述聞》，江蘇古籍出版社2000年版，第681頁。

'茅'同。《爾雅》'狂，茅鴟'，郭璞注云：'今䲭鴟也，似鷹而白。'案，鶭者，白色之名。《爾雅》說'馬'云'面顙皆白惟馰'。'馰'與'鶭'聲義正同。'茅''鶭'則聲之轉耳。"王紹蘭《說文段注訂補》亦以王說爲是。

今按，王氏說頗爲可疑，今約舉數耑，試爲釐正。

"駹"字，《說文·馬部》"駹，馬面顙皆白也"，朱駿聲通訓定聲："駹，馬之賤者。"王筠句讀："此駹葢青白馬也。"《爾雅·釋畜》"面顙皆白惟駹"，邵晉涵正義："是駹惟面顙俱白而其色不純。"《史記·匈奴列傳》"匈奴騎，其西方盡白馬，東方盡青駹馬。北方盡烏驪馬，南方盡騂馬"，司馬貞索隱："'駹'音武江反。案：青駹馬，色青。"張守節正義："鄭玄云：'駹，不純也。'說文云：'駹，面顙皆白。'《爾雅》云：'黑馬面白也。'"《漢書·匈奴傳上》"匈奴騎，其西方盡白，東方盡駹，北方盡驪，南方盡騂馬"，顏師古注："駹，青馬也。"《玉篇·馬部》："駹，莫江切，馬黑白面也。"《廣韻·江韻》："駹，黑馬白面。"是"駹"字當於"黑白雜色"取義，王氏以其色白而得名，恐於古無證。此以經傳證之者一。

《說文·犬部》"尨，犬之多毛者。从犬，从彡"，段玉裁注："《釋畜》、毛《傳》皆云：'尨，狗也。'此渾言之，許就字分別言之耳。引申爲襍亂之稱。……牛白黑襍毛曰牻，襍語曰哤，皆取以會意。"張舜徽約注："犬之多毛者謂之尨，猶眾艸謂之芃也。毛多必亂，故引申有襍義。"是从"尨"得聲之字每有"尨雜"之義。"狵"字，《玉篇·犬部》："狵，犬多毛也。"《廣韻·江韻》："狵，犬多毛。"是多毛雜色之犬謂之"狵"；"哤"字，《說文·口部》："哤，哤異之言。从口，尨聲。一曰雜語。"《玉篇·口部》："哤，莫江切，《國語》曰：'雜處則哤。'哤，亂兒。又異言也。"《廣韻·江韻》："哤，雜語亂曰哤。"是言語雜亂謂之"哤"；"牻"字，《說文·牛部》："牻，白黑雜毛牛。从牛，尨聲。"《玉篇·牛部》："牻，莫江切，亂也，雜色牛也。"《廣韻·江韻》："牻，牛白黑雜。"是黑白雜色之牛謂之"牻"；"厖"字，《尚書·周官》"推賢讓能，庶官乃和，不和政厖"，僞孔安國傳："厖，亂也。"是"厖"義雜亂；"蛖"字，《玉篇·虫

部》："蚣，莫江切，蚣蝑，螻蛄類。"《廣韻·江韻》同之。《爾雅·釋蟲》
"蛬，蚣蝑"，郭璞注："蚣蝑，螻蛄類。"劉師培《〈爾雅〉蟲名今釋》："雜
色爲蛬，今螻蛄有身雜采色者，殆即《爾雅》之蚣蝑。"① 是雜色螻蛄謂之
"蚣蝑"；"駹"字，《說文·馬部》"駹，馬面顙皆白也。从馬，尨聲"，張
舜徽約注："此謂黑馬白面，毛色雜亂也。"是雜色馬謂之"駹"。據以類
推，"鴟"之爲物亦當受名於"尨雜"之義。王氏以"駹""鴟"二字俱从
"尨"作而物色爲白，恐與字理未之合。此以聲義關係證之者二。

　　《爾雅·釋鳥》"狂，茅鴟"，郭璞注："今鵂鴟也，似鷹而白。"王氏
因之，謂"鴟者，白色之名"，恐與郭意不相協應。"似鷹而白"者，疑謂
色較鷹而稍白，宜非云其乃純白之色。《爾雅·釋鳥》"狂，茅鴟"，郝懿
行義疏："鴟，'茅'聲轉也。茅鴟即今貓兒頭，其頭似貓，大目，有毛角，
其鳴曰'轂轆貓'。"《廣雅·釋鳥》"鵋鴟，鴟"，王念孫《疏證》訂之爲：
"鵂鶹、鵋鴟，鴟也。"是王氏亦以"鵂鶹""鵋鴟"二者同物。《慧琳音義》
卷五十一"鵂鶹"注："鵂鶹晝伏夜飛，荒雞、鴟梟之類也。大如鳶，蒼
色赤目。"《慧琳音義》卷三十六"鵂鶹"注："毛羽蒼斑，大如鷹眼，圓
睛赤紫，爪似鷹。"《希麟音義》卷九"鵂鶹"注："此鳥晝伏夜飛。鵂鶹、
鵩鵰皆取所鳴爲名也。形如角鷹，蒼黑色，好食蚍鼠也。"是知鴟鳥色蒼
而略白於鷹。誠是，王氏以爲"鴟者，白色之名"，恐與情實者相抵牾。
此以物理實狀證之者三。

　　要而言之，段氏謂"（駹）面顙白，其他非白也，故从尨"，實爲不
誤。王氏曲說郭注，故其"鴟者，白色之名""'駹'與'鴟'聲義正同"
云云，恐不可爲典要。

四、以臆改字而誤例

　　校勘之法至王氏而尤備，其言誤文、脫文、衍文、脫簡，洵多切中
舊籍之弊而成不刊之論，發疑正讀，奄若合符，令人歎服。然則過猶不

---

① 劉師培：《劉申叔遺書》，江蘇古籍出版社1997年版，第449頁。

及，王氏自矜而誤改古書處頗多，其云古書必如是，恐未必。

（一）

　　《說文·耳部》："耽，耳大垂也。（《淮南·墜形訓》'夸父耽耳在其北'，高注：'耽耳，耳垂在肩上。"耽"讀"衣褶"之"褶"，或作"攝"，以兩手攝其肩之耳也。'按，許書本無'聸'字，'耽'即'聸'也。今本於'耽'篆之外沾一'聸'篆，誤矣。）从耳，尤聲。（丁含切，八部。）《詩》曰：'士之耽兮。'"①《說文段注籤記》："耽，《淮南》'耽耳'乃'聑耳'之譌。"②

　　按：王念孫《讀書雜志·淮南內篇·地形·耽耳》曰："'夸父耽耳，在其北方'，高注曰：'耽耳，耳垂在肩上。"耽"讀"褶衣"之"褶"，（舊本"衣"上脫"褶"字，今補。《喪大記》云："君褶衣褶衾。"）或作"攝"，以兩手攝耳，尻海中。（舊本"海"譌作"之"，今據《海外北經》改。）'念孫案：'褶''攝'二字聲與'耽'不相近，'耽'字無緣讀如'褶'，亦無緣通作'攝'也。'耽'皆當爲'聑'，今作'耽'者，後人以意改之耳。《說文》：'聑，耳垂也。從耳下垂，象形。《春秋傳》曰：秦公子聑。聑者，其耳下垂，故以爲名。'《玉篇》：'豬涉切。'是耳下垂謂之'聑'。故高注云：'聑耳，耳垂在肩上。'《廣韻》'聑耳，國名'，正謂此也。（春秋鄭公子輒，字子耳，義與'聑'亦相近。）字或作'聶'，《海外北經》云：'聶耳之國在無腸國東，爲人兩手聶其耳，縣居海水中。'即高注所云'以兩手聶耳居海中'者也。'聑'與'聶'聲相近，故《海外北經》作'聶'。'聑'與'褶''攝'聲亦相近，故高讀'聑'如'褶'，而字或作'攝'。後人多見'耽'，少見'聑'，又以《說文》云'耽，耳大垂也'，故改'聑'爲'耽'，而不知其與高注大相抵牾也。"③ 準此，知王

───────────────

① 段玉裁：《說文解字注》，上海古籍出版社 1988 年版，第 591 頁。
② 董蓮池主編：《說文解字研究文獻集成》（古代卷），作家出版社 2007 年版，第 606 頁。
③ 王念孫：《讀書雜志》，江蘇古籍出版社 2000 年版，第 806 頁。

氏據高誘注"'耽'讀'衣褶'之'褶',或作'攝'",訂《淮南子》"耽"字作"耴"。然此說殆非質論,試舉兩事以明此。

其一,"褶衣"之"褶",字从"習"作,《禮記·玉藻》"禪爲絅,帛爲褶",陸德明音義:"褶音牒,袷也。"古音當在定母緝部。①而"耽"字,《說文·耳部》"耽,耳大垂也。从耳,冘聲。"古音則在端母侵部。是"褶""耽"二字,聲母俱屬舌頭音,韻部陽入對轉。準此,則"耽"字讀若"褶",實合於音理。王氏以"耽""褶"二字音隔,遂改"耽"爲"耴",恐屬不必。

其二,高氏注《淮南子》"或作"語屢見,細審其所用,非必專言之假借。《淮南子·本經訓》"在內而合乎道,出外而調于義",高誘注:"'義'或作'德'。"《原道訓》"無形而有形生焉,無聲而五音鳴焉",高誘注:"'形'或作'和'也。"《主術訓》"鷹隼未摯,羅網不得張於谿谷",高誘注:"'鷹'或作'雋'。"《說山訓》"萬乘之主,冠錙錘之冠,履百金之車",高誘注:"'車'或作'履'也。"《氾論訓》"使我德能覆之,則天下納其貢職者迴也",高誘注:"'廻'或作'固',固,必也。"《脩務訓》"木熙者,舉梧檟,據句枉,蝯自從,好茂葉",高誘注:"'枉'或作'掘'也。"茲例甚眾,不煩觀舉。是高氏言"或作"者,或出己意以疏通文意也。"耽耳"者,耳垂在肩,"攝耳"者,兩手攝垂肩之耳,"耽耳""攝耳"義雖關涉,實則兩詞。高氏注曰"('耽')或作'攝'",當與注"'義'或作'德'""'形'或作'和'也""'車'或作'履'也"者同屬。誠是,王氏依"攝"字之音,訂《淮南子》"耽"字爲"耴",似有失察之嫌。

綜而言之,王氏輕言字誤而遽改《淮南》古書用字,未若段氏審慎。

(二)

《說文·蟲部》:"蠱,腹中蟲也。《春秋傳》曰:'皿蟲爲蠱,晦

---

① 古音依郭錫良編著《上古音手冊》(增訂本),中華書局2010年版。下同。

淫之所生也。'（醫和視晉矦疾曰：'是爲近女室疾。如蠱，非鬼非食，惑以喪志。天有六氣，淫生六疾：陰淫寒疾，陽淫熱疾，風淫末疾，雨淫腹疾，晦淫惑疾，明淫心疾。女，陽物而晦時，淫則生內熱惑蠱之疾。'）梟磔死之鬼，亦爲蠱。从蟲，从皿。皿，物之用也。"① 《經義述聞·春秋左傳下·是謂近女室疾如蠱》："案：'室'當爲'生'，字之誤也。'是謂近女'爲句，'生疾如蠱'爲句，本文'女''蠱'爲韻，下文'食''志''祐'爲韻。若以'近女室'爲句，'疾如蠱'爲句，則失其韻矣。又案：下文曰'女不可近乎'，言'近女'不言'近女室'，此'近女'下本無'室'字之證。上文曰'美先盡矣，則相生疾'，又曰：'四姬有省猶可，無則必生疾矣'，下文曰'淫生六疾'，又曰'今君至於淫以生疾'，此'生疾'二字之證。又曰'淫則生內熱惑蠱之疾'，此'生疾如蠱'之證。又案：《晉語》亦曰'是謂遠男而近女，惑以生蠱'，此尤'是謂近女，生疾如蠱'之明證也。段氏《說文》'蠱'字注讀'是謂近女室疾'爲句，'如蠱'爲句，尤非。"②

　　按：《左傳·昭公元年》"是謂近女室疾如蠱"，段玉裁讀"是謂近女室疾"爲句，王念孫訾議其說，云："'近女室'非疾名，不得以'近女室疾'連讀。"切中段說之弊。黃生曰："《左傳》（昭元年）醫和云：'女陽物而晦時，淫則生內熱惑蠱之疾。'……又云：'是謂近女，室疾如蠱。非鬼非食，惑以喪志。良臣將死，天命不祐。'此本四字成句，二字成韻。'室疾'言疾之所宿聚也。《疏》云：'是謂近女室，說此病之由。疾如蠱，言此疾似蠱疾也。'句讀皆不知，其可笑如此。"③ 其斷句與王氏同，說亦較孔穎達、段玉裁爲勝。唯"室"依本字讀之，云"言疾之所宿聚也"，則似迂闊。

① 段玉裁：《說文解字注》，上海古籍出版社 1988 年版，第 676 頁。
② 王引之：《經義述聞》，江蘇古籍出版社 2000 年版，第 449 頁。
③ 黃生撰，黃承吉合按：《字詁義府合按》，中華書局 1984 年版，第 149 頁。

　　王氏則以"生"字易"室"，云："蓋'生'誤爲'至'，又誤爲'室'。"然"生""室"字形遠隔，如絕然改字，恐生"肊決專輒"之弊。其又曰："上文曰：'美先盡矣，則相生疾。'又曰：'四姬有省猶可，無則必生疾矣'。下文曰：'淫生六疾。'又曰：'今君至於淫以生疾。'此'生疾'二字之證。又曰：'淫則生內熱惑蠱之疾。'此'生疾如蠱'之證。"然古人行文常避復文，上下文之言"生疾"，不足證本句亦如是作。故此說誠爲可疑。

　　疑《左傳》"室疾"之"室"當讀爲"致"。"室""致"同从"至"作，"室"古音屬書母質部，"致"屬端母質部，韻同聲近，自可通借。《說文・夊部》"致，送詣也"，段玉裁注："《言部》曰：'詣，候至也。'送詣者，送而必至其处也。引伸爲召致之致。"是"致"有"招致""招引"義。《周易・需》"九三，需于泥，致寇至"，王弼注："招寇而致敵也。"《漢書・公孫弘傳》"致利除害，兼愛無私，謂之仁"，顏師古注："致，謂引而至也。"率其證。是"致疾"者，引而至疾也，義則與"生疾"同。經籍"致疾"語屢見，例如，《漢書・禮樂志》："桑間、濮上、鄭、衛、宋、趙之聲並出，內則致疾損壽，外則亂政傷民。"《論衡・禍虛篇》："如伯牛以過致疾，天報以惡與子夏同，孔子宜陳其過，若曾子謂子夏之狀。"《風俗通義・聲音第六》："桑間、濮上、鄭、衛、宋趙之聲，彌以放遠，滔湮心耳，乃忘平和，亂政傷民，致疾損壽。"《太玄經・從迎至昆》"次七：脂牛正肪，不濯釜而烹，則歐歊之疾至"，范望解贊："七爲火，所以成熟牲體。今以脂肪之肉，必當澡濯釜鼎以煑渫之。今而不爲，故生疾也；七爲暇，歐歊吐逆之聲也。不濯不清，故致疾也。"《春秋公羊傳・桓公十六年》"屬負茲舍，不即罪爾"，何休注："天子有疾稱不預，侯稱負茲。"徐彥疏："諸侯言負茲者，謂負事繁多，故致疾。"《周易・無妄》"象曰：無妄之藥，不可試也"，孔穎達正義："若有妄致疾，其藥可用；若身既無妄自然致疾，其藥不可試也。"皆其例。《太玄經解贊》"生疾""致疾"相對爲文，義無別殊，誠爲《左傳》"室疾"讀曰"致疾"之明證。

　　段氏以《左傳》"是謂近女室疾"爲句，強詞爲說，拘文牽義而失之鑿；王氏斠"室"字爲"生"，輾轉疏通，以臆改字而失之疏。

五、拘泥傳本而誤例

王氏父子博極群書，學養深厚，或駁正舊注，或發明新義，參互鉤稽，才識過人，持之有故，言之成理，每得古書之真。故籍久歷傳抄而文字多有差訛，是見行古書未必合於原本，王氏偶或不能刊正，沿襲舊誤，反以傳本爲是，不免拘墟、株守之弊。

（一）

《說文·能部》："能，熊屬，（《左傳》《國語》皆云：'晉侯夢黃能入於寢門。'韋注曰：'能似熊。'凡《左傳》《國語》'能'作'熊'者，皆淺人所改也。）足佀鹿。从肉，㠯聲。能獸堅中，故偁賢能。而彊壯，偁能傑也。"① 《經義述聞·春秋左傳下·黃熊》："晉平公夢黃熊入於寢門。《左傳》《國語》載此事。其字竝作'熊羆'之'熊'，舊本無不如是。自解者以鯀爲黃熊，入於羽淵，輒疑獸非入水之物，而讀爲'鼈三足，能'之'能'。至唐初遂有徑改爲'能'者，此說之一變也。或眩於熊與鼈之二說而不能定，遂於作'能'之本而如字讀之，不以爲熊，亦不以爲鼈，而以爲《說文》之'能，熊屬，足佀鹿'，此說之又一變也。……陳氏芳林《內外傳攷正》、段氏若膺《說文注》皆爲陸氏《釋文》所惑，而以'能'字爲是、'熊'字爲非，故具論之。"②

按：王氏以爲"能""熊"判然迥異，《左傳》《國語》宜竝作"黃熊"。其有爲"黃能"者，實爲唐人竄改，以故直云段說之非。王紹蘭《說文段注訂補》備引此說，乃以王氏爲得。今《左傳》《國語》"黃能""黃熊"

---

① 段玉裁：《說文解字注》，上海古籍出版社 1988 年版，第 479 頁。
② 王引之：《經義述聞》，江蘇古籍出版社 2000 年版，第 454 頁。

交用，略無一定。① 段氏謂“凡《左傳》《國語》‘能’作‘熊’者，皆
淺人所改也”，則以“黄能”説爲得。徐灝箋曰：“《爾雅》云：‘鼈三足，
能。’異物同名。《左氏·昭七年傳》‘晉矦夢黄能入于寢門’，《釋文》本
作‘能’。段云‘凡《左傳》《國語》作“熊”者，皆淺人所改’，是也。”
王筠《説文解字句讀》引《左傳》《國語》與段氏同。孫詒讓更明言段説
之是。②

　　較而論之，段、王二説皆有可議者，略舉數事以備覽。

　　“能”字，金文作“𦜌”（《毛公鼎》）、“𦞤”（《中山王方壺》），其出也
早；“熊”字，戰國文字作“𤈦”（《詛楚文·湫淵》）、“𤏳”（《十鐘山房印舉》
三·一四）、“𤎁”（《包山楚簡·一五六》），字出稍晚。“能”“熊”文獻偶
或通用，學者多以一字之所分。故“能”字熊獸之義，假借爲“賢能”之
“能”，其後字爲借義所奪，遂沾火旁而造爲“熊”字，音讀亦有小異③。
徐灝《説文解字注箋》曰：“能，古熊字。《夏小正》曰‘能羆則穴’，即
熊羆也。羆，古文作𤖺，從能，亦其證。假借爲賢能之‘能’，後爲借義
所專，遂以火光之‘熊’爲獸名之‘能’，久而昧其本義矣。”“熊之本義
謂火光。《西山經》曰‘其光熊熊’，郭注：‘光氣炎盛相焜燿之貌。’是也。
竊謂此當‘從火，能聲’，假借爲能獸字，説見前。”徐氏申發段氏，説頗
精核。執此，則段氏以《左傳》《國語》字本皆作“能”，頗爲得之。《慧
琳音義》卷九十五“黄能”注：“《考聲》：‘獸名也。’……《説文》：‘熊
屬也。足似鹿。從肉，㠯聲’，卷四“能聽”注：“《説文》：‘能，獸也，
熊屬也。’《左傳》云‘黄能’。”《可洪音義》第廿八册、第廿九册“黄熊”
注：“正作‘能’也。獸名，似熊，足似鹿。禹父化爲‘能’是也。”皆其
證。然則經典不必固用初文本字，舊籍“黄能”“黄熊”交相爲用，恐無

---

① 《左傳》陸德明釋文：“今本作‘能’是也。”孔穎達正義：“諸本皆作熊。”《國語》明
道本作“黄熊”，宋庠本則作“黄能”。《説苑·辨物篇》引《國語》作“黄熊”。《楚辭》
洪興祖補注：“《國語》作‘黄能’。”

② 詳參孫詒讓《十三經注疏校記·春秋左傳正義》卷四十四。

③ 據郭錫良編著《漢字古音手册》（增訂本），“能”（熊屬）古音屬泥母蒸部，“熊”古音
屬匣母蒸部。

由遽定孰爲是孰爲非。此以舊典明之。《楚辭·天問》"化爲黃熊，巫何活焉"，東漢王逸章句："言鯀死後化爲黃熊，入於羽淵，豈巫醫所能復生活也。"東漢張衡《南都賦》"虎豹黃熊游其下，毚獌猱犺戲其顛"，李善注："《六韜》曰：'散宜生得黃熊而獻之紂。'"西晉傅玄《潛通賦》："黃母化而爲黿，鯀殛變而成熊。"孔穎達疏《禮記·王制》引"晉侯夢黃熊入國"之文，清阮元校勘："監本同，岳本同，嘉靖本同，衛氏《集說》同。毛本'熊'作'能'。閩本'熊'字闕。《釋文》出'黃能'，云'本又作熊'。"皆其例。經籍"黃熊"之用，其數較"黃能"爲夥，自無須一一正作初文，段氏以《左傳》《國語》本皆作"黃能"，實未可必。

學者或以"能""熊"二字，《說文》既分兩字，音讀亦有微異，實不必牽合而爲一字。季旭昇《說文新證》曰："（能）甲骨文'能'象一大口巨獸，爲熊屬動物。學者多謂'能'爲'熊'之本字，其實證據並不充分，能、熊聲韻都不相近，因此能、熊只能看成同類動物，以形義俱近，故文獻偶有互用。""（能）楚文字從大能，似'熊'之本義爲'大能'。若然，則'熊'從'火'實爲'大'之訛變。"① 果此，則"黃能""黃熊"固非一義，猶不足以明定《左傳》《國語》之必作"黃熊"。王氏以爲"黃熊"唐初而有徑改作"黃能"者，驗之經傳、字書，知其不盡然。西漢揚雄《蜀都賦》出"㦱豹能黃"文，其"㦱②"豹""能黃"對言，"黃能"之語漢時見行，可推而知之。此其一；東漢王充《論衡·死偽篇》有"今夢黃熊入於寢門""昔堯殛鯀於羽山，其神爲黃熊"之文，《無形篇》復有"鯀殛羽山，化爲黃能"之語。其"黃熊""黃能"竝出，義無二致，未可固執一端而言更端之謬也。此其二；東漢趙曄《吳越春秋·越王無余外傳》"鯀投于水，化爲黃能，因爲羽淵之神"，元徐天佑音注："（能）或作'熊'。""黃能"固爲原文。此其三；《後漢書·儒林列傳·謝該傳》"若乃巨骨出吳，隼集陳庭，黃能入寢，亥有二首，非夫洽聞者莫識其端也"，

---

① 季旭昇：《說文新證》，福建人民出版社 2010 年版，第 782 頁。

② "㦱"與"旴"通，文采貌。

李賢注："《左傳》曰：鄭子產聘于晉，晉侯有疾，韓宣子曰：'寡君寢疾，於今二日矣。今夢黃能入於寢門，其何厲鬼邪?'對曰：'昔堯殛鯀殛鯀于羽山，其神化爲黃能，以入羽泉，實爲夏郊，三代祀之。晉爲盟主，其或者未之祀也?'"其作"黃能"而非"黃熊"。此其四；《篆隸萬象名義·熊部》"羆，上（熊）古文"，以"熊"爲"黃能"。張自烈《正字通·黃部》："羆，舊註古文'熊'字。……《正韻牋·一東》逸字引《山海經》：'甘棗山獸名羆，或曰熊。'皆不足信，俗沿《左傳》'黃能入寢'，'能'即'熊'，合'黃能'二字爲'羆'，實非古文也。"張說獨至，自爲舊籍間作"黃能"之佐證。此其五。故王氏以"黃能"必爲唐人所改，宜非情實之論。

綜而言之，今《左傳》《國語》"黃能""黃熊"交用，或作此或爲彼，然皆於文意無所妨害，宜存其故然以待考見。王氏偏執己見，顧以舊籍某本爲是，不無可疑。

（二）

《說文·石部》："砭，冃石刺病也。（以石刺病曰砭，因之名其石曰砭石。《東山經》'高氏之山，其下多箴石'，郭云：'可以爲砭針，治癰腫者。'《素問·異法方宜論》'東方其治宜砭石'，王云：'砭石，謂以石爲鍼。'按，此篇以東方砭石、南方九鍼並論，知古金石並用也，後世乃無此石矣。）从石，乏聲。（方廉、方驗二切，七部。）"①《說文段注籤記》："砭，引《山海經》注改'砥針'爲'砭針'，非是。"②

按：《山海經·東山經》"高氏之山，其上多玉，其下多箴石"，郭璞注："可以爲砥針，治癰腫者。"郝懿行箋疏："'砥'當爲'砭'字之譌。

①　段玉裁：《說文解字注》，上海古籍出版社 1988 年版，第 453 頁。
②　董蓮池主編：《說文解字研究文獻集成》（古代卷），作家出版社 2007 年版，第 605 頁。

《南史·王僧孺傳》引此注作‘可以爲砭針’是也。《說文》云：‘砭，以石刺病也。’《素問》云：‘東方之域，其病爲癰瘍，其治宜砭石。’是砭石正東方所出也。又此云‘箴石’，《史記·扁鵲傳》有‘鑱石’，‘鑱’‘箴’聲相近，然非一物也。《淮南·說山訓》云：‘病者寢席，醫之用針石。’高誘注云：‘石針所砥，彈人癰痤，出其惡血者也。’”段氏引《山海經》郭氏注作“砭針”，馮桂芬《說文解字段注考正》：“《東山經》，今本郭注作‘可以爲砥針’，郝疏云：‘“砥”當爲“砭”字之譌，《南史·王僧儒傳》引此注作“可以爲砭針’是也。’”皆以“砭針”說爲得。王氏則以郭氏注宜作“砥針”。較而論之，當以“砭針”說爲勝，此約舉數端以證定之。

　　《南史·王僧孺傳》：“古人當以石爲針，必不用鐵。《說文》有此‘砭’字，許慎云：‘以石刺病也。’《東山經》‘高氏之山多針石’，郭璞云：‘可以爲砭針。’《春秋》‘美疢不如惡石’，服子慎注云：‘石，砭石也。’季世無復佳石，故以鐵代之爾。”周密《齊東野語·鍼砭》：“《東山經》云‘高氏之山多鍼石’，郭璞云：‘可以爲砭鍼。’”張杲《醫說·鍼灸·砭石》：“砭石謂以石爲鍼也。《山海經》曰：‘高氏之山有石如玉，可以爲鍼，則砭石也。’”《本草綱目·金石四·砭石》：“案，《東山經》云‘高氏之山、鳧麗之山皆多鐵石’，郭璞注云：‘可爲砭鍼①也。’”《黃帝內經太素·設方·知形志所宜》“形樂志樂，病生於肉，治之以鍼石”，楊上善注：“形志俱逸，則邪氣客肉，脾之應也。多發癰腫，故以砭針及石熨調之也。《山海經》曰：‘高氏之山，其上多玉，有石可以爲砭鍼，堪以破癰腫者也。’”上言數例宜爲《山海經》郭氏注原自作“砭針”之明證。此其一。

　　《素問·異法方宜論》：“東方之域，其民食魚而嗜鹹。其病皆爲癰瘍，其治且砭石。故砭石者亦從東方來。”《戰國策·秦策》“扁鵲怒而投其石”，高誘注：“砭也，所以砭彈癰腫。”桓寬《鹽鐵論·大論》：“是以砭石藏而不施，法令設而不用。”《漢書·藝文志》“而用度箴石湯火所施”，顏師古

---

① 四庫本作“砭鐵”，非是，今依金陵初刻本。

注："石謂砭石，即石箴也。古者攻病則有砭，今其術絶矣。"《後漢書‧趙壹傳》："鍼石運乎手爪。"李賢注："古者以砭石爲鍼。凡鍼之法，右手象天，左手法地，彈而怒之，搔而下之，此運手爪也。'砭'音必廉反。"《本草綱目‧金石四‧砭石》："（砭石）主治刺百病癰腫。"是治"癰腫""癰瘍"病者，砭鍼也。郭氏既云箴石之治癰腫，則物爲"砭鍼"或可推而知之。此其二。

《說文‧厂部》"厎，柔石也"，段玉裁注："柔石，石之精細者。……厎者，砥之正字。"《書‧禹貢》："礪砥砮丹"，僞孔安國傳："砥細於礪，皆磨石也。"孔穎達正義："砥以細密爲名，礪以麤糲爲稱，故砥細於礪，皆磨石也。鄭云：礪，磨刀刃石也，精者曰砥。"《淮南子‧說山訓》："砥石不利，而可以利金。"是"砥石"者，磨刀之石，其質柔；"砭石"者，刺病之石，其質剛。今出"砥針"語，則以柔石爲治病之針，宜與理實者相違。此其三。

"砥針"語，經籍偶有所用，然其義乃磨治砭針，而非砥質之針。劉向《說苑‧辨物》："扁鵲遂爲診之，先造軒光之竈，八成之湯，砥針礪石，取三陽五輸。子容擣藥，子明吹耳，陽儀反神，子越扶形，子游矯摩，太子遂得復生。"桓寬《鹽鐵論‧非鞅》所載與其同。韓嬰《韓詩外傳》[1]："扁鵲入，砥鍼礪石，取三陽五輸，爲先軒之竈，八拭之湯。子同擣藥，子明灸陽，子游按摩，子儀反神，子越扶形，於是世子復生。"是"砥鍼"者，磨治砭針也，《史記》乃作"厲鍼"。《史記‧扁鵲傳》"扁鵲乃使弟子子陽厲鍼砥石，以取外三陽五會"，司馬貞索隱："鍼，音針。厲謂磨也。""砥鍼""厲鍼"相對爲文，其義無所別。按之《山海經》郭氏注，若依"砥針"解，則迂遠難通。此其四。

綜而言之，段氏於《山海經》郭氏注中直易"砥針"爲"砭針"，確爲有見；王氏狃於習見傳本，顧以段說爲謬，不免拘墟。

第四節　高郵王氏諟正段氏《說文注》方法述略

高郵王氏用小學說經，用小學校經，校勘、訓詁相得益彰，交相爲用，或駁正舊注，或發明新訓，思路清晰，方法周備，見解獨到，實常人所未及，洵多不刊之論。

綜考高郵王氏諟正段氏《說文注》之方法、精神，略述如下：

一、依聲破字，推求語源

王念孫曰："竊以訓詁之旨，本於聲音。故有聲同字異，聲近義同，雖或類聚羣分，實亦同條共貫。……今則就古音以求古義，引伸觸類，不限形體。苟可以發明前訓，斯凌雜之譏亦所不辭。"[1] 王氏父子以因聲求義之方法，探求形音義之關係，"由聲音而得訓詁，由訓詁而辨名物，由名物而明義理"[2]，或繫聯詞源，或發明假借，或闡釋連綿，發疑正讀，論據充足，論述縝密，奄若合符。例如：

(一)

《說文·木部》："楸，樸楸，小木也。（俗書立'心'多同'小'，又艸書'心'似'小'，毛《傳》《說文》當本作'心木'，譌爲'小木'耳。……《廣韻》曰：'杺，木名。其心黃。''杺'即《爾雅》'心'字。）從木，秋聲。"[3]《經義述聞·爾雅下·釋木·楸樸心》："'樸楸'與'心'皆小貌也，因以爲木名耳。……段氏《說文注》引《廣韻》'杺，木名，其心黃'，以爲即《爾雅》之'心'字，又謂毛《傳》《說文》'小木'爲'心木'之譌。皆非也。"[4]

---

[1]　語見王念孫《廣雅疏證·序》。

[2]　語見胡樸安《古書校讀法·序》。

[3]　段玉裁：《說文解字注》，上海古籍出版社 1988 年版，第 241 頁。

[4]　王引之：《經義述聞》，江蘇古籍出版社 2000 年版，第 669 頁。

按：許書"楸"字，段氏改注文作"樸楸，小木也"，以"小木"爲"心木"之訛，又以《廣韻》"木名，其心黃"之"杺"即《爾雅》"楸樸，心"之"心"字。王氏即音求義，繫聯語源，曰："心之言纖，纖，小也。《釋名》曰：'心，纖也。'則二字聲義相近。"以爲"心""纖"聲義相近，語出同源。"樸楸"與"心"皆爲小貌，因以爲小木之名。樸楸小木謂之"心"，許書"楸"訓"樸楸，小木也"自屬不誤。段氏欲改"小木"爲"心木"，且《爾雅》之"心"與《廣韻》之"杺"牽混爲一，拘泥字形，強詞爲說，未免偏執。王氏以聲音通訓詁，以訓詁求義理，考辨之精，審覈之細，令人誠服。

（二）

《說文·韋部》："韏，革中辨謂之韏。（今按，當云：'革辨謂之韏。''中'乃衍文。《衣部》'襞'下云：'韏衣也。'……然則皮之縐文廔廔者曰韏何疑。《文部》曰：'辬，駁文也。'）从韋，弄聲。"[1]《經義述聞·爾雅中·釋器·革中絕謂之辨革中辨謂之韏》："'革中辨'之'辨'當爲'辟'，字形相近，又涉上句'辨'字而誤也。'辟'與'韏'皆屈也，'辟'字或作'襞'。……段氏《說文注》欲改'辨'爲'辬'，而以爲皮之縐文廔廔者，引《說文》'辬，駁文'爲證，不知'辬'乃駁文，非縐文，仍與'韏'字之義無涉。"[2]

按：《說文》"韏"字，段氏欲改注文作"革中辬謂之韏"，以爲"皮革皺褶"義。王氏則謂"革中辨謂之韏"之"辨"當作"辟"，"辟"之爲言辟屈，其字或作"襞"，與"韏"皆爲"卷曲"義。今按，《說文·衣部》："襞，韏衣也。从衣，辟聲"，徐鍇繫傳："猶卷也。襞，摺疊衣也。"《言部》："詘，詰詘也。一曰屈襞。"古書"襞積"字每借"辟"字爲之，

———————————

①　段玉裁：《說文解字注》，上海古籍出版社 1988 年版，第 236 頁。

②　王引之：《經義述聞》，江蘇古籍出版社 2000 年版，第 652 頁。

如《儀禮·喪服》"幅三袧"，鄭玄注："袧者，謂辟兩側，空中央也。祭服朝服，辟積無數。"《釋名·釋衣服》："素積，素裳也。辟積其要中，使襵，因以名之也。"朱駿聲《說文通訓定聲·解部》："辟，叚借爲襞。"是其證。段氏訂"辨"作"辯"，然"辯"義"駁文"（段氏曰"謂駁雜之文曰辯也"），誠非"緆文"，仍與"彝"字無涉。王氏訂"辨"作"辟"，以聲音通訓詁，謂"辟"或作"襞"，破其借字而讀之本字，則渙然冰釋，《爾雅》《說文》誤文之由隨之顯現。其不盲從古人，不主觀臆斷，令人信服，爲之讚歎。

（三）

　　《說文·辵部》："迁，往也。从辵，王聲。《春秋傳》曰：'子無我迁。'（《鄭風》：'無信人之言，人實迁我。'毛曰：'迁，誑也。'傳意謂'迁'爲'誑'之段借。《左氏》此'迁'正同。)"①《說文段注簽記》："迁，'子無我迁'②，乃'匡'之借字。"③《經義述聞·春秋左傳下·迁求枉反》："段氏《說文注》謂'人實迁我'之'迁'爲'誑'之假借，是也；而謂'子無我迁'之'迁'亦同，則非也。'子無我迁'乃'恇'之假借，言子毋以是言恐懼我，今日之事，不幸而後死亡，幸猶不亡也，豈'誑'之假借乎?"④

　　按：《說文》"迁"字本訓"往"，引《春秋傳》曰："子無我迁。"許氏蓋引經以明字之假借。段氏謂《左傳》之"迁"假借爲"誑"，"欺騙"義。王念孫以此"迁"乃"匡"之借字，王引之以"迁"乃"恇"之假借，"恐嚇"義。較而論之，當以引之說爲勝。《左傳·昭公二十一年》"子無我迁"，杜預注："迁，恐也。"重言"迁迁"則爲形況字，恐懼之貌。

---

① 　段玉裁：《說文解字注》，上海古籍出版社 1988 年版，第 70 頁。

② 　影印稿本作"王者我迁"，意不可通，此正。

③ 　董蓮池主編：《說文解字研究文獻集成》（古代卷），作家出版社 2007 年版，第 603 頁。

④ 　王引之：《經義述聞》，江蘇古籍出版社 2000 年版，第 465 頁。

例如,《文選·司馬相如〈長門賦〉》"魂迁迁若有亡",李善注:"迁迁,恐懼之貌。狂往切。《楚辭》曰'魂迁迁而南行',王逸曰:'迁迁,惶遽貌。'"此按,《說文·心部》"悘,怯也",段氏訂作"狋也",注云:"《犬部》曰:'狋,多畏也。'……《樂記》:'眾不匡懼。'此段'匡'爲'悘'也。"是"迁"字讀爲"悘",故有"恐嚇""恐懼"義。王念孫以"迁"爲"匡"之借字,然"匡"字本義"飯器"(《說文·匚部》"匡,飯器,筥也"),用爲"匡懼",亦爲"悘"之假借。王引之以爲"迁"乃"悘"之借字,即音求義,不落窠臼,有理有據,所言確鑿可信。誠如王氏所言,"至於經典古字,聲近而通,則有不限於無字之假借者,往往本字現在,而古本則不用本字而用同聲之字。學者改本字讀之,則怡然理順。依借字解之,則以文害辭。"① 王氏貫通音義,駁正段說,理據充分,見解精闢。

二、因文索義,前後融通

王引之曰:"揆之本文而協,驗之他卷而通。雖舊說所無,可以心知其意者也。"② "經之有說,觸類旁通。不通全書,不能說一句;不通諸經,亦不能說一經。"③ 王氏父子每據行文章法、語辭通例校釋群籍,尋文究理,稽核文例,或歸納文例,或審辨語氣,或分析篇章,善據語境以求語義,信而有證,言之成理,精妙卓識俯拾皆是。例如:

(一)

《說文·虫部》"蠪,蠪丁,螘也。(按,此當於'蠪丁'爲逗。各本刪'蠪'字者,非也。讀《爾雅》者以'丁螘'爲句,亦非。蠪丁,螘之一名耳。《爾雅》'丁'作'打'。)从虫,龍聲。"④《經義

---

① 王引之:《經義述聞》,江蘇古籍出版社2000年版,第756頁。
② 語見王引之《經傳釋詞·自序》。
③ 語見王引之《〈中州試牘〉序》。
④ 段玉裁:《說文解字注》,上海古籍出版社1988年版,第666頁。

述聞·爾雅下·釋蟲·蠹杠螘》："《玉篇》以'蠹虹'二字連讀；段氏《說文注》謂'蠹丁'爲螘之一名，讀《爾雅》者誤以'杠螘'爲句，皆非也。'蠹杠螘''蟁飛螘'，二句文同一例。若以'螘'字自爲句，則與上文'小者螘'相複矣。"①

按：許書"蠹，丁螘也"，段氏謂當於"蠹丁"爲逗，作"蠹，蠹丁，螘也"，王氏以"丁"字當下屬爲句。其《經義述聞·爾雅下·蠹杠螘》曰："故螘之赤色斑駁者謂之蠹，義與'龙'同也。杠之言頳也。頳，赤也。螘色赤駁，故又謂之頳螘。"王氏即音求義，繫聯語源，以"丁螘"（或作"杠螘"）即頳螘。且能尋文究理，據《爾雅》著書義例、行文章法，謂"蠹杠螘""蟁飛螘"二句文同一例，"蟁"訓"飛螘"，"蠹"訓"杠螘"，相對爲文，如依段氏"蠹杠"爲"螘"，則與上文"虸蜉，大螘，小者螘"相複。王氏不爲曲說所惑，前後文句相互證發，所到冰釋。

（二）

《說文·馬部》："騆，馬一目白曰騆，（'一'字賸。《目部》曰：'瞷，戴目也。'《爾雅》釋文引《倉頡篇》：'瞷，目病也。'《廣韻》曰：'瞷，人目多白也。'是則人目白曰瞷，馬目白曰騆，'騆'即從瞷省。《爾雅·釋嘼》'騆'作'瞷'。）二目白魚。从馬，閒聲。"②《經義述聞·爾雅下·釋畜·一目白瞷二目白魚》："自'騝白駁'以下皆言馬之毛色，非言馬病也。'一目白瞷，二目白魚'者，謂一目毛色白曰瞷，二目毛色白曰魚。不言'毛'者，承上文諸'毛'字而省。……段氏《說文注》亦沿《釋文》之誤。"③

① 王引之：《經義述聞》，江蘇古籍出版社 2000 年版，第 671 頁。
② 段玉裁：《說文解字注》，上海古籍出版社 1988 年版，第 461 頁。
③ 王引之：《經義述聞》，江蘇古籍出版社 2000 年版，第 682 頁。

　　按：馬一目白曰"驈"，二目白曰"魚"，《說文》與《爾雅》相合，毛《傳》亦同。段氏據陸氏《釋文》，以爲人目白曰"瞯"，馬目白曰"驈"，皆爲目病。王氏則以《爾雅》"一目白，瞯"乃言馬名，馬一目毛色白曰"瞯"，非是馬病，未可以《說文》"戴目"①之"瞯"釋《爾雅》馬名之"瞯"。今考《爾雅·釋畜》，曰："驪白，駁。黃白，騜。驪馬黃脊，驒。驪馬黃脊，騜。青驪，駽。青驪驎，驒。青驪繁鬣，騥。驪白雜毛，駂。黃白雜白，駓。陰白雜毛，駰。蒼白雜毛，騅。彤白雜毛，騢。白馬黑鬣，駱。白馬黑脣，駩。黑喙，騧。一目白，瞯。二目白，魚。"王意自"驪白，駁。黃白，騜"至"二目白，魚"，皆謂馬之毛色不純者，以別其異名。其從《爾雅》章法、句式入手，據前後文義，審辨結構，考察語境，申明詞義本旨，證據充分，求得確解。誠如王氏所言，"經文數句平列，義多相類，如其類以解之，則較若畫一，否則上下參差，而失其本指矣。"②

（三）

　　《說文·門部》："關，關下牡也。（然則關下牡謂之鍵，亦謂之籥，'籥'即'闟'之段借字。……《金縢》：'啟籥見書。'亦謂關閉兆書者。）从門，龠聲。"③《經義述聞·尚書上·啟籥見書》："書者，占兆之辭。籥者，簡屬，所以載書。故必啟籥然後見書也。啟謂展視之，下文'以啟金縢之書'與此同。（段氏《說文》'闟'字注，以此'籥'爲關下牡。案，《說文》：'闟，關下牡也。''關，以木橫持門戶也。'是關闟惟門戶用之，卜兆之書藏於匵中，安得有門戶而施以關闟乎？且何不直云啟匵，而迂回其文而言啟關乎？段說非也。）"④

---

① 《說文·目部》"瞯，戴目也"，段氏注："戴目者，上視如戴然。《素問》所謂'戴眼'也，諸書所謂'望羊'也。目上視則多白，故《廣韻》云：'瞯，人目多白也。'"
② 王引之：《經義述聞》，江蘇古籍出版社 2000 年版，第 774 頁。
③ 段玉裁：《說文解字注》，上海古籍出版社 1988 年版，第 590 頁。
④ 王引之：《經義述聞》，江蘇古籍出版社 2000 年版，第 88 頁。

按：《門部》"闛"下，段氏引《尚書》曰"啟籥見書"，以"籥"爲"闛"字之借，義"關下牡"（即閉門直閂），所謂"關閉兆書者"。王氏驗之物情，以"關下牡"之"闛"僅用於門戶，不用於藏書之匱。且據上下語境，謂《尚書·金縢》之"籥"乃載書之簡屬，"啟籥見書，乃并是吉"，謂展視簡册而後見占兆之辭，皆以此爲吉。今按，《説文·竹部》"籥，書僮竹笘也"，徐鍇繫傳："謂編竹以習書。"段玉裁注："'笘'下曰：'穎川人名小兒所書寫爲笘。'按，笘謂之籥，亦謂之觚。"引申則義"簡册"。《廣雅·釋器》"籥，箯也"，王念孫疏證："《眾經音義》卷二引《纂文》云：'關西以書篇爲籥。'"皆是其證。王氏又云："下文曰：'公歸，乃内册於金縢之匱中。'又曰：'啓金縢之書，乃得周公所自以爲功代武王之説。'是公歸内册，然後并占兆之書藏於匱中。方其爲壇於外，即命元龜，唯取占兆之書以出而匱不與焉。無匱安有鍵閉，無鍵安用管籥以啟之哉！"上下文互證，申明字義所指，尋文究理，觸類旁通，説較段氏更爲可信。

三、根柢經傳，群書互證

高郵王氏博極群書，精研故訓，廣採古籍，注重實證，考證精詳，言必有據。其"從文字的音、形、義三個方面蒐羅故訓，訂正漢唐訓詁的遺失"[①]，善以本文義理、各類旁證、他書異文爲據，參互鉤稽，以義證義，"每考訂一事，輒能綜合同類之證據，以歸於義之所安"[②]。王氏或考訂異文，或辨別異説，或疏證故訓，"無不旁徵曲喻而得其本義之所在"[③]，不尚空談，不信妄言，新解迭出，深得古人之意，成績卓犖可觀。例如：

（一）

《説文·門部》："閣，所目止扉者。（《左傳》'閉閣'，杜注：'閣，

---

① 洪誠：《洪誠文集》，江蘇古籍出版社 2000 年版，第 20 頁。
② 語見胡樸安《古書校讀法·序》。
③ 語見阮元《〈經義述聞〉序》。

門也。’此必有誤。杜本乃誤本，郭景純、顏師古所據本不誤。……
‘闔’與‘閣’，皆閉門乃用之，不比‘闑’爲死物。) 从門，各聲。”①
《經義述聞・春秋左傳中・高其閈閎》：“作‘閎’者，《左傳》原文
也。作‘閎’者，傳寫之誤也。元凱從作‘閎’之本，而訓爲門，
允矣當矣。……(段氏《說文注》謂‘閎，閉門乃用之’，非也。)……
近世通儒若惠氏定宇、段氏若膺，皆舍元朗之正論而從師古之曲說，
竟欲以東晉時傳寫之誤字改西晉以前不誤之舊本，此不可以不辨。”②

　　按：《說文》“閣，所以止扉者”，段氏以“閣”爲閉門之橜，關闔之
屬。王氏則以“閣”爲止門之橜，開門乃用之。今按，《爾雅・釋宮》“所
以止扉謂之閣”，郭璞注：“門辟旁長橜也。”王引之述聞：“‘辟’與‘闢’
同，開也。謂門之即開，其旁有長橜以止之，使之不動搖。……閣之言
格。格，止也。橜以止扉，因謂之閣矣。”王氏即音求義，推求語源，以
爲“閣”字固有“止”義。且援引小學載籍，證成其義，曰：“(閣) 一名
閬。《玉篇》《廣韻》並云：‘閬，閣也，門旁橜，所以止扉也。’”再揆諸經
傳，細審文意，曰：“郭不直云‘門旁長橜’而云‘門闢旁長橜’，則閣以
止既開之扉，非以固即闔之扉明甚。”又耳聞目驗，證之實物，曰：“今時
城門既開，插木橜於旁以止之，是其遺法也。或於門旁置斷木以止扉，今
人宮室多有之，謂之門墩，亦有代以石者。”貫通群書，見解精當，考據
詳核，思路綿密，言之成理。

　　《左傳・襄公三十一年》：“是以令吏人完客所館，高其閈閎，厚其牆
垣，以無憂客使。”段氏據《爾雅》郭璞注引作“高其閈閣”，謂“閈”猶
門也，“閣”爲“兩扉中之橜”，所以閉門者。其後又云“閈閣”猶“扞
格”，“閈”字本不從門，後人因“閣”而加門。然說不一例。王氏以爲
《左傳》當依杜預注作“閈閎”，“閈”“閎”同義，皆是門義。其《經義述

① 段玉裁：《說文解字注》，上海古籍出版社 1988 年版，第 589 頁。
② 王引之：《經義述聞》，江蘇古籍出版社 2000 年版，第 445 頁。

聞》曰：“凡門之高，與牆相稱。言門高，則牆高可知，門牆俱高，則盜賊不能踰越，故改高其閈閎，而後無憂客使也。……《傳》云‘高其閈閎，厚其牆垣’，‘閎’與‘閈’同義，皆謂門也。猶‘垣’與‘牆’同義，垣，亦牆也。”王氏綜核經義，究其微旨，正本清源，令人折服。

（二）

《說文·烏部》：“焉，焉鳥，黃色，出於江淮。象形。凡字，朋者羽蟲之長，烏者日中之禽，焉者知太歲之所在，（《淮南書》曰：‘蟄蟲鵲巢，皆向天一。’按，天一謂太陰所建也。《博物志》曰：‘鵲背太歲。’然則鵲巢開戶，向天一而背歲。）燕者請子之候，作巢避戊己。”①《經義述聞·太歲考下·弟廿八論埤雅鵲巢嚮天一而背歲之誤》：“陸佃《埤雅》求其故而不得，乃強分天一、太歲爲二，云：‘鵲巢嚮天一而背歲。’……然遍考書傳，無謂太歲之衝爲天一者，亦無分天一、太歲爲二者。……段氏《說文注》乃襲用陸氏之臆說，非也。”②

按：陸佃《埤雅·釋鳥·鵲》云：“蓋鵲巢開戶，嚮天一而背歲。”段氏《說文注》襲用此說。《說文》“焉”下，段氏引《淮南子·氾論篇》曰“蟄蟲鵲巢，皆向天一”，又引《博物志》曰“鵲背太歲”，以爲鵲巢開戶，向“天一”而背“太歲”。分“天一”“太歲”爲二，謂兩者相衝。然王氏偏考書傳，駁正引說，以“太陰”“天一”皆爲“太歲”別名。《廣雅·釋天》“青龍、天一、太陰，太歲也”，王念孫疏證：“《爾雅》：‘大歲在寅曰攝提格。’《淮南子·天文訓》‘太陰在寅，歲名曰攝提格’，《開元占經·歲星占篇》引許慎注云：‘太陰謂太歲也。’《天文訓》又云：‘天神之貴者，莫貴於青龍，或曰天一，或曰太陰。’”王引之《經義述聞·太歲考上·弟一論太歲之名有六名異而實同》：“太歲所以紀歲也，其名有六：太歲一也，

①　段玉裁：《說文解字注》，上海古籍出版社 1988 年版，第 157 頁。

②　王引之：《經義述聞》，江蘇古籍出版社 2000 年版，第 722 頁。

太陰二也，歲陰三也，天一四也，攝提五也，青龍六也。"① 同一太歲，《淮南子》以鵲巢開戶向之爲吉，《博物志》以鵲巢開戶背之爲吉，陰陽家師說不同。王氏精思博考，會通群籍，擇善而從，一語中的，得其真諦。

（三）

《説文・水部》："沇，水從孔穴疾出也。从水穴，（《釋水》曰：'沇泉穴出。'按，此會意字。）穴亦聲。"② 《經義述聞・爾雅中・沇泉穴出穴出仄出》："泉皆自穴中出，而沇泉獨言'穴出'者，'穴'非孔穴之'穴'，乃'回穴'之'穴也'。……段注'沇'字，引《爾雅》'沇泉穴出'，皆失之。（《説文》'沇'字之訓，別爲一義，非'沇泉穴出'之'穴'。'沇泉穴出'謂旁出也，不然，泉皆出自穴中，豈獨沇泉乎？'沇'，《説文》作'㕧'，云'仄出泉也'，不云'從孔穴出'）。"③

按：《説文》"沇，水從孔穴疾出也"，段氏引《爾雅・釋水》曰"沇泉穴出"，以爲《爾雅》"穴"字許書作"沇"。王氏則謂《爾雅》之"穴"乃"回穴"之"穴"，"偏側"之義，非爲"孔穴"之"穴"，沇泉從旁出故曰"穴出"。其《經義述聞》曰："《文選・幽通賦》'叛回穴其若茲兮'，李善引曹大家注曰：'回，邪也。穴，僻也。'又引《韓詩》曰：'謀猶回穴。'宋玉《風賦》曰'回穴錯迕'，《後漢書・盧植傳》曰'今之《禮記》，特多回穴'，義竝與此同。"王氏遍考群籍，以"穴"爲不正之名。且繫聯詞源，以"沇""軓"皆有"旁側"之義，④ 故"沇泉穴出"言水泉自旁出，非謂自孔穴出。又貫通文義，云《爾雅》"沇泉穴出""濫泉正出"相對爲文，"穴出"固非從孔穴中而出。王氏根柢經傳，旁考群書，即音考字，以義證義，其說足成定論。

---

① 王引之：《經義述聞》，江蘇古籍出版社 2000 年版，第 683 頁。
② 段玉裁：《説文解字注》，上海古籍出版社 1988 年版，第 548 頁。
③ 王引之：《經義述聞》，江蘇古籍出版社 2000 年版，第 661 頁。
④ 從旁出之水泉曰"沇"，自車轂旁出之軸頭曰"軓"。

第三章　朱駿聲諟正段氏《說文注》考論

　　江蘇吳縣朱氏駿聲（字豐芑，號允倩，又號石隱山人），學博識達，嫻習經史，擅長詞章，天文地理、歷算醫卜，莫不深曉，而於小學尤爲淹通。其一生著述豐贍，許學之作略有《說文通訓定聲》《說雅》《說文引書分錄》《說文段注拮誤》（《經韻樓說文注商》）《說文聲母歌括》，另有《小學識餘》《左傳旁通》《傳經室文集》《小爾雅約注》《六十四卦經解》等，猶以《說文通訓定聲》創獲最鉅。

　　其《說文通訓定聲》者，"葢取許君《說文》九千餘文，類而區之，以聲爲經，以形爲緯，而訓詁則加詳焉……洵薈萃眾說，而得其精"①，"以苴《說文》轉注、假借之隱略，以稽群經子史用字之通融。"② 朱氏以古音爲經，以六書爲緯，重在通文字之用，實發前人所未發，就訓詁而論，遠勝前賢。"此書體大思精，巍然重鎮，已非《說文》學所能侷限，而進於全面之語言文字研究之域。"③ 王力曰："朱氏突破了許氏專講本義的舊框子，進入了一個廣闊的天地。如果說桂馥是述而不作，段玉裁是寓作於述，那末，朱駿聲則是'似因而實創'。表面上，他是遵循《說文》

---

① 語見朱駿聲《說文通訓定聲·序》。
② 語見朱駿聲《說文通訓定聲·進說文通訓定聲呈》。
③ 續修四庫全書總目提要編纂委員會編：《續修四庫全書總目提要》，上海古籍出版社 2015 年版，第 413 頁。

的道路；實際上，他是要做許慎所沒有做的、又應該做的事情。"① 並以爲朱氏之詞義研究於"清代《說文》四大家"（即段玉裁、桂馥、朱駿聲、王筠）中"應該坐第一把交椅"②。

朱氏徵舉典籍，參覈前說，貫通音義，閒所發明，其《說文通訓定聲》稱引段氏《說文注》處，計五十有七，而糾舉訛誤者，略得十八。其更出《說文段注抽誤》一卷專言段說之非是。今則於《說文通訓定聲》《說文段注抽誤》中，尋析明言段說之非者，釐清畛域，分別條目，參稽裁別，發覆深究，豫冀窺尋朱氏正段之涯略。

本書其下別以"朱駿聲諟正段氏《說文注》著述敘錄""朱駿聲諟正段氏《說文注》分類考辨""朱駿聲諟正段氏《說文注》失誤例說""朱駿聲諟正段氏《說文注》方法述略"四節論之。

第一節　朱駿聲諟正段氏《說文注》著述敘錄

朱駿聲研治許書，涵濡段說而外，亦每附微辭。考其研治段氏《說文注》之著述，或爲專事正段之專著，或屬隨文正段之札記，此則敘錄如下：

一、專事正段之專著

《說文段注抽誤》（又名：《經韻樓說文注商》）③ 一卷，朱駿聲撰。此書專爲正段之誤而作，其卷首曰："治《說文》者，精審無過段氏玉裁，而千慮一失時亦有焉，特爲抽出。非改讞彈其書，蓋尺璧之珍，不欲眠其有微玷也。"④ 朱氏正段之條目，凡一百三十五，或正段氏之誤改篆文，或正段氏之誤刪篆文，或正段氏之誤增篆文，或正段氏之誤改注文，或正段氏之誤作訓解，或正段氏之誤改篆次，識斷精審，持之有故，多所創獲。

----

① 王力：《中國語言學史》，山西人民出版社 1981 年版，第 126 頁。
② 王力：《中國語言學史》，山西人民出版社 1981 年版，第 128 頁。
③ 參見劉躍進《朱駿聲著目述略》，《清華大學學報》（哲學社會科學版）1987 年第 1 期。
④ 董蓮池主編：《說文解字研究文獻集成》（古代卷），作家出版社 2007 年版，第 171 頁。

是書稿本原藏於家，書名乃其孫朱師轍所署，民國二十四年遼陽吳甌據稿本影印，輯入《稷香館叢書》刊行。2007 年作家出版社《說文解字研究文獻集成》（古代卷）存錄其稿本，2018 年湖北教育出版社《〈說文解字注〉研究文獻集成》整理本行世。

二、隨文正段之札記

《說文通訓定聲》十八卷（附《補遺》一卷），朱駿聲撰。是書以通訓爲旨歸，乃據古韻改編《說文》之著述，或闡發、釐定《說文》，或發明轉註、假借以補許書之不足，或推定文字古音。是書道光十三年始創，道光二十九年於黟縣付梓，同治九年補刊本行世，光緒八年有臨嘯閣刻本。1984 年中華書局、2007 年作家出版社《說文解字研究文獻集成》（古代卷）據臨嘯閣刻本影印出版。書中隨文駁正段氏《說文注》者，凡十八條，或正段氏之誤改篆文，或正段氏之誤刪篆文，或正段氏之誤改注文，或正段氏之誤歸部首。朱氏不同屺說，明辨是非，措辭謹嚴，多所論定。

第二節　朱駿聲諟正段氏《說文注》分類考辨

朱駿聲《說文段注拈誤》曰："治《說文》者，精審無過段氏玉裁，而千慮一失，時亦有焉。"① 朱氏洞究段書而外，往往拈出段說之不得其恉者。朱氏正段之條目，要爲訂段氏之誤改篆文、訂段氏之誤刪篆文、訂段氏之誤增篆文、訂段氏之誤改注文、正段氏之誤作訓解等數類。② 本書其下擇要舉例，細爲考辨。

一、訂段氏之誤改篆文

王筠曰："《說文》屢經竄易，不知原文之存者尚有幾何！"③ 段氏綜考

① 董蓮池主編：《說文解字研究文獻集成》（古代卷），作家出版社 2007 年版，第 171 頁。

② 上言五事而外，王氏諟正段說者，容有他端，本書"索引二"可參之。

③ 語見王筠《說文釋例・序》。

各本，參酌群書，力圖恢復許書舊貌。惜其過於自信，以臆改字，不免武斷。據余行達計，段氏改篆凡九十文。① 朱駿聲善定是非，其勘定段氏改篆者，總十四條。此舉兩例，窺其大端。

（一）

《說文·石部》："硍，石聲也。从石，㫐聲。（此篆各本作'硍'，从石，艮聲，魯當切，今正。……硍硍者，石旋運之聲也。礚礚者，石相觸大聲也。硍，《篇》《韻》音諧眼切，古音讀如痕，可以兒石旋運大聲，而硍硍字祇可兒清朗小聲，非其狀也。音不足以兒義，則斷知其字之誤矣。……○《周禮·典同》'高聲硍'注曰：'故書硍爲硍，杜子春讀硍爲鏗鎗之鏗。''硍'字見於經典者惟此。）"② 《說文通訓定聲·壯部》："段氏玉裁欲改《說文》之'硍'从㫐，以當《周禮·典同》故書'高聲硍'之'硍'，非是。《典同》'硍'即許書之'硍'字，故書作'硍'。"③

按："硍""硍"二者皆屬擬聲之字，段氏以"硍"祇可狀清朗小聲，而"硍"乃狀石之旋運大聲，今《說文》"硍"字訓"石聲也"，音不足以貌義，遂據傳本《釋名》"雷，硍也"之解，改《說文》"硍"字作"硍"，且以《史記》《文選》"硍硍"之文皆誤。段氏率意改篆，未必可信。

鈕樹玉《段氏說文注訂》曰："按，《隸釋·周憬碑》'硍'乃傳刻誤字。《隸辨》載此碑作'硍'。《吳都賦》有'雷硍'，則今本《釋名》亦謁。《廣雅·釋詁》'礚硍'，當本《子虛賦》，曹音力當、力蕩二反，《釋訓》'硍硍'亦同，其非从㫐明矣。"徐灝《說文解字注箋》曰："《玉篇》云：'硍，力唐切。硍礚，石聲。又力蕩切。'此《子虛賦》所謂'硍硍礚礚'是也。《廣韻》亦曰：'硍礚，石聲。魯當切。''硍，石聲。胡簡切。'

---

① 參見余行達《說文段注研究》，巴蜀書社 1998 年版，第 28 頁。
② 段玉裁：《說文解字注》，上海古籍出版社 1988 年版，第 450 頁。
③ 朱駿聲：《說文通訓定聲》，中華書局 1984 年版，第 922 頁。

足以互證。似從鈕說爲長。"徐承慶《說文解字注匡謬·一曰便辭巧說破壞形體》曰："按，《子虛賦》'硠硠礚礚'，《史記》《文選》皆作'碨'，《吳都賦》作'雷碨'，《思玄賦》作'磅硠'，皆'碨'字之明文。而段氏偁《史記》《文選》皆誤，又謂李善不能正，復設疑詞曰：'古作"旁琅"，未可知。'《釋名》'雷，碨也'，並不作'硍'。《太平御覽》音郎，乃改作'碨'，而以爲明證，並斥昌黎詩用'雷碨'爲積譌莫悟，一概抹倒，以就己說。至《字林》有'硍'，不可以證《說文》本有此篆。《子虛賦》作'硍'，乃段氏自以意說，豈可以誣《說文》爲本《子虛賦》作'硍'？《玉篇》'硠，力唐切，硠礚，石聲'，其字次弟與許書同。'硍，諧眼切，石聲'，廁'磂''磙'之間，皆許書所無之字。《廣韻·十一唐》'碨'下注云：'碨礚，石聲。'《廿六產》'硍，石聲。''碨''硍'同訓'石聲'，而'碨'云'碨礚'，本《子虛賦》。'硍'下不引'硍礚'也。《周憬碑》乃隸書，不可據以改篆。……《漢書》字作'琅'，乃'琅''碨'通用，音同形近，可信其必非'硍'也。……謂許書有'硍'無'碨'，此段氏武斷。"諸家據舊籍用字以明段說非是，論難極中肯綮。

今更以聲義關係明之。"磅"字，《廣雅·釋詁》"磅，聲也"，王念孫疏證："磅者，《玉篇》'磅，石聲也'，宋玉《風賦》云'飄忽溯滂'，《西京賦》云'磅礚象乎天威'，'磅''滂'義同。"《後漢書·張衡傳》"觀壁壘於北落兮，伐河鼓之磅碨"，李賢注"磅碨，聲也。""硠"字，《玉篇·石部》："硠，碨硠也。"《廣韻·宕韻》："硠，硠碨，石聲。"《後漢書·張衡傳》"凌驚雷之硠礚兮，弄狂電之淫裔"，李賢注："硠礚，雷聲也。""砰"字，《廣雅·釋詁》"砰，聲也"，王念孫疏證："砰者，《文選·潘岳〈藉田賦〉》注引《字書》云'砰，大聲也'，《列子·湯問篇》云'砰然聞之若雷霆之聲'，揚雄《羽獵賦》云'應駍聲，擊流光'，張衡《西京賦》云'沸卉軯訇'，《思玄賦》云'豐隆軯其震霆兮'。'砰''駍''軯''軯'義同。"《史記·司馬相如列傳》"湛湛隱隱，砰磅訇礚"，張守節正義："皆水流鼓怒之聲。""訇"字，《說文·言部》"訇，駭言聲"，段玉裁注："此本義也，引申爲訇訇大聲。"《廣韻·耕韻》："訇，訇訇，大聲。"《文選·司馬相如〈上林賦〉》"沈沈隱隱，砰磅訇礚"，李善注引司馬彪曰："砰磅、訇礚，皆水聲也。""訇"分別而爲"泓"字，《玉篇·水部》："泓，水浪泓泓聲。"《廣韻·耕韻》："泓，水石聲，又大也。""駖"字，《廣韻·青韻》："駖，駖蓋，車騎聲。"《漢書·揚雄傳上》"猋泣雷厲，驞駍駖磕"，顏師古注："驞駍、駖磕皆聲響衆盛也。""洶"字，《説文·水部》："洶，洶洶涌也。"①《楚辭·九章·悲回風》："憚涌湍之礚礚兮，聽波聲之洶洶。""洶礚"或作"匈礚"，《文選·枚乘〈七發〉》"訇隱匈礚，軋盤涌裔，原不可當"，劉良注："訇隱、匈礚，皆大聲也。"馬融《廣成頌》："風行雲轉，匈礚隱訇，黃塵勃滃，闇若霧昏。"是"硠""磅""硠""砰""訇""駖""洶"諸字，音近而義通②，合言則爲"硠礚""砰礚""硠礚""磅礚""訇礚""駖礚""匈礚""砰磅""磅硠""砰訇""砰駖""磅硠""硠硠""硠硠"，皆可兒聲之大者。執此以觀，《説文》"石聲"之"硠"字固从"良"作，實不足置辯。黎本《原本玉篇殘卷·石部》："硠，力唐、力蕩二反。《説文》曰'石聲也'是也。《廣雅》：'硠硠，堅也。'""礚，苦闔反③。又《説文》'石聲也。一曰硠礚。'"當爲《説文》"石聲"之篆从"良"而作之明證。

又，蔣冀騁《説文段注改篆評議》曰："从艮聲者多有小義，从良聲者多有高大義……段以爲硠只能貌清澈小聲，不合語言實際。硠既爲大聲，依音義關係求之，字當从良，不當从艮，段説誤。"④其謂"良聲者多有高大義"，得之。"良"字，《説文·富部》："良，善也。"引申則有"高""大"之義。《詩·小雅·鶴鳴》"魚潛在淵，或在於渚"，毛亨傳："良魚在淵，小魚在渚。"《文選·左思〈蜀都賦〉》"良木攢於褒谷"，李周瀚注："良木，大木材也。"其"良"即取"高""大"義；"閬"字，《説

---

① 此爲段注本《説文》。
② "硠"古音屬來母陽部，"磅"古音屬滂母陽部，"硠"古音屬溪母陽部，"砰"古音屬滂母耕部，"訇"古音屬曉母耕部，"駖"古音屬來母耕部，"洶"古音屬曉母東部。
③ 原書挩"反"字，今補。
④ 蔣冀騁：《説文段注改篆評議》，湖南教育出版社1993年版，第63頁。

文·門部》"閶，門高也"，朱駿聲通訓定聲："《後漢·張衡傳》注：'閶閶，明大也。'""桹"字，《說文·木部》："桹，高木也。"《說文·矛部》："稂，矛屬。"朱駿聲通訓定聲："《廣雅·釋器》：'稂，鈹也。'《方言》'鈗謂之鈹'，注：'今江東呼大矛爲鈹。'""鋃"字，《說文·金部》"鋃，鋃鐺，瑣也"，朱駿聲通訓定聲："蘇俗謂之鍊條。"《六書故·地理一》："鋃，鋃鐺，長鎖也。""俍"字，《廣韻·蕩韻》："俍，俍傷，長貌。""䑑"字，《廣韻·唐韻》："䑑，海中大船。""䏭"字，《廣韻·唐韻》："䏭，䏭㬟，身長皃。"是知"閶""桹""稂""鋃""俍""䑑""䏭"諸字皆从"良"作，而有"高""大""長"之義。準此，段氏以爲从良之"硍"字祇可貌"清朗小聲"，固與情實不合。

　　然則蔣氏又謂"艮聲者多有小義"，恐非是。舊籍"硍""硍"併出，皆可以"石聲"爲訓。黎本《原本玉篇殘卷·石部》："硍，胡茛反，《字書》'石聲① 也'。"敦煌本《刊謬補缺切韻·產韻》"硍，石聲"，音胡簡反。高麗本《龍龕手鏡·石部》："硍，音限，石聲也。"《周禮·春官·典同》"高聲硍"，鄭玄注"故書'硍'作'硍'"，陸德明釋文引《字林》云："硍，石聲。"皆其例。从艮之"硍"亦可貌聲之大者，請以聲近義合之字明之。"砏"字，《廣雅·釋詁》"砏，聲也"，王念孫疏證："砏者，張衡《南都賦》'砏汃輣軋'，李善注云'波相激之聲也。'"王褒《九懷·危俊》："鉅寶遷兮砏磤，雉咸雊兮相求。"《廣韻·文韻》："砏，砏汃水石。"《廣韻·諄韻》："砏，砏磤大雷。""磤"字，《廣雅·釋詁》"磤，聲也"，王念孫疏證："磤者，《釋訓》云'輷輷，聲也'，《眾經音義》卷八引《通俗文》云'雷聲曰磤'，《召南》云'殷其靁'，枚乘《七發》云'訇隱匈磕'，何晏《景福殿賦》云'聲訇磤其若震'，竝字異而義同。合言之則曰'砏磤'，《眾經音義》卷八引《埤倉》云'砏磤，大聲也'，《楚辭·九懷》云'鉅寶遷兮砏磤'。""鈃"字，《廣雅·釋詁》："鈃，聲也。"字或作"鏗"，《玉篇·金部》《廣韻·耕韻》竝曰："鏗鏘，金石聲也。"《慧琳音義》卷八十一"鏗然"注引《考聲》云："鏗,鏗鏘,金石聲也。"《文選·左思〈吳都賦〉》"動鍾鼓之鏗𪔿",李善注"鏗𪔿,大聲。"《漢書·禮樂志》"但能紀其鏗鏘鼓舞",顏師古注:"鏗鏘,金石之聲也。""硍"字,《周禮·典同》"高聲硍",鄭玄注:"故書'硍'作'硍',杜子春讀'硍'爲'鏗鏘'之'鏗'。"《玉篇·石部》:"硍,《周禮》曰'凡聲高聲硍'。"《廣韻·混韻》:"硍,石聲。"是"砏""礚""銌""硍""硍"諸字,聲近而義通①,合言而爲"砏礚""訇礚"(或"訇隱")、"鏗𪔿""鏗鏘",皆可貌聲之大者。

　　綜上所言,"硍""硍"二字皆可狀石聲之大,惟取象有異,要當分析觀之,不必糾合爲一。朱氏以爲段氏改篆爲非,最得其情,然以《典同》"硍"字乃許書之'硍',恐屬牽附。

<h2 style="text-align:center">(二)</h2>

　　《說文·艸部》:"萯,鳧葵也。从艸,邞聲。(力久切,三部。俗作'茆',音卯,非也。)《詩》曰:'言采其萯。'"②《說文段注拈誤》:"一下'萯'字,段謂俗作'茆'不可从,改作'萯',非是。'茆''卯'雙聲疊韻,二字同音,力九切者非也。"③

　　《說文·穴部》:"窌,窖也。从穴,邞聲。(邞聲,各本作'卯聲',今正。'窌'見《左傳釋文》,音力救、力到二反,則从邞雙聲可知矣。漢公孫賀南窌矦,《表》作'南邞',字皆从邞,音力救切,譌从卯,乃匹皃切矣。三部。)"④《說文·大部》:"奅,大也。从大,邞聲。(各本作'卯聲',今正。按,《漢書》與'窌'通用,其字當力救切,古音在三部。譌从卯,乃匹皃切矣。)"⑤《說文段注拈誤》:"七下'窌'字,與《大部》'奅'字,段俱改从邞,非是。……

---

① "砏"字古音隸文部,"礚"字古音隸文部,"銌"字古音隸真部,"硍"字古音隸文部,"硍"字古音隸文部。

② 段玉裁:《說文解字注》,上海古籍出版社1988年版,第46頁。

③ 董蓮池主編:《說文解字研究文獻集成》(古代卷),作家出版社2007年版,第171頁。

④ 段玉裁:《說文解字注》,上海古籍出版社1988年版,第345頁。

⑤ 段玉裁:《說文解字注》,上海古籍出版社1988年版,第493頁。

'卯''丣'同部而不同紐。'卯'與力救、力到固不同紐，'丣'與力
到、力救亦非同紐，段以力丣爲雙聲，誤矣。"①

《說文·金部》："劉，殺也。从金刀，丣聲。（至若此字'丣聲'、非
'卯聲'，絕無可疑者。二徐固皆不誤。蓋凡丣聲之字皆取疊韻而又雙聲，
'丣''卯'皆在古音第三部，而各有其雙聲，故二聲不可淆混。）"②《說
文段注拈誤》："十四上'鎦'字，段改从金刀，丣聲。按，'劉'字當
補爲重文，一从金，留聲，一从釗，丣聲，直改殊爲專輒。"③

按：《說文》"窌"（今音匹皃切）、"奅"（今音匹貌切）、"聊"（今音
洛蕭切）、"昴"（今音莫飽切）、"貿"（今音博巧切）諸字俱从"卯"作，
而"桺""珋""茆""貿""鎦"則从"丣"作。段氏以爲"卯""丣"截
然二字，遂據中古反切改"窌"作"窌"、改"奅"作"奅"、改"聊"作
"聊"，且以"茆""鎦"皆从丣聲，非从"卯"作。

《說文·艸部》"茆，鳧葵也"，徐灝注箋："'茆'當从卯，故杜子春
讀'茆'爲'卯'，後鄭亦作'茆'。段以今本爲誤而輒改之，妄也。"《穴
部》"窌，窖也"，徐承慶注匡謬："經傳、史書無作'窌'者，惟《韻
會補》云：'从卯之字音砲，从丣之字音溜。'段氏因之，而刪'窌'作
'窌'，肆意刊改，以求異於前人，誣妄甚矣。"《大部》"奅，大也"，徐灝
注箋："段改'丣聲'，非是。"鈕樹玉注訂："按，《玉篇》'奅'，普教切。
《廣韻》匹皃切。《史記·建元年表》作'南奅侯'，《衛青傳》作'南窌
侯'，《漢書·功臣表》作'南奅'，並音普教反，非丣聲也。"諸家證以古
書用字，尋文究理，得其所宜。

今以古文觀之，非特"聊""昴"皆从卯，即"留""桺""茆""貿"
諸字亦皆从卯。如"留"字，金文作"畱"（《趠鼎》）、或作"畱"（《留
鐘》）；"桺"字，甲文作"桺"（《甲骨文合集·三六五二六》），金文作

① 董蓮池主編：《說文解字研究文獻集成》（古代卷），作家出版社2007年版，第173頁。
② 段玉裁：《說文解字注》，上海古籍出版社1988年版，第714頁。
③ 董蓮池主編：《說文解字研究文獻集成》（古代卷），作家出版社2007年版，第174頁。

"㮕"（《柳鼎》）、或作"㮝"（《散盤》）；"茆"字，銘文作"𦮃"（《宋公差戈》）、或作"𦱯"（《工城戈》）；"貿"字，金文作"𧵩"（《公貿鼎》）。俱其明證。段氏以意改字，遂生例置之乖。究其致誤之由，殆不明古聲之關合。古音明、來二母語音極近，是"卯""丣"二字從"卯"而中古有匹兒、力到、力救諸音，"茆"字從卯而音力久切，"聊"字從卯而音洛蕭切。

朱氏《說文通訓定聲·孚部》："丣，《說文》以爲'酉'之古文。按，酉、丣截然兩字，今別爲正篆。闢戶爲卯，闔戶爲丣。從卯而關其上，指事。"以"酉""丣"劃然二字，其識卓矣，古文實未見"酉"作"丣"者。《說文》明謂"丣"乃"酉"字古文者，凡二見，《木部》"柳，小楊也。從木，丣聲。丣，古文酉"、《酉部》"酉，就也。八月黍成，可爲酎酒。象古文酉之形。……丣，古文酉"者是。按之許書，正篆、重文音近而通借者偶見，"許君雖以重文出之，實非重文所有事，故其例絕少"①，如《辵部》"延，迻也。從辵，止聲。……屎，古文徙"，桂馥義證："《詩·板》'民之方殿屎'，'屎'即'屎'之省文，借'徙'字也。"如《水部》"泰，滑也。從廾，從水，大聲。夳，古文泰"，沈兼士曰："然考之經傳異體及隸變，知泰之古文夳，即大之別寫太，而大、泰往往通借，故許君列爲重文耳。"② 黃德寬《古文字譜系疏證》云："（許慎）以卯③ 爲酉之古文屬假借。"④ 極中肯綮。

《說文》"酉"字下云："丣，古文酉。從卯，卯爲春門，萬物已出，酉爲秋門，萬物已入。一，閉門象也。"許氏以"丣"字從卯，從一，"丣""卯"本截然兩字。朱氏因承其說，以"丣"字迥別於"卯"，而爲"珋""柳""䚕""畱"所從，不免株守之弊。許氏解字，小有疏忽，亦所難免，不必迴護曲通。《說文解字注·金部》"鎦"字徐灝箋："卯、丣二形，本是一字，其上畫或連或斷，乃用筆小異。"洵爲至論。

① 沈兼士：《沈兼士學術論文集》，中華書局 1986 年版，第 242 頁。
② 沈兼士：《沈兼士學術論文集》，中華書局 1986 年版，第 243 頁。
③ 《說文》"卯""丣"各字，此當作"丣"。
④ 黃德寬主編：《古文字譜系疏證》，商務印書館 2007 年版，第 594 頁。

此外，《說文》本無“劉”字，然有劉聲之“瀏”、訓爲“殺也”之“鎦”。或謂“卯”字即“劉”字初文（“卯”字，甲骨文作“𠚺”（《甲骨文合集·九二一》），象對剖之形，義乃殺牲之法）。準此，則“劉”“鎦”本皆從卯，自無疑義。然段氏改“鎦”爲“劉”，以其必從丣，朱氏亦以“劉”從丣聲，恐皆非是。

綜上所論，諸字從卯、從丣，誠無所別，許氏誤析卯聲、丣聲字爲兩類。段氏以爲“茆”“窌”“奊”“聊”“鎦”諸字皆從丣聲，未免固滯。朱氏質言段說爲非，明辨是非，然以“茆”“窌”聲韻必與“卯”同，“茆”音“力九切”爲謬，更臆造“窌”音“謨九切”，恐不足觀其會通。其治古聲之疏，略可得見。

二、訂段氏之誤刪篆文

據余行達計，段氏刪篆凡二十一文。朱氏辨其僞訛，其刊正段之刪篆者，計有八例。爲舉二事，以俟詢質。

（一）

《說文·辵部》：“遜，遁也。從辵，孫聲。（按，六經有‘孫’無‘遜’。……《釋名》曰：‘孫，遜也。遜遁在後生也。’古就孫義引伸，卑下如兒孫，非別有‘遜’字也。《至部》‘臸’字下云：‘從至，至而復孫。孫，遁也。’此亦有‘孫’無‘遜’之證。今《尚書》《左氏》經傳、《爾雅·釋言》淺人改爲‘遜’。許書‘遜，遁也’，蓋後人據今本《爾雅》增之，非本有也。）”① 《說文段注拈誤》：“二下‘遜’字，段以爲後人所增，不必。”②

按：《說文·系部》“孫，子之子曰孫”，段玉裁注：“子卑於父，孫

---

① 段玉裁：《說文解字注》，上海古籍出版社 1988 年版，第 72 頁。
② 董蓮池主編：《說文解字研究文獻集成》（古代卷），作家出版社 2007 年版，第 171 頁。

更卑焉。故引申之義爲"孫順"，爲"孫遁"。字本皆作'孫'，經傳中作'遜'者皆非古也。"《辵部》"遜，遁也"，徐灝注箋："古文'遜'固作'孫'，即'愻'字亦非古所有也。"經傳"愻順""遜遁"字每以"孫"字爲之，即"愻""遜"二字亦有互用者。段氏既云《說文》本無"遜"字，以經傳"遜"字皆淺人所改，然又於《心部》"愻"下注曰"訓順之字作'愻'，古書用字如此。凡愻順字从心，凡遜遁字从辵"，乃以古書自有"愻""遜"字。其說未能劃一。

　　《說文》"遜，遁也"，鈕樹玉注訂："按，《左傳》釋文云：'孫，本亦作遜。《穀梁》同。則經傳亦有作'愻'者。《釋言》當非後人改，許書亦非後人增。"以經傳、許書固有"遜"字。朱駿聲亦以不必後人所增。

　　今以古文字驗之，"孫"字，甲骨文作""（《甲骨文合集·三一一七》），金文作""（《小臣宅簋》），其出也早。引申而有"孫順"義，即分出"愻"字以承其義，此字金文已見，作""（《者汈鐘》）。復引申則有"孫遁"義，別出"遜"字以記之，此字戰國文字已見，作""（《上海博物館藏戰國楚竹書四·柬大王泊旱》）。段氏說字義引申雖合於理實，然遽定《說文》本無"遜"字，則頗爲粗疏。緣《說文》初文與分別字並出者多見，王筠《說文釋例》卷八備言之①，段氏必以許書有"孫"無"遜"，當屬失察。

　　王祖畬云："其實'愻'與'遜'義俱通乎'孫'。'孫'括二字之義，二字則各主一義，故許並收之。以爲後人據今本《爾雅》而增'遜'字，亦段之臆說也。"② 張舜徽曰："《爾雅·釋言》：'遜，遁也。'《釋文》云：'遁字又作遯。'經傳中多以'孫'爲'遜'。蓋古初但作'孫'，而'遜'乃后起字。《釋名·釋親屬》云：'孫，遜也，遜遁在後生也。'是漢時已通行遜字，故許君采錄之。段玉裁謂'遜'字非許書所本有，乃後人據今本《爾雅》增之，非也。"③ 實屬至論。

---

①　參見王筠《說文釋例》，中華書局 1987 年版，第 173 頁。

②　丁福保主編：《說文解字詁林》，中華書局 1988 年版，第 5786 頁。

③　張舜徽：《說文解字約注》，華中師範大學出版社 2009 年版，第 405 頁。

《說文·人部》"倨，不遜也"，段玉裁注："'遜'當是本作'孫'，說詳《辵部》。"然《慧琳音義》卷三十、卷三十六、卷三十九、卷五十一、卷九十二"倨傲"注稱引《說文》皆作"倨，不遜也。"是知段氏違誤甚明。《慧琳音義》卷七"遜謝"注引《說文》云："遜，遁也。"此許書確有"遜"字之顯證。

（二）

《說文·食部》："飤，糧也。从人食。（祥吏切，一部。按，以食食人物，其字本作'食'，俗作'飤'，或作'飼'，經典無'飤'，許云'秣，食馬穀也'，不作'飤馬'。此篆淺人所增，故非其次，釋爲'糧也'，又非，宜刪。）"①《說文段注抾誤》："五下'飤'字，段謂經典所無，淺人增補。按，經典所無之字多矣，何獨于此疑之。此字訓'糧也。从人食'，其聲亦不傳，後人以爲'飼'字耳。此類當闕疑，何得妄刪。"②

按：段氏以爲"飤"乃俗字，經典本無，《說文》此篆當爲淺人所增。然《說文·艸部》"茹，飤馬也"、《竹部》"簾，飤牛筐也"注文皆用"飤"字，知此字本爲許書所固有。段氏改"簾"字注文爲"食牛筐"，然"茹"下注文不言"飤"字非是，其說未能一例。

《原本玉篇殘卷·食部》"飤"字下引《說文》曰："飤，糧也。字從人仰食也。"與今本《說文》微異；《慧琳音義》卷四十一"飤猛"下、卷五十八"養飤"下、卷八十二"以飤"下並引《說文》曰"糧也"，卷七十七"飼鷹"下、卷七十七"飤虎"下、卷八十三"身飤"下引《說文》曰"從食，從人"，卷七十八"飤鳥獸"下、卷九十"飤之"下引《說文》爲"糧也。從食，從人"；《六書故·工事四》："飤，食也。《說文》

---

① 段玉裁：《說文解字注》，上海古籍出版社1988年版，第220頁。
② 董蓮池主編：《說文解字研究文獻集成》（古代卷），作家出版社2007年版，第173頁。

曰'糧也'。"上引諸例，俱爲許書確有"飤"字之明證。

　　"飤"字，从人，从食，會進食之意。金文作"𩚊"（《余義鐘》"歈𩚊訶遐"）、作"𩚊"（《中山王方壺》"氏曰遊夕歈𩚊"），義乃"食用"，字或作"𩚊"（《王命傳任節》"一檐𩚊之"），義則"使食"。"飤"字引申則有"食物"義，《包山楚簡·二一一》"豭豕酉飤"，《包山楚簡·二二三》"不內飤"，乃其證。執此以觀，許書存錄"飤"篆而義取於"糧"，恐無容生疑。

　　鈕樹玉《段氏說文注訂》曰："經典無'飤'者，亦如'遜''佋'等字，古行而後不用也。《艸部》'茹，飤馬也'，《竹部》'籅，飤牛筐也'，許固用之，不可謂淺人增。"徐承慶《說文解字注匡謬》曰："古食人物之字作'食'，'飤'爲孳乳浸多之字，不當刪。"鈕、徐二氏不同肊說，得許書之真。

　　綜上，段氏直言許書"飤"篆當刪，未免穿鑿，朱氏以其非是，然游移其詞，謂此字存錄與否且當闕疑，不盡中肯。

三、訂段氏之誤增篆文

　　據余行達計，段氏增篆凡二十四文。朱氏以段氏不免武斷，其校訂段之增篆者，其數有三。略舉二例，以備覽觀。

（一）

　　《說文·水部》："池，陂也。从水，也聲。（此篆及解各本無，今補。……玫《初學記》引《說文》'池者，陂也。从水，也聲。'依《自部》'陂'下'一曰池也'，《衣部》'襬讀若池'覈之，則'池'與'陂'爲轉注，徐堅所據不誤。又玫《左傳·隱三年》正義引應劭《風俗通》云：'池者，陂也。从水，也聲。'《風俗通》一書，訓詁多襲《說文》，然則應所見固有'池'篆，別於'沱'篆顯然，徐堅所見同應。）"①《說文段注拈誤》："十一上'池'字，段補。按，'池'

---

① 段玉裁：《說文解字注》，上海古籍出版社1988年版，第553頁。

即‘沱’，大徐不誤。‘陂也’之訓，當沾補‘沱’下。‘陂’‘沱’疊韻字。‘也’非聲。”①《說文段注拈誤》：“十一上‘池’字，此段所補。古字‘它’‘也’二形相亂，‘池’俗，不必補。且段所補之字，俱不附部末，徑廁中間，亦是一失。”②

按：段氏以“沱”“池”兩字，形義皆別，今大徐不存“池”篆，遂徑補其字，廁於“沼”“湖”二篆之間。朱駿聲《說文通訓定聲·隨部》：“沱，江別流也。……從水，它聲。亦作‘沱’、作‘池’。”“池，此字按即‘沱’之變體。”以“池”爲“沱”之俗字，其《說文段注拈誤》明謂段氏增篆爲非。

容庚《金文編》卷十三“它”字注：“‘它’與‘也’爲一字，形狀相似，誤析爲二，後人別構音讀。然從‘也’之‘池’‘敀’‘馳’‘阤’‘柂’‘施’六字仍讀‘它’音，而‘沱’字今經典皆作‘池’可證。徐鉉曰：‘沱沼之沱，今別作池，非是。’蓋不知‘也’即‘它’也。”③卷一一“沱”字注：“沱，今別作‘池’。”④其以“沱”字別作“池”，得之，然謂“它”“也”爲一字，則容有可商。“它”字，甲骨文作“𧉚”（《甲骨文合集·六七二正》）、作“𧎢”（《甲骨文合集·三二八七九》），金文作“𧊧”（《子仲匜》）、作“𧊫”（《齊侯敦》），戰國楚文字作“𧌟”（《包山楚簡·一六四》）、作“𧌜”（《郭店楚墓竹簡·老子甲三三》），秦文字作“𧌈”（《睡虎地秦墓竹簡·法二五》）、作“𧍋”（《《珍秦齋古印展·三一》》）；“也”字，金文作“𠃟”（《平安君鼎》）、作“𠃜”（《郭大夫釜》），楚文字作“𠃛”（《包山楚簡·二〇四》）、作“𠃚”（《郭店楚墓竹簡·老子甲四》），秦文字作“𠃞”（《睡虎地秦墓竹簡·日乙四〇》）。觀此諸形，“它”“也”體勢殊別，用各有當，不必

① 董蓮池主編：《說文解字研究文獻集成》（古代卷），作家出版社2007年版，第174頁。
② 董蓮池主編：《說文解字研究文獻集成》（古代卷），作家出版社2007年版，第175頁。
③ 容庚編著：《金文編》，中華書局1985年版，第876頁。
④ 容庚編著：《金文編》，中華書局1985年版，第727頁。

牽合爲一。① 然秦文字"它"有作"𧊒"者，形與"也"字篆文"𠃟"逼似，且二字音讀極近，是古之从它之"宧"（《曾子伯父匜》作"𥧲"）、"貤"（《上海博物館藏戰國楚竹書二·容成氏》作"𧉚"）、"施"（《睡虎地秦墓竹簡·爲吏四五》作"𣃦"）、"㐌"（《古陶文彙編三·六九〇》作"𣲷"）、"攺"（《郭店楚墓竹簡·尊德三七》作"𣁋"）、"迆"（《郭店楚墓竹簡·語叢二·四〇》作"𨗲"）、"柂"（《睡虎地秦墓竹簡·日甲一一九正》作"𣒅"）、"駝"（《詛楚文》作"𩣡"）、"坨"（《包山楚簡·一四九》作"𡍩"，《睡虎地秦墓竹簡·治獄五九》作"𡊆"）諸字，至篆文而分作"匜""貤""施""弛""攺""迆""柂""馳""地"，更从"也"作，惟"佗""詑""鉈""沱"猶存古形。朱駿聲《說文通訓定聲·解部》曰："也，女陰也。……又，'也'形與'它'相似，《說文》'迆''攺''柂''施''馳''阤'六文皆从'也'聲。按，當从'它'聲，轉寫之誤，古聲讀可證也。"以文字更變之跡推之，則"池"之爲"沱"字別體，略無可疑。此據字形遞嬗證之者一。

"詑"之與"訑""佗"之與"他""蛇"之與"虵"，概爲一字。《說文》既以"詑""佗"爲正篆，例則不出"訑""他"字。且況遍考許書，字既从它聲，未見復从"也聲"者，反之亦然，"它聲""也聲"判然不相爲用。識是，許書既收"它聲"之"沱"字，亦當不錄"也聲"之"池"字。《六書故·地理三》："池，直之切。鑿地鍾水也。（俗多與'沱'亂，《說文》無'池'字。）"是其明證。此據字書收字證之者二。

"沱"字古文習見，金文作"𣲷"（《遹簋》"乎漁大𣲷"），秦文字作"𣲷"（《睡虎地秦墓竹簡·爲吏三四》"苑囿園𣲷"），義爲"池塘"。此則池塘字古从"它"作之明證。此據文獻用義證之者三。

"它"字，本象蛇體之形，蛇形宛曲，是"它"聲之字每有"屈曲"義。如"迆"（《說文》"迆，衺行也"②）、"弛"（《說文》"弛，弓解也"③）、

---

① 參見黃德寬主編《古文字譜系疏證》，商務印書館 2007 年版，第 2289 頁。

② 衺、曲其義相因。

③ 段玉裁注："引申爲凡懈廢之稱。"弓懈則弦弛。

"扡"（《說文》"扡，曳也"①）、"䮈"（《說文》"䮈，馬尾駝也"②）、"旎"
（《說文》"旅，旗皃"③）、"䑛"（《說文》"䑛，以舌取食也"④）、"陀"（《廣
韻·歌韻》"陀，陂陀，不平之皃"）、"袉"（《說文》"袉，裾也"⑤），皆
其例。許書"沱"字義訓"江別流"，亦當受義於"屈曲"。"沱"（經傳每
作"池"）引申而有"陂障水道"義，《周禮·秋官·雍氏》"掌溝瀆澮池
之禁"者是；引申有"城邊池"義，《詩·陳風·東門之池》"東門之池"
者是；再引申則義爲"池塘"，《書·泰誓上》"惟宮室臺榭陂池侈服"者
是。此據音義關係證之者四。

　　《說文注·水部》"池，陂也"，鈕樹玉訂："按，《初學記》作'它聲'，
則非'池'字，但誤以'陂'爲'沱'耳。'陂'下作'一曰沱也'，各本
皆同。'裾'下竹汀先生云：'當作"扡"，《易》"終朝三褫之"，鄭康成本
作"扡"，則大徐說是也。'又云'漢碑池沼字皆從也。'按，此隸變也。
如'詑'作'訑'，'佗'作'他'，'蛇'作'虵'，不止'池'字。"徐灝
箋曰："'沱'之聲轉爲'池'，亦猶'皮''離''奇''施'等聲，古音皆
在歌部，今轉入支部也。段氏僅據《初學記》已自不確，況所引者，又
本作'它聲'，而改以就己說，可乎。"⑥ 依此，則段氏增篆之所據，實不
足信。

　　或曰：黎本《原本玉篇殘卷·阜部》引《說文》曰"陂，陵也。一曰
池也"，殆爲《說文》"陂"下本作"池也"之佐證。然即《玉篇》每用見
行俗字，恐無緣執此以言許書之必有"池"字。

---

① 物曳之則其形多曲。
② 朱駿聲通訓定聲："按，或謂之曲綯。"故"䮈"有曲義。
③ 朱駿聲通訓定聲："按，'旖施'，柔順搖曳之皃，猶禾之'檹施'、枝之'猗儺'、禾之
'倚移'也。"《孟子·離婁下》："蚤起，施從良人之所之。"趙岐注："施者，邪施而行，
不欲使良人覺也。"
④ 以舌取物則其形屈曲。
⑤ 《爾雅·釋器》"衱謂之裾"，郭璞注："衣後襟也。"古之衣襟左右相交，是"袉"有褒
曲義。
⑥ 《說文·水部》部末"文四百六十八　重文二十二"徐灝注箋。

綜上所言，段氏以己意增許書"池"篆，殊爲專輒。朱氏以"池"字不必增補，即《說文》確有"陂也"訓，亦當沾補"沱"字下，實屬發蒙解滯之辭。

（二）

《說文·木部》："欂，欂櫨，柱上枅也。從木，薄聲。（按，各本篆作'欂'，解云：'壁柱。從木，尊聲'，而無'欂'篆。今尋文義，當有'欂''欂'二篆。'欂'與楶梲爲類，'欂'則蒙上文'楷，欂櫨也'言之，淺人誤合爲一。正如鼏、鼏，袗、祚之比。爲分別依類補正之。）"① 《說文段注拈誤》："《木部》段補'欂'字，雖據《篇》《韻》，然不必補也。凡單文一物，連文又一物者多矣。當于'欂'下補注：'一曰欂櫨，柱上枅也。'"②

按：今本《說文》未收"欂"篆，而"欂"字又出"楷"篆下（"楷，欂櫨也"）。段氏以爲"欂""欂"（"欂，壁柱也"）各字，今許書"欂""欂"二篆誤合爲一，遂據《玉篇》《廣韻》增補"欂"篆，並解云"欂櫨，柱上枅也"。徐承慶《說文解字注匡謬·四曰以它書亂本書》曰："按，《說文》'薄櫨'字只作'欂'。《篇》《韻》字滋多，不可以證《說文》有'欂'篆。"朱駿聲《說文段注拈誤》："《木部》段補'欂'字，雖據《篇》《韻》，然不必補也。"乃以段氏增篆非是。《說文·木部》"欂，壁柱也。从木，薄省聲"，桂馥義證："或作'欂'。"朱駿聲通訓定聲："字亦作'欂'，不省。"王筠句讀："《說文》無'尊'字，故云然，羣書多不省，不得分爲兩字。"三家皆以"欂""欂"爲一字。是字或从尊聲，或从薄聲，羣書多从薄聲，義則無所別。《玄應音義》卷七"櫨欂"下引《說文》曰"欂櫨，柱上枅也"、卷十四"櫨棟"下引《說文》則作"欂櫨，

---

① 段玉裁：《說文解字注》，上海古籍出版社 1988 年版，第 254 頁。
② 董蓮池主編：《說文解字研究文獻集成》（古代卷），作家出版社 2007 年版，第 175 頁。

柱上枅也"，《六書故·植物一》"樽櫨，枅也。（《說文》則以'櫨'爲'柱上柎'，'枅'爲'櫨'，'樽'爲'壁柱'，'樽櫨'爲'栾'）"，皆其明證。準此，《說文》既出"樽"篆，依例不必複出"樽"篆，段氏以臆增篆，恐未爲愜當。

徐灝《說文解字注箋》曰："段補'樽'篆，而移'樽'於上文'樘'下，辨之殊未審。考《篇》《韻》皆以'樽'爲'樽'之重文，'樽'下竝引《說文》云'壁柱也'，與今本同，許於'樽'下亦曰'樽櫨也'。然則本有'樽'字而傳寫佚之。'樽'即'樽'之省。段補'樽'篆，可也。分爲二字二義，則非矣。樽櫨，梁上短柱，所以負欒者，俗名'侏儒柱'，言其如短人也。……云'壁柱'者，在兩壁之上也。"徐氏既云"樽""樽"一字，又以段氏補"樽"篆爲得，實自亂其說。至其謂"樽櫨""壁柱"乃爲一義，且強作疏通，未得其義，恐屬大謬。《木部》"樽，壁柱也"，段玉裁注："壁柱，謂附壁之柱，柱之小者。"張舜徽約注："樽之言比也，謂其與壁相比連也。今俗仍稱壁柱。"是"樽"字，單文乃義"壁柱"，連文則爲"樽櫨"，其義"柱上枅"，同名而異物，誠不必糾合爲一。朱駿聲《說文段注拈誤》曰："凡單文一物，連文又一物者多矣。當于'樽'下補注：'一曰樽櫨，柱上枅也。'"持論最確。

《說文》"樽，壁柱也"，朱駿聲通訓定聲："按，'樽櫨'猶'蒲盧'，疊韻連語。"朱氏以"樽櫨"連言，可謂卓識。《廣雅·釋宮》"樽謂之枅"，王念孫疏證："《爾雅》'開謂之梁'，郭注云：'柱上樽也，亦名枅，又曰楷。'《文選·魏都賦》注引《說文》云：'樽櫨，柱上枅也。'《淮南子·本經訓》云'欒林樽櫨，以相支持'，《漢書·王莽傳》作'薄櫨'，《明堂位》作'樽盧'，竝字異而義同。"據此，知"樽櫨"疊韻聯綿[①]，或作"薄櫨"，或作"樽盧"，字無定形。徐灝《說文解字注箋》曰："樽櫨，梁上短柱，所以負欒者，俗名'侏儒柱'，言其如短人也。'侏儒'即'都盧'之轉聲。《釋名》云：'櫨在柱端，如都盧負屋之重也。'此樽櫨之名

---

① "樽"字古音屬鐸部，"櫨"字古音屬魚部，魚鐸對轉韻通。

所由昉也。”《釋名·釋宮室》“梲儒，梁上短柱也。梲儒猶侏儒，短，故以名之也”，畢沅疏證：“則侏儒短人之偁，遂以名短柱也。”準此，短木曰“枅櫨”、曰“梲儒”，短人曰“侏儒”，“枅櫨”“梲儒”“侏儒”聲近義通①，或語出同源。“枅櫨”或省作“櫨”，如《說文·木部》“櫨，柱上柎也”，徐鍇繫傳：“櫨，即今之斗拱也。”《爾雅·釋宮》“栭謂之楶”，郭璞注：“即櫨也。”《文選·何晏〈景福殿賦〉》“櫼櫨各落以相承”，李善注引《說文》：“櫨，柱上枅也。”《墨子·經上》“纑，閒虛也”，孫詒讓閒詁：“枅櫨單舉之則曰櫨。《淮南子·主訓術》云‘短者以爲朱儒枅櫨’。”《墨子·經說上》“纑閒虛也者”，孫詒讓閒詁：“櫨爲柱上小方木。”《釋名·釋宮室》“櫨，在柱端，如都盧負屋之重也”，畢沅疏證：“《說文》：‘櫨，柱上柎也。’都盧，善緣高者，見《漢書》，故以相況。”王先謙補：“《淮南·本經訓》注：‘櫨，柱上枅，即梁上短柱也。’”“枅櫨”又省作“枅”，如《廣雅·釋宮》：“枅謂之枅。”《爾雅·釋宮》“栭謂之楶”，陸德明釋文：“櫨，即枅也。”《爾雅·釋宮》“開謂之梽”，郭璞注“柱上枅也”，陸德明釋文引《字林》云：“枅，櫨也。”以故段玉裁曰：“枅櫨，絫呼之也。單呼亦曰櫨。詞賦家或言枅櫨，或言櫨，一也。”今按，聯綿二字本不可分訓，然古人每有單用某字者，上言“枅櫨”而外，例如“傴僂”，《說文·人部》：“傴，僂也。”《左傳·昭公七年》：“一命而僂，再命而傴，三命而俯，循牆而走，亦莫余敢侮。”此“傴”“僂”單用之例。《淮南子·精神訓》：“子求行年五十有四而病傴僂。”此爲合用之例；再如“媟嬻”，《說文·女部》“嬻，媟嬻也”，段玉裁注：“嬻，單言之曰媟，曰嬻，絫言之曰媟嬻。”此外，“呻吟”“綢繆”“寂寞”“溧冽”“窈窕”“崔嵬”“顚頷”等皆是其例，此不備舉。

又，漢語大字典編纂委員會編纂《漢語大字典》（第二版九卷本）“枅”字訓曰：“①斗拱。……清朱駿聲《說文通訓定聲·豫部》：‘櫨，單言曰櫨，絫言曰枅櫨……方木，似斗形，在短柱上，拱承屋棟，亦名

枅。'……② ［欂櫨］壁柱。"① 此按，依朱氏之意，"欂"字單言義爲"壁柱"，"欂櫨"連言則義爲"柱上枅"（即斗栱）。而《漢語大字典》既解"欂"字爲"斗栱"，又舉朱氏說爲證，所列義項與所引書證不合。至解"欂櫨"爲"壁柱"，更失許書、段氏之義，有失察之嫌。

四、訂段氏之誤改注文

朱駿聲《說文段注拈誤》曰："經韻樓《說文注》一書，淺人字太多，其未甚荒謬者，不必概以淺人目之，易言後人可也。且按水之'淺深'从水，泛言人物，當作'㑞㑞'，然則淺人字亡慮數百，作'㑞'爲是。"② 頗爲中肯。段氏好談"淺人所刪""淺人所增"，憑臆改注，不可全信。朱氏釐正段氏誤改許書注文者，凡五十一例。此深究兩例，駁正誤說。

（一）

《說文·女部》："委，委（逗。）隨也。（按，隨其所如曰委，委之則聚，故曰委輸，曰委積，所輸之處亦稱委，故曰原委。）从女，禾聲。（《詩》之'委蛇'，即'委隨'，皆疊韻也。）"③ 《說文段注拈誤》："十二下'委'字，說解'委隨也'，疊韻字，段注'委'字逗，非。"④

《說文·虫部》："蝸，蝸（此複舉篆文之未刪者也。當依《韻會》刪。）蠃也。（蠃者，今人所用'螺'字。……今人謂水中可食者爲螺，陸生不可食者曰蝸牛，想周漢無此分別。）从虫，咼聲。"⑤ 《說文段注拈誤》："十三上'蝸'字，凡許書正篆下複舉之字，段皆云此僅存者，獨'蝸'下曰當刪，不憭其恉。"⑥

----

① 漢語大字典編纂委員會編纂：《漢語大字典》（第二版九卷本），崇文書局、四川辭書出版社 2010 年版，第 1412 頁。

② 董蓮池主編：《說文解字研究文獻集成》（古代卷），作家出版社 2007 年版，第 175 頁。

③ 段玉裁：《說文解字注》，上海古籍出版社 1988 年版，第 619 頁。

④ 董蓮池主編：《說文解字研究文獻集成》（古代卷），作家出版社 2007 年版，第 174 頁。

⑤ 段玉裁：《說文解字注》，上海古籍出版社 1988 年版，第 671 頁。

⑥ 董蓮池主編：《說文解字研究文獻集成》（古代卷），作家出版社 2007 年版，第 174 頁。

　　按：《說文》"委""蝸"二字注文，段氏施逗"委隨""蝸蠃"之間，以注文"委""蝸"爲複舉字而刪之未盡者。今觀段氏全書，其言"複舉字"而每失其恉者多見，王筠《說文釋例》卷十二、徐承慶《說文解字注匡謬·五曰以意說爲得理》備言之，此不贅言。

　　本書其下則詳考"委隨""蝸蠃"之語源流變，糾謬發覆，證成許義。

　　其一，"委"字，甲文作"𥞤""𣥠"（《甲骨文合集·七〇七六正》，會女子委曲如禾之意。《說文·女部》"委，委隨也。从女，从禾"，徐鉉曰："委，曲也。取其禾穀垂穗委曲之貌，故从禾。""委"字本義爲"屈曲"，《說苑·正諫》"螳螂委身曲附欲取蟬，而不知黃雀在其傍也"是其例。引申則有"從順"義，《淮南子·本經訓》"優柔委從，以養羣類"、《說苑·指武》"復柔委從，如影與響"是其例。爾後"逶"（《說文·辵部》曰"逶迆，衺去皃"）、"倭"（《說文·人部》曰"順皃"）別出，分承"屈曲""從順"二義。《說文》"委，委隨也"，徐灝注箋："'委'蓋婦女委婉遜順之義。……引申爲凡委曲之偁，又爲委隨、委靡、委棄、委置。"張舜徽約注："'委'字从女，自以柔順爲本義。本書《人部》'倭，順皃'，與'委'雙聲，實即'委'之後起增偏傍體耳。……引申爲凡委曲之稱。"自具卓見。此按，"委"聲之字每有"屈曲""從順"義，如"踒"（《說文·足部》"足跌也"①）、"錗"（《說文·金部》"側意"）、"覣"（《說文·見部》"好視也"②）、"諉"（《說文·言部》"纍也"③）、"矮"（《說文·歺部》"病也"④）、"痿"（《說文·疒部》"痹也"⑤）、"餧"（《說文·食部》"飢也"⑥）、

---

①　段玉裁注："'跌'當爲'胅'字之誤也。《肉部》曰：'胅，骨差也。'踒者，骨委曲失其常，故曰胅，亦曰差胅。"

②　段玉裁注："和好之視也。"按，蓋取從順義。

③　朱駿聲通訓定聲："纍也，《爾雅·釋言》'諈諉，纍也'，注'以事相屬纍爲諈諉'。"按，事相委則輾轉曲從。

④　段玉裁注："《艸部》曰：'萎，一曰矮也。'……按，'矮''萎'古今字，'萎''蔫'古今字。"按，枯乾之物其形胊曲，曲、縮其義相因。

⑤　段玉裁注："按，古多'痿''痹'連言，因'痹'而'痿'也。"

⑥　"餧"狀與"痿"似。

"羺"（《說文·羊部》"羊相羺也"①）等，是其例。② 而"屈曲""從順"義單呼曰"委"，絫呼爲"委蛇""委隨""委遲""委蕤""委麗"等。"委蛇"者，或作"委移""委虵""委迤""委施""委它""委佗""委維""逶迤""逶迆""逶佗""逶虵""逶蛇""蜲虵""蜲蛇""逶移""逶夷""過迆""蜲蛇""蜲蝺""崣崣""萎蕤""踒虵""倭夷""逶夷""威夷""陦陜""陦夷""猗移""遺蛇""委鬱"等，《詩·召南·羔羊》"退食自公，委蛇委蛇"，鄭玄箋："委蛇，委曲自得之貌。"馬瑞辰傳箋通釋："委蛇，本人行衺曲之貌，路之紆曲亦謂之委蛇，旗之舒卷亦謂之委蛇，聲之詘曲亦謂之委蛇。"《莊子·應帝王》"吾與之虛而委蛇"，成玄英疏："委蛇，隨順之貌也。""委佗"疊音而爲"委委佗佗"，《詩·鄘風·君子偕老》"委委佗佗，如山如河"，朱熹集傳："雍容自得之貌。"《後漢書·儒林傳序》"服方領習矩步者，委它乎其中"，李賢注："委它，行貌也。"即其例；"委隨"者，或作"委�""逶隨""褘隋""婑嫷""婑嫷""婑墮"等，《楚辭·王逸〈九思·逢尤〉》"望舊邦兮路逶隨，憂心悄兮志勤劬"，王逸注："逶隨，迂遠也。近而障隔，則與迂遠同也。'逶'一作'委'。"《列子·楊朱》："穆之後庭比房數十，皆擇稚齒婑嫷者盈之。"即其例；"委遲"者，或作"倭遲""逶遲""倭遟""逶遟""威遲""威遟"，《詩·小雅·四牡》"四牡騑騑，周道倭遲"，陸德明釋文："《韓詩》作'倭夷'"，朱熹集傳："倭遲，回遠之貌。"即其例；"委蕤"者，或作"萎蕤""威蕤""葳蕤""葳蕤"，《國語·周語下》"四曰'蕤賓'，所以安靖神人，獻酬交酢也"，韋昭注："蕤，委蕤，柔貌也。"即其例；"委麗"者，或作"逶麗""逶邐"，《漢書·司馬相如傳下》"駕應龍象輿之蠖略委麗兮，驂赤螭青虬之蚴蟉宛蜒"，顏師古注："蠖略委麗，蚴蟉宛蜒，皆其行步進止之貌也。"即其例。綜上，"委蛇""委隨""委遲""委蕤""委麗"並字異而義同，"狀物形容

---

① 段玉裁"委"字注："按，隨其所如曰委，委之則聚，故曰委輸、曰委積。"按，從、聚義實相因。

② 參見黃德寬主編《古文字譜系疏證》，商務印書館 2007 年版，第 2852 頁。

委曲婉轉，狀人形容儀態之美"①。

　　綜上，段氏既刪"委"篆注文"委隨"之"委"，又以"委隨"即"委蛇"，乃疊韻字。其注《車部》"輮，委輮也"曰"委者，委隨也。委輮者，委隨輮寫也"，乃以"委隨"連文，其說頗爲淆亂。王筠《說文解字句讀》曰："委隨，疊韻，即《詩·羔羊》之'委蛇'也。"朱駿聲《說文通訓定聲》曰："'委隨'猶'委蛇'，疊韻連語。"持論最確。王筠《說文釋例》云："'委'下云'委隨也'，疊韻連語。段氏於'委'下注'逗'字，非也。"②朱駿聲《說文段注拈誤》云："十二下'委'字，說解'委隨也'，疊韻字，段注'委'字逗，非。"確不可易。

　　其二，"蝸"字，《說文·虫部》"蝸，蝸蠃也"，朱駿聲通訓定聲："古'蝸''蠃'同訓，後人別水生可食者爲蠃，陸生不可食者爲蝸牛。"王筠句讀："上文'蠃'下既云'虒蝓也'，此又以'蝸蠃'爲名者，二字疊韻，可單可雙。"徐灝注箋："蝸之言窠也，以蟲居殼中而名之也。"《六書故·動物四》："蝸，蝸、蠃同類，其種不一，水產之別尤多。皆旋殼，弇口，大者如斗。陸生者謂之土蝸、土蠃。以其善緣，又謂附蝸、附蠃、陵蠃。以有肉角，又謂蝸牛、蠡牛。土蝸亦有蠃而不殼者，又名虒蝓。"是知此蟲單呼爲"蝸"，絫呼則爲"蝸蠃"。殼圓之蝸牛曰"蝸蠃"，實圓之苦瓜曰"果蠃"（或作"栝樓""栝蔞""苦蔞"），實圓之土瓜曰"菰蓲"（或作"苽瓟""瓡瓟""鉤瓟""薽姑"），圓形之瓜果曰"果蓏"（或作"果隋""果墮"），腹圓之土蜂曰"蜾蠃"（或作"果蠃""蝸蠃""蒲盧"）。"蝸蠃""果蠃""菰蓲""果蓏""蜾蠃"諸詞，聲近而義通，蓋屬語出同源者。故而許書"蝸"篆注文"蝸蠃"，固自成詞，未宜輕改，段氏刪字，未能了然。張舜徽《說文解字約注》曰："此蟲單名曰蝸曰蠃，連言之則曰蝸蠃。猶稱蜾蠃，稱瓜蓏，皆言其形圓耳。說解'蝸'字，非複出也。今誤稱生長水中而可食者爲螺，陸居不可食者曰蝸。二者形似，而仍有別。俗

────────────

① 張希峰：《〈毛詩〉故訓辨正》（五篇），《中國文化研究》2005 年冬之卷。

② 王筠：《說文釋例》，中華書局 1987 年版，第 300 頁。

又名爲蝸牛，常於樹木牆壁上見之。"① 可謂深明許意。

（二）

　　《說文·糸部》："終，絿絲也。（按，'絿'字恐誤，疑下文'繉'字之譌，取其相屬也。《廣韻》云：'終，極也，窮也，竟也。'其義皆當作'冬'。冬者，四時盡也，故其引申之義如此。）从糸，冬聲。"②《說文段注拈誤》："十三上'終'字，絿絲。段以爲當作'繉絲'，非是。凡絲束之則急，蓋一束也，古文則象形。"③

　　按：《說文·糸部》："絿，急也。"段氏以許書"終"篆注文"絿絲"辭意不可通，乃疑"絿絲"或爲"繉絲"（《糸部》"繉，合也"）之譌。朱駿聲《說文段注拈誤》則謂段說非是。

　　《說文·糸部》"終，絿絲也"，王筠句讀："《釋詁》：'求，終也。'《地官·牛人》'求牛'注：'求，終也。終事之牛，謂所以繹者也。'案，其義雖異，而可證求聲有終義也。"張舜徽約注："古人治絲斁，則聚束而縣之，此象縣絲之形也。金文作∩，則象兩端末有結形，蓋防其散亂也。絲已縣則治絲之事初，故引申爲一切終止之稱。許訓絿絲者，絿謂結聚之也。"王氏以"求"聲字有"終"義，說頗牽強。張氏以"絿"義"結聚"，自具卓見。

　　《說文·糸部》"絿，急也"，徐灝注箋："从求之字，如：捄，斂聚也。朹，菆椒實。梂，櫟實。皆有結聚義。絿蓋絲之糾結者，故引申之義爲急。"徐氏即聲見義，說頗精當。"求"聲之字確有"結聚"之義。例如，"捄"字，《說文·手部》："捄，盛土於梩中也。从手，求聲。"《詩·大雅·緜》"捄之陾陾"，鄭玄箋："捄，抒也。築牆者抒聚壤土，盛之以虆，而投諸版中。"是抒聚壤土而盛之於器曰"捄"；"菆"字，段注本《說

① 張舜徽：《說文解字約注》，華中師範大學出版社 2009 年版，第 3291 頁。
② 段玉裁：《說文解字注》，上海古籍出版社 1988 年版，第 647 頁。
③ 董蓮池主編：《說文解字研究文獻集成》（古代卷），作家出版社 2007 年版，第 174 頁。

文·艸部》"莍，茉、椒實，裹如裘者。从艸，求聲"，朱駿聲通訓定聲：
"其子皆聚生成房。"《爾雅·釋木》"椒、椒醜，莍"，郝懿行義疏："莍之
言裘也，芒刺鋒攢如裘自裹，故謂之莍也。"是聚裹子實之表層疣狀物曰
"莍"；"梂"字，《說文·木部》"梂，櫟實。一曰鑿首。从木，求聲"，朱
駿聲通訓定聲："梂即樣也，草斗也，其實聚生，故亦謂之莍。外有裹橐，
故謂之苞櫟矣。"《爾雅·釋木》"櫟，其實梂"，郝懿行義疏："櫟實外有
裹橐，形如彙毛，狀類毬子。"是聚生櫟木之實曰"梂"，聚裹子實之球狀
物亦曰"梂"；"裘"字，《說文·衣部》"裘，皮衣也。从衣，求聲"，張
舜徽約注："求爲裘之初文，象挈其領而毛順下之形。"是結聚獸毛之皮服
曰"裘"；"逑"字，《說文·辵部》："逑，斂聚也。从辵，求聲。"《詩·大
雅·民勞》："惠此中國，以爲民逑"，毛亨傳："逑，合也。"鄭玄箋："合，
聚也。"是聚斂、聚合曰"逑"；"毬"字，《說文新附·毛部》："毬，鞠丸
也。从毛，求聲。"是"初以毛糾結而成，後以皮爲之而中充毛羽"① 之皮
丸曰"毬"；《說文·糸部》"絿，急也。从糸，求聲"，段玉裁注："絿之
言糾也。""糾"字，《說文·糸部》"糾，繩三合也"，段玉裁注："凡交合
之謂之糾。"章炳麟《文始》七："絿訓急，則終爲纏絲急也。"是糾合纏
繞曰"絿"。"絿絲"者，聚纏絲線之義，故《說文》"終"字注文"絿絲
也"不誤。《睡虎地秦墓竹簡·封診式·經死》"旋終在項""索上終權，
再周結索"，正用"終"字本義。

又，羅本《玉篇殘卷》"終"字引《說文》曰："終，絿絲也。"《六書
故·工事七》"終"字引《說文》曰："終，絿絲也。"此爲許書"終"篆
注文本作"絿絲"之顯證。

五、正段氏之誤作訓解

段氏注解《說文》，或發明許書義例，或疏解六書意旨，或貫通文字
形義，或推闡許書義訓，觸類旁通，有獨得之功。但說雙聲多誤、說引申

---

① 黃德寬主編：《古文字譜系疏證》，商務印書館 2007 年版，第 487 頁。

偶有穿鑿、說字形牽強傅會等，亦其弊病。① 考朱氏駁正段之註說者，凡七十六例。此出二例，細作考論。

（一）

《說文·奴部》："叡，窒堅意也。（各本'深'上有'叡奴'字，宋本無'叡'有'奴'。今按，'叡'係複舉，'奴'則衍文也。凡言'意'者，'詈'下'意內言外'之意。其意爲'深堅'，其言云'叡'也。）从奴，从貝。"②《說文段注拈誤》："四下'叡'字注，段謂凡言'意'者，即'詞'字下'意內言外'之意。其意爲'深堅'，其言云'叡'。然則'意'即'詞'也，何不曰'深堅詞'乎？是不然矣。"③《說文段注拈誤》："許書'某意也'，其字要非助語之詞，與'某詞也'自別。段注捆同無別，是'意內言外'矣，殆非也。"④

按：訓詁術語"意"字，《毛傳》《鄭箋》每取之以狀形容之字。《周南·汝墳》"未見君子，惄如調飢"，毛傳："惄，飢意也。"《王風·丘中有麻》"彼留子嗟，將其來施施"，毛傳："施施，難進之意。"《鄭風·羔裘》"羔裘晏兮，三英粲兮"，鄭箋："粲，眾意。"《大雅·生民之什·卷阿》"伴奐爾游矣，優游爾休矣"，鄭箋："伴奐，自縱弛之意也。"是其例。然"意"字於《說文》中，除用狀形容字而外，亦取以言虛字。其狀形容字者，如《手部》"搜，眾意也"，段玉裁注："《魯頌·泮水》曰'束矢其搜'，傳曰'五十矢爲束。搜，眾意也。'"徐灝箋："'搜'之本義爲'搜求'，引申之義爲'聚'。毛《傳》訓'搜'爲'眾意'，'眾'亦'聚'之引申也。"如《金部》"錗，側意"，段玉裁注："錗，即今之'歪'字，唐人曰'夭邪'。"如《言部》"諰，思之意"，朱駿聲通訓定聲："按，言

①　參見將冀聘《說文段注改篆評議》，湖南教育出版社 1993 年版，第 31 頁。
①　段玉裁：《說文解字注》，上海古籍出版社 1988 年版，第 161 頁。
③　董蓮池主編：《說文解字研究文獻集成》（古代卷），作家出版社 2007 年版，第 172 頁。
④　董蓮池主編：《說文解字研究文獻集成》（古代卷），作家出版社 2007 年版，第 175 頁。

且思之意。心有所懼也。"如《欠部》"欨，笑意"，李善注《文選·嵇康〈琴賦〉》"其康樂者聞之，則欨愉歡釋，抃舞踴溢"引《說文》作："欨，笑貌也。"凡十九例①，要爲許書"意"字所用之大宗；其言虛字者，如《八部》"㒸，从意也"，段玉裁注："从，相聽也。㒸者，聽从之意。"徐灝箋："㒸者，有所因而行之之詞，今皆作'遂'。"如《欠部》"歔，言意也"，朱駿聲通訓定聲："謂將有所言而所歔然欲出也。"徐灝注箋："歔，蓋語辭。古通作'猷'，《尚書》多用'猷'，爲發聲。"僅此二例。

而訓詁術語"辭"字，毛《傳》《鄭箋》每取之以言虛字。《召南·草蟲》"亦既見止，亦既覯止，我心則降"，毛傳："止，辭也。"《周南·麟之趾》"振振公子，于嗟麟兮"，毛傳："于嗟，歎辭。"《小雅·甫田之什·頍弁》"有頍者弁，實維何期"，鄭箋："期，辭也。"《魯頌·駉之什·閟宮》"莫敢不諾，魯侯是諾"，鄭箋："諾，應辭也。"是其例。然"辭"（或"詞"）字於《說文》中，用狀虛字而外，亦取以言形容字。其狀虛字者，如《欠部》"欥，詮詞也"，徐灝注箋："詮詞者，承上文所發端詮而釋之也。"如《丂部》"寧，願詞也"，段玉裁注："其意爲'願'，則其言爲'寧'，是曰'意內言外'。"若《矢部》"矣，詞已詞也"，段玉裁注："其意'止'，其言曰'矣'，是爲'意內言外'。"如《只部》"只，語已詞"，段玉裁注："已，止也。'矣''只'皆語止之詞。"凡十八例，乃許書"辭"（或"詞"）字所用之大宗；其狀形容字者，如《白部》"魯，鈍詞也"，王筠句讀："孔注《論語》'魯，鈍也。'此加'詞'者，爲其從'白'也。"如《白部》"㿝，識詞也"，段玉裁注："此與《矢部》'知'音義皆同，故二字多通用。"如《矢部》"知，詞也"，段玉裁注："'䛐也'之上當有'識'，'知''㿝'義同。"如《人部》"侉，憊詞"，王筠句讀："'憊'今作'憊'，謂疲極之詞曰'侉'也。"如《兮部》"羳，驚辭也"，林義光《文源》："按，'羳'非詞，本訓'驚貌'；兮，稽也，稽覈而後愕然驚。經傳皆以'恂'爲之。"僅此五例。

---

① 其數未含"某意""某之意"之見於旁見說解者。

故而《說文》"意""辭"之爲用，視毛、鄭而微泛，皆可狀形容字與虛字。段氏云"有是意於內，因有是言於外謂之'詈'……从司言，此謂摹繪物狀及發聲之文字也"①，適緣此。至謂"凡全書說解，或言'詈'、或言'意'，義或錯見"②，"凡言'意'者，'詈'下'意內言外'之意"③，宜其未爲允當。許書"意""詞"之爲用，雖偶有牽掍，然各有所重，無容淆之。

朱駿聲《說文段注拈誤》曰："許書'某意也'，其字要非助語之詞，與'某詞也'自別。"大略得之。然朱氏猶以"某詞"爲專訓語助者，乃與《說文》"詞"字之用不相契合。傳注訓詁、字書訓詁自爲不同，且許書釋字亦有特質，不必因此繩彼，以今約古，乃至強許就己。

（二）

《說文·虍部》："盧，古陶器也。从豆，虍聲。（洛乎切。按，'虍'聲當在五部，而'盧''戲'轉入十六部、十七部，合音之理也。）"④《說文·戈部》："戲，三軍之偏也。一曰兵也。从戈，鬳聲。（香義切，古音蓋在十七部，讀如羲。'盧'从豆从虍，'鬳'从鬲从虍，'虍'皆謂器之飾，非聲也。）"⑤《說文段注拈誤》："十二下'戲'字，段注：'鬳''盧'皆从虍，器飾也，非聲。是矣。而'盧'字下乃曰'合韻'，矛盾。"⑥

按：《說文》"盧"篆下段氏既言"虍""盧"合音，然其注"戲"篆又以"虍"非"盧"字之聲，說頗淆亂。朱氏《說文段注拈誤》則以"盧"字不从虍聲。

---

① 語見《說文·司部》"詞"字注。
② 語見《說文·八部》"余"字注。
③ 語見《說文·叔部》"尗"字注。
④ 段玉裁：《說文解字注》，上海古籍出版社1988年版，第208頁。
⑤ 段玉裁：《說文解字注》，上海古籍出版社1988年版，第630頁。
⑥ 董蓮池主編：《說文解字研究文獻集成》（古代卷），作家出版社2007年版，第175頁。

今按，當以段氏“合音”說爲是。古音魚、歌二部之字每多互諧通借，特舉數例以證之。《說文·奢部》：“奢，張也。从大，者聲。……奓，籀文。”“者”聲古音在魚部，“多”聲古音在歌部，此魚、歌二部相轉；《六書音均表·詩經韻分十七部表》弟十七部：“虧，虖聲字，蓋在弟五部。屈賦《離騷》以韻‘離’字，《天問》以韻‘加’字，蓋古合韻。”“虖”聲古音在魚部，“離”“加”古音在“歌”部，亦魚、歌二部之轉；“馬王堆帛書《六十四卦》有箇卦，初六、九二、九三、六四爻辭‘榦父之箇’‘榦母之箇’。箇今通行本及漢石經本皆作蠱。”①“箇”字古音隸見母歌部，“蠱”字古音隸見母魚部，歌、魚二部通轉；《上海博物館藏戰國楚竹書一·孔子詩論》：“《兔虘》丌甬人則虘取。”《毛詩》“兔虘”作“兔罝”。②“虘”字古音隸從母歌部③，“罝”字古音隸精母魚部，亦魚、歌通轉者。此不費辭。職是，“虘”字（歌部）从“虍”（魚部）聲，殆無可疑。

段氏既云“虘”“虍”二字合音，又以“虘”字不从虍聲，游移其詞。朱氏謂段說“矛盾”，所疑是，然以“虘”字不从虍聲，則未臻至當。考其《說文通訓定聲·豫部》，並收“虍”“虘”“戲”諸字，又以爲“虘”字从虍聲，自相矛盾，未知其審。

第三節　朱駿聲諟正段氏《說文注》失誤例說

朱駿聲之治段氏《說文注》，要以宗段爲主，然亦有釐正之善。其不妄立異，亦未敢苟同，每得許書精奧之所在。然朱氏不得其怡處，良爲不免。其《說文段注拈誤》曰：“段于象形、指事之別，不甚了了，頗多相掍處。”④恐過甚其辭。至云：“經韻樓《說文注》，其佳處之犖犖大者，謂

---

① 王輝編著：《古文字通假字典》，中華書局 2008 年版，第 70 頁。
② 王輝編著：《古文字通假字典》，中華書局 2008 年版，第 114 頁。
③ 此取王輝說。
④ 董蓮池主編：《說文解字研究文獻集成》（古代卷），作家出版社 2007 年版，第 175 頁。

許書有引經釋會意之恉，有引經釋叚借之例，持論冣確，可謂卓識。其冣繆者，合韻之說也。"① 則失之甚矣。

考朱氏致誤之由，要爲不明義例而誤、浪爲假借而誤、疏於韻轉而誤、囿於省聲而誤數端。本書其下爲舉數例，詳作考論。

一、不明義例而誤例

《說文》制作之意，許氏著述之體，段氏《說文注》曉暢融通，實有發蒙解滯之善。而朱氏偶疏於許書釋字之例，閒有差忒。例如：

> 《說文·㸚部》："爽，明也。从㸚大。䕺，篆文爽。(此字淺人竄補，當刪。'爽'之作'䕺'，'㸚'之作'䖻'，皆隸書改篆，取其可觀耳。淺人補入《說文》，云此爲小篆。从㸚既同，何不先篆後古籀乎！凡若此等，不可不辨。)"② 《說文段注拈誤》："三下'爽'字重文'䕺'。段曰：淺人竄補，當刪。按，'篆文'當作'籀文'，字之譌耳。蓋从籀文'大'，其上挍小篆多'入'，猶'爾'之从门也。《畾部》'爽'重文'䕺'同。"③

按：《說文》"爽"下重文"䕺"字，段氏謂乃淺人所增，朱氏以其爲籀文，皆以"爽"字爲篆文，且今本《說文》有誤。然則段、朱二說皆恐未安，細爲考辨如下：

"爽"字，其出也早，金文作"𤕦"(《卯其卣》)、作"𤕦"(《班簋》)、或作"𤕦"(《散盤》)，象人雙手持物之形。然戰國秦文字有作"𤕦""𤕦"(《中國歷代璽印集粹》)者，其形訛从"夫"，且與"爽"字篆文"𤕦"形似，殆爲許書小篆所本。唐刻篆書《碧落碑》作"𤕦"("幽契霜爽")，元刻篆書《鼇屋樓觀道德經碑》作"𤕦"("五味令人口爽")，其字俱从

---

① 董蓮池主編：《說文解字研究文獻集成》(古代卷)，作家出版社 2007 年版，第 174 頁。
② 段玉裁：《說文解字注》，上海古籍出版社 1988 年版，第 129 頁。
③ 董蓮池主編：《說文解字研究文獻集成》(古代卷)，作家出版社 2007 年版，第 172 頁。

"夫"。是今本《説文》取"爽"爲"奭"字篆文，誠爲不誤。《説文》"奭"字，從大，從皕，體勢切與"爽"字逼似，而義訓則不言"奭，篆文奭"，段氏或執此以律"爽"字説解，故云"爽，篆文爽"乃後人所增。然考之古文字形，"奭"字，戰國楚文字作""（《上海博物館藏戰國楚竹書一·緇衣》）、或作""（《郭店楚墓竹簡·緇衣》），字從"大"作；而秦文字作""（《八年相邦呂不韋戈》）、或作""（《秦印文字彙編》），則從"夫"作。今許書"奭"字篆文作""，殆本之楚文而不本秦文，是與"爽"字篆文""取之秦文者絶異。許書篆文根源不一，不必強求一律。此徵之古文字形明之者一。

《六書故·數》"爽"字注引《説文》云"明也。從炎，從大。爽，篆文"、《慧琳音義》卷九十六"爽塏"注引《説文》云"爽①，明也。從炎，從大。篆文作'爽'"，説皆與今本許書同。此徵之字書明之者二。

段氏曰："（'爽''爽'）從'炎'既同，何不先篆後古籀乎？"是因許書列字次第致疑。段注《説文·叙》"今叙篆文，合以古籀"曰："篆文謂小篆也，古籀謂古文籀文也。許重復古而其體例不先古文籀文者，欲人由近以攷古也。小篆因古籀而不變者多，故先篆文正所以説古籀也。隸書則去古籀遠，難以推尋，故必先小篆也。其有小篆已改古籀、古籀異於小篆者，則以古籀附小篆之後，曰'古文作某''籀文作某'，此全書之通例也。其變例則先古籀後小篆，如一篇'二'下云'古文上''丅'下云'篆文二'。先古文而後篆文者，以'旁''帝'字從'二'，必立《二部》使其屬有所從。凡全書有先古籀後小篆者，皆由部首之故也。"② 其云《説文》以小篆爲質，以古文爲附見，大體得之，然謂先古籀後小篆皆由部首故，則非情實之論。今觀其變例者，"其有一部分之文，皆從古文之形，不從小篆之形，則不得不列古文爲部首矣。"③ 如《二部》"二，高也。……

---

① 字既從"大"，則正篆當作"爽"。

② 段玉裁：《説文解字注》，上海古籍出版社1988年版，第763頁。

③ 龔自珍：《最錄段先生定本許氏説文》，載董蓮池主編《説文解字研究文獻集成》（古代卷），作家出版社2007年版，第539頁。

丄，篆文上"①，屬字"帝""旁"皆从古文"二"，不从篆文"丄"，因以古文"二"爲部首。再如《呂部》"呂，脊骨也。……膂，篆文呂，从肉，旅聲"，屬字"躳"从古文"呂"，不从篆文"膂"，故以古文"呂"爲部首。此其一類；"又有古文之所從隸於部首，篆文之所從不隸部首，則不得不先列古文矣。"②如《敎部》"斆，覺悟也。从敎，从冂……學，篆文斆省"，段玉裁注："此（學）爲篆文，則'斆'古文也。"古文"斆"之所從隸於部首"敎"，篆文"學"之所从不隸於部首。再如《矢部》"躲，弓弩發於身而中於遠也。从矢，从身。射，篆文躲从寸"，古文"躲"之所從隸於部首"矢"，篆文"射"之所從不隸於部首。此其二類；別有"據形繫聯"，因蒙前後字而先列古文者，如《二部》"二，底也。从反二爲二。丅，篆文下"③，古文"二"因與部首"二"形義相成而列於篆文之前也。再如《く部》"く，水小流也。……畎，篆文く，從田，犬聲"，古文"く"字因相承部首"〈〈""川"而列於篆文之前。此其三類；亦有古文、篆文之所從皆隸於部首，然因勢不得不首出古文者，如《木部》"桼，槎識也。从木、冰。闕。……栞，篆文从开"，段玉裁注："蓋壁中古文作'桼'，今文《尚書》作'栞'。"古文"桼"、篆文"栞"所從皆隸於部首，然許氏推重古文經，是首出古文。再如《焱部》"爽，明也。从焱大。㸑，篆文爽"，古文"爽"、篆文"㸑"所從皆隸於部首，然篆文字形有訛，難於說釋，故首出古文。此其四類。上言四事而外，《說文》先古籀後篆文者，容有他端，要爲傳鈔錯謁而偶成，故不爲專列。此徵之許書釋字之例明之者三。

綜此三事，乃知今本《說文》"爽"字義訓自爲不誣。段、朱二氏不察許書釋字之體，以意刪改，當屬草率。

---

① 此依段注本《說文》。
② 龔自珍：《最錄段先生定本許氏說文》，載董蓮池主編《說文解字研究文獻集成》（古代卷），作家出版社 2007 年版，第 539 頁。
③ 此依段注本《說文》。

二、浪爲假借而誤例

朱氏言假借之原有三：後有正字先無正字者，本有正字偶書他字之假借，承用已久習訛不改廢其正字嫥用別字者；言叚借之例有四：同音者，疊韻者，雙聲者，合音者；言叚借之用有八：同聲通寫字、託名幖識字、單辭形況字、重言形況字、疊韻連語、雙聲連語、助語之詞、發聲之詞。① 是假借之體至朱氏而尤備。然朱氏好言假借而妄事穿鑿者，閒或有之。例如：

> 《說文·广部》："庌，卻屋也。（卻屋者，謂開拓其屋使廣也，與上'屋迫'成反對。《廣韻》引作'卻行也'，非是。卻屋之義引伸之爲庌逐、爲充庌，《魏都賦》注引《倉頡》曰'庌，廣也。'又引伸爲指庌。《穀梁·僖五年傳》曰'目晉矦庌殺'，是也。）从广，庌聲。"② 《說文段注拈誤》："九下'庌'字，卻屋也。段注：開拓其屋。非是。'卻'蓋'臮''隙'之借字，猶空也，猶閒田之閒也，引申爲庌逐、充庌、指庌。"③

按：《說文·卩部》"卻，卩卻也"④，段玉裁注："卩卻者，節制而卻退之。"經籍每借作"隙"（《說文·自部》"壁際也"）字，《莊子·知北遊》"若白駒之過卻"、《莊子·德充符》"使日夜無卻"、《史記·項羽本紀》"夫將軍居外久，多內卻，有功亦誅，無功亦誅"是其例。《說文》"庌"字，義訓"卻屋"，朱氏亦以其爲"隙屋"之所借。然即"空屋"之義殊嫌支離牽強，文獻未見"庌"字所用有如是者。且況許書自有"隙"字，不必復假"卻"字以記之，是朱氏意揣其所當然。《說文通訓定聲》"庌"字注又云："今字作'庌'，謂卻退其屋不居。按，《一切經音義》廿二引《說

① 參見朱駿聲《說文通訓定聲》，中華書局 1984 年版，第 12—13 頁。
② 段玉裁：《說文解字注》，上海古籍出版社 1988 年版，第 446 頁。
③ 董蓮池主編：《說文解字研究文獻集成》（古代卷），作家出版社 2007 年版，第 173 頁。
④ 此據段注本《說文》。

文》作‘卸屋’，是也。”既依“卻”字本義解字，又以“卻”乃“卸”字之訛，其說淆亂若此。

王筠《說文解字句讀》亦因《玄應音義》易許書義訓爲“卸屋”，并注曰“卸者，舍車解馬也。而凡有的舍、有所解皆偁之。茸屋既蔽，斥去其舊艸，將更茨以新艸也。瓦屋既敝，斥去其破瓦，將更易以新瓦也。因而凡卻退之詞皆曰‘斥’”，極力助成其說。然驗之《慧琳音義》，其卷十五“擯庌”注、卷八十二“庌逐”注並引《說文》曰“却屋也”，卷六十“擯庌”注則引爲“却也”。執此以觀，玄應所引許書“卸屋”者，則頗可疑。王氏之說亦恐未然。

今按，“斥”字自有“拓廣”之義，《史記·貨殖列傳》“塞之斥也”司馬貞索隱“開也”、《史記·司馬相如傳》“關益斥”司馬貞索隱引張揖曰“廣也”、《漢書·司馬相如傳下》“邊關益斥”顏師古注“開廣也”，率其例。《六書故·工事一》亦曰：“庌，昌石切。拓廣之也。”是段氏執“開拓其屋”以釋“斥”字，自當合於理實。唯所言簡略，故徐灝箋曰：“《史記·司馬相如傳》‘關益斥’，索隱引張揖曰：‘斥，廣也’。《左氏襄三十一年傳》：‘寇盜充斥。’蓋充益廣遠之謂。……引申爲推而遠之之偁，故有斥棄、罷斥之義。凡拓而廣之、斥而棄之，必有所指目也，故謂之指斥，又爲斥候、斥鹵。《左氏襄十八年傳》‘斥山澤之險’，杜注：‘斥，候也。’蓋拓地而守之謂之斥候，後別置‘堠’字以爲燧堠之名。斥鹵則‘潟鹵’之假借也。”至爲辨覈。

“卻”字義本“後卻”，然於許書“斥”下解作“拓廣”，今言四事以明此。《漢書·主父偃傳》：“秦皇帝不聽，遂使蒙恬將兵而攻胡，卻地千里，以河爲境。”《史記·平津侯主父列傳》敘此事曰：“欲肆威海外，乃使蒙恬將兵以北攻胡，辟地進境，戍於北河，蜚芻輓粟以隨其後。”二書“卻地”“辟地”對文；又，桓寬《鹽鐵論·伐功》：“燕襲走東胡，辟地千里，度遼東而攻朝鮮。”《後漢書·光武帝紀》：“南單于遣使詣闕貢獻，奉蕃稱臣。又遣其左賢王擊破北匈奴，卻地千里。”參照比觀，知“辟地”“卻地”兩詞，俱言拓廣土地事。如執之以律許書“卻屋”之語，則段說"開拓其屋使廣",良爲不誣。此其一;"卻"字自以"退卻"爲本義,如《戰國策·秦策一》"棄甲兵,怒戰慄而卻"者是,活用而有"使退"之義,如《史記·樊酈滕列傳》"(樊噲)西至酈,以卻敵,斬首二十四級,捕虜四十人,賜重封"者是。彼退則此進,"卻"字復引申而有"增進"之義。此概義之相反爲用者,如"亂"之訓"治","徂"之訓"存","曩"之訓"㬪","故"之訓"今","反覆旁通,美惡不嫌同名"①。"斥"字義"拓"而以"卻"爲訓,略可推之。《漢書·東方朔傳》"斥而營之,垣而囿之",顏師古注:"斥,卻也。""斥而營之",言開廣而經營之,王念孫《讀書雜志》謂顏注非是,且讀"斥"字爲"度",恐不必。此其二;《慧琳音義》卷十五"擴庲"注:"許叔重注《淮南子》云:'庲,拓也。《說文》:却屋也。從广,屰聲。'"② 或爲許意"卻屋"義"拓屋"之明證。此其三;"屰"字,本象倒人之形,《說文·干部》:"屰,不順也。"故"屰"聲之字每有"逆反""逢迎"之義。例如,"逆"字,《說文·辵部》"逆,迎也。從辵,屰聲",朱駿聲通訓定聲:"凡迎接則與來者相向,即相逆反,故引申爲逆反義。"是迎逢曰"逆",逆反亦曰"逆";"溯"字,《說文·水部》:"溯,逆流而上曰溯洄。溯,向也。水欲下違之而上也。從水,㳮聲。遡,溯或從朔。"是逆水而上曰"溯",《文選·張衡〈東京賦〉》:"審曲面勢,溯洛背河,左伊右瀍。"引申則迎、向亦曰"溯";"朔"字,《說文·月部》"朔,月一日始蘇也。從月,屰聲",朱駿聲通訓定聲:"月行二十九日有奇,屰退就日而與日會,從月從屰會意,屰亦聲。凡月與日同經度不同緯度則爲合朔。"是農曆每月初一日曰"朔",朔日迎逢晦日,月之明暗相反;"愬"字,《說文·言部》"愬,告也。從言,㳮聲。謵,愬或從言朔。愬,愬或從心朔",《古文字譜系疏證》曰:"訴則多爲陳述往事及其緣由或是下級向上級陳詞,故亦含有逆義。"③ 是回溯往

---

① 語見《爾雅·釋詁》"徂,存也"下郭璞注。

② 此句句讀或爲:"許叔重注《淮南子》云:'庲,拓也。'《說文》:'却屋也。從广,屰聲。'"按,"拓"之與"却屋",遞順爲說,其義亦當貫涉。

③ 黃德寬主編:《古文字譜系疏證》,商務印書館 2007 年版,第 1448 頁。

事、迎上陳詞曰"讛"；"舂"字，《說文·臼部》："舂，齊謂舂曰舂。從臼，㞢聲。"是以杵迎、逆擣之曰"舂"；而"庲"字，《說文·广部》云"卻屋也"，段玉裁注："卻屋者，謂開拓其屋使廣也。"徐灝箋："引伸爲推而遠之之偁，故有斥棄、罷斥之義。"是開拓曰"庲"，摒斥亦曰"庲"。"逆""庲"諸字當受義同源。此其四。

綜上所論，段氏解"卻屋"作"開拓其屋使廣也"，確爲不誤。朱氏《說文通訓定聲》解"斥"字爲"卻退其屋"，又以其"廣拓"義乃"庳"字之借，辨之殊未審。

三、疏於韻轉而誤例

"（朱駿聲）蓋取許君《說文》九千餘文，類而區之，以聲爲經，以形爲緯，而訓詁則加詳焉。分爲十八部，如'頤''解''履'部別'之''支''脂'爲三，'孚''小'部別'幽''宵'爲二，'需''豫'部別'侯'于'幽'復別于'魚'，大抵從戀堂先生爲多。若別'霽''質'于'真'，而爲'泰'部，入聲以'屋燭'承'侯'爲'需'部，又參酌于懷祖先生之說。學博于斯學，洵薈萃眾說，而得其精。"① 然朱氏狃於十八部畛域，而未明古韻通轉遂致誤下偏論者，偶或有之。例如：

《說文·見部》："覒，病人視也。從見，民聲。讀若迷。（按，各本篆作'覛'，解作'氐聲'。氐聲則應讀若低，與'讀若迷'不協。玫《廣韻·十二齊》曰：'覒，病人視皃。'《集韻》曰：'覒、覛二同。'《類篇》曰：'覒、覛二同。'《集韻》《類篇》'覒'又民堅切，訓'病視'。蓋古本作'覒'，民聲；讀若眠者，其音變，讀若迷者，雙聲合音也。唐人諱'民'，偏旁省一畫，多似'氐'字，始作'覛'，繼又譌作'覛'，乃至正譌並存矣。今改從正體。莫今切，

---

① 語見朱駿聲《說文通訓定聲·序》。

古音在十一部。)"①《說文段注拈誤》:"八下'䁈'字,段謂各本篆作
'䁈',从氏聲,則應讀若低,與說解'讀若迷'不協。段依《廣韻》
作'䁈',且云,唐人諱'民'作'氏',又誤'氏'耳。按,讀若
迷,正當作'氏'旁,'氏''米'同部。凡形聲字,但取疊韻不取雙
聲者,大半皆是,何于此字獨斷爲必取雙聲而不疊韻之'民'乎?"②

按:《說文》"䁈"篆,字从氏聲而讀若迷,"氏""迷"二字古音同在
十五部,然聲紐遠隔。故段氏據《廣韻》改字从民聲,則"民""迷"二
字聲同韻通,其音自協。

段注本《說文·見部》"䁈,病人視也",鈕樹玉訂:"按,'䁈'讀
若迷,必非民聲之字。《廣韻》作'䁈',葢傳寫譌,而《集韻》《類篇》
承之也。《玉篇》有'䁈'無'䁈'。"徐承慶匡謬:"按,《玉篇》:'䁈,
莫奚切,病人視。'《廣韻》作'䁈',莫奚切。其字列於'迷'下,與
《玉篇》音同,而从氏、从民異。《玉篇》本《說文》,則'䁈'爲正字,
'氏''迷'同入齊韻,讀若迷,正諧聲字,非从氏止可讀低也。唐人諱
'民',缺末筆,偏旁从民者,改从氏。何獨'䁈'字轉輾致譌?其說不
確。"皆以段氏改篆爲非。

徐灝《說文解字注箋》:"段說是也。《大雅·桑柔篇》'多我覯痻',
鄭云'痻,病也。''痻'訓爲'病',則病人視謂之'䁈',正足相證。《淮
南·原道訓》'漠睧於勢利','睧'从目从昏,與此略同。"蔣冀騁《說文
段注改篆評議》曰:"段改是。……是䁈爲病人昏迷時的朦朧視覺,以聲
義關係言之,明母字多表示黑暗或與黑暗有關的概念,如暮、昧、霾等,
病人視之䁈以民爲聲,正與明母字表黑暗意義這一理論相符。"③則以段氏
改篆爲得。

今按,金文"䁈"(《何尊》)、《侯馬盟書》"䁈"(或"䁈""䁈")、《溫

① 段玉裁:《說文解字注》,上海古籍出版社1988年版,第409頁。
② 董蓮池主編:《說文解字研究文獻集成》(古代卷),作家出版社2007年版,第173頁。
③ 蔣冀騁:《說文段注改篆評議》,湖南教育出版社1993年版,第56頁。

縣盟書》"𥄎"（或"𥄗"）諸字，从見，从氏（或从氐），說者每以"視"字釋之。《說文·見部》："視，瞻也。……眂，亦古文視。"按，从目猶从見，是"𥄎""𥄗""眂"率皆"視"字。① 據此以觀，"病人視"義之"睍"、"瞻"義之"睍"，判然屬二字。此徵之古文字形明之者一。

"民"字，甲文作"𠂤"（《甲骨文合集·一三六二九》），西周金文作"𠂤"（《大盂鼎》），象銳器刺目之形。春秋金文作"𠂤"（《克鼎》）、或作"𠂤"（《秦公簋》），所从目形左側豎筆右延而成弧形，體勢遂與"氏"字微似②。此"氏""民"形似易淆之證一；"昏"字，甲文作"𠂤"（《甲骨文合集·二九二七二》），戰國楚文字作"𠂤"（《郭店楚墓竹簡·老子甲三〇》），秦文字則作"𠂤"（《睡虎地秦墓竹簡·日乙一五六》），所从之"氏"已譌从"民"作（是簡"民"作"𠂤"，从"昏"之"緡"作"𠂤"，从"氏"之"紙"作"𠂤"，可證）。《說文·日部》"昏，日冥也。从日，氏省。氏者，下也。一曰民聲"，言"昏"字从"氏"或从"民"。此"氏""民"形似易淆之證二。職是，"睍"从"民"而譌从"氏"，於理正合。此徵之古字衍變明之者二。

"民"聲之字每有"迷亂不明"之義。例如，"泯"字，《說文新附·水部》："泯，滅也。"《呂氏春秋·慎大》："眾庶泯泯，皆有遠志，莫敢直言，其生若驚。"《玉篇·水部》："泯，滅也。又泯泯，亂也。"《書·康誥》"天惟與我民彝大泯亂"，王引之經義述聞："泯亦亂也。"是混亂不明謂之"泯"；"惽"字，《說文·心部》"惽，恢也"，徐鍇繫傳："亂也。"朱駿聲通訓定聲："《詩·民勞》'以謹惽恢'，傳：'惽恢，大亂也。'"《玉篇·心部》："惽，悶也。不明也。"《集韻·魂韻》："惽，或作惛。"《孟子·梁惠王上》"王曰：'吾惽，不能進於是矣'"，趙岐注："王言，我情思惽亂，不能進行此仁政。"是迷亂不清謂之"惽"；"昏"字，《說文·日部》"昏，日冥也。从日，氏省。……一曰民聲"，朱駿聲通訓定

---

① 參見高明主編《古文字類編》，上海古籍出版社 2008 年版，第 1145 頁。

② "氏"字，金文作"𠂤"（《乎簋》），或作"𠂤"（《何尊》）。

聲：“《淮南·天文》：‘日至於虞淵是爲黃昏，日至於蒙谷是謂定昏。’”《玉篇·日部》：“昏，同昏。”《書·多方》“有夏誕厥逸，不肯慼言于民，乃大淫昏，不克終日勸于帝之迪”，僞孔安國傳：“言桀乃大爲過昏之行，不能終日勸於天之道。”黃昏則日暗不明，故引申而有“昏亂”“迷亂”義。是黃昏曰“昏”，昏亂不明亦曰“昏”；“蟲”字，《說文·䖵部》“蟲，齧人飛蟲。从䖵，民聲。蟲，蟲或从昏，以昏時出也”，段玉裁注：“說會意之旨，而形聲在其中。”黃昏則不明，是昏時而出蟲曰“蟲”；“睧”字，《說文·見部》“睧，病人視也”，張舜徽約注：“病人神智不清，視人與物，恒惘亂不能辨是非，故許云‘病人視也’。今俗稱人病重而目失其用者，爲昏迷不醒。”徐灝注箋：“《大雅·桑柔篇》‘多我覯痻’，鄭云‘痻，病也。’‘痻’訓爲‘病’，則病人視謂之‘睧’，正足相證。《淮南·原道訓》‘漠睧於勢利’，‘睧’从目从昏，與此略同。”是神智迷亂而視物不清曰“睧”。“睧”“痻”“睧”並音近而義通者。此徵之音義關係明之者三。

　　項跋本《刊謬補缺切韻·齊韻》：“睧，病人視。”“睧”缺筆而爲“睧”，蓋如段氏所言唐人避諱所爲。日本釋空海撰《篆隸萬象名義·見部》：“睧，莫奚反。迷病人視。”遼釋行均撰《龍龕手鏡·見部》：“睧，音迷，病人視兒也。”日人、遼人不避唐人諱，是字猶从“民”作。此徵之字書、韻書明之者四。

　　上言四事略可證段說之不誤。朱氏云“何于此字獨斷爲必取雙聲而不疊韻之‘民’”，以“迷”（古音在明母脂部）、“民”（古音在明母真部）雙聲而非疊韻。然則脂、真二部自可對轉，“迷”“民”實乃聲同韻通者。朱氏疏於韻部之轉合，故有此論。其《說文通訓定聲》“睧”字注曰“（睧）亦作‘睧’”，游移其詞，拘墟成說，尚未諦審。

　　四、囿於省聲而誤例

　　段玉裁曰：“凡字有不知省聲，則昧其形聲者，如‘融’‘蠅’之類是。"① "許書言'省聲',多有可疑者,取一偏旁,不載全字,指爲某字之省,若'家'之爲豭省,'哭'之從獄省,皆不可信。"② 王力曰:"我們以爲'省聲'之說常常是主觀臆測的結果,段玉裁批評許慎的話是對的。"③ 何九盈曰:"段玉裁一面批評許書省聲多不可信,一面又在製造不可信的省聲,朱駿聲更是濫用省聲的典型。"④ 朱氏囿於《說文》省聲之說乃致誤下偏論者多見。例如:

　　《說文·風部》:"飍,北風謂之飍。(《爾雅》:'南風謂之凱風,東風謂之谷風,北風謂之涼風,西風謂之泰風。'……陸氏《爾雅音義》曰:'涼本或作飍。'許所據《爾雅》同或作本。)從風,京聲。(各本作'涼省聲',俗人所改。'涼''輬''醇'皆京聲,今正。呂張切,十部。)"⑤《說文段注拈誤》:"十三下'飍'字,段改各本'涼省聲'爲'京聲',非也。凡形聲兼會意之字,不得專取聲。"⑥

　　按:《說文·水部》"涼"字、《車部》"輬"字、《酉部》"醇"字皆從京聲,唯《風部》"飍"字從涼省聲。段氏以爲"飍"字亦當從京聲,許書各本"涼省聲"爲俗人所改。朱駿聲《說文段注拈誤》曰:"段改各本'涼省聲'爲'京聲',非也。"以段氏改"京聲"爲誤。然其《說文解字通訓定聲》曰:"飍,北風謂之飍。從風,涼省聲。按:京聲。此字實即'涼'字之轉注。《詩》:'北風其涼。'《爾雅》《淮南》《春秋考異郵》皆只作'涼'。《廣雅·釋詁四》:'飇,風也。'始見張書。"又以"飍"從"京聲"爲得,說自矛盾。

　　《說文·風部》"飍,北風謂之飍。從風,涼省聲",王筠句讀:"《詩》

① 語見段氏《說文·示部》"齋"字注。
② 語見段氏《說文·哭部》"哭"字注。
③ 王力:《中國語言學史》,山西人民出版社1981年版,第130頁。
④ 何九盈:《語言叢稿》,中華書局2006年版,第162頁。
⑤ 段玉裁:《說文解字注》,上海古籍出版社1988年版,第677頁。
⑥ 董蓮池主編:《說文解字研究文獻集成》(古代卷),作家出版社2007年版,第174頁。

曰：'北風其涼。'涼者，古文通用字也。飇者，小篆專用字也。故云'涼
省聲'以關之。陸氏以'飇'爲古，不知'涼'之尤古也。"據王氏說，
古"薄""寒"諸義通用"涼"字，"飇"爲"北風"義後起專用字，許書
此云"省聲"，乃以省聲偏旁"涼"字關通本篆之"飇"，聲兼意也。然
《說文》"省聲"之論多不可信，姚孝遂云："然而，《說文》凡言'省聲'，
十之七八是不可靠的。這可能有兩種情況：一是許慎的誤解，一是後人所
羼入。"① 所言甚是。裘錫圭亦以《說文》省聲之說多誤，且將其訛誤分爲
三類：一、錯析字形；二、把一般的聲旁認作經省略的聲旁；三、把從甲
字省聲的字說成從乙字省聲。② 此按，"飇"字本從"京聲"，《說文》說
此字"從涼省聲"，其誤當屬第二類。《說文》"省聲"之例，本書第四章
第三節"拘執省聲委曲疏通而誤例"條辨之甚詳，此不贅述。

再以聲義關係明之。"京"聲字亦有"寒涼"之義，"京聲可載寒涼
義，'寒'可證之。京：見紐陽部；寒：匣紐元部。見匣旁紐，陽元通轉。
'寒'，寒冷。《說文·宀部》：'寒，凍也。从人在宀下，以茻薦覆之，下
有仌。"③ 例如，"涼"字，《說文·水部》"涼，薄也。从水，京聲"，朱駿
聲通訓定聲："薄寒也。……《字林》：'涼，微寒也。'按，冰之性爲寒，
水之性爲涼。"是薄寒謂之"涼"；"輬"字，《說文·車部》"輬，臥車也。
从車，京聲"，段玉裁注："《史記》作'涼'。"《王力古漢語字典》曰："輬
車是因開有窗戶通風，行車途中比較涼快而得名。'輬''涼'同源，輬是
後起專用字。"④ 是可通涼風之車謂之"輬"；"醇"字，《說文·酉部》："醇，
雜味也。从酉，京聲"，段玉裁注："《周禮·漿人》'六飲'，鄭司農云：
'涼，以水和酒也。'玄謂：'涼，今寒粥，若糗飯襍水也。'……按，許
作'醇'，即《周官》《內則》之'涼'字也。襍味者，即以諸和水說也。"
是其味寒薄之漿水曰"醇"；"飇"字，《說文·風部》"飇，北風謂之飇。

---

① 姚孝遂：《許慎與〈說文解字〉》（精校本），作家出版社 2008 年版，第 47 頁。
② 參見裘錫圭《文字學概要》（修訂本），商務印書館 2013 年版，第 159 頁。
③ 殷寄明：《漢語同源詞大典》，復旦大學出版社 2018 年版，第 897 頁。
④ 王力主編：《王力古漢語字典》，中華書局 2000 年版，第 1400 頁。

从風，涼省聲”，張舜徽約注曰：“从風之‘飇’，蓋後起專字，故經傳皆作‘涼’，不作‘飇’。涼，薄也。北風吹人削薄而寒，故稱涼風耳。此篆當云‘从風，京聲’，不當云‘涼省聲’，‘涼’亦从京聲也。”此論深明許意。

朱駿聲《說文段注拈誤》云：“凡形聲兼會意之字，不得專取聲。”即聲見義，“飇”篆亦不必訓以“涼省聲”。段氏校“飇”字从京聲，不拘成說，明辨是非。朱氏囿於許書“省聲”之說，乃以段說非是，實有株守之蔽。

五、闇於合韻而誤例

“合韻”之語，顏師古注《漢書》首用之，如《列傳·敘傳》“漢之宗廟，叔孫是謨，革自孝元，諸儒變度”注“謨，謀也，合韻音‘慕’”、《列傳·賈誼傳》“斡流而遷，或推而還。形氣轉續，變化而嬗”注“(嬗)此即‘禪’代字，合韻故音‘嬋’耳”者是。江永曰：“叶韻，六朝人謂之‘協句’，顏師古注《漢書》謂之‘合韻’。”[1] 是顏氏所謂“合韻”者，乃以求押韻而臨時變讀韻字；段氏《六書音均表·詩經韻分十七部表》曰：“凡與今韻異部者，古本音也。其於古本音有齟齬不合者，古合韻也。”[2] 吳省欽《〈六書音均表〉序》曰：“古與今異部是爲古本音。……古與古異部而合用之，是爲古合韻。”[3] 是段氏所言“合韻”者，則爲鄰韻之通諧，實不必改讀韻字。段玉裁《答江晉三論韻》曰：“但‘合韻’之說，淺人以今與古不合而名之，僕則以古與古不合而名之。”[4] 適言“叶韻”“合韻”二者之所別。朱氏《說文段注拈誤》曰“合韻之況亦何殊于叶韻乎”，其“叶韻”“合韻”一體論之，殊屬大謬。例如：

---

① 語見江永《古韻標準·例言》。
② 段玉裁：《說文解字注》，上海古籍出版社 1988 年版，第 834 頁。
③ 段玉裁：《說文解字注》，上海古籍出版社 1988 年版，第 802 頁。
④ 段玉裁：《經韻樓集》，鳳凰出版社 2010 年版，第 121 頁。

《說文·水部》："漢，漾也。東爲滄浪水。从水，難省聲。（按，'鸂''難''嘆'字从堇聲，則'漢'下亦云'堇聲'是矣，'難省聲'，蓋淺人所改，不知文殷元寒合韻之理也。呼旰切，十四部。）"①

《說文段注拈誤》："十一上'漢'字，段以'難省聲'爲淺人所改，不知合韻之理。夫古人並無韻書，隨其方言，因其時讀。本無不諧，無所爲合。合韻之况亦何殊于叶韻乎？經韻樓《說文注》，其佳處之犖犖大者，謂許書有引經釋會意之恉，有引經釋叚借之例，持論最確，可謂卓識。其最繆者，合韻之說也。不知古本有兩讀之字，或以地，或以時，不必勞同。能攷其時代之轉移，方言之殊轍，疏而證之，斯爲顯耳，僕有願未逮也。"②

按：段氏謂"漢"字从堇聲，得之。"堇"字，上古音屬文部，而"漢"字，上古音隸元部，十三部（文部）、十四部（元部）旁轉韻通。然《口部》"嘆，吞歎也。从口，歎省聲"、《欠部》"歎，吟也。从欠，鸂省聲"、《火部》"熯，乾皃。从火，漢省聲"，皆當取"堇"爲聲，惜段氏未能明言。而《說文》"漢"字，朱氏《說文通訓定聲》直易"難省聲"作"嘆省聲"，則頗嫌武斷。朱氏《說文段注拈誤》更以段之"合韻"說最繆，且並"合韻""叶韻"牽混爲一，宜其失之甚歟！

時賢言及段氏"合韻"說者，每依《六書音均表·古十七部合用類分表》探其真質，每據《六書音均表·詩經韻分十七部表》《六書音均表·羣經韻分十七部表》得其韻例。然於《說文注》之關涉"合韻"者，多所未及。然即《說文注》出之《音均表》後，若遍取其例，條分縷析，參照比觀，推闡發明，則段之"合韻"說愈明，其古韻部分之原委底蘊亦可窺覽。其下別以五目論之：

其一，《說文注》標識"合韻"之類別。

---

① 段玉裁：《說文解字注》，上海古籍出版社 1988 年版，第 522 頁。
② 董蓮池主編：《說文解字研究文獻集成》（古代卷），作家出版社 2007 年版，第 174 頁。

徑註"合韻"者，凡八十九例，如《習部》"習，數飛也。从羽，白聲"，段玉裁注："按，此合韻也。"言"習"（緝部）、"白"（質部）古韻合。如《目部》"睼，迎視也。从目，是聲。讀若'珥瑱'之'瑱'"，段玉裁注："此合韻也。"言"睼"（支部）、"瑱"（真部）古韻合。此其類者一；訓註"合音"者，共八十三例，如《儿部》"充，長也，高也。从儿，育省聲"，段玉裁注："三部與九部合音也。"言"育"（覺部）、"充"（東部）古韻合。如《女部》"委，委隨也。从女，从禾"，段玉裁注："十六部、十七部合音冣近，故讀'於詭切'。"言"委"（歌部）、"詭"（支部）古韻合。此其類者二；標明"相合""之合"者，共七例，如《馬部》"駕，馬在軛中也。从馬，加聲。㓾，籀文駕"，段注："各聲者，古音五部，與十七部相合。"言"駕"（歌部）、"各"（鐸部）古韻合。如《日部》"昕，旦明，日將出也。从日，斤聲。讀若希"，段玉裁注："'斤聲'而讀若'希'者，文微二韻之合。"謂"昕"（文部）、"希"（微部）古韻合。此其類者三；註釋"通融""通轉"者，凡三例，若《水部》"渫，除去也。从水，枼聲"，段玉裁注："私列切。十五部。按，枼聲或在十五部、或在八部。葢二部之通融難以枚數。"言"枼"（葉部）、"渫"（月部）古韻合。如《土部》"堋，喪葬下土也。《春秋傳》曰'朝而堋'，《禮》謂之'封'，《周官》謂之'窆'"，段玉裁注："蒸、侵、東三韻相爲通轉。"謂"堋"（蒸部）、"封"（東部）、"窆"（侵部①）古韻合。此其類者四；標識"音轉""音之轉""之轉""轉入""轉移"者，計四十七例②，如《虫部》"蜦，蛇屬。……从虫，侖聲。讀若戾艸"，段玉裁注："十三部與十五部音轉冣近。"謂"侖"（文部）、"戾"（脂部③）古韻合。如《玉部》"珣，醫無閭之珣玗璂。……从玉，旬聲。一曰器，讀若宣"，段玉裁注："音轉入十四部。"言"珣"（真部）、"宣"（元部）古韻合。此其類者五；僅註"冣近"者④，

---

① 郭錫良編著《漢字古音手冊》（增訂本）歸談部。
② 段氏"音轉"之用，略得有二，此數未含以之明古今韻之衍變者。說詳"疑義考辨"。
③ 郭錫良編著《漢字古音手冊》（增訂本）歸質部。
④ 未含"合韻冣近""合音冣近""通轉冣近""音轉冣近""轉移冣近""之轉冣近"者。

計五例，如《言部》"訊，問也。从言，卂聲。䛆，古文訊，从鹵"，段玉裁注："鹵，古文西。西，古音詵，與十二部冣近。"謂"西"（脂部）、"訊"（真部）古韻合。如《衣部》"褫，奪衣也。从衣，虒聲。讀若池"，段玉裁注："《淮南書》曰：'秦牛缺遇盜扡其衣。'高注：'扡，奪也。'扡者，'褫'之假借字。十七、十六二部音冣近也。"謂"扡"（歌部）、"褫"（支部）古韻合。此其類者六。

其二，《說文注》審定"合韻"之依據。

依詩文押韻者，凡五例，如《目部》"瞁，小視也。从目，買聲"，段玉裁注："莫佳切。十六部。《大玄》與十七合韻。"（按，《太玄經·從更至應》"次七：旌旗絓羅，干戈蛾蛾，師孕言之哭且瞁。"）言"瞁"（支部）與"羅""蛾"（歌部）爲韻。如《豸部》"貈，似狐，善睡獸也。从豸，舟聲"，段玉裁注："其字舟聲，則古音在三部。《邠詩》'貈''貍''裘'爲韻，一部、三部合音也。"言"貈"（幽部）與"貍""裘"（之部）爲韻。此其一；依通借異文者，凡二十七例，如《木部》"楸，冬桃也。从木，秋聲"，段注："《釋木》曰'旄，冬桃'，郭云'子冬熟'。按，作'旄'者字之假借，二部、三部合韻冣近也。"言"旄"（宵部）、"楸"（幽部①）古韻合。如《生部》"隆，豐大也。从生，降聲"，段玉裁注："'林'與'隆'合韻，故《毛詩》'臨衝'，《韓詩》作'隆衝'。"言"林（侵部）、"隆"（冬部）古韻合。此其二；依一字兩讀者，計五例，如《貝部》"賁，飾也。从貝，卉聲"，段玉裁注："彼義切。十五部。按，亦音墳，亦音肥。文與微合韻冣近。"言"賁"音"墳"（文部）、又音"肥"（微部），其韻合。如《奔部》"奮，賦事也。八，分之也，八亦聲。讀若頒，一曰讀若非"，段玉裁注："讀頒又讀非者，十三、十四部與十五部合韻之理。"言"奮"音"頒"（文部）、又音"非"（微部），其韻合。此其三；據諧聲偏旁者，共八十九例，如《亏部》"虧，气損也。从亏，雐聲"，段玉裁注："去爲切。據《道德經》古音在十七部。'雐'在五部，魚、歌合韻

---

① 郭錫良編著《漢字古音手冊》（增訂本）歸侯部。

也。"言"虧"（歌部）、"虛"（魚部）古韻合。如《宀部》"宀，覆也。从
一下垂也"，段玉裁注："莫狄切。十六部。按，'冥'下曰'宀聲'，'鼏'
亦'宀聲'，則亦在十一部。支、耕之合也。"言"宀"（支部）、"鼏"（耕
部）古韻合。此其四；據許書重文者，凡二十例，如《又部》"彗，埽竹
也。从又持甡。……篲，古文彗，从竹習"，段注："葢七部、十五合韻。"
言"彗"（月部①）、"習"（緝部）古韻合。如《女部》"妙，美女也。从
女，多聲。姼，妙或从氏"，段玉裁注："氏聲在十六部，合音冣近。"言
"多"（歌部）、"氏"（支部）古韻合。此其五；據許書讀若者，計四十三
例，如《走部》"赳，輕勁有才力也。从走，丩聲。讀若蟜"，段玉裁注：
"喬聲在二部，合韻冣近。"言"赳"（幽部）、"喬"（宵部）古韻合。如
《日部》"昕，旦明，日將出也。从日，斤聲。讀若希"，段玉裁注："斤
聲而讀若希者，文、微二韻之合也。"言"昕"（文部）、"希"（微部）古
韻合。此其六；據舊籍聲訓者，凡十五例，如《广部》"廞，陳輿服於
庭也。从广，欽聲"，段玉裁注："《釋詁》曰'廞，興也'，後鄭注《周
禮》云'廞，興也'，'興作'之說同《爾雅》。……釋'廞'爲'興'，古
六部、七部合音也。"謂"廞"（侵部）、"興"（蒸部）古韻合。如《言
部》"謂，報也。从言，胃聲"，段玉裁注："亦有訓爲'勤'者，亦以合
音冣近。"言"謂"（物部）、"勤"（文部）古韻合。此其七；依古今異韻
者，凡二十二例，如《女部》"委，委隨也。从女，从禾"，段玉裁注：
"十六、十七部合音冣近，故讀於詭切。"言歌、支二部韻之合。如《髟
部》"鬌，髮隋也。从髟，隋省"，段玉裁注："徐大果反，是古音在十七
部。《匡謬正俗》引呂氏《字林》《玉篇》《切韻》並直垂反，則轉入十六
部矣。"言歌、支部韻之合。此其八；未言所據者，共八例，如《艸部》
"茈，茈艸也。从艸，此聲"，段玉裁注："將此切。古音在十五部，轉入
十六部。"謂脂微、支部韻之合。② 如《走部》"趡，走也。从走，隹聲"，

① 郭錫良編著《漢字古音手冊》（增訂本）歸質部。
② 段氏於"此"字下明之，《說文·此部》"此，止也。从止匕"，段氏注："雌氏切。
十五部。漢人入十六部。"

段玉裁注:"直質切。十一、十二部合韻冣近。"謂耕、真部韻之合。①
此其九。

其三,段氏十七部"合韻"之數目。

1.《說文注》十七部"合韻"之次數(詳表4)②

表4

	一部	二部	三部	四部	五部	六部	七部	八部	九部	十部	十一部	十二部	十三部	十四部	十五部	十六部	十七部
一部																	
二部																	
三部	9	6															
四部	1	1	1														
五部	1		2	3													
六部	15																
七部	2		1		7												
八部			1	1													
九部			5	3		4	2	1									
十部				1	3		1										
十一部								2									
十二部	1				2	1	1				10						
十三部							1					1					
十四部							1		1		1	2	7				
十五部	1					2	11					5	27	24			
十六部	1			1							7	2		3	6		
十七部	1			7							1			9	2	17	

---

① 段氏於"戴"字下明之,《說文·大部》"戴,大也。从大,弐聲",段氏注:"弐,在十一部,秩,在十二部,古合音冣近。是以'戴'讀如秩,直質切。"

② 統計包含段說有誤者,未含"雙聲合韻""雙聲合音"例,說詳"疑義考辨"。

2.《六書音均表》十七部"合韻"之次數（詳表 5）[①]

表 5

	一部	二部	三部	四部	五部	六部	七部	八部	九部	十部	十一部	十二部	十三部	十四部	十五部	十六部	十七部
一部																	
二部																	
三部	24	13															
四部		1	11														
五部	8		2	4													
六部	3																
七部	2	1	3		1	3											
八部				1		2											
九部	2		4	2	1	7	10	2									
十部				2	1		3	6									
十一部	1			1		1		3	3								
十二部	3		1					1	2	37							
十三部				2				1	1	1	9						
十四部				1				1	1	3	7	10					
十五部	5		1			2					7	5	4				
十六部	3	1	1		1						1				5		
十七部		1	1	1		3							4	4	4		

其四，《音均表》《說文注》"合韻"韻例之比較。

"合韻以十七部次弟分爲六類求之[②]，同類爲近，異類爲遠。非同類而次弟相附爲近，次弟相隔爲遠。"（《六書音均表·古十七部合用類分表》）古十七部之親疏遠近，觀此二表約略可得。其"同類爲近"者，弟二類之

[①]　表 5 引自李文《論段玉裁的"古異平同入說"》，《古漢語研究》1997 年第 2 期。

[②]　段氏分古十七部爲六類。弟一部爲弟一類，二、三、四、五部爲弟二類，六、七、八部爲弟三類，九、十、十一部爲弟四類，十二、十三、十四爲弟五類，十五、十六、十七部爲弟六類。詳參《六書音均表·古十七部合用類分表》。

內相合韻部頗多，三、四、五、六類同之。其“非同類而次弟相附”者，一部之與二部、五部之與六部、八部之與九部、十一部之與十二部、十四部之與十五部互爲韻合例，亦較非同類而次弟相隔者差勝。《音均表》《說文注》之韻例無不然矣。此二者之所同。

　　然《說文注》“合韻”之所依，傍及詩文押韻、經傳異文、一字兩讀、諧聲偏旁、許書重文、許書讀若、舊籍聲訓、古今異讀等，固視《音均表》唯取詩文押韻而立說者遠勝。茲舉例言之。《說文注》十七部彼此韻合處，凡五十有四①，而《音均表》則六十有六②，後者言立“合韻”之偶然，可見一斑。江有誥曰：“著書義例當嚴立界限，近者可合，以音相類也；遠者亦謂之合，則茫無界限，失分別部居之本意矣。”③洵爲至論。復以“合韻”之數目覈之。一部（之部）之與六部（蒸部），本陰陽韻對轉者，《說文注》“合韻”處凡十五，適此之徵跡，而《音均表》者僅有三處，無從表見；十六部（支部）之與十一部（耕部），亦乃陰陽對轉者，《說文注》“合韻”者七處，而《音均表》則未之見。此二者之所異。

　　其五，《說文注》“合韻”之疑義考辨。

　　1.關於“音轉”：“音轉”者，段氏或稱“音之轉”“之轉”“轉入”“轉移”也，《說文注》之用略得有二。執此以明古韻之通轉者，凡四十七例，如《艸部》“菌，井藻也④。從艸，君聲。讀若威”，段玉裁注：“渠殞切。十三部。按，君聲而讀若威，此由十三部轉入十五部。”言“君”（文部）、“威”（微部）韻之合。如《兔部》“冤⑤，兔逸也。從兔⑥不見足會意’”，段玉裁注：“依《毛詩》與‘洒’韻，古音在十三部，轉入十四部也。”言文、元二部韻之合。此“音轉”之用，質與“合韻”者略無別殊，亦適本

---

① 參見表4。
② 參見表5。
③ 江有誥：《寄段茂堂書》，載丁福保主編《說文解字詁林》，中華書局1988年版，第15528頁。
④ 當從段氏作“牛藻也”。
⑤ 此字段氏所補。
⑥ “免”字當爲“兔”字之訛。

文所當切實言說者；執此以言古今韻之衍變者，凡五十一例，如《日部》"昱，明日也。从日，立聲"，段玉裁注："'翊'與'昱'同'立聲'，故相假借。本皆在緝韻，音轉又皆入屋韻。"言"昱"字古屬緝部，中古而讀入屋韻。① 如《力部》"勵，務也。从力，虡聲"，段玉裁注："其據切，五部。音轉爲渠力切。"言"勵"字古屬魚部，中古或讀渠力切。此"音轉"之用，則與"合韻"者判然有異。段氏今古韻每牽混爲說，固其弊。然則古韻相合者，至今韻而每嚮鄰韻轉移，如《魚部》"鯇，魚名。从魚，完聲"，段玉裁注："戶版切，舊音也。十四部。又胡本切，今音也。音轉而形改爲'鰥'也。"謂"鯇"字本隸元部，而元、文韻近，是今韻又讀"胡本切"。如《瓦部》"甄，匋也。从瓦，垔聲"，段玉裁注："居延切。按，本音側鄰切，十二、十三部。音轉乃入仙韻。非二韻有異義。"謂"甄"字本隸真文部，而真文、元部韻近，而今韻乃入仙韻②。是段氏曰"'古合韻'即'音轉'之權輿也"③，此之謂。

2. 關於"雙聲合韻"：字有互諧通借而韻部遠隔者，段氏每於雙聲求之，是爲"雙聲合韻"。《說文注》言及處，凡有七，茲羅列以詳考之。其一、《羊部》"羥，羊名。从羊，巠聲"，段玉裁注："口莖切。十一部。按，《初學記》引《說文》'楷閒反'，蓋本音隱。《考工記》'顅'字，故書或作'牼'，劉音牼，苦顏反，皆雙聲合韻也。《左傳》'邾子牼卒'，《穀梁》作'瞷'。"按，"羥"音"口莖切"又音"楷閒反"，"顅"或作"牼"而音"苦顏反"，段氏於"雙聲合韻"求之，是不以耕、元韻合。然覘其《六書音均表·詩經韻分十七部表》弟十一部"瞏"下，其注："瞏，本音在弟十四部。《詩·杕杜》合韻'菁''姓'字。"《說文·目部》"瞏，目驚視也。从目，袁聲"，段玉裁注："渠營切。按，袁聲當在十四部。《毛詩》與'青''姓'韻，是合音也。"《六書音均表·羣經韻分十七部表》弟十一部"元、天、形、成、天、命、貞、寧（《彖上

---

① 《廣韻》"昱"字隸屋韻。
② 《廣韻》"甄"字隸真、仙二韻。
③ 《六書音均表·詩經韻分十七部表》弟一部"造"字注。

傳·乾》)"、弟十一部"元、生、天"(《坤》),即言"元"(元部)與
"形""成""貞""寧""生"(耕部)韻之合。以是知段氏自亂其說。則
"羍"下直云"合韻"可也,固不必言"雙聲";其二、《㪙部》"敊,進取
也。從㪙,古聲",段玉裁注:"古聲在五部,'敢'在八部。此於雙聲合
韻求之。古覽切。"按,"敢"字,金文作"" (《毛公鼎》)、"" (《盂
鼎》)、或作"" (《中山王方壺》),字從"甘"聲(談部),亦或省從
"口"作,若"" (《兮甲盤》)、"" (《靜簋》)者是。至戰國文字而其形
多變,作"" (《包山楚簡·三八》)、作"" (《郭店楚簡·六德一七》)、
或作"" (《郭店楚簡·六德一六》),所從"口"形承接其上豎筆而訛與
"古"似,殆爲小篆"" 所本者。段氏求之"敢"(談部)、"古"(魚部)
聲通不得,遂因"雙聲合韻"說之,誠不必。即或依許氏而以"敢"從古
聲,然談、魚二部韻合者,亦或有之。如《木部》"楈,木也。從木,胥
聲。讀若芟刈之芟",段玉裁注:"'芟'在七八部,'胥'在五部,合韻
也。"又以談、歌二韻合,段說不一例,未之思;其三、《戈部》"截,斷
也。從戈,雀聲",段玉裁注:"昨結切,十五部。按,雀聲在二部,於
古音不合,蓋當於雙聲合韻求之。"按,段以"雀"隸宵部,而宵、月
("截"字)韻相合者未之見,遂因"雙聲合韻"強通之。然即"雀"字當
隸宵部入聲(即藥部)爲勝[1],是與月部相合。崔駰《東巡頌》:"三軍霆
激,羽騎火列。""激"(藥部)與"列"(月部)爲韻。[2]《易林·漸之泰》:
"穿空漏弊,破柼殘缺。陶弗能治,瓦甓不鑿。""缺"(月部)與"鑿"(藥
部)爲韻。《易林·解之大過》:"齲病蠱缺,墮落其宅。""缺"(月部)與
"宅"(藥部[3])爲韻。[4]俱其佐證。是故段說頗爲可疑;其四、《雨部》"霖,
小雨財零也。從雨,鮮聲。讀若斯",段玉裁注:"息移切,十六部。鮮
聲在十四部而讀如斯者,以雙聲合音也。"按,段以"鮮"(元部)、"斯"

---

①　段氏藥、魚、鐸同部,未作離析,而宵部未有入聲,是以不明。
②　參見羅常培等《漢魏晉南北朝韻部演變研究》,中華書局 2007 年版,第 238 頁。
③　"宅"字,郭錫良編著《漢字古音手冊》(增訂本)歸鐸部。
④　參見羅常培等《漢魏晉南北朝韻部演變研究》,中華書局 2007 年版,第 305 頁。

（支部）韻遠，故出"雙聲合音"疏通之。然則元、支二部韻合者，《說文注》凡三見。《骨部》"骫，骨耑骫臾也。從骨，丸聲"，段玉裁注："於詭切，十六部。按，丸聲在十四部，此合韻也。"《虫部》"蠆，蜇蠆，大龜也。……從虫，萬聲。蟇，司馬相如說'蠆'從'复'"，段玉裁注："從复聲也。'复'在十四部。合韻。"《厄部》"𠂹，小厄也。從厄，耑聲。讀若'捶擊'之'捶'①"，段玉裁注："《廣韻》之累切，大徐旨沇切，由十四部轉入十六部也。"是其例。段氏獨謂"鮮"（元部）、"斯"（支部）因雙聲而韻合，恐屬疏率；其五、《女部》"嫿，謹也。從女，屬聲。讀若人不孫爲嫿"，段玉裁注："'嫿'當作'倨'。《人部》曰'倨，不孫也'可據。'嫿'，讀如倨，雙聲合音。"按，許書"讀若引諺"非必用本字本義，"夫以俗語正讀而不易本字者，所以曉同世人也。人皆習熟此語，則以耳中之語，識目中之字，其音必不誤矣。"②"（段氏）必於俗語求正義正字，其失也固。"③是"嫿"字而讀若"人不孫爲嫿"者，王筠曰："案，嫿，謹也。'不孫'是'不謹'也，非謂美惡不嫌同詞也。'嫿，謹也'，乃古義也。'不孫爲嫿'，則俗語也。兩不相蒙。此讀第以證音，非以證義。段氏欲改爲'倨'，亦未達也。"④所言甚是。準此，段氏謂"嫿""倨"因雙聲而音合者，無從言之。如依段氏，"嫿"（屋部）字讀若倨（魚部），然亦當爲"合音"而非"雙聲合音"。《麥部》"麷，餅𪍿也。從麥，殼聲。讀若庫"，段玉裁注："許音庫，合音也。今音空谷切，依殼聲也。"即言"庫"（魚部）、"殼"（屋部）韻合。其先後之詞未能劃一，殊爲粗粗；其六、《見部》"䁤，病人視也。從見，氏聲。讀若'迷'"，段玉裁注："蓋古本作'䁤'，民聲。……讀若迷者，雙聲合音也。"按，民（真部）聲而讀若迷（脂部）者，即爲"合音"。段氏言"真""脂"部音合者凡四見，《言部》"䛭，訐也。從言，臣聲。讀若指"，段玉裁注："臣聲而讀若指，

---

① "捶"字，郭錫良編著《漢字古音手册》（增訂本）歸歌部。
② 王筠：《說文釋例》，中華書局1987年版，第277頁。
③ 王筠：《說文釋例》，中華書局1987年版，第277頁。
④ 王筠：《說文釋例》，中華書局1987年版，第276頁。

十二、十五部合音也。職雉切。”《雨部》“霣，雨聲。从雨，眞聲。讀若資”，段玉裁注：“眞聲而讀若資者，合音也，故《廣韻》作‘䨜’。即夷切，十五部。”《手部》“掔，固也。从手，臤聲。讀若《詩》‘赤烏掔掔’”，段玉裁注：“‘掔掔’當依《豳風》作‘几几’……‘掔’在十二部，‘几’在十五部，云‘讀若’者，古合音也。”《言部》“訊，問也。从言，卂聲。𧩯，古文訊，从卥”，段玉裁注：“卥，古文西。西，古音詵，與十二部冣近。”率爲眞、脂韻合之明證。段氏獨言“民”“迷”於雙聲而韻合，自違其說；其七、《邑部》“䣜，西夷國。从邑，冄聲”，段玉裁注：“諾何切。按，‘冄’聲本在七八部，雙聲合韻也。”按，侵、歌二部合音者絕少，“冄”（侵部①）、“䣜”（歌部）韻遠，段以“雙聲合韻”說之，得其音理。綜而論之，“䣜”字注而外，餘則五例段氏固不必以“雙聲合韻”屬詞。

3.關於“異平同入”：段氏曰：“入爲平委，平音十七，入音不能具也。……合韻之樞紐於此可求矣。”（《六書音均表·古十七部合用類分表》）是“異平同入”者，些個平聲韻而共有一入聲韻也，亦自“合韻”之一類。十七部非同類而次弟遠隔之陰聲韻、陽聲韻，段氏或因“異平同入”而融通之。檢其言涉“同入”處，計有八②而類分爲三。一、陰聲韻之與陽聲韻“共入”者，如一部（之部）、二部（宵部）、六部（蒸部）共有“職德”韻，三部（幽部）、四部（侯部）、九部（東部）共有“屋沃燭覺”韻，十三部（文部）、十四部（元部）、十五部（脂微部）共有“術物迄月”韻，五部（魚部）、十部（陽部）共有“藥鐸”韻。二、陽聲韻之與陽聲韻“共入”者，如十一部（耕部）、十二部（眞部）共有“質櫛屑”韻。三、陰聲韻之與陰聲韻“共入”者，如十六部（支部）、十七部（歌部）共有“陌麥昔錫”韻。若以《說文注》十七部“合韻”況覈之（見表4），其說得失互出。其得之者，一部（之部）之與六部（蒸部）相合者，凡十五。此其一；三部（幽部）、四部（侯部）

---

① “冄”字，段氏《說文注》《六書音均表二》皆歸侵部，郭錫良則歸談部。

② 參見《六書音均表·古十七部合用類分表》。

之與九部（東部）相合者，計有八①。此其二；十三部（文部）之與十五部（脂微部）相合者，凡二十七。②此其三；五部（魚部）之與十部（陽部）相合者，凡有一。③此其四。其失之者，二部（宵部）之與六部（蒸部）相合者，未之見。此其一；十一部（耕部）之與十二部（真部）相合者凡有十，而十六部（支部）之與十一部（耕部）相合者亦有七，實不足證十一部、十二部之“共入”。此其二；十六部（支部）之與十七部（歌部）韻合者凡有十七，而十六部（支部）之與十一部（耕部）韻合者計有七，十四部（元部）之與十七部（歌部）韻合者亦有九，是不足言十六部、十七部必乃“共入”。此其三。

第四節　朱駿聲諟正段氏《說文注》方法述略

朱駿聲《說文通訓定聲》一書，“導音韻之原，發轉註之冢，究叚借之變，小學之教，斯焉大備”④，博洽精審，獨具特色。胡樸安曰：“聲讀之發明，萌芽於宋代，至朱氏駿聲，始本聲讀而成一偉大之著作。吾人讀朱氏書，聲義相通之故，隨處皆可以得之。”⑤朱氏薈萃眾說而得其精，其《說文通訓定聲》隨文稱段，《說文段注拈誤》專事正段，數量可觀，方法周備，富於創獲。

---

① 段氏《經韻樓集》（鳳凰出版社 2010 年版，第 128 頁）修正前說，云：“以東類配侯類，以冬類配尤類，如此而後，侯、尤平入各分二部者合此而完密無間。”是以三部（幽部）、冬部共入“屋沃”之半，四部（侯部）、九部（東部）共入“濁”“屋覺”另半。此得其情者。

② 段氏《經韻樓集》（鳳凰出版社 2010 年版，第 126 頁）修正前說，云：“蓋僕《六書音均表》數易其稿，初稿有見於十五部入聲分配文、元二部，如一易一會之不同，詩人所用，實有軫域，故十五表入聲有分介之稿，既以辜於一二不可分者，且惑於一部不當首同尾異，竟渾併之，及東原師札來，乃知分者爲是。今又得足下札正同。三占從二，僕書當改易明矣。”是以脂微部之入聲分立“物術迄沒”（物部）、“月曷末黠薛”（月部）以配文、元二部。略得其實。

③ 表 5 亦有二例其韻相合。

④ 語見謝增《〈說文通訓定聲〉跋》。

⑤ 胡樸安：《中國文字學史》，中國書店 1983 年版，第 378 頁。

　　茲考朱氏匡正段氏《說文注》之方法、精神，略述如下：

一、闡發條例，上下互證

　　朱駿聲《說文段注拈誤》每言許書釋字之條例，"凡字從某，必先舉部首，會意者曰‘從某某’，形聲者曰‘從某，某聲’，此常例也。……又凡省聲之字，與本形偏旁一聲，而必曰‘省聲’，以形聲兼會意。"①"有兩形合意之字，曰‘會意’。有望形知意之字，曰‘象形’。有無形示意之字，曰‘指事’。有同形異意之字，曰‘轉注’。有半聲半意之字，曰‘形聲’。有因聲見意之字，曰叚借。"②"字有本訓相同，其一字又有或說者，許兩列之，不作重文，此類不勝枚舉。"③皆是其例。朱氏創通許書義例，並據以駁正段氏誤說，上下互證，勇於創獲，多所發明。例如：

（一）

　　《說文·示部》："禫，除服祭也。從示，覃聲。（玉裁按，《說文》一書，三言‘讀若三年導服之導’，考《士虞禮》注曰：‘古文禫或爲導。’《喪大記》注曰：‘禫或皆作道。’許君蓋從古文，不錄今文‘禫’字。……鄭君從禫，許君從導，各有所受之也。）"④《說文段注拈誤》："一上‘禫’字，段注：許言‘三年導服之導’，是許不錄‘禫’字，即‘導’字也。按，許書‘導’下云‘引也’，不別出禫義，若云‘三年引服’，義亦不憭。蓋‘導’之爲‘禫’，方言俗字之叚借。說解中多有用世俗所行之字以爲釋者，取其易明也。‘禫’字未必後沾。"⑤

　　按：許慎《說文·序》自言偁經皆用古文，然於《儀禮》則或從今文，或從古文。段氏曰："凡許於《禮經》，依古文則遺今文，依今文則遺

<hr />

① 董蓮池主編：《說文解字研究文獻集成》（古代卷），作家出版社2007年版，第175頁。
② 董蓮池主編：《說文解字研究文獻集成》（古代卷），作家出版社2007年版，第175頁。
③ 董蓮池主編：《說文解字研究文獻集成》（古代卷），作家出版社2007年版，第175頁。
④ 段玉裁：《說文解字注》，上海古籍出版社1988年版，第13頁。
⑤ 董蓮池主編：《說文解字研究文獻集成》（古代卷），作家出版社2007年版，第174頁。

古文。猶鄭依古文則存今文於注，依今文則存古文於注也。"①《儀禮·士虞禮》"中月而禫"，鄭玄注："古文'禫'或爲'導'。"是知《儀禮》"禫"爲今文，"導"爲古文。段氏謂《說文》"讀若三年導服之導"凡三見，"導"爲古文，依例不必復出今文"禫"字。朱駿聲考之文意，以爲"導""禫"其義殊別，然則聲同韻通，"三年導服"之"導"乃"禫"之通借，故"禫"字未可議刪。朱氏發明許書說解多用世俗所行字之例，並執此以正段氏之說，言之成理。張舜徽曰："'禫'字始見《儀禮·士虞禮》，實除服祭之本字。經傳中多作'導'者，乃假借字。如謂許君从古文，不錄今文'禫'字，則'導'篆下說解，當明言爲除服之祭矣。今許書《寸部》'導'下但訓'引也'，則'導'字本義與除服無涉，特取其音近而借用耳。"②持之有故，足相發明。請以《說文》《儀禮》用字證之。許書今古文並收者，偶或有之。例如，《士冠禮》《士昏禮》"古文'離皮'，今文'儷皮'"，《說文》"離"言"離黃，倉庚"，"儷"言"棽儷"；《士喪禮》"古文'褶'爲'襲'"，《說文》"襲"言"左衽袍"，"褶"言"絑或从習"；《既夕禮記》"古文'垼'爲'役'"，《說文》"垼"（即"垼"）言"陶竈窻"，"役"言"戍邊"。據此以推，《士虞禮》"古文'禫'或爲'導'"，《說文》"禫"言"除服祭"，"導"言"導引"，似無不可。

<h3 align="center">（二）</h3>

《說文·會部》"曆，日月合宿爲曆。（各本作'爲辰'，今依《廣韻》《集韻》《類篇》訂。……曆者，即《左傳》之'會'字，非《左傳》之'辰'字也。）从會辰，會亦聲。（各本作'辰亦聲'。玫《廣韻·十四泰》'曆'，音黃外切，《十七真》無'曆'字，是可證《說文》本作'會亦聲'也。）"③《說文段注拈誤》："'曆'字，段訂从會聲，謂即《左傳》'日月所會謂之辰''會'字，亦近是。但此字許不

---

① 語見《說文·髟部》"鬎"下注。
② 張舜徽：《說文解字約注》，華中師範大學出版社2009年版，第39頁。
③ 段玉裁：《說文解字注》，上海古籍出版社1988年版，第223頁。

隸《辰部》，曰'从辰會，會亦聲'，則不必从《廣韻》議改也。凡字以本部部首爲聲，而偁'亦聲'者，偶或有之，殊不多見。"①

按：《說文·會部》"曆，日月合宿爲辰。从會，从辰，辰亦聲"，段氏改注文作"日月合宿爲曆。从會辰，會亦聲"，以爲《說文》"曆"字从會辰，會亦聲。朱氏以此說似是而非，"曆"字既隸《會部》而又曰"會亦聲"，恐不合許書釋字之例。張舜徽引朱琦說，曰："日月合宿，即所謂日月之會也，'會''合'同義。若'曆'又爲'會'，則會宿爲'會'，殊非文意。且从辰而會聲，當入《辰部》，不當入《會部》矣。"②引鄧廷楨說，曰："且《說文》全書之例，皆以建首之字爲質，其諧聲之字，則曰'从某聲'。如《一部》'吏'字曰'从一，从史，史亦聲'，不聞曰'一亦聲'也。《示部》'禮'字曰'从示，从豊，豊亦聲'，不聞曰'示亦聲'也。若謂'曆'字从會聲，則當在《辰部》，乃與全書之例相合。今以隸《會部》，是'會'字爲質，安得改'辰亦聲'爲'會亦聲'耶？"③是知古人言日月之會爲"辰"，不可言日月之會爲"會"。《說文》云："从會，从辰，辰亦聲"，大徐曰"植鄰切"，許意自明，不煩改字。《玉篇·會部》："曆，時真切，日月會也。今作'辰'。"是其明證。朱氏依《說文》文字析形之例以正段說，論難極中肯綮。

（三）

《說文·手部》："扰，突擊也。从手，尤聲。讀若告言不正曰扰。（宋本無'告'字，'曰扰'之'扰'，未知何字之誤。）"④《說文段注拈誤》："十二上'扰'字，讀若告言不正曰扰。段注以爲'曰扰'，未知何字之誤，非也。凡當時語音，有有其聲而無其字者，許以俗

---

① 董蓮池主編：《說文解字研究文獻集成》（古代卷），作家出版社 2007 年版，第 175 頁。
② 張舜徽：《說文解字約注》，華中師範大學出版社 2009 年版，第 1280 頁。
③ 張舜徽：《說文解字約注》，華中師範大學出版社 2009 年版，第 1280 頁。
④ 段玉裁：《說文解字注》，上海古籍出版社 1988 年版，第 609 頁。

語‘告言不正’之音，擬‘扙’字之音，在許時固了了也，與《示部》‘櫐’字正同。今《示部》‘春麥爲櫐’，段改作‘橐’，不知‘橐’即許書之‘舌’，不可以擬‘櫐’音。"①

　　按：《說文·手部》"扙"字，讀若"告言不正曰扙"，段氏疑"扙"爲誤字。朱氏以爲許書說解内或用方言俗字，而俗語或有音而無字，"告言不正"乃當時俗語，許氏以擬"扙"字之音，時人易曉，不須改字。王筠《說文解字句讀》曰："‘告言不正曰扙’，不見經典，則是俗語也。以俗語定讀，鄭注《周易》、三《禮》，高注《淮南》，以及《史》《漢》《文選注》，多有之，勿疑其不易字也。"意與朱同。許書此類甚繁，例如，《示部》"櫐"字，讀若"春麥爲櫐之櫐"，段氏注："‘爲櫐’之‘櫐’，字從木，各本譌從示，不可解。"王筠句讀："此俗語無專字，不須改。"朱駿聲通訓定聲："‘春麥爲櫐’者，當時俗語有音無字，猶‘扙’下讀若‘告言不正曰扙’也。"《女部》"嫿"字，讀若"人不孫爲嫿"，段氏注："‘嫿’當作‘倨’。"王筠釋例："嫿，謹也，乃古義也。不孫爲嫿，則俗語也，兩不相蒙。此讀第以證音，非以證義。"王筠句讀："此以俗語明音也。"《角部》"觕"字，小徐本讀若"租觕"，段氏改"租"爲"粗"，以"觕"爲衍字，王筠釋例："段氏改‘租’爲‘粗’，是也。以‘觕’爲衍字，非也。此連言‘粗’以定‘觕’之音，非讀若‘粗’也。"王筠句讀："此以當時恆言明其音也。"《髟部》"髻"字，讀若"江南謂酢母爲髻"，段氏注："‘髻’無異字者，方言固無正字。知此俗語，則‘髮兒’之字之音可得矣。"朱駿聲通訓定聲："酢母之‘髻’有音無字。"王筠句讀："此俗語也，故不改字。"皆是其例。朱氏發明許書俗語用字之例，依此以諟正段說，不以孤證自足，見解精審而獨到。王筠《說文釋例·讀若引諺》云："許君欲人以口中之音，識目中之字，本無可疑。"② "夫以俗語正讀而

---

① 董蓮池主編：《說文解字研究文獻集成》（古代卷），作家出版社 2007 年版，第 174 頁。
② 王筠：《説文釋例》，中華書局 1987 年版，第 275 頁。

不易本字者，所以曉同世之人也。人皆習熟此語，則以耳中之語，識目中之字，其音必不誤矣。且此法不自許君始也，亦不自許君止也。"① 兩家之論實有相得益彰之效。

二、發明假借，疏通引申

朱氏《說文通訓定聲·通訓》曰："夫叔重萬字，發明本訓，而轉注、段借則難言。《爾雅》一經，詮釋全詩，而轉注、段借亦終晦，欲顯厥恉，專述'通訓'。""專輯此書，以苴《說文》轉注、假借之隱略，以稽群經子史用字之通融"。② 朱氏要以宗段爲主，確有未安，乃參己意，閒有發明。其不拘文字，以義融通，或破假借之字而讀以本字，或疏通詞義之滋生演變，歸納演繹，梳理源流，自具卓見。然又有強求本字、濫用假借之弊病。例如：

（一）

《說文·日部》："昆，同也。（惟明斯動，動斯眾，眾斯同。同而或先或後，是以昆義或爲先，如昆弟是也；或爲後，如'昆命元龜'，《釋言》'昆，後也'是也。）從日，從比。"③《說文段注拈誤》："七上'昆'字，段注：有先後之義，故引申爲昆弟。非也。此段借，非引申。'鼐弟'自有正字，猶'蚰蟲'自有正字，作'昆'者，皆同音之借。"④

按：《說文·日部》"昆，同也"，⑤ 段氏以"昆"字本義爲"同"，有

---

① 王筠：《說文釋例》，中華書局 1987 年版，第 277 頁。
② 語見朱駿聲《上〈說文通訓定聲〉奏呈》。
③ 段玉裁：《說文解字注》，上海古籍出版社 1988 年版，第 308 頁。
④ 董蓮池主編：《說文解字研究文獻集成》（古代卷），作家出版社 2007 年版，第 175 頁。
⑤ 黃德寬主編《古文字譜系疏證》（商務印書館 2007 年版，第 3653 頁）曰："昆，從日，從比，會日日比同之意。從昆得聲之掍、混、輥等均含有'同'意。爲同一派生系列之字。"

先後之義，故引申而爲“昆弟”。《弟部》“𦎫，周人謂兄曰𦎫”，段氏注：
“‘昆弟’字當作此，‘昆’行而‘𦎫’廢矣。”說不一例，自亂其說。朱氏
以“昆”字假借爲“𦎫”而有“兄”義，猶“昆”字假借爲“蚰”而義
“蟲”，“𦎫”“蚰”皆爲正字。其《說文通訓定聲·屯部》曰：“昆，同也。
〔叚借〕爲𦎫。《詩·葛藟》‘謂他人昆’，傳：‘兄也。’《儀禮·喪服傳》：
‘昆弟四體也。’《左·昭十六傳》：‘君之昆孫。’”最爲精審。徐灝《說文
解字注箋》曰：“段說支離穿鑿，不可爲訓。‘昆’之本義爲‘同’，與《手
部》‘掍’同義，假借爲‘昆蟲’字耳。‘昆弟’之‘昆’本作‘𦎫’，古
與‘昆’通也。”可爲參證。朱氏發明文字假借之理，其《說文通訓定
聲·叚借》曰：“夫叚借之原三：有後有正字、先無正字之叚借，如‘爰’
古爲車轅，‘洒’古爲灑埽；有本有正字、偶書他字之叚借，如古以‘聖’
爲‘疾’，古以‘賣’爲‘蕒’；有承用已久、習訛不改、廢其正字、嫥用
別字之叚借，如用‘草’爲‘艸’，用‘容’爲‘頌’也。”尤爲卓識。是
用“昆”爲“𦎫”，猶用“草”爲“艸”、用“容”爲“頌”，此同聲通寫
字，借此作彼，別有正字。朱氏申發假借，駁正段說，正本清源，無可
復疑。

（二）

　　《說文·疒部》：“瘥，減也。（‘減’亦謂病減於常也。凡盛衰字
引伸於‘瘥’，凡等衰字亦引伸於‘瘥’。凡喪服曰‘衰’者，謂其有
等衰也，皆‘瘥’之叚借。）从疒，衰聲。”① 《說文段注拈誤》：“七下
‘瘥’字，段注：凡等衰字引申于‘瘥’，喪服之‘衰’，謂有等衰，
亦‘瘥’之借。皆非。等衰，‘差’之引申叚借。喪服當作‘縗’，亦
象衰形。惟盛衰引申于此。”②

---

① 段玉裁：《說文解字注》，上海古籍出版社 1988 年版，第 352 頁。

② 董蓮池主編：《說文解字研究文獻集成》（古代卷），作家出版社 2007 年版，第 173 頁。

按：《說文·疒部》"癡，減也"，段氏謂"盛衰""等衰"字引申於"癡"，"喪服"（衰絰）之"衰"乃"癡"字之假借。《衣部》"衰，艸雨衣"，段氏注："衰絰本作'縗'，'衰'其假借字也。以艸爲雨衣，必層次編之，故引申爲等衰。"又以"衰"引申而有"等衰"義，說不盡一。朱氏則謂"等衰"字乃"差"之假借，"衰絰"字本當作"縗"，唯"盛衰"義引申於"癡"。徐灝《說文解字注箋》曰："段謂盛衰、等衰皆'癡'之引申，喪服之'衰'亦'癡'之假借，殊誤。造字先有'衰'而後有'癡'，'衰'安得反從'癡'引申假借乎？喪服之'衰'借艸雨衣之'衰'爲之，盛衰、等衰乃'衰'之引申耳。"朱、徐二說有理，然猶未盡善。今按，"𧝁"字，"衰"之初文，金文作"𧘝"（《庚壺》），象艸雨衣之形。秦文字加"衣"作"𧘲"（《睡虎地秦墓竹簡·爲吏三三》），爲小篆"𧘲"所本。"衰"字引申而有"喪服"義，衰絰者，粗麻布，毛邊，披於胸前，狀與蓑似，[1]其後加糸作"縗"字。"衰"字引申亦有"等衰"義，段氏曰："以艸爲雨衣，必層次以編之，故引申爲等差。"徐灝箋："衰絰有輕有重，故因之爲等衰。段以爲雨衣層次之引申，亦非。""衰"字引申又有"依次遞減""衰退"等義，"癡"字當由此派生。朱氏發明假借，疏通引申，審察精微，頗爲有識，說較段氏爲優。然以"衰"字借爲"差"而義"等衰"、借爲"縗"而義"衰絰"，則有濫用假借之嫌。又以"盛衰"字引申於"癡"，恐不達詞義引申之旨。

三、徵引俗語，貫通古今

段氏或據"今俗語"以釋許書之古語詞，或據許書古字以示"今俗語"之由來，或明"今俗語"語音、詞義、用字之演變，貫穿古今，令人折服。朱氏《說文通訓定聲》亦屢引蘇俗方言，[2]或考釋名物，或闡發詞義，或推求本字，詳稽博辨，多所論定。朱氏或據蘇俗方言諟正段說，舉

---

[1]　參見黃德寬主編《古文字譜系疏證》，商務印書館 2007 年版，第 3138 頁。

[2]　朱氏徵引江蘇方言俗語者，凡二百六十七條。參見王其和《朱駿聲〈說文通訓定聲〉引蘇俗考》，《漢語史研究集刊》2017 年第 2 期。

一反三，頗爲精核。例如：

（一）

　　《說文·竹部》："籔，漉米籔也。（《方言》曰：'炊籔謂之縮，或謂之䉤，或謂之匠。'郭.注：'漉米籔，江東呼淅籤。'按，《史記索隱》引《纂要》云：'籔，淅箕也。'此注'籤'字正'箕'之誤。今江蘇人呼淘米具曰'溲箕'是也。）从竹，奧聲。"①《說文段注拈誤》："五上'籔'字，段注：今江蘇人呼淘米具曰'溲箕'。非也。吾蘇盛飯器曰'籍箕'，淘米具曰'飯籮'，不如段所云。且'籍箕'亦不作'溲'。蘇音讀'溲'如'叟'，不如'嫂'。"②

　　按：《說文·竹部》"籔，漉米籔也"，段氏注："今江蘇人呼淘米具曰溲箕是也。"以江蘇人呼淘米具爲"溲箕"。朱氏不同段說，其《說文通訓定聲·孚部》曰："（籔）今蘇俗謂之飯籮，其盛飯者反曰溲箕。"謂蘇俗呼淘米具爲"飯籮"，"溲箕"實爲盛飯器。《說文段注拈誤》又云蘇俗呼盛飯器曰"籍箕"，不作"溲箕"。此按，《說文·竹部》"䈭，飯䈭也。受五升。从竹，稍聲。秦謂筥曰䈭"，朱駿聲通訓定聲："今蘇俗亦謂飯筥曰'䈭箕'。"章炳麟《新方言·釋器》曰："今淮南謂飯筥爲'䈭箕'，音如消箕。"字亦作"筲"，《說文·竹部》"筲，一曰飯器，容五升"，徐鍇繫傳："今言筲箕。"徐光啟《農正全書·農器》曰："筲，飯筲也。……今人呼飯箕爲'筲箕'。"字又作"筲"，《方言》卷十三"篗，南楚謂之筲"，郭璞注："盛飯筥也。今建平人呼筲。"張慎儀《蜀方言》曰："飯筥曰筲箕。"黃侃《黃侃論學雜著·蘄春語》曰："今吾鄉謂盛飯之箕曰'筲箕'。"陳訓正《甬諺名謂籀記》曰："筲，飯筥也。今俗作'筲箕'。"綜上，盛飯器曰"筲"（或作"筲""筲"），"筲"爲箕屬，故又稱"筲箕"（或

①　段玉裁：《說文解字注》，上海古籍出版社1988年版，第192頁。
②　董蓮池主編：《說文解字研究文獻集成》（古代卷），作家出版社2007年版，第172頁。

作"箱箕""筲箕")。朱氏以蘇俗盛飯器曰"箱箕",不作"溲箕",揭示今俗語之本字,溯源追本,貫通古今,極具卓識。唯以盛飯器曰"箱箕",淘米具曰"飯籮",其用劃然,似屬膠固。"箱箕"既以盛飯,是其大用,亦可淘米,其用甚廣。《農正全書·農器》曰:"今人呼飯箕爲'箱箕'。南曰篾,北曰箱。南方用竹,北方用柳。皆漉米器,或盛飯,所以供造酒食,農家所先。雖南北名制不同,而其用則一。"可爲參證。

(二)

《說文·皿部》:"盜,拭器也。(《廣韻》《集韻》《類篇》皆作'拭',許書以'飾'爲'拭',不出'拭'。此作'拭'者,說解中容不廢俗字,抑後人改也。可以賑拭之器,若今賑子之類。)从皿,必聲。"① 《说文段注拈误》:"五上'盜'字,段以拭器爲今賑子之類。誤。許蓋謂盛水以拭物之器,猶盂爲飲器,盞爲黍稷器,盧爲飯器,橢盌爲負載器。拭器如蘇俗呼浣衣具爲漿粉桶也,若賑子何得从皿。"②

按:《說文·皿部》"盜,械器也",段氏依《廣韻》等改"械"爲"拭",以"盜"爲拭器,若今賑子之類。朱氏《說文段注拈誤》以賑子不得从皿,而从皿之"盂""盞""盧""盌"皆爲受物之器,故疑"盜"爲盛水以拭物之器,如蘇俗所謂"漿粉桶"(浣衣具)者。其《說文通訓定聲·履部》曰:"按,受水以賑髮之器,如蘇俗所謂水雩者。"又以"盜"爲盛水以賑髮之器,如蘇俗所謂"水雩"者。"《說文》對某些古物名的訓釋,或用語寬泛,或用語不準,難以確知其爲何物。"③ 朱氏常依許書古訓,比以今物,取蘇俗物名解說古語物名,言簡意賅,令人解悟。又,張舜徽曰:"唐寫本《唐韻》五質'盜'字下引《說文》亦作'拭器也'。

---

① 段玉裁:《說文解字注》,上海古籍出版社1988年版,第212頁。
② 董蓮池主編:《說文解字研究文獻集成》(古代卷),作家出版社2007年版,第172頁。
③ 馬景侖:《段注訓詁研究》,江蘇教育出版社1997年版,第55頁。

'拭''械'二字形近，傳寫者因譌爲'械'耳。《爾雅·釋詁》'拭，清也。'許云'拭器'，謂清器也。即便溺之器，今猶有以陶器爲之者。"① 則以"�典"爲便溺之器。別爲一說，存疑待考。

---

① 張舜徽：《說文解字約注》，華中師範大學出版社 2009 年版，第 1223 頁。

第四章　王筠諟正段氏《說文注》考論

　　山東安邱縣王氏筠（字貫山，又字伯堅，號菉友），通文達理，博涉經史，尤長小學。"筠治《說文》之學垂三十年，其書獨闢門徑，折衷一是，不依傍於人。論者以爲許氏之功臣，桂、段之勁敵。"[①] 觀其許學著述，以《說文釋例》《說文解字句讀》最爲妙善，餘有《說文繫傳校錄》《文字蒙求》《說文韻譜校》《說文新附考校正》《說文部首表》《檢說文難字》《許學札記》等。

　　《說文釋例》者，發明許書體例之作。段氏注《說文》，闡明許書體例，不免支離。王氏潛心許書二十餘年，尤重許氏著書之體例，其補弊救偏，識見別出，爲功尤巨。王氏稱褒段氏釋例之功而外，亦補段氏所不備，且屢言段氏之疏失；《說文解字句讀》者，薈萃眾說、擇善而從、間出己意之作。王氏擷取段（玉裁）、桂（馥）、嚴（可均）、鈕（樹玉）、王（煦）、王（玉樹）諸說精華，博觀約取，述而有作。此書標識句讀，善用金石材料，爲古書少見，津逮後學。段氏性涉偏執，其說瑕類不免，此書亦有訂段微旨。王氏不妄立異，尊段而不肯苟同；《說文繫傳校錄》者，校定《說文解字繫傳》之作。是書以部列字，字下注錄王氏校記，細勘各本之異同。段氏每執小徐以勘正許書，王氏遇有可疑，則斷以己意。

　　此於《說文釋例》《說文解字句讀》《說文繫傳校錄》《說文韻譜校》

---

① 趙爾巽等：《清史稿》，中華書局 1977 年版，第 13280 頁。

《文字蒙求》中，鈎沈明謂段説非是者，條分縷析，證同疑異，曉然辨晢，希冀探綜王氏訂段之得失。本書其下區以"王筠諟正段氏《説文注》著述敘錄""王筠諟正段氏《説文注》分類考辨""王筠諟正段氏《説文注》失誤例説""王筠諟正段氏《説文注》方法述略"四節論之。

第一節　王筠諟正段氏《説文注》著述敘錄

王筠"席段、桂之豐厚，更積畢生精力，綜許書之體例，成一家之言。宜乎嘉道以後，言《説文》學者，段、桂而外，必推菉友先生爲大家。"① 其研治《説文》亦有訂段、補段之微旨。考其諟正段氏之著述，或爲專事正段之專著，或屬隨文正段之札記，此則敘錄如下：

一、專事正段之專著

《説文釋例》二十卷，王筠撰。② 此書爲專釋《説文》體例、文字學規律之著作，"苟非段茂堂氏力闢榛蕪，與許君一心相印，天下亦安知所謂《説文》哉！惟既創爲通例，而體裁所拘未能詳備。余故輯爲專書，與之分道揚鑣，冀少明許君之奥旨，補茂堂所未備，其亦可矣。"③ 其書前十四卷發明"六書"及許書體制條例，各卷附有"補正"，多取金石古文以補正許書形體及説解，後六卷則爲"存疑"，羅列於《説文》之疑問，結構嚴謹，不乏精義。王氏此書隨文正段凡三百三十六條，其數甚鉅，或正段氏之誤改篆文，或正段氏之誤增篆文，或正段氏之誤删篆文，或正段氏之誤改注文，或正段氏之誤作訓解，或正段氏之誤改篆次。是書成於道光十七年，有山東自刻本，成都御風樓重刻本、上海世界書局石印本等。

---

① 語見丁山《〈王菉友先生年譜〉後序》。
② 此書雖非專門訂段而作，然其隨文引段、正段處極豐，精審處甚多，故專列爲專事正段之著述，本書第一章將其列入"清人箋校段氏《説文注》之著述"（詳見本書表格 1）。蔣冀騁《説文段注改篆評議·段注研究簡史》亦專列此書。
③ 語見王筠《説文解字句讀·序》。

1987 年中華書局據道光三十年刻本影印出版，2007 年作家出版社《說文解字研究文獻集成》（古代卷）據同治四年刻本影印。

二、隨文正段之札記

《說文解字句讀》三十卷，王筠撰。此書爲彙總整理乾嘉以來許學研究成果之著作，其序云："顧余輯此書別有注意之端，與段氏不盡同者，凡五事：……五者以外，小有違異，亦必稱心而出明白洞達，不冐首施兩端，使人不得其命意之所在，以爲藏身之固，此則與段氏同者也。"① 王氏採證尤博，剖抉極精，折衷群儒，以求其是。然其屢改原文，甚於段氏。王氏此書正段凡九十二條，或正段氏之誤改篆文，或正段氏之誤改注文，或正段氏之誤作訓解，或正段氏之誤列篆次。是書成於道光三十年，有同治四年王氏家刻本、光緒八年四川尊經書局重刻本、1988 年中華書局影印本等。2007 年作家出版社《說文解字研究文獻集成》（古代卷）據同治四年王氏家藏本影印。

《說文繫傳校錄》三十卷，王筠撰。此書爲校正"小徐本"之作，王氏本之汪憲《繫傳考異》，參之大徐諸本、《說文五音韻譜》《玉篇》《廣韻》《汗簡》諸書，斷以己意。王氏曰："此君（段氏）能見人所必不能見，亦誤人所必不能誤。"② 書中正段凡三十四條，或正段氏之誤改篆文，或正段氏之誤改注文，或正段氏之誤作訓解。是書有咸豐七年王彥侗刻本、同治四年刻本等。2003 年上海古籍出版社《續修四庫全書》據王氏刻本影印，2007 年作家出版社《說文解字研究文獻集成》（古代卷）據同治四年刻本影印。

《說文韻譜校》五卷，王筠撰。此書乃校正徐鍇《說文解字篆韻譜》之作，王氏以李雨村刻本爲底本，校以翁方綱校本，依徐書次第逐韻爲校，分"挩文""羨文""重文""錯見""考異"等目。王氏曰："原書二百番，余所校者及百番。"③《韻譜》從而可讀。書中正段凡八條，或正

① 語見王筠《說文解字句讀·序》。
② 語見王筠《說文繫傳校錄》"訨"字注。
③ 語見王筠《說文韻譜校·序例》。

段氏之誤改篆文，或正段氏之誤刪篆文，或正段氏之誤改注文。是書成書於道光十三年，有濰縣劉氏素心琴室刻本、湖州凌霞傳抄本等。2007 年作家出版社《說文解字研究文獻集成》（古代卷）依光緒十六年濰縣劉氏素心琴室刻本影印。

《文字蒙求》四卷，王筠撰。此書專爲童蒙識字而編，亦爲文字學入門之作。王氏於《說文》中選取兩千餘文，按象形、指事、會意、形聲四書分卷，依許氏訓解加以申說。書中正段凡兩條，皆正段氏之誤改篆文。是書道光十八年陳山嵋手寫初刻，道光二十六年王筠重訂後再刻。1962 年中華書局據重訂本影印（2012 年重印），2003 年上海古籍出版社《續修四庫全書》據道光王氏四種本影印，2007 年作家出版社《說文解字研究文獻集成》（古代卷）據光緒十三年刻本影印。

第二節　王筠諟正段氏《說文注》分類考辨

王筠研治《說文》，每於段氏專輒臆斷處，特爲措心，且力爲辯駁。今則爬梳其例，隱括其類，發覆深究。其下別以正段氏之誤改篆文、正段氏之誤刪篆文、正段氏之誤改注文、正段氏之誤作訓解四事論之。①

一、正段氏之誤改篆文

王筠《說文釋例》曰：“大抵段氏所改，是者極多，錯亦不少。”② 所言非虛。據蔣冀騁《說文段注改篆評議》計，段氏改篆一百一十八例。③ 王氏諟正段之誤改篆文者，凡八十例。茲舉兩條，細爲考論。

（一）

《說文·炎部》：“燄，炎光也。从炎，臽聲。（各本篆體作‘燄’，

---

① 上言四事而外，王氏諟正段說者，容有他端，本書“索引三”可參之。

② 王筠：《說文釋例》，中華書局 1987 年版，第 256 頁。

③ 參見蔣冀騁《說文段注改篆評議》，湖南教育出版社 1993 年版，第 48 頁。

解云'舌聲'，鉉疑當是'甜省聲'，非也。此與《木部》之'栝'皆从西之誤，今正。《谷部》曰：'西，舌皃。讀若三年導服之導。一曰讀若沾'，古音在七、八部。導服即禫服也。鉉曰'以冄切'，《集韻》他點、他店切。)"①《說文釋例·存疑》："'焰'下云'火光也'，以冄切。……然則《說文》之'焰'，其爲衍文譌字，未可決知，闕之可矣，不當如段氏改竄也。"②

　　《說文·木部》："栝，炊竈木。從木，舌聲。(臣鉉等曰：'當從甛省乃得聲。'按，徐說非也。'栝''甛''銛'等字，皆從西聲，'西'見《谷部》，轉寫譌爲舌聲耳。他念切，七部。)"③《說文解字句讀》："段氏曰：'栝''甛''銛'等字皆從西聲，轉寫譌爲'舌'。案，《集韻》'栝'有重文'栖'，段說有徵。'甛'④自是會意字，不須改。'銛'字無徵。《玉篇》'栝'在後增字中，《廣韻》祇收'榩'，尚當詳考。他念切。"⑤

　　按：《說文·金部》"銛"(今音息廉切)，《木部》"栝"(今音他念切)，《心部》"恬"(今音徒廉切)，《炎部》"焰"(今音以冄切)，段氏以爲從舌聲不諧，遂易諸字併從西聲；"栝"篆下段氏注云《甘部》"甛"字(今音徒兼切)當從西聲；小徐本《犬部》"猞"字，從犬，舌聲(今音他合反)，段謂"聲"字爲衍，亦以從舌聲不合。王氏多云"未可決知""尚當詳考"，是有所疑，惜未得其所以然。

　　《說文·口部》："舌，塞口也"，徐灝注箋："舌者，口中之幹，故從干耳。'舌'之古音蓋讀若他念切，與'西'同字同音，故'銛''栝''焰''猞''甛''恬'皆用爲聲，是其明證。"《說文·炎部》

---

① 段玉裁：《說文解字注》，上海古籍出版社 1988 年版，第 487 頁。
② 王筠：《說文釋例》，中華書局 1987 年版，第 445 頁。
③ 段玉裁：《說文解字注》，上海古籍出版社 1988 年版，第 264 頁。
④ 此字當是"甛"字之訛。
⑤ 王筠：《說文解字句讀》，中華書局 1988 年版，第 214 頁。

"銛，炎光也"，張舜徽約注："'銛'从舌聲，猶从西聲耳。'西'象舌兒，蓋即'舌'之初文。"蔣冀騁曰："古音談、元二部主要元音相近，故常通轉。舌从干聲，本爲元部字，轉入月部但仍可與談部相通……蓋舌、西本同字，一表實，一表業，其音本同。故舌可有西音，而又有舌音——西讀若誓，誓與舌古音相近，讀若誓與讀若舌無異。"[1] 諸家以段改非是，皆得其實，然猶未盡善。

《說文》："西，舌兒。从谷省，象形。囟，古文西，讀若三年導服之導。一曰竹上皮，讀若沾。一曰讀若誓。弼字从此。"此知"西"一字兩用：一義"竹上皮"（即竹席義），"讀若沾"。《廣雅·釋器》："西，席也。"《集韻·栝韻》："西，一曰席也。"甲文""（《殷墟文字甲編·一〇六六》）、""（《殷墟文字甲編·一一六七》）、""（《殷契粹編·六二二》）諸體，說者每以"西"字釋，象簟席之形，"簟"之初文，爲"宿""弼"諸字所从。《說文》"席"字古文作""，所从之""猶存古義；二義舌兒，則"西"字兩讀，一曰"讀若誓"，"舌"古音在牀母月部，"誓"古音在禪母月部，旁紐聲通，其韻相同。一曰"讀若三年導服之導"，段氏注："（導）古語蓋讀如澹。""澹"屬談部，"舌"屬月部，月、談二部其韻亦通，請詳辨如下：古葉、月二部每多互叶通轉，例如，《土部》"瘞，幽薶也。从土，痍聲"（"痍"古音在葉部，"瘞"古音在月部），《水部》"渫，除去也。从水，枼聲"、《手部》"揲，閱持也。从手，枼聲"（"渫""揲"古音在月部[2]，"枼"古音在葉部），《犬部》"猰，犬食也。从犬，舌聲[3]"（"猰"古音在葉部，"舌"古音在月部），率爲葉、月韻合之明證。然即葉部者，談部之入聲，推之則月、談二部猶當相通。（此按，據王力擬音，月、葉、談三部主要元音同爲[a]。）是三部古韻通轉關係略得如下："舌"（月部）——（葉部）——"銛""銛""栝""昏""恬"（談部）。此其一；古音元、談二部字每互

---

① 蔣冀騁：《說文段注改篆評議》，湖南教育出版社 1993 年版，第 148 頁。

② 此依段氏注。

③ 此採小徐本。

叶通轉。例如，《心部》"恖，疾利口也。从心，从冊"，①王念孫段注簽記："（'冊'下）當有'聲'字。元、談二部亦有相通之字。故'恖'或作'憸'。②"按，"恖"古音在元部③，"憸"古音在談部，元、談二部相轉。再如，鄭眾《婚禮謁文贊》："舍得爲獸，廉而能謙。禮義乃食，口無讒謣。""謙"（談部）與"謣"（元部）爲韻。崔瑗《東觀箴》："焚文坑儒，嬴反爲漢。巫蠱之毒，殘者數萬。吁嗟後王，曷不斯鑒?""漢""萬"（元部）與"鑒"（談部）爲韻。④班固《幽通賦》："靖潛處以永思兮，經日月而彌遠。匪黨人之敢拾兮，庶斯言之不玷。""遠"（元部）與"玷"（談部）爲韻。⑤悉皆元、談二部音合之顯證。然月部乃元部之入聲，推之則月、談二部亦當相通。（此按，據王力擬音，月、元、談三部主要元音同爲 [a]。）是三部古韻通轉關係略得如下："舌"（月部）——（元部）——"銛""姡""甜""恬"（談部）。此其二;《谷部》"丙"字，讀若沾（談部），或讀若誓（月部），亦爲月、談二部音合之明證。此其三。此外，何九盈曰："姡、甜、銛、銛等字都與舌兒有關。……'甜'爲'舌知甘者'，'銛'爲'火光'，與'火舌'義相關。姡甜銛等字既取義於舌，段氏所謂'轉寫訛爲舌耳'的說法就不確了。"⑥說頗中肯。

要而論之，《說文》"銛""姡""甜""恬""銛"諸字从舌（古音屬月部）而隸於談部，音理自協，不煩改字。段氏疏於月、談二部之音合，改篆从丙以求其聲通，未能了然。王氏雖疑段說非是，惜莫能諟正。

（二）

《說文·疒部》："癃，罷病也。从疒，隆聲。（力中切，九部。）瘷，籀文癃省。（按，《篇》《韻》皆作'瘷'，疑篆體有誤。《漢書·高

---

① 小徐本作"從心，冊聲"，徐鍇注"今皆作'憸'"。
② 原書脫"憸"字，今依小徐注補。
③ 段氏曰"恖"當讀如"刪"（元部），大徐"息廉切"非是。今從此說。
④ 參見羅常培等《漢魏晉南北朝韻部演變研究》，中華書局 2007 年版，第 212 頁。
⑤ 參見羅常培等《漢魏晉南北朝韻部演變研究》，中華書局 2007 年版，第 214 頁。
⑥ 何九盈：《語言叢稿》，商務印書館 2006 年版，第 192 頁。

帝紀》：'年老癃病。'景祐本及《韻會》所引皆作'癃'。)"①《說文釋
例·存疑》："'癃'之籀文'瘴'，段氏據《篇》《韻》皆作'瘴'而
疑其誤，非也。'隆'從生降聲，'降'從阜夆聲，則'瘴'從夆聲自
合。且'夆'不成字。《玉篇》《廣韻》誤也。"②

　　按：《說文·疒部》"癃"字下，大、小徐皆云籀文作"瘴"。而《玉
篇·疒部》"癃，良中切，罷病也""瘴，同上"，《廣韻·東部》"癃，病也。
亦作'瘴'"，則謂"癃"字或體爲"瘴"，與今本許書有異。段氏據《篇》
《韻》而疑《說文》注文"瘴"字有誤。依王氏之意，"癃"從隆聲、"隆"
從降聲、"降"從夆聲，與"瘴"從夆聲自合，故《說文》不煩改字。

　　徐承慶《說文解字注匡謬·九曰似是而非》曰："按，籀古之文往往
筆畫省減，未必是誤。"朱駿聲《說文通訓定聲》曰："癃，罷病也。從
疒，隆聲。籀文'夆聲'。"亦以許書不誤。

　　此以古文字形明之。《說文》籀文"瘴"，秦文字作"𤶊"（《睡虎地秦
墓竹簡·日乙一一〇》"大主死𤶊"），漢印文字作"𤶊"（《漢印文字徵》'陳
𤶊'）、或作"𤶊"（《漢印文字徵》'𤶊同成'），從疒，夆聲，當爲"瘴"字
省文。《王國維遺書·史籀篇疏證》曰："𤶊，案，漢《曹全碑》'稟賜瘴
盲'用此字。"《六書故·疑》："癃，良中切，罷病也。淋疾本亦謂之癃。
（瘴，籀文。）"是知許書所錄籀文"瘴"字不誤。

　　再以聲義關係證之。"夆"字，從二倒止，會向下之意，"降"之初
文（或云"降"之省文）。《說文·𨸏部》"降，下也。從𨸏，夆聲"，段玉
裁注："此亦形聲包會意。""洚"字，《說文·水部》"洚，水不遵道。一
曰下也。從水，夆聲"，段玉裁注："'洚'與'夆''降'音義同。""瘴"
字，《說文·疒部》"癃，罷病也。……瘴，籀文癃省"，張舜徽約注："是
癃之本義爲足不能行，引申之則廢疾亦謂之癃。許以罷病釋癃，亦謂癈疾

---

①　段玉裁：《說文解字注》，上海古籍出版社 1988 年版，第 352 頁。
②　王筠：《說文釋例》，中華書局 1987 年版，第 416 頁。

也。"《廣雅·釋言》"躄，瘙也"，王念孫疏證："足不能行，故謂之瘙病，《史記·平原君傳》'躄者曰"臣不幸有罷癃之病"'是也。"《古文字譜系疏證》曰："降之構形即表從上走下來之義，相反成訓，瘙表足不能行之義。"① 是"夅"(即"降")、"洚""痑"(即"瘙")諸字聲義相通，亦知許書所存籀文"痑"字不誤。

綜上，王氏以爲段氏改字爲非，可謂深明許意。然其所謂"'夅'不成字。《玉篇》《廣韻》誤也"，則不盡中肯。"瘙"字許書籀文固作"痑"，然其或體"瘙"字亦屬不誤。"瘙"字從疒，從隆省聲，字出稍後，爲《廣雅》《玉篇》《廣韻》《集韻》諸書所採。《南齊書·武帝紀》"吳興、義興水潦，被水之鄉，賜痼疾篤瘙口二斛，老〔疾〕一斛，小口五斗"，正用此字。

二、正段氏之誤刪篆文

據蔣冀騁《說文段注改篆評議》計，段氏刪篆二十一例。② 王氏諟正段之誤刪篆文者，凡十七例。此舉二事，詳爲考辨。

(一)

《說文·木部》："朻，高木下曲也。從木丩，丩亦聲。(此《韻會》所據小徐本也。今二徐本皆分'樛''朻'爲二篆。'樛'訓下曲，'朻'訓高木，乃張次立以鉉改鍇而然。……丩者，相糾繚也。凡高木下句，垂枝必相糾繚，故曰'從木丩，丩亦聲'。)"③《說文釋例·存疑》："'樛''朻'二字，段氏依《韻會》所引，合併其說解，而刪'樛'字。……竊意'樛'字果係後人羼入，則何不依仿以爲言而割一句爲二。且《樛木》傳'木下曲曰樛'，不言'高'，蓋'下曲'爲'葛藟纍之'之所由，無取乎'高'也。蓋許君宗毛，'樛'

---

① 黃德寬主編：《古文字譜系疏證》，商務印書館 2007 年版，第 1122 頁。
② 參見蔣冀騁《說文段注改篆評議》，湖南教育出版社 1993 年版，第 48 頁。
③ 段玉裁：《說文解字注》，上海古籍出版社 1988 年版，第 250 頁。

下云'下句曰樛'者，取《尒疋》以說《詩》，謂《詩》及《尒疋》皆當作'樛'，不當依《韓詩》作'朻'也。即繼之以'朻'字，而說之曰'高木'，謂'朻'字之訓，自指謂木之高者，於'下句'無涉。今《尒疋》'下句曰朻'，則同聲假借也。"①

按：《說文·木部》："樛，下句曰樛。從木，翏聲。""朻，高木也。從木，丩聲。"《毛詩》"木下曲曰樛"，有"樛"無"朻"；《爾雅》"朻者聊，下句曰朻"，有"朻"無"樛"。段氏以"樛""朻"一字，遂據《韻會》所引，合併二字說解，而刪去"樛"字。後世諸家多言段說非是，然所論乖舛，誠當辨其偽訛。

其一，以爲二篆二義，《說文》訓解不誤。王筠《說文釋例》謂許氏宗毛，故《說文》"樛"下云"下句曰樛"，取《爾雅》以說《毛詩》。今《爾雅》曰"下句曰朻"，"朻"乃"樛"之借字。《說文》"朻"訓"高木"，亦屬不誤；徐承慶《說文解字注匡謬·四曰以它書亂本書》曰："按，許君《詩》從毛氏，故釋'樛'與毛同。鍇云《爾雅》作'朻'，依《詩》爲正，謂許與毛同，不依《爾雅》，非以許作'朻'爲未是也。《釋文》：'《韓詩》本作朻'，《說文》以'朻'爲'木高'，何云'許當日《毛詩》容亦作朻'？……按，此則《爾雅》借'朻'爲'樛'。依《詩》爲正，鍇說如此，則《說文》有二篆甚明。謂'張次立以鉉改鍇'，豈張次立併造此二條乎？……今刪'樛'存'朻'，併'高木''下曲'二訓爲一。以經典相承之字毅然刪去，非也。"蔣冀騁曰："段以爲翏無下曲之義，而丩訓相糾繚，有曲義，故下曲之訓不當屬樛字，而應屬朻字，於是刪樛篆，以其義訓併於朻字下，以便聲義相侔，殊不知形聲字不必皆聲中有義也。段刪誤。"②此按，陸德明《經典釋文》："樛，居虯反，木下曲曰樛，《字林》九稠反。馬融、《韓詩》本並作'朻'，音同，《字林》己周反。《說文》以

①　王筠：《說文釋例》，中華書局1987年版，第402頁。
②　蔣冀騁：《說文段注改篆評議》，湖南教育出版社1993年版，第62頁。

'枖'爲木高。"所引《說文》與今本相合；徐鍇《說文解字繫傳》明謂
"樛""枖"二篆有別；宋本《廣韻·幽韻》："樛,《說文》曰:'下句曰樛。'
《詩》曰:'南有樛木。'《傳》云:'木下曲也。'""枖,《說文》云'高大
也'。"所引許書與今本無別。皆爲許書固存"樛""枖"二篆之顯證。

其二,以爲二篆二義,《說文》訓解互誤。桂馥《說文解字義證》
"樛"字注:"下句曰樛者,與下文'枖'字訓互誤,此當云'高木也'。
本書'丩,相糾繚也',與'下句'意合。'翏,高飛也'與'木高'意
合。《釋木》'下句曰枖',《釋文》云:'本又作樛,同。'"王筠《說文解
字句讀》"枖"字注:"《韻會》引'枖,高木下曲也',段氏從之,刪併兩
字爲一,非也。……許君收此二字,皆據《樛木》之篇,其說'樛'字也,
以《毛詩》爲本,桂氏謂'當云"高木也"',是也。……其說'枖'字
也,以《韓詩》爲本,桂氏謂'當云"下句曰枖"',是也。"張舜徽《說
文解字約注》"枖"字注:"段氏注本徑依《韻會》刪去樛篆,誤甚。""樛"
字注:"許書傳世久遠,轉寫多譌。此二篆說解,即爲後人所亂。桂說是
也。"此按,桂馥謂"樛""枖"其訓互誤,許書"翏"訓"高飛",故從
翏聲之"樛"當訓"高木","丩"訓"相糾繚",故從丩聲之"枖"當訓
"下句"。王氏又以桂說爲得,自亂其說。今以音義關係明之。"丩"聲字
多有"糾絞"之義,如"糾"(《說文·丩部》"糾,繩三合也。從糸,丩
聲",段玉裁注"凡交合之謂之糾")、"疛"(《說文·疒部》"疛,腹中
急也。從疒,丩聲",徐鍇繫傳"今人多言腹中絞結痛也")、"觓"(《說
文·角部》"觓,角貌。從角,丩聲",《集韻·幽韻》"觓,角曲貌")諸
字皆是。而"丩"聲字亦或有"高""大"之義,例如:"訆"字,《說
文·言部》:"訆,大呼也。從言,丩聲",段玉裁注:"與《吅部》'嘂'、
《口部》'叫'音義皆同。"是大聲呼叫謂之"訆"。"輑"字,《廣韻·尤
韻》:"輑,車軫長也。"《集韻·尤韻》:"輑,車軫長也。"是車軫長大謂
之"輑"。"劦"字,《廣韻·尤韻》:"劦,大力。"《集韻·尤韻》:"劦,
絶力也。"是力大謂之"劦"。準此,則《說文·木部》訓"枖"曰"高
木",其恉顯然。此其一;其二,"翏"聲字多有"高""大"之義,如

“飂”（《說文·風部》“飂，高風也。从風，翏聲”）、“嘹”（《說文·口部》“嘹，誇語也。从口，翏聲”，朱駿聲通訓定聲“《孟子》‘其志嘹嘹然’，注：‘志大言大者也’”）、“雡”（《說文·隹部》“雡，鳥大雛也。从隹，翏聲”）、“鷚”（《說文·鳥部》“鷚，天龠也。从鳥，翏聲”，朱駿聲通訓定聲“《爾雅·釋鳥》‘鷚，天鸙’，注：‘大如鷃雀，色似鶉，好高飛作聲，今江東名天鷚’）諸字皆是。然“翏”聲字或有“糾結”之義，例如，“繆”字，《說文·糸部》“繆，枲之十絜也。一曰綢繆。从糸，翏聲”，段玉裁注：“枲即麻也。十絜猶十束也。……《唐風》‘綢繆束薪’，傳曰：‘綢繆猶纏緜也。’”是纏繞束縛謂之“繆”。“摎”字，《說文·手部》“摎，縛殺也。从手，翏聲”，段玉裁注：“凡以繩帛等物殺人者曰縛殺，亦曰摎，亦曰絞。……引申之，凡繩帛等物二股互交皆得曰摎，曰絞，亦曰糾。”是絞殺、纏繞糾結謂之“摎”。準此，《說文·木部》訓“樛”字曰“下句曰樛”，音義俱通。桂、王二氏以“朻”訓“高木”、“樛”訓“下句”於聲義不協，互易二篆訓解，恐失許書之恉。

其三，以爲二篆同字，《說文》訓解本誤或爲後人所亂。朱駿聲《說文通訓定聲》“朻”字注：“按，《爾雅·釋木》：‘下句曰朻。’《高唐賦》‘朻枝還會’，注：‘枝曲下垂也。’从木从丩會意，丩亦聲，與‘樛’同字。許君訓‘高木’，則與‘喬’同字，似非。”“樛”字注：“按，即‘朻’之或體。今系於此。《爾雅·釋木》：‘下句曰朻。’《釋文》：‘本又作樛。’《詩·樛木》：‘南有樛木。’《傳》：‘木下曲曰樛。’《韓詩》作‘朻’。”朱氏以“朻”“樛”同字，其義“下句”（即“木下曲”），而許氏分作兩篆，訓“朻”和“高木”，似非。其以許書訓解本屬訛謬；鈕樹玉《段氏說文注訂》曰：“（段氏）刪去‘樛’篆，非是。”“按，《玉篇》‘朻’爲‘樛’之重文，‘樛’引《詩》‘南有樛木’，《釋文》云：‘木下曲曰樛。馬融、《韓詩》並作朻。’《釋木》‘下句曰朻’，《釋文》云：‘朻，本又作樛。’然則‘朻’當爲‘樛’之重文無疑。《說文》‘朻’注乃後人改，今刪去‘樛’篆，又依《韻會》‘朻’下改作‘高木下曲’，不知‘朻’自來不訓‘高木’也。”徐灝《說文解字注箋》曰：“《玉篇》‘朻’爲‘樛’之重文，實本許書,《韻會》亦同。不知段氏何以毅然刪'樛'篆。且《繫傳》本既二篆並列,而分引《詩》《爾雅》以爲說,則明爲小徐本如是,而乃以爲張次立所改,何其誣邪?今本《說文》分爲二字二義者,實淺人所竄亂耳。正之可也,刪之則妄矣。"張舜徽《說文解字約注》"枓"字注:"抑樛、枓音同,疑枓即樛之或體,後分爲二耳。"各家皆以二篆同字,今許書分作二字二義,乃爲後人所竄亂。此按,"樛"字,戰國秦文作"䅹"(《四年相邦樛斿戈》)、或作"𣓀"(《樛大盉》),秦篆作"䅥"(《琅邪臺刻石》),皆用爲姓名字。此字傳用已久,段氏刪篆,固非;"枓"字,戰國楚文作"𣏌"(《上海博物館藏戰國楚竹書·周易》),濮茅左讀爲"救","挽救"義,或讀爲"收"。[1] 是知"樛""枓"二字其出也早,其用有別。然後世多所通用,故桂馥曰:"樛、枓二字,同聲相通。"段氏曰:"樛即枓也,一字而形聲不同。"《玉篇·木部》:"樛,居秋切。《詩》曰:'南有樛木。'木下曲曰樛。""枓,同上。《爾雅》曰:'下句曰枓。'"《六書故·植物一》:"樛,木句曲也。(亦作'枓'。)"《集韻·尤韻》:"枓,曲木。或作樛。"皆謂"樛""枓"一字。《漢語大字典》(第二版九卷本)"枓"字注:"同'樛'。樹木向下彎曲。"[2] 即取此說。

(二)

《說文·马部》:"骉,艸木马盛也。从二马。(大徐本部末有'骉'字,云:'艸木马盛也。从二马。胡先切。'小徐本無,今依小徐。)"《說文·棗部》:"棗,艸木垂𦱿實也。从木马,(小徐本及大徐宋本皆同。惟趙抄宋本作'从木骉,骉亦聲',《五音韻譜》有同之者,殊誤。蓋篆體一马在木中,寫者屈曲反覆似从二马,因改此解,又於前部末增'骉'篆耳。'骉'音胡先切,則用爲聲之篆不當胡感切也。)马

<hr>

① 劉志基主編:《古文字考釋提要總覽》(第二冊),上海人民出版社2010年版,第1019頁。

② 漢語大字典編纂委員會編纂:《漢語大字典》(第二版九卷本),崇文書局、四川辭書出版社2010年版,第1238頁。

亦聲。(胡感切，古音在七部。)"①《說文釋例·存疑》："段氏刪'咢'
篆，非也。《玉篇》亦有此字。葢'丂'爲未發，'咢'從二丂則盛矣，
'槀'從咢者，盛則華實垂也，其義相承。若謂'咢'音胡先切，則用
爲聲之'槀'不當胡感切。夫切脚取諸《唐韻》，豈古音哉？'咢'從
二丂，'丂'乎感切，則'咢'之音可知。段氏不駁'咢'之胡先切，
轉以胡先駁胡感切，何也？"②

按：《說文·丂部》"咢"字，段氏謂許書應無此篆，故刪之。《槀部》
"槀"字，段氏改篆作"槁"，以此字本從"丂"作。觀其所據者有三：
一、段氏所見小徐本無"咢"字，依此則大徐本當刪此篆；二、"槀"字
注文小徐本及大徐宋本皆作"從木丂，丂亦聲"，準此則篆文當作"槁"；
三、許書"槀"字大徐音胡感切，"咢"字大徐音胡先切，"槀"若從
"咢"則其韻不協，如改篆從"丂"(大徐今音乎感切)，則音義密合。段
氏執此，併改"櫱"字篆文作"𣟴"，改"炙"字籀文作"𤎅"。

諸家多以段氏刪改爲非。例如，鈕樹玉《段氏說文注訂》曰："舊本
《繫傳》有'咢'，《玉篇》亦有，不應刪。""'槁'改作'𣗶'，下文'櫱'
亦改作'𣟴'，並不成字。"徐承慶《說文解字注匡謬·一曰便辭巧說破壞
形體》曰："徐鍇曰：'咢即弓③字。'《玉篇》引《說文》亦作'槀'，非
寫者之屈曲反覆以致沿誤也。改作'𣗶''𣟴'，并'炙'籀文'𤎅'亦改
作'𤎅'，俱不成字。"王紹蘭《說文段注訂補》曰："篆體據《說文》當
從二丂作'𣠽'，段改作'𣗶'非是。""然則'槀'從咢，其篆當作'𣠽'，
解中當作'從木丂，丂亦聲'。而《丂部》末之'咢'不得專輒刪去。"
蔣冀聘《說文段注改篆評議》亦謂段說爲誤，然未能盡善。④今請加
詳焉。

---

① 段玉裁：《說文解字注》，上海古籍出版社 1988 年版，第 317 頁。
② 王筠：《說文釋例》，中華書局 1987 年版，第 412 頁。
③ 此字當作"弓"。
④ 參見蔣冀聘《說文段注改篆評議》，湖南教育出版社 1993 年版，第 138 頁。

　　段氏刪去"弜"篆，以所見小徐本無此字。然清顧千里所藏影宋鈔本、清道光祁寯藻刻本皆有此篆，篆下皆有徐鍇"華盛重累也。《詩》曰：'鄂不韡韡。'韡韡，照也"之注語。知段氏所據，恐是誤本。且《繫傳》各本"棘"篆之下，徐鍇皆注："'弜'即'弓'字也，'韡'字亦從此。"若"棘"字不從"弜"作，則徐氏不應注此。徐灝《說文解字注箋》云："《繫傳》汪、以本俱無此篆，故段氏刪之，今祁氏刻顧千里影鈔宋本《繫傳》則有之。……此篆既原本所有，亦不宜輒刪。"所言甚是；許書趙鈔宋本、宋刻《說文解字五音韻譜》"棘"篆注文皆作"從木弜，弜亦聲"，最得其情。而小徐本及大徐宋本二"弜"字皆作"弓"，當爲傳寫者所誤。此其一。

　　其二，"六書之例，凡物之盛多者往往有重文，其音義或同或異。"① 物盛之字多作疊文，如《畕部》："畕，比田也。從二田"、《鱻部》："鱻，二魚也"、《多部》："多，重也。從重夕"、《炎部》"炎，火光也。從重火"、《仌部》"仌，分也。從重八。八，別也，亦聲"是其例。《弜部》"弜，艸木弜盛也。從二弜"，張舜徽約注："重弓爲弜，喻其盛也。弓與弜雙聲，仍一語之轉耳。"是許書本有"弜"篆亦理之自然。王紹蘭《說文段注訂補》曰："'弓'下云'嘾也。艸木之華未發圅然，象形。''弜'下云：'艸木盛也。從二弓。''棘'是'艸木垂華實'，故須從二弜作'棘'也。"王筠《說文釋例》曰："蓋'弓'爲未發，弜從二弓，則盛矣。'棘'從弜者，盛則華實重也。其義相承。"可謂卓識。

　　其三，許書"棘"字今音胡感切（古音在侵部），"弜"字今音胡先切（古音在真部），段氏以爲其韻不協，故改篆從"弓"（今音乎感切）。然兩漢之時真、文二部合爲一部（真部），② 而侵、真二部之字每多互叶。例如，唐山夫人《安世房中歌》："我定歷數，人告其心。敕身齊戒，施教申申。乃立祖廟，敬明尊親。大矣孝熙，四極爰轃。""心"（侵

---

① 語見徐灝《說文解字注箋》"弜"下注語。
② 羅常培等《漢魏晉南北朝韻部演變研究》（中華書局 2007 年版，第 36 頁）曰："到了兩漢時期這兩部（即真部、文部）就變得完全合用了。"

部）與"申""親""轃"（真部）爲韻①；無名氏《鐃歌·遠如期》："雅樂陳，佳哉紛。單于自歸，動如驚心。""心"（侵部）與"陳""紛"（真部）韻合②；馮衍《顯志賦》："欣吾黨之唐虞兮，湣吾生之愁勤；聊發憤而揚情兮，將以蕩夫憂心。""心"（侵部）與"勤"（真部）合韻③；李尤《函谷關賦》："蓋可以詰非司邪，括執喉咽。季末荒戍，墮闕有年。天閎群黎，命我聖君。稽符皇乾，孔適河文。中興再受，二祖同勳。永平承緒，欽明奉循。上羅三關，下列九門。會萬國之玉帛，徠百蠻之貢琛。冠蓋紛其雲合，車馬動而雷奔。察言服以有譏，捐傳而勿論。于以廓襟度於神聖，法易簡於乾坤。""琛"（侵部）與"咽""年""君""文""勳""循""門""奔""論""坤"（真部）爲韻④；傅毅《七激》："於是乃使夫遊官失勢，窮擯之士，泳溺水，越炎火，窮林薄，歷隱深，三秋乃獲，斷之高岑，梓匠摹度，擬以斧斤。""既食日晏，乃進夫雍州之梨，出於麗陰，下生芷隰，上托桂林。苺露潤其葉，醴泉漸其根。""斤"（真部）與"深""岑"（侵部）爲韻，"根"（真部）與"陰""林"（侵部）合韻⑤。故許慎依漢時韻讀，以"柬"字從弖聲，於理自是。段氏未達此理，遂致誤說。王氏古音之學尤疏，其"夫切腳取諸《唐韻》，豈古音哉？'弖'從二弓，則'弖'之音可知"云云，以臆說爲得理。

其四，"柬"字，甲骨文作"𡿪"（《甲骨文合集·一四二九四》"西方曰𡿪風曰彝"），象以物纏木之形，讀爲"韋"（或曰用作"轃"字之省），西方風名；西周金文作"𡿪"（《師𤷂鼎》"𡿪轃白大師武"），象木上下有物包裹之形，讀爲"范"。春秋金文作"𡿪"（《嗣料盆》"嗣料𡿪所寺"），從木，從弖，字形與許書"柬"篆暗合；戰國金文作"𡿪"（《曾侯乙鐘》"𡿪音"），

---

① 參見羅常培等《漢魏晉南北朝韻部演變研究》，中華書局 2007 年版，第 204 頁。
② 參見羅常培等《漢魏晉南北朝韻部演變研究》，中華書局 2007 年版，第 204 頁。
③ 參見羅常培等《漢魏晉南北朝韻部演變研究》，中華書局 2007 年版，第 206 頁。
④ 參見羅常培等《漢魏晉南北朝韻部演變研究》，中華書局 2007 年版，第 206 頁。
⑤ 參見羅常培等《漢魏晉南北朝韻部演變研究》，中華書局 2007 年版，第 217 頁。

讀爲"函"，字體略有訛變，然且猶从"弓"作。此外，《晉侯穌鐘》"王
至于嘗"，"嘗"字讀曰"范"，其字从艸，弓聲。《曾侯乙鐘》"音"，"音"
字讀曰"函"，其字从彗，弓聲。①皆可爲"東"字从弓之參證。故而《說
文》"東"字雖釋義未準，然篆文作"東"，合於字理，當屬無誤。徐灝
《說文解字注箋》云："（東）从木，从弓，與'朵''束'等字同例，似一
'弓'已足。然各本皆从二'弓'，未宜輕改。其易右曲爲左垂者，書家用
筆之異，亦猶'用'之古文或作'用'，或作'用'，其上短畫，左右無定
形也。段氏以所據《繫傳》無'弓'篆，故改从一'弓'耳。"說頗中肯。

三、正段氏之誤改注文

段氏勘正許書注文，一則徑改許書字句，且於注語出校勘記；一則不
改許書，而於注語出校勘記，明其當改。王筠《說文釋例》曰："段氏曰
'知刪難，知改尤難'，故所刪改增補，是者極多，而證龜成蛇者，亦復不
少。"②王氏校正段氏誤改許書注文者，凡一百九十七條。此舉四事說之。

（一）

《說文·人部》："備，均也，直也。（各本少上'也'字，今
補。《玉篇》《廣韻》皆曰：'均也，直也。'所據古本也。'均'之義
有未盡，故更言'直'也。直謂無枉曲也。）从人，庸聲。"③《說文釋
例·轉注》："'備'下云'均直也'，同上。《玉篇》增爲'均也，直
也'，段氏不察而依之。即如'倬'下云'明也，大也'，所謂'明'
即《說文》之'箸'也，亦分爲兩句矣。"④

《說文·馬部》："騑，驂也，旁馬也。（各本無上'也'字，不
可通，今補。攷《禮記正義》《文選注》，引《說文》或作'旁馬也'

---

① 參見黃德寬主編《古文字譜系疏證》，商務印書館 2007 年版，第 3911 頁。
② 王筠：《說文釋例》，中華書局 1987 年版，第 441 頁。
③ 段玉裁：《說文解字注》，上海古籍出版社 1988 年版，第 370 頁。
④ 王筠：《說文釋例》，中華書局 1987 年版，第 102 頁。

三字，或作‘駖旁馬也’四文，正由有二‘也’字而奪一耳。騑馬，
經典皆謂之駖，故曰‘駖也’。）从馬，非聲。”①《說文釋例·存疑》：
“‘騑’下云‘駖旁馬’，此謂‘騑’與‘駖’異名同實，而其義則謂
在旁之馬也。……然則以‘駖’釋‘騑’，別二名也，以‘旁馬’釋
‘駖’，說其義也。《說文》多此文法，不可讀爲一句。然如段氏‘駖’
下加‘也’字，則似與‘旁馬也’爲各義。”②

《說文·金部》：“鏄，大鐘。淳于之屬，所以應鐘磬也。（‘大鐘’
下當有‘也’字。鄭注《周禮》《禮經》皆云‘鏄似鐘而大’。……
鄭云‘似鐘’，則非鐘也。故許既云‘大鐘’，而又云‘淳于之屬’。）
堵以二，金樂則鼓鏄應之。从金，薄聲。”③《說文釋例·轉注》：“‘鏄’
下云‘大鐘，淳于之屬，所以應鐘磬也’，合三句以解一字。曰‘大
鐘’，謂其用也，曰‘淳于之屬’，仿像其形也。設‘鏄’果是‘大
鐘’，則‘鏞’下云‘大鐘謂之鏞’矣，‘鏄’‘鏞’非一物也。段氏
謂‘大鐘’下當有‘也’字，非。”④

按：《說文·人部》“傋，均直也”，段玉裁據《玉篇》《廣韻》校作
“傋，均也，直也”，以爲“均”“直”乃兩義。王筠《說文解字句讀》曰：
“許君爲‘均’字未顯，故以‘直’伸之。直者，相當也。《玉篇》《廣韻》
皆曰：‘傋，均也，直也。’不知許君意，分而爲兩義矣。”王氏於“均”
後點斷，然猶以“均直”不必分作兩義。今考字書韻書，《慧琳音義》卷
四“傋圓”、卷二十四“豁傋”、卷二十九“豁傋”、卷三十三“傋長”、卷
三十三“傋直”、卷三十五“傋纖”、卷四十“傋停”、卷五十五“傋直”、
卷六十一“傋纖”、卷七十四“傋骽”諸語下引《說文》並作“均直也”，
《希麟音義》卷二“傋圓”、卷七“髒傋”下引《說文》亦作“均直也”，

---

① 段玉裁：《說文解字注》，上海古籍出版社 1988 年版，第 465 頁。
② 王筠：《說文釋例》，中華書局 1987 年版，第 440 頁。
③ 段玉裁：《說文解字注》，上海古籍出版社 1988 年版，第 709 頁。
④ 王筠：《說文釋例》，中華書局 1987 年版，第 103 頁。

與今本無別，爲許書不誤之明證。知段氏校字增"也"，誠屬不必。王氏施逗訓語間，以"均"釋"偏"義，"直"補"均"義，遞相爲訓，共表一義。

《說文·馬部》"騑，驂，旁馬"，段氏易作："騑，驂也，旁馬也。"王筠《說文解字句讀》曰："騑謂之驂，其義在旁之馬也。"謂許氏以"驂"釋"騑"，別其二名，以"旁馬"釋"驂"，則說字義，一表一裏，實屬一義。徐承慶《說文解字注匡謬·二曰肒決專輒詭更正文》曰："按，大徐本二'也'字俱無。《禮記正義》《文選注》引或有'驂'字，或無'驂'，其義不殊。《詩》箋曰：'驂，兩騑也'，《覲禮》注、《檀弓》注皆云'騑馬曰驂'，高誘注《呂覽》云'在中曰服，在邊曰騑'，又云'兩馬在邊曰驂'。故'騑'下云'驂'，申之曰'旁馬'也，非不可通。且有上'也'字，則似兩義。"說與王同。

《說文·金部》"鏄，大鐘，淳于之屬，所以應鐘磬也"，段氏以爲"大鐘"下當有"也"字，注語斷作兩句。王筠《說文解字句讀》曰："（大鐘）指其實也。……（淳於之屬）況其形也。……（所以應鐘磬也）表其用也。合三句乃足以盡其制，故以一'也'字總承之。"乃以段氏增字爲非。

此按，《說文》注文段氏好校增"也"字，斷作兩句，則成兩義。王氏非之，曰："（段氏）不知字有表有裏。名目，表也，意指，裏也。兩'也'字即成兩義。"① 說較段氏爲勝。又，《說文·艸部》"萍，苹也。水艸也"，許書以"苹也"通其名，以"水艸也"釋其義，一義而用兩"也"字，似屬例外。然桂馥、王筠、鈕樹玉皆以"萍"字爲後人所加，張舜徽曰："按，'萍'即'苹'之增偏旁體，而又附于部末，明爲後人所增無疑。今本說解'苹也'二字，乃讀若注記之辭，意謂此即'苹'字耳，傳鈔雜入正文矣。小徐《繫傳》作'苹'，無'也'字，尤可取證。"② 辨之甚詳。

---

① 王筠：《說文釋例》，中華書局 1987 年版，第 103 頁。

② 張舜徽：《說文解字約注》，華中師範大學出版社 2009 年版，第 2803 頁。

故而一義而遞相爲釋者，《說文》例不出兩“也”字，無容執“萍”字而生疑。

《說文》篆下注語兩“也”字則表兩義（本書稱作“二義並訓”），段氏好刪上“也”字，王氏明謂刪改非是。本書其下細考此例，尋文究理，明辨是非。

《說文》以說釋字詞本義爲職志，非與字形有關之他義，雖至易見常聞，所在多棄。亦有兼存數義者，考其義訓之例，或因“一曰”別出他義，如《可部》“奇，異也。一曰不耦”者是；或以二訓遞相爲釋，如《八部》“尚，曾也，庶幾也”者是；亦有合二式爲一者，如《攴部》“敦，怒也，詆也。一曰誰何也”者是。遞訓二義之例，其式當以“某，某某也，某某也”爲宗，“某，某某也。某某曰某”則其變。按之並訓二義，同義復出者有之，文意順承者有之，互補相因者有之，別義歧說者有之，舛訛未通者亦有之……誠爲類例繁富，繳繞難清。如昧於許書特質，牽揗後世字書，徑以迥異二義而爲說，則去許書初誼不知凡幾。《說文》“二義並訓”之條，誤挩上“也”而合二訓爲一者，所在多有，誠爲類例博雜，意蘊宏富。今擷取其例，疏通義類，挈其大要，略得有六：

其一，首列正訓，次出餘義者。例如：

《日部》：“暵，乾也。耕暴田曰暵。”今按，“乾也”者，燥乾也。本書《火部》“熯，乾皃”，段玉裁注：“此與《日部》‘暵’同音同義，从日猶从火也。”《詩·王風·中谷有蓷》“中谷有蓷，暵其乾矣”，馬瑞辰傳箋通釋：“其實暵義止爲暵燥，即乾皃耳。”《易·說卦》“燥萬物者莫熯乎火”，陸德明釋文：“徐本作‘暵’，云熱暵也。”是“暵”“熯”者，形容之字，因以爲動詞，“曝”義則出，《山海經圖贊·海外西經·女丑尸》“十日竝熯，女丑以斃”者是。特以“曝田”爲說，《齊民要術·大小麥》：“大小麥皆須五月、六月暵地。不暵地而種者，其收倍薄。”《晉書·食貨志》：“徐揚二州土宜三麥，可督令熯地，投秋下種，至夏而熟，繼新故之交。”《王氏農書·芟麥歌》：“老農八十諳地利，暑夏呼兒先暵地。再耕再耨土華膩，手把耬犁知已試。”是其例。夫曝田松土，宜於農種，先則必耕（《説文·耒部》"耕，犁也"），是"耕""暵"時則連言，如《三國志·魏志·司馬芝傳》："夫農民之事田，自正月耕種，耘鋤條桑，耕暵種麥，獲刈築場，十月乃畢。"《晉書·傅玄列傳》："耕夫務多種而耕暵不熟，徒喪功力而無收。"而農作者，耕（犁也）、暵、種、刈貫序爲之。"耕暵"者，耕曝田也，古之成法，耕而暵（曝）之，文乃順承。曝田先必以耕，是以"曝田""暵地""耕暵""耕曝田"，實爲一事之數稱，非如段氏所謂"暴田曰暵，因之耕暴田曰暵"者明甚。"耕""暵"別殊二事，許以"耕暴田曰暵"説釋者，意在"暴"而"耕"連類，質與"暴田曰暵"者略無別殊，未可望文爲義。桂馥《説文解字義證》曰："耕暴田曰暵者，謂春耕夏種、秋耕春種之田。吾鄉猶謂之暵。"然於古無證，意恐未安。朱駿聲《説文通訓定聲》牽混"暵"（"煐"）、"暵"（"禖"）而立説，未合字理，恐穿鑿無當。

《木部》："棧，棚也。竹木之車曰棧。"今按，"棚也"者，本書《木部》："棚，棧也"，朱駿聲通訓定聲："編木橫豎爲之皆曰棧、曰棚。"《廣雅·釋宮》"棚、棧，閣也"，王念孫疏證："凡編木爲棚，通謂之棧。"是棧、棚乃竹木散材橫編之物。或布於平地以防陰濕，如《莊子·馬蹄篇》"連之以羈馽，編之以皁棧"，陸德明釋文："編木作靈（櫺）似床曰棧，以禦濕也。崔云：'木棚也'。"桂馥《札樸·鄉裏舊聞·鄉言正字》："床棧曰棚。"或施於危絕以濟不通，如《漢書·張良傳》"因説漢王燒絕棧道"，崔浩音義："險絕之處旁鑿山岩，施板梁爲閣也。"《玄應音義》卷八"棚閣"注："棚，亦閣也，重屋複道也。"或架於高上以蔽容物人，如《詩·小雅·何草不黃》"有棧之車，行彼周道"，孔穎達正義："棧是車狀。"《慧琳音義》卷八十一"棚車"注引《考聲》云："棚車，是樓車。""竹木之車曰棧"者，段玉裁曰："謂以竹若木散材編之爲箱，如柵然，是曰棧車。棧者，上下四方皆偶焉。"是車以棧作命之曰"棧"，猶車以帷飾顔之曰"巾"，"棚""車"二訓義固相承。段以二訓義同，雖未盡當，然未補"一曰"，礄有見矣，《唐寫本説文木部殘卷》如今本作，是其證。"棧""棚"同係橫編木，然義或有衍，用各有當，及其後則"謂架於上以蔽下者曰棚”①。王筠、徐灝惑之，以“棚”“車”二義遠隔，遂補“一曰”於“竹木”前，恐偏滯拘執。唐寫本“棧”字廁於“梐”（止馬木架）、“柩”（驢上負版）間，周祖謨因以謂許氏重其“馬棧”義，是與“棚”字之微别者②，最有見地。然有曲申周說者，謂“棚”者“馬棚”，“棧”之本義③，實屬大謬。

其二，二訓相反相成，主從不分者。例如：

《手部》：“承，奉也，受也。”今按，“奉也”者，授與人也，如《詩·小雅·鹿鳴》“吹笙鼓簧，承筐是將”，鄭玄箋：“承猶奉也。”“受也”者，受諸人也，如《易·師卦》“大君有命，開國承家”，虞翻注：“承，受也。”“承”字，金文作“”（《追承卣》）、或作“”（《令瓜君壺》），象兩手捧人之形。主下體立言，則其義爲“奉”。反之上體，其義爲“受”。“奉”“受”二訓皆通於形構。是故王筠《說文解字句讀》云：“惟此貢之於上，受之於上皆曰承。於字形求之皆合，故不分主從。惟是‘奉’下云‘承也’，故先之耳。”最得許意。

《丝部》：“幾，微也，殆也。”今按，“微也”者，象之隱微也，如《易·系辭上》“夫《易》，聖人之所以極深而研幾也”，鄭玄注：“幾，微也。”“殆也”者，凶危也，如《詩·大雅·瞻卬》“天之降罔，維其幾矣”，毛傳：“幾，危也。”是幽兆已出，其勢或危。初殆之際，其跡微纖。故段氏曰：“危與微二義相成，故兩言之。”“幾”字，金文作“”（《幾父壺》）、或作“”（《卝伯簋》），象以束絲懸人，戈加於絲，而絲斷在即，千鈞一髮之際也。④ 戈施於絲，凶跡已現，禍福莫測，《周易·系辭傳下》：“幾者，動之微，吉凶之先見者也。”此之謂也；凶象或衍，絲斷必勢，危危其象，《左傳·宣公十二年》：“利人之幾，而安人之亂。”即承此義。是“微”“殆”二訓率通於形構。王筠《說文解字句讀》曰：“‘微也’是靜詞，

① 朱駿聲：《說文通訓定聲》，中華書局 1984 年版，第 78 頁。

② 周祖謨：《問學集》，中華書局 1966 年版，第 730 頁。

③ 參見梁光華《唐寫本說文解字木部箋異注評》，貴州人民出版社 1998 年版，第 196 頁。

④ 參見張世超《金文形義通釋》，京都中文出版社 1996 年版，第 950 頁。

'殆也'是動詞，故兩言之。"近得之。或有謂"微"爲借義，"殆"爲本義者①，然借義、正義雜陳並出，有違許書本怡，殊不近情。

其三，二訓同義復出，累說單義者。例如：

《大部》："奄，覆也，大有餘也。"今按，"覆也"者，《詩‧魯頌‧閟宮》"奄有下國，俾民稼穡"，鄭玄箋："奄，猶覆也。"《詩‧大雅‧皇矣》"受祿無喪，奄有四方"，孔穎達疏："奄，亦是覆蓋之義。"是其例；"大有餘也"者，《皇矣》"奄有四方"，毛傳："奄，大也。"《文選‧曹植〈責躬詩〉》"奄有海濱，方周於魯"，李善注引毛氏說："奄，大也。"爲其證。上舉文例互易二詁，文義猶通。故《皇矣》馬瑞辰傳箋通釋云："蓋奄之義本爲大，大則無所不覆，故同謂之奄。"劉淇《助字辨略》卷三亦曰："奄有函蓋之意，故云大也。"誠爲確見。段氏《說文注》："二義實相因也。覆乎上者，往往大乎下，故字從大。"許氏所以分一義爲二者說，乃次訓併及字形故。

《土部》："坤，地也，《易》之卦也。"今按，"地也"者，如《易‧說卦》："坤也者，地也。萬物皆致養焉，故致役乎坤。""《易》之卦也"者，楊泉《物理論》："地者，其卦曰坤。"段氏《說文注》："伏羲取天地之德爲卦，名曰乾坤。""乾""坤"二字初未有之，是以☰、☷別以記之，傳至後世遂造本字，此段氏之意。準此，"坤"本卦名，其象爲地。許合以稱述一義者，以"不說以地，則從土無著，而坤自是卦名，非地之別名也"故②。或有以"地"爲本義、"《易》之卦"乃假借義者③，實則昧於義之遞嬗而爲言，其誣不辯可喻。

其四，二訓互補相因，合以爲訓者。例如：

《馬部》："馬，怒也，武也。"今按，"馬"本畜名，是義顯豁。《說文》避顯求隱，實以聲韻而求其徵象。《廣雅‧釋詁》"武、怒，健也"，王念孫疏證："健謂之武，猶疾謂之舞也。卷一云：'舞、偈，疾也。'《爾雅》

---

① 參見季旭昇《說文新證》，福建人民出版社 2010 年版，第 324 頁。

② 王筠：《說文解字句讀》，中華書局 1988 年版，第 546 頁。

③ 參見柯明傑《〈說文解字〉釋義析論》，臺灣花木蘭文化出版社 2008 年版，第 76 頁。

云：‘疾，壯也。’《雜卦傳》云：‘咸，速也。’是其證矣。……怒者，《莊子·逍遙遊篇》云：‘怒而飛，其翼若垂天之雲。’《人間世篇》云：‘怒其臂以當車轍。’《後漢書·第五倫傳》‘鮮車怒馬’，李賢注云：‘怒馬，謂馬之肥壯，其氣憤盈也。’皆健之義也。”又，桂馥《說文義證》：“‘馬’訓‘武’‘怒’，言其健也。”是怒者，馬之本性；武者，馬之外徵。許氏合二者說之，馬之健勇貌躍然。

《竹部》：“籤，驗也。一曰銳也，貫也。”今按，“驗也”者，徐鍇《說文繫傳》：“籤出其處爲驗也。”段氏《說文注》：“‘驗’當作‘譣’，占譣然否也。”許氏因聲以示竹制占具之用；“銳也貫也”者，王氏《說文解字句讀》：“今人削竹令尖謂之籤。貫，即以此穿之也。”朱氏《說文通訓定聲》：“《廣雅·釋詁二》：‘籤，利也。’《釋器》：‘籤謂之鑱。’鑱字或作弗，《字苑》：‘弗，謂以籤貫肉炙之者也。’”是“銳也”者，示物之徵。“貫也”者，明物之用。二訓同出，合以言“籤”乃銳細貫物之具也。朱氏復言“銳”義乃“鑯”字之借，誠近於鑿。考从“韱”之字，率多包貫“銳細”之義，“韱”（《說文·韭部》“韱，山韭也”，其物銳長）、“攕”（《說文·手部》“攕，好手皃”，其狀纖細）、“鑯”（《說文·金部》“鑯，鐵器也”，其物利銳）、“霎”（《說文·雨部》“霎，微雨也”，其形細纖）、“孅”（《說文·女部》“孅，銳細也”）、“纖”（《說文·糸部》“纖，細也”），諸字皆是。此知“銳細”之義非唯“鑯”字所獨有，朱說殆爲專輒，未可信之。

其五，首則繫源，次出本訓者。例如：

《手部》：“捷，獵也，軍獲得也。……《春秋傳》曰：‘齊人來獻戎捷。’”今按，“獵也”者，放獵逐禽也，多所得；“捷也”者，勝之也，勝則必獲。段氏《說文注》：“以疊韻爲訓，謂如逐禽而得之也。”是“捷”“獵”二字音近而義通；“軍獲得也”者，如《詩·小雅·采薇》“豈敢定居，一月三捷”，毛亨傳：“捷，勝也。”《左傳·僖公二十一年》：“楚人使宜申來獻捷”，杜預注：“捷，獲也。”夫軍戰，勝則必有所獲，是“勝”“獲”其義相成。許以《春秋傳》證成“捷”義，“軍獲得”自爲正

訓恐無可疑。《說文》固有首訓釋源，次出正訓之體式。《丄部》："帝，諦
也，王天下之號也。"①《龜部》："龜，舊也，外骨內肉者也。"《𨸏部》："陰，
闇也，水之南、山之北也。"率其例。或有昧於此式者，乃以本義、引申
遞衍二義解之②，恐屬乖謬。

　　《勹部》："旬，徧也。十日爲旬。"今按，段氏《說文注》："（十日爲
旬）此徧中之一義也。……日之數十，自甲至癸而一徧。"王氏《說文解
字句讀》："（十日爲旬，從勹、日）從日難解，故先說之而複言從也。"俱
視"徧也"者正訓，"十日爲旬"者乃涉形申發正訓之所出。然"旬"字，
甲文借"𣄼"（《甲骨文合集·二六四七五》）（"雲"初文微變）爲之，金
文累增義符作"𣄽"（《新邑鼎》"𣄽又四日丁卯"），秦文字作"𣄼"（《睡
虎地秦墓竹簡·法律七》"三𣄼"），從日、從勹。是知"十日"者，義出
也早，自爲本訓殆無可疑，故二氏說誠非。朱氏《說文通訓定聲》、徐灝
《說文解字注箋》皆以"徧"義者引申"十日"義者本義說之，略得其實。
然《說文》先後之辭未嘗倒亂，首訓餘義、次出本義殆與說字之體不相應
矣。是此當以首繫語源，次出本訓之體解之。旬之言徧，自甲至癸十干已
周，日累十亦徧，故日十者爲旬③。此式《說文》恒有，如《田部》"田，
陳也。樹穀曰田"，《手部》"掩，斂也。小上曰掩"，均是其證。

　　其六，主訓雖定，亦採別說者。例如：

　　《艸部》："茿，茇也，茅根也。"今按，"茇，艸根也""茿，茇
也""茇，艸根也""芃，艸盛也"，《說文》列字舊次若此。段氏曰："茿
者，茇也。茇者，艸根也。文相承。"是知許以"茿"爲"艸根"，殆無可
疑。審"茿"之爲用，經傳尠少，字書多有，然略有歧說。或通稱"草
根"，《爾雅》"茿、茇、茇，根"者是④；或但指"茅根"，《玉篇·艸部》
"茿，虇也""虇，黃茅根，煎取汁治消渴也"者是。許未獨尊一訓，復出

---

① "帝"字本義今有別說，茲僅就許意說之。
② 參見柯明傑《〈說文解字〉釋義析論》，臺灣花木蘭文化出版社2008年版，第76頁。
③ "旬""徧"上古同屬真部，是爲音近義通者。
④ 《爾雅》郭璞注本作："茿，茇。茇，根。"今據段、桂、朱、王說訂之。

"茅根"一說，足見其慎。是以段氏曰："'茅根也'之上，當有'一曰'二字，此別一義，以苬專屬茅根也。"王氏《說文解字句讀》益"謂"字於"茅根"上，以"苬"但指"藕根"，其所據者，《玄應音義》也。然則唐人引書常隨文增字，其引它書往往有誤偶《說文》者，不足盡信；且況許書釋義唯簡直是尚，果若王說，但可徑云"苬，茅根也"，不必諄複若此。王說殊爲疏率，今不取之。

《攴部》："敕，誡也。舌地曰敕。"今按，"誡也"者，本書《言部》："誡，敕也。"則二字互訓。"告誡人者，恒以手指斥之，俗稱指責。故敕字从攴，从攴猶从又也。"①許以"誡也"者本訓，自無乖疑；"舌地曰敕"者，植物於地也，是義之用，古書罕有，通以另字記之。段氏注曰："（舌地曰敕）此別一義。凡植物地中謂之蒦，或作傳、事、剚、鈕。"此之謂也。"有一字數解皆可通於形體者，許君必並存之"②，"舌地"義通形構，許氏兼而錄之，"蓋以廣異聞，備多識，而不限於一隅也"③。"敕"字二訓文隔義遠，恐當以同形二字解之。《說文通訓定聲》以"舌地"義乃"鼓"（《攴部》"鼓，刺也"）字之借，略欠分晰，姑備一說。

上言六事而外，《說文》以二訓遞相爲釋者，間容他式。然則要爲傳抄衍訛而偶成，非爲許書真貌若此，故不爲此列。至若某訓未通而義類難明者，亦不贅述。

（二）

《說文·厂部》："厝，厝石也。（各本作'厲石'，今正。……厝石，謂石之可以攻玉者。《爾雅》：'玉曰琢之。'玉至堅，厝石如今之金剛鑽之類，非厲石也。假令是厲石，則當次'厎''厲'二篆之下，而不當次此矣。）从厂，昔聲。《詩》曰：'佗山之石，可以爲厝。'"④

---
① 張舜徽：《說文解字約注》，華中師範大學出版社2009年版，第753頁。
② 黃侃：《文字聲韻訓詁筆記》，上海古籍出版社1983年版，第85頁。
③ 語見王念孫《〈說文解字注〉序》。
④ 段玉裁：《說文解字注》，上海古籍出版社1988年版，第447頁。

《說文釋例·存疑》："'厝'下云'厲石也'，段氏改'厲'爲'厝'，兼於毛《傳》增一'錯'字，誤。'底''厲''厝'皆磨礪之石，非有三石名爲'底''厲''厝'也。其爲物色甚多，但柔者目爲'底'，剛者目爲'厲'與'厝'耳。若以爲石名，則非它物可代。如段氏言，則《詩》將曰'他山之石，可以爲石'乎？抑將曰'他山之厝，可以爲厝'乎？又儻以金剛鑽之類，則又將曰'他山之石，可以爲金剛鑽'乎？"①

按：《說文》"厝""底""厲""厱"諸字，皆訓磨礪之石，段氏以"厝"字不與"底""厲""厱"類列，遂變易"厝"字義訓，謂其爲刻劃之石。王氏明謂其非，且徵之目驗，說較段氏爲優。段注本《說文·金部》"鑢，厝銅鐵也"，段玉裁注："'厝'作'錯'，誤。'厝'者，厲石也，故以爲凡砥厲之字。"又以"厝"乃"厲石"，說自淆亂。徐灝《說文解字注箋》曰："段說字義往往以篆之次第爲斷，故多誤。會凡摩鑢金石謂之'厝'，古通作'錯'。《說卦傳》'八卦相錯'，即所謂剛柔相摩，八卦相蕩也。厝非金剛鑽之類明矣。"至爲明了。

今以音義關係明此。"昔"聲之字每有"粗礪"之義。例如，"楷"字，《爾雅·釋木》"楷，骰"，郭璞注："謂木皮甲錯。"邢昺疏："木皮甲鱺錯者名楷，亦名骰。"是木皮粗硬多皺曰"楷"；"骰"字，《爾雅·釋木》"槐小葉曰榎；大而骰，楸；小而骰，榎"，郭璞注："老乃皮鱺骰者爲楸，小而皮鱺骰者爲榎。"是皮表粗糙皺裂曰"骰"；"腊"字，《玉篇·肉部》："腊，乾肉也。"《山海經·西山經》："有獸焉，其狀如羊而馬尾，名曰'羬羊'，其脂可以已腊"，郭璞注："已腊，治體皺。"《廣雅·釋言》"骰，皵也"，王念孫疏證："'腊'與'骰'通。"是皮皺質粗之乾肉曰"腊"；"齰"字，《廣韻·禡韻》："齰，齰齖。""齖，齰齖，不相得也。"《集韻·禡韻》："齖，齰齖，齒不相值。"是齒之粗惡不齊曰"齰齖"；"鯌"字，李白《醉

---

①　王筠：《說文釋例》，中華書局 1987 年版，第 438 頁。

後贈從甥高鎮》“匣中盤劍裝鱛魚”，王琦輯注：“鱛魚，古謂之鮫魚，今謂之沙魚。以其皮爲刀劍鞘者是也。”李時珍《本草綱目·鱗四·鮫魚》：“古曰鮫，今曰沙，是一類而有數種也，東南近海諸郡皆有之。……皮皆有沙，如珍珠斑。”是皮質麤粗之鮫魚曰“鱛”；“厝”字，《說文·厂部》“厝，厲石也”，張舜徽約注：“厝本厲石之名，因引申爲凡磨厲之稱。”是石質麤澀之磨石曰“厝”。“粗”“磨”其義相因，故“昔”聲字亦有“磨治”之義。例如，“錯”字，《說文·金部》“錯，金涂也”，段玉裁注：“謂以金措其上也。”引申則有“錯磨”義。《尚書·禹貢》“錫貢磬錯”，僞孔安國傳：“治玉石曰錯。”《廣韻·鐸韻》：“錯，鑢別名。又雜也，摩也。”《玉篇·金部》：“錯，鑢也。雜也。”是磨治玉石曰“錯”；“劄”字，《爾雅·釋器》“犀謂之劄”，郭璞注：“治樸之名。”是雕刻打磨曰“劄”；“腊”字，《廣韻·陌韻》：“腊，磨豆也。”《玉篇·豆部》：“腊，叉白切，磨豆也。”是磨碎之豆曰“腊”。不煩殫舉。而段氏依“金剛鑽”解“厝”字，以“鑽劃”而非“磨治”爲其徵，恐非物情。此其一。

　　再以字書、韻書證之。黎本《原本玉篇殘卷·厂部》“厝”下引《說文》曰：“厲石也。”《慧琳音義》卷四十六“安措”注引《說文》曰：“厝，厲石也。磨也。”《六書故·地理一》“錯”字注引《說文》云：“厝，厲石也。”蔣斧本《唐韻殘卷》弟四十二葉：“厝，厲石。”是爲許書本作“厝，厲石也”之明證。此其二。

　　此外，王氏《說文釋例》曰：“‘厎’‘厲’‘厝’皆磨礪之石，非有三石名爲‘厎’‘厲’‘厝’也。其爲物色甚多，但柔者目爲‘厎’，剛者目爲‘厲’與‘厝’耳。若以爲石名，則非它物可代。如段氏言，則《詩》將曰‘他山之石，可以爲石’乎？抑將曰‘他山之厝，可以爲厝’乎？又儗以金剛鑽之類，則又將曰‘他山之石，可以爲金剛鑽’乎？”辭嫌枝蔓，繳繞甚矣。“厝”字注文，段氏易“厲石”爲“厝石”，誠非強言其爲石之專名。此推究《說文注》“三字句”之例以明之。段氏明謂“三字句”（或“三字一句”“三字爲句”）者，凡八十有七，其類有三：其一，以許書義訓不可分割而徑遂作注者。如《艸部》“蘘，蘘荷也”，段注：“三字句。”

《車部》"範，範軶也"，段注："三字句。"計三十有三；其二，諒淺人刪削許書故於義訓之前增補正篆者。如《人部》"佝，務也"，段易爲："佝，佝務也。"且注："三字爲句。"《女部》"嫺，雅也"，段易爲："嫺，嫺雅也。"且注："三字句。"凡四十例；其三，謂陋儒擅改許書遂訂義訓首字爲正篆者。如《石部》"碬，厲石"，段氏易爲："碬，碬石也。"并注："三字爲句。"《頁部》"頓，下首也"，段注："當作'頓首也'……三字爲句。"計十四例。① 故段氏"三字句"之例，義訓首字與正篆相同爲其表徵。②《厂部》"厬，厲石也"，段氏易作"厬，厬石也"，是與上言第三類文同一例，惟改字以求其義合，未有他意。王氏未審其詳，以段氏改注乃質言"厬"爲專名，自非平實之論。

<h2 style="text-align:center">(三)</h2>

　　《説文·肉部》："肕，膂骨也（宋本、李燾本皆作'骨'，俗本作'肉'，非也。此如脅爲兩膀，正名百物，不可紊也。）从肉乙。（各本作'乙聲'，今按，'聲'字淺人所增也。膂臆字古今音皆在職德韻，乙字古今音皆在質櫛韻。是則作'臆'者形聲，作'乙'者會意也。從乙者，兒其骨也。魚骨亦有名乙者。於力切，一部。）臆，肕或从意。（意聲也。）"③《説文解字句讀》："段氏刪'聲'字，非也。虎之膂有乙骨，佩之有威，人固無之，不可穿鑿。"④

　　按：段氏以爲"肕"字古音在一部，而"乙"字古音則在十二部，今《説文》"肕"从乙聲，其韻不協，遂刪"聲"字，謂其从肉乙會意。徐灝《説文解字注箋》："乙聲、意聲古今音皆不同部，段説是也。從乙蓋象膂骨，亦非會意。"以乙聲不諧，説同段氏。王筠《説文解字句讀》曰：

---

① 參見宋鐵全《〈説文〉三字釋語研究》，碩士學位論文，蘇州大學文學院，2007年。

② 《走部》"趰，趈趰也"，段氏注："三字句。"僅此一例非是。

③ 段玉裁：《説文解字注》，上海古籍出版社1988年版，第169頁。

④ 王筠：《説文解字句讀》，中華書局1988年版，第144頁。

“虎之智有乙骨，佩之有威，人固無之，不可穿鑿。”以段氏解字“从乙”牽強。

此以古韻關係明之。職、質二部字每多互叶通借。《六書音均表·詩經韻分十七部表》弟一部：“節，本音在弟十二部。《離騷》合韻‘服’字，讀如‘側’。此今韻‘即’‘唧’字入職韻之所因也。”弟十二部：“減，本音在弟一部。《詩·下武》合韻‘匹’字。”《說文·疒部》“瘱，頭痛也。从疒，或聲。讀若‘溝洫’之‘洫’”，段玉裁注：“按，洫聲在十二部，或聲在一部。然《毛詩》‘洫’作‘減’，古文‘閾’作‘閪’，是合音之理也。”是段氏猶知職、質二部之韻合；《說文·馬部》：“驚，牡馬也。从馬，陟聲。讀若郅。”“陟聲”古音在職部，“郅”古音在質部，此職、質二部相轉；《易林·大畜之訟》：“江淮易服，玄黃朱飾。靈公夏徵，哀禍無極。高位崩顛，失其寵室。”“服”“飾”“極”（職部）與“室”（質部）韻；①《易林·明夷之否》：“王伯遠宿，長婦在室。異庖待食，所求不得。”“室”（質部）與“食”“得”（職部）韻；②後漢《無極山碑》：“欽案禮黃，咨古遺則。功加于民，官報其德。今備七牲，珪璧法食。改館興廟，恢祐宇室。增益吏役，恭君下職。”“則”“德”“食”“職”（職部）與“室”（質部）爲韻。③此類甚多，不煩辭費。“肊”字古音在影母職部，“乙”字古音在影母質部，聲同韻通，故“肊”字固從乙聲，無庸致疑。

王氏謂許書“肊”字固從乙聲，持論最確，然以“肊”字聲不表義，則屬膠固。《說文》形聲兼會意字，多以“从某，某聲”（或“从某某，某聲”）爲訓。《玉部》“碧，从王石，白聲”，段玉裁注：“从玉石者，似玉之石也。碧色青白，金尅木之色也，故从白。云‘白聲’者，以形聲苞會意。”《竹部》“箬，楚謂竹皮曰箬。从竹，若聲”，段玉裁注：“若，擇菜也。擇菜者絕其本末，此形聲包會意也。”《艸部》“蘺，黃華。从艸，難聲”，段玉裁注：“《後漢書·馬融傳》曰：‘薄扈蘺榮。’‘蘺’或作

① 參見羅常培等《漢魏晉南北朝韻部演變研究》，中華書局 2007 年版，第 299 頁。
② 參見羅常培等《漢魏晉南北朝韻部演變研究》，中華書局 2007 年版，第 299 頁。
③ 參見羅常培等《漢魏晉南北朝韻部演變研究》，中華書局 2007 年版，第 221 頁。

'蘱'。……此舉形聲見會意。"《走部》"趃，急走也。從走，弦聲"，段玉裁注："形聲包會意。從弦有急意也。"《馬部》"駉，牧馬苑也。從馬，冋聲"，段玉裁注："冋亦聲。"①《女部》"妃，匹也。從女，己聲"，段玉裁注："以女儷己也。"皆是其例。《肉部》"肍，𧮫骨也"，朱駿聲通訓定聲："肍，胸肉也。從肉，乙聲，或從意聲。按，乙者，胸旁骨，象形。"張舜徽約注："戴侗曰：肍，𧮫歧骨也。……肍之爲言乙也。《禮記·內則》：'魚去乙。'鄭注云：'乙，魚體中害人者名也。今東海鰞魚，有骨名乙。在目旁，狀如篆乙，食人鯁人，不可出。'人之胸旁兩骨與魚乙形近，因謂之肍。肍從乙聲，聲中有義也。段玉裁謂'從乙者，其骨。'是也。必徑刪說解聲字，則非。"皆以"乙"字即聲見義。二氏犁然辨晰，許意自明。

（四）

《說文·叀部》："叀，小謹也。（各本'小'上有'專'字，此複舉字未刪，又誤加寸也。）從幺省，從屮。（二字今補。）屮，財見也。（亦小意。）⊞，象謹形。（四字各本無，今補。蓋李陽冰爲墨斗之說而有所刪也。上從屮，下從幺省，中象顒顒謹皃。）屮亦聲。"②《說文釋例·存疑》："'叀'下云：'專小謹也。從幺小，屮，財見也，屮亦聲。'案，許君說誤。而其所以致誤之由，則由於以爲'叀''專'同字也。故曰'專小謹也'者，'專'以釋'叀'，'小謹'以釋'專'，故《玉篇》曰：'小謹也。今作專。'是爲善讀許書者也。段氏刪之，又不解'幺''屮'，而解所誤增之'田'象謹形，皆是不知而作。案，'幺''屮'皆小義，小而叀之，是謹小慎微之意。然闕中央未說，非如段氏云云也。"③

---

①　《說文·冂部》："冂，邑外謂之郊，郊外謂之野，野外謂之林，林外謂之冂。象遠界也。……冋，古文冂從囗，象國邑。"

②　段玉裁：《說文解字注》，上海古籍出版社 1988 年版，第 159 頁。

③　王筠：《說文釋例》，中華書局 1987 年版，第 380 頁。

　　按：段氏創爲"篆下複寫隸字"之說，其云："許君原書篆文之下，以隸複寫其字，後人刪之，時有未盡。"①《說文》文字用篆文，說解用隸書，段氏以爲許書篆文下本有複寫篆文之隸字，乃爲後人所刪。② 然則有後人刪削而未盡者，例如，《玉部》"霊，靈巫也"，段玉裁注："各本'巫'上有'靈'字，乃複舉篆文之未刪者也。"《牛部》"牣，牣滿也"，段玉裁注："（牣）此複字刪之未盡者。"《言部》"謰，謰慧也"，段玉裁注："（謰）此複舉字之未刪者。"是其例；亦有不當刪而爲淺人所刪者，例如，《山部》"屼，山也"，段玉裁注："三字句。各本無'屼'字，淺人所刪，乃使文理不完。許書之例，以說解釋文字，若'屼'篆爲文字，'屼山'爲說解，淺人往往氾謂複字而刪之。"《水部》"河，水也"，段玉裁注："各本'水'上無'河'字，由盡刪篆下複舉隸字，因並不可刪者而刪之也。許君原本當作'河水也'三字，'河'者篆文，'河水也'者其義也，此以義釋形之例。"《隹部》"雟，周燕也"，段玉裁注："各本'周'上無'雟'字，此淺人不得其句讀，刪複舉之字也。"是其例。王筠曰："段氏好言複舉字之未刪者，此惟六書正譌然耳。當許君時，篆文爲人所常見，且每字皆有'從某某'之文，則字體分明矣，豈慮人不識而以楷照之乎？至於'一曰'之下，再出本字而後說之者，別一義也。小徐本多有，大徐刪之，殊爲不達。至於首一說，則繫之篆文也。推段氏之意，蓋以今存說解，少於原領者萬餘字，苟每字下加一複舉字，則足領矣。然又恐人歎之，故不肎直言也。"③ 段氏所謂複舉字，王氏分爲兩類且細爲駁正：一、誠非複舉，乃爲段氏所誤改者。例如，《辵部》"迵，迵迭也"，王筠釋例："段氏謂'迵'爲複舉字，非也。又謂'迭'當作'達'，亦似是而非。《玉篇》：'迵，通達也。'……然則'迵達''迵迭'者，皆雙聲字。'迵迭'直是迵達，與《玉篇》'通達'同義。"《危部》"攱，攱嶇也"，王筠釋例："亦連語。……段氏所據玄應引《說文》云'攱嶇，傾

① 語見《說文·玉部》"霊"字注。
② 或有稱"複舉字"作"附注字"者，以其乃後世抄寫者所注，實非許書之舊。
③ 王筠：《說文釋例》，中華書局1987年版，第299頁。

側不安也’，以爲夾入注語，不知正是完本也。”《女部》“委，委隨也”，王筠釋例：“疊韻連語。段氏於‘委’下注‘逗’字，非也。”《女部》“娐，娐姝也”，王筠釋例：“‘娐’下云‘娐姝也’，段氏疑‘娐’爲複舉字。案，‘娐’‘姝’雙聲，當是連語。”《言部》“訬，訬擾也”，王筠釋例：“段氏謂‘訬擾’之‘訬’，乃複舉字刪之未盡者，非也。‘訬擾’疊韻字，吾鄉謂有急而疾言者爲訬擾，或即此意。”王氏駁正段氏臆改，措辭嚴謹，信而有證；二、確爲複舉，乃爲後人所誤增者。王筠曰：“《字源偏旁小說·序》云：‘李陽冰就許氏《說文》，重加刊正，展作三十卷。復於《說文》篆字下，便以隸書照之，名曰《字說》。’然則今之複舉字，蓋校者以《字說》闌入。”① 例如，《欠部》“歊，歊食不滿也”，王筠釋例：“段氏疑‘歊’爲‘嗛’譌，然《玉篇》《廣韻》皆云‘食不飽’，知爲複舉字。”《心部》“愫，愫撫也”，王筠釋例：“段氏改‘撫’爲‘憮’。然《玉篇》《廣韻》皆引《說文》‘撫也’，《方言》‘愫，憐也’，《說文》‘憐’下亦云‘撫也’，是不可改也。”王氏不囿成說，折衷詳慎，言之成理。

　　今按，《說文·叀部》“叀”下訓曰“專小謹也”，諸家之解頗爲不同。段氏謂注文首字本複舉未刪之字，後誤加“寸”字。徐灝《說文解字注箋》曰：“‘叀’即古‘專’字。……‘專’從寸，與又同，蓋取手持之意。‘叀’訓‘小謹’，與‘專’同義，其形亦相承，本爲一字無疑也。‘小’上‘專’字，戴氏侗引此亦無之。”謂“叀”“專”同字，注文“專”字許書本無，並引《六書故》爲證。以今本許書有誤，“叀”字當訓“小謹”，此一說也；孔廣居《說文疑疑》曰：“‘叀’即‘專’本字。許注‘專小謹’，謂小心謹慎而專一也。”謂“叀”“專”一字，且強作疏通。以今本許書無誤，“叀”字本訓“專小謹”，此二說也；桂馥《說文解字義證》謂：“專小謹也者，當爲‘專專，小謹也’。《詩》‘有敦瓜苦’，傳曰：‘敦，猶專專也。’箋曰：‘專專如瓜之繫綴焉。’本書‘顓’下云：‘頭顓顓謹

―――――――

① 王筠：《說文釋例》，中華書局1987年版，第301頁。

皃。’”以許書注文有誤，原文當作："叀叀，小謹也。"徐灝《說文解字注箋》曰："或曰當云：'叀叀，小謹也'。"又以注文首字當作"叀叀"。以今本許書有誤，"叀"字當訓"叀叀，小謹"，此三說也；徐承慶《說文解字注匡謬》曰："按，原文連篆文讀，云'叀叀，小謹也'。轉寫譌'叀'，而以為複舉未刪之字，誤加'寸'。"謂許書本作"叀，叀小謹也"，注文當連篆讀，解作"叀叀，小謹也"，今"叀"字轉寫而訛作"叀"。朱駿聲《說文通訓定聲》作"叀，叀叀，小謹也"，意與徐氏近似。以許書原本無誤，且當連篆為讀，"叀"字本訓"叀叀，小謹也"，此四說也；王筠《說文釋例》曰："案，許君說誤。而其所以致誤之由，則由於以為'叀''叀'同字也。故曰'叀小謹也'者，'叀'以釋'叀'，'小謹'以釋'叀'。……'叀'下云'叀者，如叀馬之鼻'，乃'叀'之正義。其字形則全體指事，非如許說之會意兼聲也。"其《說文句讀》作："叀，叀，小謹也。"注曰："謂專壹之'叀'可用'叀'也。乃'叀'而可以'小謹'釋之者，《豳風》'有敦瓜苦'，傳：'敦，猶專專也。'箋：'專專如瓜之繫綴焉。'案，人之小謹，其狀似之。《頁部》'顓'下云：'頭顓顓謹兒。'"謂"叀""叀"本屬兩字，然專壹之字可用"叀"，故許書以"叀"字釋"叀"，再以"小謹"釋"叀"字，遞相為訓。以今本許書無誤，"叀小謹"當一句兩讀，"叀"字義即"小謹"，此五說也。

較而論之，當以第三、四說為勝。古書未見"叀"（或"叀"）字單用而義為"小謹"者。疊其字則作"叀叀"（或"叀叀"），重言形況字，是與"顓顓"本屬同源，聲同而義通。桂馥、王筠辨之甚詳，此不贅述。

又，"叀"字，甲骨文作"🔸"（《甲骨文合集·五一一〇正》"王🔸丁亥出"）、或作"🔸"（《甲骨文合集·三四一三一》"🔸王族令"），象紡塼之形，讀為"惠"①，用作語辭。金文作"🔸"（《大克鼎》"🔸于萬民"），用為動詞，謂施恩，或作"🔸"（《彔伯戓簋》"🔸盲天命"），用作語辭。徐灝《說文解字注箋》曰："《寸部》：'叀，一曰紡叀。'紡叀所以收絲，其制以瓦

_____

① "叀"字今音職緣切，古音在元部，"惠"字古音在質部，質、元二部旁對轉。

爲之,《小雅·斯干》傳'瓦,紡專'是也。'𤮺'象紡車之形,上下有物貫之。今云从中从幺省者,望文爲說耳。'專'从寸,與又同,蓋取手持之意。"足以發明"叀"字本義。鐘鼎文"叀"字釋作"惠",王氏已言之。其《說文釋例》曰:"《積古齋·鬲攸從鼎》'𫍯'釋爲'惠公',《虢叔大林鐘》'𫍯'釋爲'惠叔'。以字言之,'𫍯'即是'叀',而'叀'非諡,當爲'惠'之省。又《東朙尊》'𫍯'字釋爲'叀'。"發疑正讀,所言甚是。至謂"叀"當爲"惠"字之省,恐未愜當。"惠"字早見於西周,作"𫍯"(《衛盉》"衛用乍朕文考𫍯孟寶盤"),用爲姓名字,或作"𫍯"(《趩簋》"用康𫍯朕皇文剌且考"),義即和順。"惠"當爲"叀"之後出加旁字。而"專"字,甲骨文作"𫍯"(《甲骨文合集·八五九七》"𫍯")、或作"𫍯"(《甲骨文合集·二〇〇六五》"其比侯𫍯"),金文作"𫍯"(《專車季鼎》"𫍯車季乍寶鼎"),从又(或从収),从叀,叀亦聲,會手轉紡塼之意,用爲人名、地名等。徐灝曰:"'叀'即古'專'字。"然驗之古文,"叀""專"其用有別,似不必以爲一字。

綜上,《說文·叀部》"叀"下曰:"从幺省,中,財見也,中亦聲。"許慎說字,失其形義,不足據信。段氏以臆改注,訛以滋訛。王氏謂:"'幺''中'皆小義,小而叀之,是謹小慎微之意。"穿鑿無當,實不足取。

四、正段氏之誤作訓解

段氏注解《說文》,或考校、恢復許書原貌,或闡明、創通許書條例,或據許書校釋、貫通群籍,或闡發文字形、音、義之關係,創獲良多。然而,"段氏體大思精,不免武斷支離。"①《說文注》疏略、譌誤、臆斷之處,所在多有。王氏駁正段氏之誤作訓解者,計一百七十四例。此取兩例,詳爲考辨。

---

① 語見何紹基《蓉友王君墓表》。

(一)

《艸部》:"茜,以艸補缺。(《廣雅·釋詁》四:'茜,補也。丈例反。')从艸,西聲。讀若俠。(或作'陸',誤字也。)或以爲綴。(讀如俠,在八部。讀如綴,在十五部。古文'西'字亦沾、誓兩讀。鉉直例切。)一曰,約空也。(此別一義,約空,未聞。)"①《說文釋例·存疑》:"'茜'下云'或以爲綴',此句在'讀若陸'(小徐'俠')之下,段氏遂讀如'綴'。案,《玉篇》云:'草補缺,或爲綴。'則是義非音。《集韻》引之,亦以爲義。"②

按:《說文·艸部》"茜"下注曰"讀若陸③,或以爲綴",段氏以爲許氏擬字音爲"俠",或爲"綴"。王氏則謂許氏"或以爲綴"乃闡其字義,其《說文解字句讀》曰:"(或以爲綴)《玉篇》此句在'以艸補缺句'下,乃說義,非說音也。綴,連綴也。"

此按,《說文》注語存錄漢讀者,凡一字兩讀必重出"讀若"以識之。如《糸部》"繯,維綱中繩。……讀若畫,或讀若維",《車部》"輖,軺車前橫木也。……讀若戟,又讀若噉",《金部》"銛,鍤屬。……讀若棪,桑欽讀若鐮",皆是其例,無一例外。許氏如以"綴"字擬音,依許書文例,當於"讀若俠"下言"又讀若綴""或讀若綴",而非"或以爲綴"。此其一。

《說文》以"或以爲"說釋者,"茜"字而外,別有《巾部》"幤,覆衣大巾。……或以爲'首鞶'",《日部》"晶,眾微杪也。……或以爲'繭'。繭者,絮中往往有小繭也"二例。④細核其意,皆非用"或以爲"擬字之音讀。本義而外,字有他義者,既無關引申,又難言通假,許氏偶出"或以爲"而稱及,所以廣異義也。桂馥《說文解字義證》曰:"以艸補缺者,

---

① 段玉裁:《說文解字注》,上海古籍出版社 1988 年版,第 43 頁。
② 王筠:《說文釋例》,中華書局 1987 年版,第 361 頁。
③ 小徐本作"讀若俠"。
④ 《屮部》"屮,艸木初生也。……古文或以爲'艸'字",非爲此類。

《玉篇》：‘笡，以竹補缺。’葢因‘茜’別造此字。……或以爲綴者，‘綴’當爲‘輟’，本書‘輟，車小缺復合者。’”桂氏易“綴”爲“輟”，殆屬此意。此其二。

葉德輝《說文讀若考》曰：“以艸補缺，謂以艸補其缺處。綴，亦補綴之綴。約空者，謂纏束其空處，與補缺同一義。”以“茜”下三訓“以艸補缺”“綴”“約空”，其義相通。考古之字書，《玉篇·艸部》：“茜，丈例切，草補缺，或爲綴。”《篆隸萬象名義·艸部》：“茜，文例反①。納空，綴，以草補缺。”可爲“茜”字訓“綴”之佐證。此其三。

《說文》“茜”訓“或以爲綴”，段氏以“讀若綴”解之，或未明許書義訓之例而爲然。王氏以其字訓“綴”解之，許意自明。

（二）

《說文·丨部》：“中，內也。从口；丨，下上通也。（按，中字會意之恉，必當从口，音圍。……俗皆从口，失之。云下上通者，謂中直或引而上，或引而下，皆入其內也。）串，古文中。（此字可疑，豈淺人誤以屈中之虫入此歟？）”②《說文釋例·彡飾》：“段氏謂‘串’爲《敦》所云之虫曲中，誤列於此，非也。虫曲中，猶之乙力於土爲地。謂‘虫’字之形，曲‘中’字而爲之，本與‘中’字無涉。‘串’字，鐘鼎文作‘串’，其口近是，其仌則亦無取義。”③

《說文·亡部》：“匃，气也。（气者，雲气也。用其聲段借爲气求、气與字。）亡人爲匃，逯安說。（此稱逯安說，以說字形會意。逯安亦通人之一也。从亡人者，人有所無，必求諸人，故字从亡，从人。）”④《說文釋例·存疑》：“‘匃’下云‘亡人爲匃’，小徐說是。段氏所改，理雖可通，而亡人爲匃，四字相連，以其說說之，則詞不

---

① 據《玉篇》，此當爲“丈例反”。
② 段玉裁：《說文解字注》，上海古籍出版社1988年版，第20頁。
③ 王筠：《說文釋例》，中華書局1987年版，第119頁。
④ 段玉裁：《說文解字注》，上海古籍出版社1988年版，第634頁。

通矣。試思晉文出亡，乞食野人。伍員奔吳，乞食溧水。非亡人何以至此。"①

《說文·衣部》："衣，依也。上曰衣，下曰常。象覆二人之形。(今人小篆作'㐺'，乃是變體求工耳。下文'表''襲''裹''裔'四古文皆从龠，則知古文从二人也。今人作'卒'字，亦从二人。何以云覆二人也？云覆二人，則貴賤皆覆，上下有服而覆同也。)"②《說文釋例·象形》："'衣'字以意為形，亦變例也。上半有領有䙅，下半不似衿裾，故許君曰'象覆二人之形'。'亠'象覆也，非'人'字也。'ハ'象二人，非'从'字也。一衣祇覆一人，似覆二人，故曰'象'也。段氏改篆為'龠'，直从二人，非也。(部中古文从二人者，凡四，乃段氏所據。然覺其義難通，故不從。《博古圖》作'㐺'，未有作'龠'者。旅之古文'㞑'，不可據以為'㐺'从二人之證。鐘鼎文作'𣂁'，知'㞑'乃寫譌，當作'𣂁'。)"③

按：王筠之治文字學，本之《說文》，徵之古文字，爬梳整理，相得益彰。其以考證之規矩，取可信之鐘鼎文，或證許書古文傳寫之無誤，或訂許書古文傳寫之訛謬，或據古文字駁正各家之說解，精審博洽，新意疊出。例如：

《說文》"中"字，古文作"𠁥"，段氏疑其今文家所謂"虫"字，屈"中"字而成。④然尋文究理，屈"中"為"虫"，終是"虫"字，與"中"字無涉，即淺人不必增其於"中"篆之下。段氏疑其所不當疑，注語牽強，故王氏非之。此按，"中"字，甲骨文作"𠁥"(《甲骨文合集·七三六三正》)、作"𠁥"(《甲骨文合集·七三六四》)，象旗旒飄揚形。

① 王筠：《說文釋例》，中華書局 1987 年版，第 471 頁。
② 段玉裁：《說文解字注》，上海古籍出版社 1988 年版，第 388 頁。
③ 王筠：《說文釋例》，中華書局 1987 年版，第 46 頁。
④ 《說文·敘》曰："(諸生) 乃猥曰：'馬頭人為長''人持十為斗''虫者，屈中也'。"段玉裁注："但虫、蟲見十三篇，本像形字，所謂隨體詰詘。隸字祇令筆畫有橫直可書，本非从中而屈其下也。"

或省旒形作"□"(《甲骨文合集·一三二一六反》)、作"□"(《甲骨文合集·二〇四五三》;金文承襲甲文,有旒者作"□"(《盂鼎》)、作"□"(《中父辛爵》)。未有旒者作"□"(《散盤》)、作"□"(《仲㪔父鼎》);戰國文字或變旒形爲直筆作"□"(《子禾子釜》),或省變旒形作"□"(《郭店楚墓竹簡·老甲二二》);秦文字有旒者作"□"(《石鼓文·虞人》),未有旒者作"□"(《睡虎地秦墓竹簡·日甲九八背》)。《說文》籀文"□"字,即有旒"中"字變易旒形而成。古文"□"字,即無旒"中"字變曲豎筆而成。故段氏刪去"□"字,曲說"□"字,皆屬謬誤。王氏駁正段說,核之金文,持之有故。其《釋例補正》曰:"阮葉吳三家款識,借爲仲伯者皆作'□',其中央字有'□''□''□''□'四形,借'□'者偶見,未有'□''□'之形。"所論近是。① 然其謂"□"字鐘鼎文作"□",不知何本,於古無證,至言旒形之"□"乃俗書飾筆,無所取義,不足據信。

《說文》"匄"字,其義爲"气"(即乞求),其形爲"亡人"。段氏謂人有所無,必求諸人,"亡"即"無"義,故此字從亡從人會意。王氏以爲許書"亡人爲匄",四字相連,"亡"則"出亡"義,以"晉文公出亡,乞食於野人;伍子胥出亡,匄食於吳市"爲證,如依段氏解,則詞不可通。其《釋例補正》又曰:"《筠清館·周大嗣工簠》'匄'作'□'、《周㝬季良壺》作'□'、《積古齋·戎都鼎》作'□'、《頌壺》作'□'、《頌敦》作'□',其文反正不同,而皆不從勹。"此按,王氏旁據金文,所疑甚是。今考古文字形,"匄"字,甲骨文作"□"(《甲骨文合集·六一五三》、或作"□"(《甲骨文合集·一五八七》),從刀從亡會意,構形不明,本義"乞求"。金文或承襲甲文作"□"(《師奎父鼎》),或構件筆畫相連作"□"(《不娶簋》),或字形訛變作"□"(《㝬季良父壺》)。金文"□"(《伯沴其盨》)字、戰國文字"□"字(《十鐘山房印舉選》),所從之"刀"與"人"字形似,或爲《說文》篆文"□"所本,而誤從"人"作。王氏以爲古文諸體皆不從勹(《說文·勹部》"裹也。象人曲形有所包裹"),信而

---

① 王氏謂"未見'□'形",而《仲㪔父鼎》"中"字即作此形。

有證。

　　《說文》"衣"字，篆文作"衣"，云"象覆二人之形"。此篆《說文解字繫傳·疑義篇》又作"衣"，段氏改篆作"衣"，以許書"表"（古文作"裘"）、"襲"（古文作"襲"）、"袞"（古文作"袞"）、"裔"（古文作"裔"）古文皆从"衣"爲據。王氏《說文解字句讀》曰："鐘鼎文皆作'衣'，與小篆同。"不取段說。此按，"衣"字，甲骨文作"衣"（《甲骨文合集·九五二四》），象有領有袂有衽之衣飾形。金文作"衣"（《天亡簋》），戰國文字作"衣"（《望山楚簡二·四九》），秦文字作"衣"（《睡虎地秦墓竹簡·日甲一三正》），字形相承，爲許書"衣"篆所本。許氏以"衣"字"象覆二人之形"，說形不確。段氏莫能諟正，反據訛變古文"衣"①，臆造"衣"字篆文作"衣"，則本末倒置。徐承慶《說文解字注匡謬》曰："（段氏）以二人爲貴賤兩等，說近穿鑿。"徐灝《說文解字注箋》："古鐘鼎文多作'衣'，與小篆同體，上爲曲領，左右象袂，中象交衽，此象形文明白無可疑者，許群蓋偶未審耳。段謂'覆二人，則貴賤皆覆'，穿鑿無當。"確不可易。王氏征引金文，駁正段說，信而可從。其謂許書"旅"之古文"旅"，乃"衣"字寫訛，不可據以爲"衣"从二人之證，尤爲卓識。至王氏所謂"（衣）上半有領有褺，下半不似衿裾，故許君曰'象覆二人之形'。'亠'象覆也，非'人'字也。'从'象二人，非'从'字也。一衣祇覆一人，似覆二人，故曰'象'也"，彌縫許氏，助成其非，誠屬不必。

第三節　王筠諟正段氏《說文注》失誤例說

　　王氏筠好言段說之非也，其曰："（段氏）此君能見人所必不能見，亦誤人所必不能誤，惜夫！"②《說文釋例》《說文解字句讀》隨文指摘處，比

① 段氏以爲《說文》"表""襲""袞""裔"四字之古文即从此作。
② 王筠：《說文繫傳校錄》，載續修四庫全書編委會編《續修四庫全書》，上海古籍出版社2003年版，第468頁。

比焉。今權王氏訂段之功過，蓋有不相掩者。至謂"王氏唯異部重文三篇爲懸諸日月不刊之作，餘無可取"①，則過甚其辭。

此舉王筠闇於韻轉而誤、疏於義例而誤、拘執省聲而誤、誤施句讀而誤例、泥字生義而誤例五事，以爲一隅。

一、闇於韻轉而誤例

王氏整理《說文》，疏通證明，闡發條例，於字形、字義多所創見，啟許書未傳奧旨。然其較段、桂諸家，言涉古音者少，是章太炎曰"《說文釋例》未及音韻，不得稱爲小學。其解形體及本義，可稱爲《說文》之學"②，黃季剛曰"菉友不諳音學"③，略得其實。王氏闇於古韻通轉而誤者，在所不免。例如：

> 《說文·臼部》："舀，抒臼也。从爪臼（會意。）《詩》曰：'或簸或舀。'抗，舀或从手宂。（从手，宂聲也。'宂'今音在九部，古音當在三部。）"④《說文解字句讀》："《地官·敘官》'舂人'注：'抗，抒臼也。'段氏以'宂'爲聲，然似不諧。宂者，散也。《春官·司厲》'其奴，女子入于舂橐'，是知女舂抗者，宂散之人也。《地官·稾人》'有宂食者'，注以爲入直之吏，以無爵謂之宂，或者奴亦其類邪？"⑤

按：《說文·臼部》"舀"字，从爪臼會意，其重文"抗"字，从手宂。段氏以爲"抗"從宂聲，"抗""宂"二字古韻合。王氏則以"抗"字從宂聲不諧，"抗"當从手宂會意。

段氏每執古韻十七部以比附今韻，是多紛錯。然其以爲"抗"從宂

---

①　黃侃：《說文箋識》，中華書局 2006 年版，第 505 頁。

②　胡樸安：《中國文字學史》，中國書店 1983 年版，第 342 頁。

③　胡樸安：《中國文字學史》，中國書店 1983 年版，第 342 頁。

④　段玉裁：《說文解字注》，上海古籍出版社 1988 年版，第 334 頁。

⑤　王筠：《說文解字句讀》，中華書局 1988 年版，第 265 頁。

聲，誠爲不誣。幽、東二部古多互諧。例如，《六書音均表·詩經韻分十七部表》弟三部："龍，本音在弟九部，屈賦《天問》合韻'遊'字，讀如'雷'。""龍"古音在東部，"遊"字古音在幽部，此二部關合；《詩經韻分十七部表》弟九部："調，本音在弟三部，讀如'稠'。《車攻》以韻'同'字，屈原《離騷》以韻'同'字，東方朔《七諫》以韻'同'字，皆讀如'重'。此古合韻。……《韓詩》'橫由其畮'，《毛詩》作'橫從'。……《史記·衛青傳》'大當戶銅離'，徐廣曰：'一作稠離。'……皆弟三部、弟九部關通之義。""同""從"古音皆在東部，"周""由"皆在幽部，是二部韻合；《說文·雨部》"霒，天气下地不應曰霒。从雨，瞀聲"，段玉裁注："莫弄切。亦平聲。'瞀'亦'敄'聲，而入九部者，合音也。""霒"古音在東部，"瞀"在幽部[1]，亦屬二部相合；《淮南子·本經訓》："故至人之治也，心與神處，形與性調，靜而體德，動而理通。""調"（幽部）與"通"（東部）爲韻。[2]《易林·困之屯》："匍匐出走，驚惶悼恐。白虎生孫，蓐收在後，居中無咎。""恐"（東部）與"咎"（幽部）爲韻。[3]茲例甚繁，不可勝舉。"舀"字古音隸餘母幽部，"宂"字古音屬日母東部，餘、日二母旁紐聲近，幽、東二部韻部相通，故"舀"字古文即取"宂"字爲聲。

王氏未明音理，於不當疑處而置疑。至執"舂抏者，宂散之人"而強加附會，穿鑿不經。

二、疏於義例而誤例

王筠精覈字書義訓體式，其論《玉篇》序字曰："是書以《說文》字居前，而後出見行之字者，偶然事也。其先出見行字而後及《說文》字者，乃通例也。"[4]"是書先見行字而後《說文》字，猶《說文》先小篆後

---

① 韻部依段氏。
② 參見羅常培等《漢魏晉南北朝韻部演變研究》，中華書局 2007 年版，第 258 頁。
③ 參見羅常培等《漢魏晉南北朝韻部演變研究》，中華書局 2007 年版，第 286 頁。
④ 王筠：《說文釋例》，中華書局 1987 年版，第 458 頁。

籀古也。亦或先列《說文》字，猶《說文》以籀文'人'冠部也。總以常用者爲主而已。"① 誠屬至論。然王氏執《玉篇》義項列次以例許書訓解，偶失之皮附而適成曲說。例如：

　　《說文·糸部》："繈，援臂也。（援臂者，捋衣出其臂也。……玉裁按，'援''捋'古今字，'捋'俗又作'揎'。……援臂者，援引也，引襄而上之也，是爲繈臂。'襄'訓'解衣'，故其字从襄衣，今則'攘臂'行而'繈臂'廢矣。'攘'乃揖讓字。）从糸，襄聲。"②《說文釋例·存疑》："'繈'下云'援臂也'，'絭'下云'攘臂繩也'。《玉篇》：'繈，帶也，援臂也，收衣袖絭。'《廣雅》：'絭謂之繈。'然則'繈''絭'一物也。段氏以'捋衣出其臂'說'援臂'似可，然'援臂'本以說'繈'，則段說不可也。若是捋衣之說，則字何以從系乎？竊意許君此說直爲《孟子》'馮婦攘臂下車'作注解耳。是以'絭'下直云'攘臂'，不云'繈臂'也。《玉篇》之說至爲明了。'帶也'者，釋其形也，'援臂也'者，謂'繈'一名'援臂'也。而又以'收衣袖絭'申之，表其用，兼通其別名也。然則'馮婦攘臂'，乃是束縛其臂以便於搏耳，豈揎拳捋袖之謂乎？"③

　　按：《說文·糸部》"繈，援臂也"，段玉裁注："援臂者，援引也，引襄而上之也，是爲繈臂。"而援袖出臂義，經傳、字書每以"攘"字記之。《淮南子·原道訓》："短袂攘卷，以便刺舟。"劉向《列女傳》："文伯引裾攘捲而親饋之。"《漢書·鄒陽傳》："臣竊料之，能歷西山，徑長樂，抵未央，攘袂而正議者，獨大王耳。"《老子》："上禮爲之而莫之應，則攘臂而扔之。"《說文·糸部》："絭，攘臂繩也。"《六書故·人七》："攘，援袂出臂也。《孟子》曰：'馮婦攘臂下車'。"《廣雅·釋器》"絭謂之繈"，王念

---

① 王筠：《說文釋例》，中華書局 1987 年版，第 493 頁。
② 段玉裁：《說文解字注》，上海古籍出版社 1988 年版，第 655 頁。
③ 王筠：《說文釋例》，中華書局 1987 年版，第 476 頁。

孫疏證："'攘'與'纕'並聲近義同。"皆是其證。王筠生疑焉，其曰："段氏以'捋衣出其臂'說'援臂'似可，然'援臂'本以說'纕'，則段說不可也。若是捋衣之說，則字何以從系乎?"所疑有理，然說未盡善。

金文"𢼄"(《五年師旋簋》"𢼄毋敗速")、"𡱀"(《叔夷鎛》"𡱀公之姤")字，說者或以"襄"字釋。① 《說文·衣部》："襄，《漢令》：解衣耕謂之'襄'。"今按，"衣"者，地之表皮，"解衣耕"者，古耕作之法。如遇天旱，即除地皮，於潤濕處施種，復覆以乾土，故謂之"襄"。② 種爲深土所籠，是"襄"聲字多於"包裹"而受義。"囊"字，《說文·橐部》"囊，橐也"，段玉裁注："囊者，言實其中如瓜瓤也。"③ 是所以覆裹他物者謂之"囊"；"瓤"字，朱駿聲《說文通訓定聲·壯部·附說文不錄之字》："瓤，《三蒼》：'瓜中子也。'"《玉篇·瓜部》："瓤，瓜實也。"《廣韻·陽韻》："瓤，瓜實也。"是爲瓜皮所包裹者謂之"瓤"；"穰"字，《說文·禾部》"穰，黍䅩已治者"，段玉裁注："謂之穰者，莖在皮中如瓜瓤在瓜皮中也。"《玉篇·禾部》："穰，黍穰也。"是爲黍皮所含容者謂之"穰"；"欀"字，《廣韻·陽韻》："欀，欀木。皮中有如白米屑，擣之可爲麵。"《集韻·養韻》："欀，木名。皮中有米，可爲餌。"是白米屑爲皮所孕故謂之"欀"；"籢"字，《說文·竹部》"籢，褢也"，段玉裁注："《衣部》曰：'褢，褢也。'此謂竹器可以中藏一切者，音義如'瓜瓤'之'瓤'。《篇》《韻》皆云：'籢、篡，溢米竹器。'"是裹含溢米之竹器謂之"籢"；《說文·金部》"鑲，作型中腸也"，徐鍇曰："鑄鐘鏞屬，使内空者於型範中更作土模，所以後卻流銅也。又若果實之穰。"段玉裁注："型者，鑄器之法也。其中腸謂之鑲，猶瓜中腸謂之瓤也。"是銅鐵器所苞含之内坯謂之"鑲"；"蠰"字，《玉篇·虫部》："蠰，齧桑蟲。""蠰"於桑樹作孔，居其中。是爲木所含藏之蟲謂之"蠰"；"纕"字，羅本《原本玉篇殘卷·系部》引《說文》曰"紆臂也"，"紆"者，縈纏也，臂爲紊所束，知"纕"

———————————

① 參見黃德寬主編《古文字譜系疏證》，商務印書館 2007 年版，第 1877—1878 頁。

② 參見陸宗達《說文解字通論》，北京出版社 1981 年版，第 165 頁。

③ 語見《說文·橐部》"橐"字注。

字亦有"容裹"義。而如爲外物籠縶，必則分剖以見之，故"襄"聲字亦含"除去"義。"襄"字，《說文·衣部》："襄，《漢令》：解衣耕謂之襄。"施種必先除地表之乾土，故"襄"字有"除去"之義。《詩·鄘風·牆有茨》"牆有茨，不可襄也"，毛氏傳："襄，除也。"是其例；"禳"字，《說文·示部》"禳，磔禳，祀除癘殃也"，徐鍇曰："禳之爲言攘也。"是古除邪消災謂之"禳"；"攘"字，《說文·手部》"攘，推也"，段玉裁注："推手使前也，古推讓字如此作……凡退讓用此字，引申之使人退讓亦用此字，如'攘寇''攘夷狄'是也。"張舜徽約注："許以推訓攘，凡以手推人或以手推物，皆有排斥義，故引申爲攘除，猶除殃謂之禳耳。"《慧琳音義》卷四十九"攘袂"注："攘，除也。……謂搳衣袖出臂爲攘袂也。"卷四十三"攘臂"注："攘，除也。謂除衣袂而出臂也。"《六書故·人七》："攘，援袂出臂也。"是除袂出臂謂之"攘"。總而言之，"纕"字者，所以縈束臂膊也，其字從糸而義受於"包覆"。《原本玉篇殘卷》引《說文》曰"紆臂也"，或即許書本貌。而古人名、動每多同詞，是"紆臂"謂之"纕"，"所以紆臂"亦謂之"纕"。此當與"軸"（《說文·車部》"軸，持輪也"）、"軔"（《說文·車部》"軔，礙車也"）、"緘"（《說文·糸部》"緘，束匧也"）、"碓"（《說文·石部》"碓，舂也"）、"卦"（《說文·卜部》"卦，筮也"）屬同類。《廣雅·釋器》："縈謂之纕。"即取其名詞義。《楚辭·離騷》"既替余以蕙纕兮"，王逸注："纕，佩帶也。"《國語·晉語二》："亡人之所懷挾纓纕"，韋昭注："纕，馬腹帶也。""佩帶""腹帶"亦與"縈繩"之義相蒙；"攘"字，扡袖出臂之稱，故其字從手而義取於"除去"。今許書《糸部》"縈，攘臂繩也"，即用"攘"字之扡義，是引袖既上，必有縈繩束固之。段氏必易其訓曰"纕臂繩"，恐屬謬誤。《原本玉篇殘卷》"縈"字注引許書曰"攘臂繩也"，可爲佐證。是"纕""攘"者判然二字，今《說文》"纕"字訓"援臂"，或係譌誤，當據原本《玉篇》訂之。

王氏又云"（《玉篇》）'帶也'者，釋其形也，'援臂也'者，謂'纕'一名'援臂'也。而又以'收衣袖纕'申之，表其用，兼通其別名也。"此其未察《玉篇》義項序次而率爾牽合也。觀《玉篇》釋義之通例，羅列諸訓而不囿於本義，且序次誠多隨意，見行義居前《說文》義列後者誠鉅。《玉篇·丩部》：“糾，止也。舉也。督也。絞也。戾也。急也。三合繩也。收也。繚也。絲也。”（《說文·丩部》“糾，繩三合也”）《八部》：“分，隔也。半也。施也。別也。賦也。与也。徧也。”（《說文·八部》“分，別也”）《玉篇·畫部》：“畫，形也。繪也。雜五色綵也……分也。計也。策也。界也。止也。”（《說文·畫部》“畫，界也”）《玉篇·阜部》：“阿，倚也。大陵也。北也。曲也。水岸也。邸也。丘也。”（《說文·㠯部》“阿，大陵也。一曰曲㠯也”）《玉篇·勹部》：“冢，大也。神鬼舍也。高墳也。丘也。陵也。山頂也。大社也。”（《說文·勹部》“冢，高墳也”）皆是其例。今《玉篇·糸部》“纕”字訓“帶也。後①臂也。收衣袖紾”（《說文·糸部》“纕，紆臂也”②），適合此例。考《原本玉篇殘卷·糸部》曰：“纕，先羊反。《國語》‘懷挾纓纕’，賈逵曰：‘馬纕帶也。’《楚辭》‘既替余以蕙纕’，王逸注曰：‘佩帶也。’《說文》‘紆臂也’。《廣雅》‘紾謂之纕’。《聲類》‘收衣袖紾也。’”今本《玉篇》節錄原書而成，曉然無疑。王氏此謂“帶也”者釋其形，“援臂也”者明其稱，“收衣袖紾”者表其用，比附穿穴，殊失其恉。

三、拘執省聲而誤例

王筠《說文釋例·省聲》曰：“形聲字而省也，其例有四：一則聲兼意也，一則所省之字即與本篆通借也，一則有古籀文之不省者可證也，一則所省之所即以所從之字貿處其所也。非然者，則傳寫者不知古音而私改者也。亦有非後人私改者，則古義失傳，許君從爲之辭也。”③王氏發明省聲條例，嚴富博洽，精審復絕，妙義紛披。惟其穿穴省聲，委曲比附，適成荒謬處，亦所不免。例如：

---

① “後”當爲誤字。

② 此據原本《玉篇》所引《說文》。

③ 王筠：《說文釋例》，中華書局 1987 年版，第 57 頁。

《說文·馬部》："駒，馬白額也。从馬，勺聲。(舊作'旳省聲'。'旳聲'亦'勺聲'也，今正。都歷切，古音在二部。)一曰，駿也。《易》曰：'爲駒顙。'"①《說文釋例·省聲》："'駒'下云'旳省聲'者，《日部》下已引《易》爲'旳顙'也。本處說解又引《易》爲'駒顙'者，校者不知爲引以證說解，而謂爲引以證篆文，遂改之也。……許君見此分別文而改之，其引《易》則仍作'旳'，而說解即沿《易》義作'旳省聲'，不改經文，不背字義。不料後人貿亂之也。段氏竝'旳省聲'而改之，殊爲孟浪。"②

《說文·虫部》："蟬，蟬蠋也。从虫，斬聲。(慈染切，八部。《玉篇》才廉切。)"③《說文釋例·省聲》："'蟬'下云'漸省聲'。'漸'亦斬聲也。蓋以明假借矣。《史記》有'高漸離'，蓋以物名爲名，而字不作'蟬'也。故云'漸省聲'以關之。段氏改爲'斬聲'，未之思也。"④

按：王筠以爲"旳"爲正字，"駒"乃後出分別字，得其所宜。然必云"駒"字取"旳"字爲聲，則屬未必。

《說文·馬部》"駒，馬白額也"，張舜徽約注："馬額有白毛成圓形，則煥然有光，因謂之駒，猶明珠光謂之玓耳。……蓋古人但作旳，爲凡白之通名；後改偏旁爲駒，成馬白額之專號。"是"駒"字，"旳"字改旁而成，"旳"字既从勺聲，"駒"直訓"勺聲"可也。此其一；"張"字，《弓部》"張，施弓弦也。从弓，長聲"，段玉裁注："張弛，本謂弓施弦解弦，引申爲凡作輟之稱。""帳"字，《巾部》"帳，張也。从巾，長聲"，段玉裁注："以疊韻爲訓。《釋名》曰：'帳，張也。張施於牀上也。小帳曰斗帳，形如覆斗也。'古亦借'張'字爲之。"是"帳"亦"張"之改旁分別

---

① 段玉裁：《說文解字注》，上海古籍出版社 1988 年版，第 462 頁。
② 王筠：《說文釋例》，中華書局 1987 年版，第 64 頁。
③ 段玉裁：《說文解字注》，上海古籍出版社 1988 年版，第 672 頁。
④ 王筠：《說文釋例》，中華書局 1987 年版，第 67 頁。

字，皆以"長"字爲聲。執此以例"旳""馰"義訓，其竝訓"勺聲"自爲不誣。此其二；今許書"馰"字訓曰"旳省聲"，或爲淺人不明聲母音變而誤改。"馰""旳"古音在端母，"勺"古音在禪母，上古"端""禪"二母音讀極近，則"旳""馰"皆以"勺"字爲聲。然"端""禪"母今音懸隔，後人音理未明，遂易"勺聲"爲"旳省聲"。① 此其三；"勺"聲之字每有"顯""白"之義。"玓"字，《說文·玉部》"玓，玓瓅，明珠色。從玉，勺聲"，朱駿聲通訓定聲："《上林賦》：'明月珠子，玓瓅江靡。'按，珠圓光也，疊韻連語，或以'的皪'爲之，亦同。"是明珠色澤鮮明曰"玓瓅"；"灼"字，《說文·火部》"灼，炙也。從火，勺聲。"《玉篇·火部》："灼，灼灼，花盛皃。又熱也。明也。"是物之鮮盛明亮曰"灼"（或曰"灼灼"）；"繳"字，段注本《說文·素部》"繳，白繳，縞也。從素，勺聲"，段玉裁注："縞者，鮮支也。"朱駿聲通訓定聲："《急就篇》'郁金半見緗白繳'，顏師古注：'白素之精者，其光旳旳然也。'"是白色鮮明之絹帛曰"繳"；"旳"字，《說文·日部》"旳，明也。從日，勺聲"，段玉裁注："旳者，白之明也。故俗字作'的'。"是物之亮白顯明貌曰"旳"；"馰"字，《爾雅·釋畜》："馰顙、白顛"，郭璞注："戴星馬也。"《說文·馬部》"馰，馬白額也"，段玉裁注："按，旳顙之馬謂之馰。"是額白之馬曰"馰"。綜上，"旳""馰"二字皆於"顯""白"取義，字訓"勺聲"亦理之自然。此其四。然王氏拘執舊說，強爲比附，顧以段說孟浪，違誤甚明。

至王氏謂《虫部》"蝛"取"漸省聲"乃發明假借者，尤爲謬戾。古人造字而能兼及後世之所用，殆非物情。王氏創通"省聲"義例，固有發蒙解滯之功譽，然其所出條例二——"所省之字即與本篆通借"，則不無可疑。此遍考諸例，攬其紛緒，略有二端：

其一，實非省聲而王氏曲予疏通者。若《冏部》"商，從外知內也。從冏，章省聲"，王筠釋例："安康王樹玉松亭《說文拈字》曰：《漢

---

① 參見何九盈《語言叢稿》，商務印書館 2006 年版，第 144 頁。

書·律歷志》'商之爲言章也'，物成就可章度也。《費誓》徐邈讀商爲
章。"今按，"商"字，甲文作""（《甲骨文合集·二四二二八》）、作
""（《戍嗣鼎》），從辛，丙聲，或加"口"旁繁化之。許釋形以"章
省聲"，殆據訛變字形而立言，自不足爲恃。王氏未明字理，曲爲迴護，
適成謬說；如《穴部》"竇，空也。從穴，瀆省聲"，王筠句讀："小徐
作'竇聲'，非，此關兩字互相借也。《左·襄三十年傳》'伯有自墓門
之瀆入'，徐音'豆'，此借'瀆'爲'竇'也。《周禮》注'四竇'，此
借'竇'爲'瀆'也。"今按，"竇"字，古音在定母屋部，"竇"字，古
音在餘母屋部，上古定、餘二母音讀極近，至中古而略嫌不諧。大徐或
不明聲母音變而誤改許書也。① 段以小徐爲是，得之。王氏闇於音理，
巧爲比附，失之遠矣；如《西部》"醻，歙酒盡也。從西，嚼省聲"，王
筠句讀："此發明假借也。小徐作'爵聲'，《韻會》引同，非是。《史
記·游俠傳》'與人飲，使之嚼'，徐廣音'子妙反'，盡酒也。《漢書》
作'醻'。"今按，段氏注云："（歙酒盡也）'酒'當作'爵'，此形聲包
會意字也。《曲禮》注曰'盡爵曰醻'。按，《欠部》'欻，酒盡也'，與此
音義同。……《水部》曰：'潐，盡也。'謂水也。"是知"爵"字聲而
兼義，如易爲"嚼省聲"，則於義無所取。又，"醻""爵""嚼"上古均
藥部字，讀入聲，"醻""嚼"中古而變讀去聲，"爵"則仍讀入聲，大
徐讀之不叶，遂易"醻"字爲"嚼省聲"，概不明入變去之音理而誤改
者。② 段依小徐作"爵聲"，良爲不誣。王氏盲附曲從，違誤甚明；如《心
部》"惕，憂也。從心，殤省聲"，王筠句讀："桂氏、段氏皆云'殤'當
作'傷'，蓋是也。經典皆借'傷'爲'惕'，故言'傷省聲'以關之。"
今按，《心部》"惕"訓"殤省聲"、《歺部》"殤"訓"傷省聲"、《人部》
"傷"訓"殤省聲"、《角部》"觴"訓"殤省聲"，此則輾轉迴環而爲釋，
讀者誠不能明其聲讀。考金文有""（《寄長鼎》）、""（《寄史甗》）字，

---

① 參見何九盈《語言叢稿》，商務印書館 2006 年版，第 143 頁。
② 參見何九盈《語言叢稿》，商務印書館 2006 年版，第 136 頁。

說者每隸作“㫃”①，而“傷”字，戰國秦文字作“”（《睡虎地秦墓竹簡·法律四三》）、或作“”（《秦印文字彙編》），从人，从㫃，殆爲小篆所本者。是“慯”“殤”“觴”諸字，小篆亦當从“㫃”，或可推而知之。然許書未存“㫃”字，是“慯”“傷”“殤”“觴”俱取“省聲”以說釋，實則淆亂不辭。段、王不瞭，其失也固；如《風部》“颼，北風謂之颼。从風，涼省聲”，王筠句讀：“《詩》曰‘北風其涼’，‘涼’者古文通用字也，‘颼’者小篆專字也，故云‘涼省聲’以闕之。陸氏以‘颼’爲古，不知‘涼’之尤古也。”今按，“颼”“涼”“京”古韻皆在陽部，今韻“涼”“颼”在陽韻，“京”則在庚韻，大徐概不明古韻分化爲不同今韻而誤改“京聲”爲“涼省聲”。② 段氏曰：“各本作‘涼省聲’，俗人所改。‘涼’‘輬’‘醇’皆‘京’聲，今正。”說甚精覈。王氏曲通證明，拘泥過矣；如《虫部》“螹，螹離也。从虫，漸省聲”，王筠句讀：“不云‘斬聲’者，《上林賦》之‘螹離’，《漢書》作‘漸離’，《史記》有‘高漸離’，皆借‘漸’爲‘螹’，故云‘漸省聲’以闕之。”今按，“螹”“漸”“斬”古韻隸談部，今韻則“螹”“漸”歸琰韻，“斬”歸豏韻，大徐或不明古韻之分化而誤改“斬聲”爲“漸省聲”。③ 段氏作“从虫，斬聲”，至爲辨晳。王說比附穿鑿，迂遠難通；如《心部》“𢡆，實也。从心，塞省聲”，王筠釋例：“‘𢡆’下云‘塞省聲’，《土部》‘塞’從‘𡨄’，小徐則‘𡨄聲’。《㠭部》‘𡨄’，穌則切，其聲固諧。然許君引《虞書》‘剛而𢡆’，今本作‘塞’，又《詩》‘其心塞淵’，亦借‘塞’爲‘𢡆’，故云‘塞省聲’以闕之。非它字妄言省者比也。”今按，段氏作“从心，𡨄聲”，並注云：“各本作‘塞省聲’，今正。𡨄，窒也。䚡聲中有會意。”此切中情實者。“𡨄”字，其出也早，甲文作“”（《甲骨文合集·二九三六五》），金文作“”（《𡨄鼎》），从工，或从㠭，《說文·㠭部》“𡨄，窒也。从㠭，从廾，窒宀中。㠭猶齊也”。《土部》“塞，隔也。从土，从𡨄”，徐

① 參見黄德寬主編《古文字譜系疏證》，商務印書館 2007 年版，第 1837 頁。

② 參見何九盈《語言叢稿》，商務印書館 2006 年版，第 142 頁。

③ 參見何九盈《語言叢稿》，商務印書館 2006 年版，第 142 頁。

灝説文解字注箋：“寋，隸變作寀，寀、塞古今字。寀訓窒，與隔義相因也。邊塞亦隔絶蔽塞之義。”準此，“寋”字不必訓以“塞省聲”，直曰“寀聲”可也。此其一。“寀”之“窒塞”義引申而有“充實”義，是“寀”聲字亦於“充塞”而取義，《説文・心部》“寋，實也”、《竹部》“篲，行棊相塞謂之篲”者，是其例。職是，“寀”在“寋”中聲而兼義，“寋”字徑注“寀聲”，亦理之常。此其二。或謂大徐以“寀”字者僻字，遂誤改爲“塞”之省聲。① 此其三。綜此三事，知王氏隨人指劃，曲爲彌縫。

其二，使或必言“省聲”，亦非爲“所省之字即與本篆相通借”者。如《貝部》“賓，行賈也。从貝，商省聲”，王筠句讀：“經典皆借‘商’。”今按，“商”字者，甲文作“”（《甲骨文合集・七八一五》），或作“”（《甲骨文合集・三六五五三》），从辛，从丙，或衍增口旁也。是“內”“商”者即爲一字。“賓”字，金文作“”（《作冊大鼎》）、或作“”（《傳卣》），从貝，商聲（或曰“从貝，內聲”）。據此，“賓”字義訓似不必言“省聲”。然許氏必依篆文以立説，如訓曰“商省聲”，似無不可。而此當隸於王氏“省聲”條例三——“有古籀文之不省者可證”，非爲入於條例二——“所省之字即與本篆通借”；如《心部》“簡，簡，存也。从心，簡省聲”，王筠句讀：“《繫傳》曰：若《尚書》云‘簡在上帝之心’。案，此或謂《尚書》之‘簡’乃‘簡’之借字邪。”今按，段氏注：“《論語》‘簡在帝心’，即‘簡’字之假借。”張舜徽約注：“《論語・堯曰篇》‘簡在帝心’，熹平石經‘簡’作‘簡’，用本字也。”是“在也”之“簡”，初以“簡”字識之。而“簡”取“閒”字爲聲，後人省聲旁之“月”，復以形旁“心”居處其位，亦即王氏“省聲”條例四——“所省之所即以所從之字貿處其所”之意。其《説文釋例》曰：“然《説文》所省之處即以所從之字貿處其所者多有。如‘啓’‘榮’省‘啟’之‘口’，而以‘日’與‘木’代其‘口’。‘譽’‘曓’省‘暴’之‘米’，而以‘言’

① 參見何九盈《語言叢稿》，商務印書館 2006 年版，第 147 頁。

與'糸'代其'米'。'夜'亦以'夕'代'夾'之點也。"①惟其"簡"省"簡"之"月"，而以"心"代其"月"，是與"譽""夜"屬同比。王氏謂"簡""簡"皆因通借而訓以"省聲"，宜其自亂其例。

四、誤施句讀而誤例

潘祖蔭曰："君之學積精全在《釋例》，標舉分別，疏通證明，能啟汯長未傳奧旨；《句讀》則博采慎擇，持平心求實義，絕去支離破碎之說。"②王氏注解《説文》，圈點標識，薈萃諸說，間下己意，成一家之言。《説文》精蘊奧旨得王氏釋例、句讀而益清益明。然則王氏不得句讀而適成曲說者，時或有之。例如：

> 《説文·辵部》："過，微止也。(《釋詁》：'過，止也。'按，微者，細密之意。)从辵，曷聲。讀若桑蟲之蝎。"③《説文釋例·存疑》："'過'下云'微、止也'，《爾雅》'過'但訓'止'。《皇矣》'以按徂旅'，《孟子》引'按'作'過'，毛《傳》、趙注皆訓'止'。許君加'微'字者，似以'微'說'過'，再以'止'說'微'也。案，《釋詁》：'瘞、幽、隱、匿、蔽、竄，微也。''詎、徽、妥、懷、安、按、替、戻、底、廢、尼、定、曷、過，止也。'兩文相連，訓'微'之'蔽'，與'過'相類。障蔽、遮過，皆止物使不闌入也。……段氏曰：'微者，細密之意。'蓋以微細引伸得此義。然微細之義，當屬之'散'，乃散妙之引伸義也。"④

按：《説文·辵部》"過，微止也"，段玉裁解"微"字爲"細密之意"，語頗牽強，不得其義。王氏《説文解字句讀》曰："《釋詁》'止也'

---

① 王氏所舉例字雖非至當，然其所出條例誠爲不誣。
② 王筠：《説文解字句讀》，中華書局1988年版，第639頁。
③ 段玉裁：《説文解字注》，上海古籍出版社1988年版，第74頁。
④ 王筠：《説文釋例》，中華書局1987年版，第366頁。

一類，内有‘徽’字。‘徽’‘微’形聲竝相近，蓋寫譌也。許君蓋以‘微’字訓‘止’，其義少見，故於此出之。‘微’字當絕句。《晉語》韋昭注：‘微，蔽也。’本之《釋詁》，亦足證。”其《說文釋例》施逗“微止”間，謂“微”字說“遏”，“止”字再說“微”，遞相爲訓，輾轉以求其義通。王氏以爲“微”字固有“止”義，其說近似，然“微止”語不必點斷。“微”字，《說文·彳部》：“微，隱行也。”《爾雅·釋詁》“瘞、幽、隱、匿、蔽、竄，微也”，郭璞注：“微，謂逃藏也。”此“微”字本義。引申則有“隱匿”之義，《左傳·哀公十六年》“白公奔山而縊，其徒微之”，是其例。《國語·晉語四》“設微薄而觀之”，韋昭注：“微，蔽也。”則取“微”字“障蔽”義。故許書“微止”者，“遮而止之”之意。王氏“微”下毅然絕句，似非所安。

　　此按，王氏以爲《說文》固存“兩句讀”之例，且多執此義例以點斷許書注文。例如，《說文·人部》“偏，熾、盛也”①，王筠釋例：“‘熾’‘盛’二字，一表一裏，迭相訓釋，非如‘俍’下云‘彊力也’，爲順遞之詞也。設曰‘熾也，盛也’，則成兩義，故合爲一句。其實則分字面字義而說之也。”《匕部》“卬，望、欲有所庶及也”，王筠釋例：“固是兩句。然如小徐‘望’下加‘也’字，則成兩義。”《广部》“庢，礙、止也”，王筠釋例：“兩句讀。《石部》‘礙’下云‘止也’，則此云‘礙也’足矣。而必加‘止’字者，則以‘庢’‘礙’二字，世多連用，故‘礙’下不云‘庢’也，爲其詞之不順也。”《心部》“怏，不服懟也”王筠釋例：“亦兩句。由其心不服而生懟也。”《心部》“悵，望、恨也”，王筠釋例：“亦兩句。望爲悵之故，恨爲悵之情，故詞人悵望連用，疊韻字也。”《心部》“憴，愁不安也”，王筠釋例：“其訓爲愁，其意爲不安也。”《水部》“沖，涌、搖也”，王筠釋例：“兩句讀。……惟‘沖’之義與‘涌’同，而所指不同，故言‘搖’以別之。”《手部》“振，舉、救也”，王筠句讀：“其義爲舉，其事爲救也。”其例甚繁。王筠曰：“以上句讀，段氏率不知

---

① 《說文》斷句依王氏，下同。

而混爲一義，偶然分之則增一‘也’字，或且誤加刪削，不知字有表有裏。名目，表也，意指，裏也，兩‘也’字即成兩義。”① 知王氏所謂“兩句讀”例，要爲一句注語當分兩句解之，二句遞相訓釋，一表一裏，一主一次，相反相成，共成一義。王氏“兩句讀”之說，較段氏以臆增改許書注文，更爲近情。然王氏好施句讀，憑臆斷句，遂成曲說者，在所難免。

《說文》義訓言簡意奥，吾人讀之略有滯礙。今人或出“一句數讀”例②，施逗訓語間，謂許書固存一句而兼釋諸義之體例。今本《說文》傳抄奪誤，牽合二訓爲一者，確有之，要非本貌若此，未可因之以謂許書固存此例。且況點斷之條，首釋其義、次則補備申說者所在夥矣，誠與一義爲訓者略無等差，非當解作一句數義者甚明。如曲說許意，以“數讀”之例私測臆斷，強不知以爲知，牽強附會自亦難免。學人每謂《說文》固存“一句數讀”之體式，實則大謬不然。今綜核其例，剖其誤由，略有二事：

其一，任憑己意，於未當斷處而斷之者，例如：

楊清澄曰：“（某，某詞也。）凡言‘某詞也’均當讀爲‘某，詞也’，‘某’是同義爲訓，而‘詞’是被釋字在語法上的虛用，即語助。”③ 此按，是說輕妄，今擇數端以辨其誣誕：漢人傳注於虛字之釋“大抵只作‘辭也’‘詞也’‘語詞’‘詞助’等渾圇之稱，未有細目之分”④，此言信然。如因之強合《說文》，謂“凡言‘某詞也’均當讀爲‘某，詞也’”，則辭乖矣。傳注訓詁、字書訓詁自爲不同，未可因此繩彼。《說文》以說釋字詞本義爲職墨，訓義而外常並及字形以論之。是“粤”字之訓，經傳通言以“亟”，而許必執“亟詞”稱說者，以其字之从丂故。“皆”“雩”“寧”諸字類之。且況許書因“某某詞”爲訓者，所在多有。且依楊說，“詞”字

---

① 王筠：《說文釋例》，中華書局 1987 年版，第 103 頁。

② 徐復：《說文疑義舉例》（《金聲》1931 年第 1 期）云許書有“一字兩義中㚼‘也’字之例”，“不明斯例，其異說乃滋甚”。湯可敬“一句數讀”例（《說文解字今釋》“禔”字注，上海古籍出版社 2018 年版，第 8 頁），意與徐同。然與王筠“兩句讀”之例意不全同，學人每牽混爲一，不確。

③ 楊清澄：《辭書中〈說文〉“詞”訓誤讀誤解舉例》，《辭書研究》1999 年第 3 期。

④ 楊清澄：《辭書中〈說文〉“詞”訓誤讀誤解舉例》，《辭書研究》1999 年第 3 期。

未合他文而說釋，則《口部》"只，語已詞也"、《曰部》"曶，出氣詞也"、《白部》"者，別事詞也"云云何以處之？恐不成文理。以傳注訓詁強合《說文》，此其一失；楊氏以"許慎所謂'詞'，實際是指實詞結構（'言'）以外表達語氣關節的助詞"立言，驗之許書，《白部》"魯，鈍詞也"、《欠部》"欨，詮詞也"、《口部》"各，異辭也"諸例與之皆未合，遂強作斷句，謂許氏實以二訓遞相為釋。至若"魯""欨""各"何以為"詞"（其所謂之"語助"），則避而不談，僅以"未知其詳""未有引例""不詳其指""典籍無證"諸語敷之，誠為自欺。尋"詞"之為用，段氏實已明言，"从司言，此謂摹繪物狀及發聲助語之文字也"①。許因以說釋者，非必囿於虛字，更未必狃於語助。別有術語"意"者，經傳多因之以訓虛字，獨許書或且說釋形容之字，尤知《說文》釋字自有特質，未可因彼律此，以今約古，乃至強許就己。②立論失據，未足自圓其說，此其二失；揆諸《說文》"二義並訓"之條，益複知楊說之缺謬。"凡《說文》兩義乃兩'也'字。"③傳抄挩奪而外，二訓並出則必以二"也"字，此許書之通例。"凡一義而遞相申說者，《說文》例不用兩'也'字。"④施逗而非出兩"也"字，義則相申相足，非為二義並訓者。楊氏斷"某，某詞也"為"某，某，詞也"，更且以並訓二義說之，顯與《說文》釋字之體不相協應。未明許書釋字之例而輕言斷句，此其三失。是知楊氏之妄作離析。

其二，使或可斷，且非必以二訓為釋者，例如：

湯可敬曰："（《衣部》：'裨，接益也。'）接、益也：一句數讀。……王筠《句讀》：'以接說裨者，字从衣，謂作衣者遇短材，別以布帛接之也。再以益申之者，既接之則有益於初也。'王氏說明了兩個義項之間的聯繫。"⑤此按，"接益"之讀，略有歧說：或以"接""益"且當連言，徐

---

① 語見《說文·司部》"詞"字注。

② 參見宋鐵全《〈說文〉三字釋語研究》，碩士學位論文，蘇州大學文學院，2007年。

③ 王筠：《說文解字句讀》，中華書局1988年版，第104頁。

④ 王筠：《說文解字句讀》，中華書局1988年版，第82頁。

⑤ 湯可敬：《說文解字今釋》（增訂本），上海古籍出版社2018年版，第1198頁。

鍇《說文繫傳》"若衣之接益也"，戴侗《六書故》卷三十一"裨"字注引《說文》曰"接益也"，是其例。桂氏《說文解字義證》、朱氏《說文通訓定聲》俱如是作；或以"接益"者"接也，益也"挩訛成之，段氏主此，《玉篇·衣部》"裨，接也，益也"，《慧琳音義》卷四十二"裨販"注引《說文》云"裨，接也，益也"，是其證。湯氏顯從段說。然即"接益"點斷讀與否自當別論，其引王氏《句讀》證之，實屬謬戾。揆王氏斷讀許書者，類主有四：謂許先以訓義，次則補申者，如《言部》"諶，誠、諦也"①，王筠句讀："《釋詁》：'諶，誠也。'而必加以'諦'字者，謂此誠是審諦之意也。"如《人部》"傓，均、直也"，王筠句讀："《釋言》：'傓，均也。'……許君爲'均'字未顯，故以'直'伸之。直者，相當直也。"此其一類，要爲王氏斷讀之大宗；謂許先出別名，次則通釋者，如《九部》"尣，尰、曲脛也"，王筠句讀："以尰釋尣，廣二名也。曲脛則其訓義。"《𦣞部》"𡿧，阻、難也"，王筠句讀："'𡿧''阻'一事而兩名，'難'則其義也。"此其二類；謂許兼言二事，合以成說者，如《人部》"儕，等、輩也"，王筠句讀："等，齊簡也。輩，若軍發車百兩爲一輩。以說'儕'字，則其引伸之義也，故必兼言之而後人不惑。"如《言部》"謝，辭、去也"，王筠句讀："《曲禮》'若不得謝'，謝謂致爲臣也，故曰'辭'；歸其故居，故曰'去'。兩事牽連言之耳。"此其三類；謂許並出二義者，如《宀部》"宎，貧、病也"，王筠句讀："兩義而不用兩'也'字，以字從宀。《廣韻》引《字書》亦云然，非挩'也'字。然與他處相伸相足者異矣。"如《十部》"博，大、通也"，王筠句讀："《廣雅》：'博，大也。'……《玉篇》：'廣也，通也。'故知'大''通'是兩義。"此其四類。綜覽諸事，並出二義者而外，餘則三事實爲輾轉流通而成訓，質與一義爲訓者略無等差。反觀"接益"之斷讀，王氏謂"接"者訓義、"益"者補備，是與"誠諦""均直"比同例。湯氏昧此，曲爲之說，云"王氏說明了兩個義項之間的聯繫"，以爲王氏斷讀例率皆並出二訓者，其失恐深。

---

① 此斷句依王氏，下同。

五、泥字生義而誤例

王筠《說文釋例·序》：“《說文》屢經竄易，不知原文之存者尚有幾何！”段氏參酌群書，綜考諸本，正訛誤，定羨奪，創通義例，以許訂許，力復《說文》之舊。王氏諟正段說，補弊救偏，細密精審，爲功甚巨。然其求之過深而失於拘牽，泥字生義乃至自亂其說者，在所不免。例如：

《說文·舟部》：“舳，舳艫也。（各本‘艫’上刪‘舳’字，今補。此三字爲句，非以‘艫’釋‘舳’也。《韻會》所據本不誤。）从舟，由聲。漢律名船方長爲舳艫。（此釋‘舳艫’之謂，二字不分析者也。下文分釋，謂船尾舳，謂船頭艫，此分析者也。）一曰船尾。（‘船’舊作‘舟’，今正。此單謂‘舳’字也。……船之有舳，如車之有軸，主乎運轉。）”① 《說文解字句讀》：“葢謂（舳、艫）二字皆船之別名也。《唐書·楊元炎傳》：‘與張柬之共乘艫江中。’但單呼‘舳’爲船者未見耳。段氏增之曰‘舳艫也’，則“襄”下直引漢令，此亦直引漢律可矣，何煩更費此詞。”②

按：《說文·舟部》“舳，艫也”，段氏謂注文“艫”上淺人誤刪“舳”字，遂據許書“三字句”之義例，增補許書。以爲“舳”“艫”可單用，可合用，單用則“舳”義船尾，“艫”義船頭，合用“舳艫”則爲量詞，漢時每方丈爲一舳艫。王筠則謂許書不誤，“舳”“艫”二字皆爲船名。其以“舳”義爲“船”，並引《唐書》爲證，以“艫”義爲“船”，未能舉證。王氏疑“艫”有“船”義，於古無證，未免固滯。王氏《說文釋例·挩文》又云舳”下“艫也”當連篆字爲讀，作“舳艫也”，③其說淆亂若此。

段氏增字，自具卓見。王氏泥字生義，語多牽強。今按，“舳”者，

---

① 段玉裁：《說文解字注》，上海古籍出版社 1988 年版，第 403 頁。
② 王筠：《說文解字句讀》，中華書局 1988 年版，第 321 頁。
③ 王筠：《說文釋例》，中華書局 1987 年版，第 294 頁。

《說文·舟部》"舳，一曰船尾"，張舜徽約注："按，舳之言軸也，所以持舟者曰舳，猶所以持輪者曰軸耳。古人稱舳，今則稱柁。舟行旋轉向背，皆柁持之，猶車行之有軸也。《釋名·釋船》云：'其尾曰柁。柁，拕也，在後見拕曳也。'是已。"是"舳"字本義爲"船舵"，以其在船尾，故引申有"船尾"之義；"艫"者，《說文·舟部》"艫，一曰船頭"，段玉裁注："《方言》曰：'舟首謂之閤閭'，郭云：'今江東呼船頭屋謂之飛閭是也。'《釋名》曰：'舟，其上屋曰盧，象盧舍也。其上重室曰飛盧，在上故曰飛也。'按，此皆許所謂船頭曰艫，艫、閭古音同耳。"張舜徽約注："船頭謂之艫，猶人頭謂之顱耳。"是"艫"字本義爲"船頭"；"舳艫"者，《說文·舟部》"艫，舳艫也"，段玉裁注："此二字不分析之說也。"《舟部》"舳，漢律名船方長爲舳艫"，段玉裁注："'長'當作'丈'。《史》《漢》，《貨殖傳》皆曰：'船長千丈。'注者謂總積其丈數。蓋漢時計船以丈，每方丈爲一舳艫也。"徐灝箋曰："船尾曰舳，船頭曰艫，此爲本義。總頭尾言則謂之舳艫也。"張舜徽《說文解字約注》"艫"字注："抑舳艫二字，乃舟之反語也，蓋緩言之爲舳艫，急言則爲舟矣。古人偶析舳艫爲二名，以名其首尾。"是"舳""艫"合用，其義或爲量詞，總計船隻面積，或義爲"船"，《漢書·武帝紀》"舳艫千里，薄樅陽而出"，顏師古注引李斐曰："舳，船後持柁處也。艫，船前頭刺櫂處也。言其船多，前後相銜，千里不絕也。"是其例。

又，《說文·舟部》"舳，艫也"，段氏注："各本'艫'上刪'舳'字，今補。此三字爲句，非以'艫'釋'舳'也。"王氏《說文釋例》則謂"艫也"當連篆爲讀，作"舳艫也"。郭在貽曰："在說解字與被說解字關係上，段氏有一種'連篆讀'的說法，即所謂'三字句'。"[1]"其實段氏的連篆讀即三字句者，並不是許書之例。"[2]"無論從理論上或事實上看，段氏的三字句之說實不能作爲許書之例，則其據以增刪說解，也是不

---

① 郭在貽：《訓詁叢稿》，上海古籍出版社 1988 年版，第 431 頁。

② 郭在貽：《訓詁叢稿》，上海古籍出版社 1988 年版，第 432 頁。

足取的。"① 段氏每執"三字句"例以增改許書，郭氏謂其不足取，頗爲中肯。② 然郭氏"三字句""連篆讀"例牽混爲一，似爲不妥。本書其下一一考辨。

段氏《說文注》每據"三字句"（或"三字一句""三字爲句"）"③ 之例以增改許書說解，以爲複舉隸字乃注文首字，複舉篆文"某"與注文"某也"合三字爲一句。然徐承慶不同此說，其《說文解字注匡謬·五曰以意說爲得理》云："篆文，形也；說解，義也。以義釋形，非有二字及二字句、四字句之例。果複舉字爲淺人所刪，此人既從事六書，乃刪'參'字而以爲商星，刪'離'字而以爲'黄倉庚'，刪'鷦'字而以爲周燕，不通一至於此。……（錢大昕）其言確當不易，與段氏正相反。好學深思之士，從此而推其例，則凡當承篆讀者，可準諸'昧爽'等字矣。凡衍一字者，可準諸'莧菜'之字，悟爲校書者所添矣。其不連上篆讀而疊字並非衍文者，亦從可知矣。"以爲段氏"三字句"說未爲允當，而錢大昕"連篆讀"說最得其情。

錢氏發明許書"連篆讀"之義例，其《十駕齋養新錄·說文連上篆字爲句》曰："許君因文解義，或當疊正文者，即承上篆文連讀。如'昧爽，旦明也'，'胅響，布也'，'湫隘，下也'，'腬嘉，善肉也'，'燧，候表也'，'詁訓，故言也''頟癡，不聰明也'，'參商，星也'，'離黄，倉庚也'，'鷦周，燕也'，皆承篆文爲句。諸山水名，云山在某郡、水出某郡者，皆當連上篆讀。《艸部》'藼''藍''菌''蘇'諸字但云'艸也'，亦承上爲句，謂'藼'即藼艸，'藍'即藍艸耳，非艸之通偁也。'芺''葵''菹''蘆''薇''雚'諸字，但云'菜也'，亦承上讀，謂'芺'即芺菜，'葵'即葵菜也。今本說文'莧'字下云'莧菜也'，此校書者所添，非許意也。古人著書，簡而有法，好學深思之士，當尋其義例所在，

---

① 郭在貽：《訓詁叢稿》，上海古籍出版社 1988 年版，第 433 頁。
② 郭在貽以爲段氏所云"複舉字""三字句"有合乎情實者，亦有誤說者。如《說文》"河，水也""岏，山也"乃以共名釋專名例，注文自不應增補複舉篆文之隸字。
③ 含"四字句""四字一句"等。

不可輕下雌黃。"① 錢氏以爲"連篆讀"例乃許書所固存，孫星衍《與段大令若膺書》②、周云青《補說文古本考纂例》③ 皆以此說爲是。錢氏"連篆讀"說較段氏似爲近情，多爲後世所從。④

　　王筠亦有連篆爲讀之說，然與錢說不盡相同，其《說文釋例·挩文》曰："陋儒之刪《說文》也，每刪連語之上一字而連篆文讀之。……夫初刪之時，祇期便於讀者，而率意刊落，亦初無一定之規條，雖割裂不通，亦所不顧。然就原本刪之，猶可見其本來也。厥後羣相放效，奉爲聖書，家家迻謄一本，於是原本不可見矣。"⑤ 是王氏以爲"連篆讀"乃陋儒有意爲之，每刪連語上字而連篆讀之，以便於讀者，後積非成是，固非許書原貌。觀王氏所謂"連篆讀"者，類分有二：其一，淺人刪削連語上字，而以連語下字爲說解者。例如，《口部》"唫，吟也"，當云"唫吟也"。《口部》"啾，嘆也"，當云"啾嘆也"。《竹部》"篓，差也"，當云"篓差也"。《木部》"柍，梅也"，當云"柍梅也"。《舟部》"舳，艫也"，當云"舳艫也"。《山部》"崟，嵒也"，當云"崟嵒也"。《山部》"崝，嶸也"，當云"崝嶸也"。《心部》"忼，慨也"，當云"忼慨也"。《心部》"悃，愊也"，當云"悃愊也"；其二，淺人刪削連語上字，而以連語下字與說解爲一句者。例如，《石部》"礊，礦石也"，當云"礊礦，石也"。《辵部》"迟，曲行也"，當云"迟曲，行也"。《系部》"緜，聯微也"，當云"緜聯，微也"。《虫部》"蠽，丁蝎也"，當云"蠽丁，蝎也"。小徐本《言部》"譜，譜大

①　錢大昕：《十駕齋養新錄》，商務印書館 1935 年版，第 63 頁。

②　參見丁福保主編《說文解字詁林》，中華書局 2014 年版，第 687 頁。

③　參見丁福保主編《說文解字詁林》，中華書局 2014 年版，第 230 頁。

④　姚孝遂《許慎與〈說文解字〉》曰："(《說文》連篆字爲句之例) 這一體例是錢大昕的一大發明……錢氏還指出，所有的山名、水名均當連篆文讀之，這些都是正確的。"(作家出版社 2008 年版，第 22 頁。) 張其昀《"說文學"源流考略》曰："(錢氏) 明《說文》有連上篆字爲句之例，可以知顧亭林譏許氏訓'參'爲'商星'昧於天象之誤。……即以承篆連讀項而言，'藍''芙'等字但云'草也''菜也'本與'眛'之云'爽明也'不類，不當作爲同類之例。以屬釋種，本是許書訓詁的一個方式。"(貴州人民出版社 1988 年版，第 256 頁。)

⑤　王筠：《說文釋例》，中華書局 1987 年版，第 294 頁。

聲"，當云"譜譜，大聲"。《竹部》"䉤，䉤存也"，當云"䉤䉤，存也"。
王氏每執"連篆讀"例以校正段說，多有所得。如《說文·足部》"蹎，
跋也""跌，踼也"，王筠釋例："'蹎'下云'跋也'，'跌'下云'踼也'，
皆連篆文讀。以'跋'下云'蹎跋也'①、'踼'下云'跌踼也'知之。段
氏又各刪一字，非也。"

　　要而論之，"連篆讀""三字句"二說，其意相通，而其質有別。段氏
"三字句"謂淺人誤刪許書，注文當增補篆字，三字一句。錢氏以"連篆
讀"乃許書固有義例。王氏"連篆讀"意與段同。此其一；許書山名、水
名等錢氏以爲均應連篆讀之。段氏則據"三字句"以增補，意與錢通。而
王氏"連篆讀"未見此用。此其二。

　　又有以"三字句""連篆讀"二例皆非者。莫友芝《仿唐寫本說文解
字木部》一頁："械，＿䚍，褻器也。"六頁："桴，＿欅也。"七頁："楎，
＿栯也。"七頁："梱，＿升，可以射鼠也。"②九頁："櫪，＿槝，押指也。"
是知唐寫本注文首字若與篆字相同，多以省書符號"＝"代之。一頁：
"械，＿䚍，褻器也"，莫友芝箋異："＝，疊篆'械'字。按，此知傳本解
說首字同篆者率以＝書之。如'蔦周''離黃'各本失'蔦'、失'離'之
類，段注窳補者甚眾，殆以是歟?"是莫氏乃疑傳本許書"蔦周""離黃"
失"蔦"、失"離"類，蓋與省書符號"＝"相關。張涌泉準此，其《〈說
文〉"連篆讀"發覆》曰："筆者以爲錢說和段、王說都有一定的道理。但
傳本《說文》當'連篆讀'的既非許氏原書如此，亦非如段、王所言爲淺
人妄刪說解字，而可能是古抄本字頭在註解中重出時用省代符號，傳抄者
抄脫或省略了省代符號。"③張氏徵引古寫本字書、韻書爲證，考辨精良，
有獨得之功。

---

① 《說文》"跋，蹎跋也"，王氏句讀："'跋'字似衍。"其說又與段氏同，自亂其說。
② 莫友芝箋異："＝，疊篆文。'升'乃'斗'誤，各本皆作'斗'。"
③ 張涌泉：《著名中青年語言學家自選集·張涌泉卷》，上海教育出版社 2011 年版，第
　 3 頁。

第四節　王筠諟正段氏《說文注》方法述略

　　王筠博學好古，精勤過人，積數十年之力研治《說文》，"於古人製作之意，許君著書之體，千餘年傳寫變亂之故，鼎臣以私意竄改之謬，犁然辨晳，具於匈中。"① 其 "解釋六書之條例，遠出宋元明諸家之上，且能確本許書，證之金文，以求文字之原，而明文字之用，並推及引經引諺讀若之例，匡正脫文衍文誤字之處"②，徵引宏富，考證翔實，多所論定。《說文釋例》雖不名 "訂段"，然實有正段微旨，數量可觀，折衷詳慎，方法周備，結論可信。

　　綜考王氏諟正段氏《說文注》之方法、精神，略述如下：

一、創通義例，以許證許

　　段氏注《說文》，發明體例，創爲通則，世稱精詳。然隨文作注，體例所限，未能詳備。王氏繼承段氏，創通義例，條分縷析，獨闢蹊徑。其補段氏之未備，間或正段氏之訛誤，剖斷精微，不囿成說，創獲頗豐。例如：

（一）

　　《說文·水部》："衝，涌繇也。（繇、搖古今字。涌，上涌也；搖，旁搖也。）从水，中聲。讀若動。"③《說文釋例·轉注》："'衝'下云'涌、搖也'，兩句讀。'涌'下云'滕也'，'滕'下云'水超涌也'，段氏依《韻會》改'涌'爲'踊'。案，'涌''滕'轉注，且下文'潚''洸''波'三字皆言'涌'，似不須改。惟'衝'之義與'涌'同，而所指不同，故言'搖'以別之。"④

---

① 語見王筠《說文釋例·自序》。
② 胡樸安：《中國文字學史》，中國書店 1983 年版，第 342 頁。
③ 段玉裁：《說文解字注》，上海古籍出版社 1988 年版，第 547 頁。
④ 王筠：《說文釋例》，中華書局 1987 年版，第 103 頁。

按：《說文·水部》"沖，涌搖也"，段氏依小徐作"涌繇也"，注云"繇、搖古今字"，以爲許書當用古字。王氏據許書上下用字，以許證許，疑段氏不須改字，所言甚是；段氏且注"涌"爲上涌、"搖"爲"旁搖"，以二字並列，其義共貫。王氏不同此說，乃依許書"兩句讀"例，以"沖"下當作"涌、搖也"，謂許氏以"涌"釋"沖"，二字義同，唯所指有異，故以"搖"別之。王氏發明"兩句讀"例，以爲許書注文當分兩句解之，遞相爲訓，一主一次，一表一裡，相反相成，共表一義。且每執此例以諟正段說，證成許義，說較段氏似更爲可信。

（二）

《說文·糸部》："繆，枲之十絜也。从糸，翏聲。一曰綢繆也。""綢，繆也。（謂'枲之十絜''一曰綢繆'二義，皆與'繆'同也。今人綢繆字不分用。）从糸，周聲。（按，此二篆疑有譌亂。）"①
《說文釋例·說解正例》："如'繆'有'枲之十絜'一義，故'一曰綢繆'在下，若'綢'祇有'綢繆'一義，故其次先'繆'後'綢'。而'綢'下云'繆也'，乃刪之而連篆讀也。段氏爲所惑，曲爲之說。果爾，亦當先'綢'後'繆'也。"②

按：《說文》"繆"下云"枲之十絜也。一曰綢繆也"，"綢"下云"繆也"，段氏遂以"綢"字亦有"枲之十絜""綢繆"二義。然則與經傳用字不合，且今人綢繆字不分用，故又曰"此二篆疑有譌亂"。王氏乃據許書"連篆讀"例，以"綢"下"繆也"當連篆爲讀，"綢繆"自是連語（連綿字）。準此，則"綢"字專義"綢繆"，"繆"字"綢繆"而外，兼義"枲之十絜"，所謂"一字有兼義，一字祇專義"③。故許書"繆"下先云兼義，次云連語，"綢"下僅云連語。而段氏不明"連篆讀"例，疑許書二篆譌

---

① 段玉裁：《說文解字注》，上海古籍出版社1988年版，第661頁。
② 王筠：《說文釋例》，中華書局1987年版，第220頁。
③ 王筠：《說文釋例》，中華書局1987年版，第220頁。

亂，曲爲之説，不憭其恉。王氏發明“連篆讀”例，謂陋儒每刪連語上字而連篆讀之，以便讀者，其後積非成是，實非許書原貌。且每執此例以駁正段説，以許證許，舉一反三，發人深省。

（三）

《説文·柬部》：“柬，分別簡之也。（《釋詁》曰：‘流、差、柬，擇也。’《韻會》無‘簡’字爲長。凡言‘簡練’‘簡擇’‘簡少’者，皆借‘簡’爲‘柬’也。）从柬八。八，分別也。”① 《説文釋例·存疑》：“‘柬’下云‘分別簡之也’，‘簡’字發明假借，‘簡在帝心’‘簡厥修’皆是也。段氏偏信《韻會》，非。”②

按：《説文》“柬”下，各本注文作“分別簡之也”，段氏依《韻會》，以無“簡”字爲長。王氏謂“簡”字不當刪，許氏以“簡”釋“柬”，乃發明假借之例。今按，鈕樹玉《段氏説文注訂》曰：“元版有‘簡’字。”《集韻·產韻》“柬，《説文》‘分別簡之也。’……通作‘簡’。”《六書故·植物一》“柬”下引《説文》曰：“分別簡之也。”《慧琳音義》卷三十八“柬擇”下引《説文》云：“柬，分別簡之也。”皆爲許書固有“簡”字之明證；書傳多用“簡”爲“柬”，《爾雅·釋詁下》“柬，擇也”，邢昺疏：“簡、柬音義同。”《荀子·修身》“安燕而血氣不惰，柬理也”，楊倞注：“柬，與‘簡’同。言柬擇其事理所宜而不務驕逸。”《漢書·高惠高后文功臣表》“遴柬布章”，顏師古注引晉灼曰：“柬，古‘簡’字也。”皆是其例。誠如張舜徽所言，“本書《手部》：‘揀，擇也。’書傳多借‘簡’爲‘柬’，故許君亦以‘簡’釋‘柬’。此乃用通行字解本字，欲令人易曉耳。”③ 又，《説文·言部》“記，疏也”，段氏改注作“疋也”，注曰：“疋，各本作‘疏’，今正。《疋部》曰：‘一曰疋，記也。’此‘疋’‘記’二字轉注也。

① 段玉裁：《説文解字注》，上海古籍出版社1988年版，第276頁。
② 王筠：《説文釋例》，中華書局1987年版，第407頁。
③ 張舜徽：《説文解字約注》，華中師範大學出版社2009年版，第1529頁。

疋，今字作‘疏’，謂分疏而識之也。”王筠釋例：“‘記’下云‘疏也’，段氏改‘疋也’，於理自是，然失許君發明假借之旨。凡說解用本意者半，大都難解之字也。其易解者，往往就以發明假借。”張舜徽約注：“許君釋字，例用當時常用字爲說解，故記下直云‘疏也’。段氏注本必改作‘疋也’，非是。唐寫本《玉篇》‘記’下引《說文》：‘記，疏也。’與今本同。”此例可爲許書以見行字釋本字之旁證。王氏發明《說文》釋字用假借之例，並執此以正段氏誤說，以許訂段，校勘得當，言之成理。

二、廣羅古文，兼採方言

段氏注《說文》，搜羅宏富，廣徵博引，言必有據，惜未涉金石古文，“他在當時漢學盛行的空氣下，由崇信許鄭而墨守許書，不肯應用篆文以外資料，來分辨許書是非”①，誠其不足。王筠博聞宏覽，尤好金石之學，每據金石古文考訂文字，推求文字孳乳變易之跡，多所發明，獨成一家；段氏據方言俗語校釋文字，王氏推而廣之，方言俗語與經典文獻、金石文字相互證發，打破前人株守之弊，創獲頗豐。例如：

（一）

《說文・絲部》：“䜌，馬䜌也。从絲車。（各本篆作‘轡’，解作‘从絲，从軎’。……惟《廣韻・六至》‘轡’下云：‘《說文》作䜌。’此葢陸法言、孫愐所見《說文》如此而僅存焉。以絲運車，猶以扶輓車，故曰‘䜌’與‘連’同意。衹應从車，不煩从軎也。今據以正誤。）與連同意。”②《說文釋例・存疑》：“《絲部》‘轡’字，段氏據《廣韻》改作‘䜌’，如《說文》果作‘䜌’也，則《玉篇》何不言之。惟從軎亦殊無義，或《說文》傳譌，或許君別有意。此字要當依石鼓作‘’，從，‘’即‘’字。”③

---

① 周祖謨：《周祖謨學術論文自選集》，北京師範大學出版社1993年版，第521頁。

② 段玉裁：《說文解字注》，上海古籍出版社1988年版，第663頁。

③ 王筠：《說文釋例》，中華書局1987年版，第477頁。

按：《說文》"轡，馬轡也。從絲，從軎"，段氏以此字不煩從軎（《說
文》"車軸耑也"），遂據《廣韻》改篆作"轡"，從絲車，會以絲運車之
意。王氏謂此字石鼓文作"轡"，中從❀（即許書之"❀"），《說文》當作
"轡"，從絲，從更，會以絲止馬之意。① 今按，"轡"字，甲骨文作"✦"
（《甲骨文合集·八一七三》），金文作"✦"（《公貿鼎》"賓貣馬✦乘"），象
束絲糾結之形。此字所從之"❀"與紡塼之"更"形似，故其後訛爲"從
絲，從更"。石鼓文作"轡"（《鑾車》"六轡驍□"）、戰國楚文作"✦"（《曾
侯乙墓·六六》"兩馬之革✦"），皆是其例。《說文》小篆作"轡"，更訛爲
"從絲，從軎"。② 段氏偏信《廣韻》，訂篆作"轡"，其說固非。王氏本之
石鼓，訂篆作"轡"，言之有據，其說雖未至當，然較段氏更爲近情。③

（二）

《說文·艸部》："斯，斷也。從斤斷艸，譚長說。稾，籀文斯。從
艸在仌中，仌寒故折。折，篆文斯從手。"④《說文解字句讀·艸部》：
"(稾)《齊矦罍》有此字，然亦作'斯'，段氏徑改從仌，非。《文子》：
'冬仌可折。'"⑤

按：《說文》"斯"字籀文，大徐本作"稾"，小徐本作"斯"，注曰"從
艸在仌中，仌寒故折"。段氏依注文及小徐本，徑改籀文作"稾"。王氏求
之金文，謂《齊矦罍》有"斯"字，大徐籀文不誤，段氏改字非是。今
按，"斯"字，甲骨文作"斯"（《甲骨文合集·七九二四》），從斤，從斷
木，會以斤斷木之意。西周金文作"斯"（《虢季子白盤》"斯首五百"），斷

---

① 王筠《說文解字句讀》曰："從更，引而止之也。"
② 參見李學勤主編《字源》，天津古籍出版社 2012 年版，第 1155 頁。
③ 黄德寬主編《古文字譜系疏證》（商務印書館 2007 年版，第 2887 頁）以其爲"繼"字
　初文，所以連繫瑞玉者，與馬轡之"轡"各字。如依此說，則許書篆文不誤，段、王
　改篆皆非是。
④ 段玉裁：《說文解字注》，上海古籍出版社 1988 年版，第 44 頁。
⑤ 王筠：《說文解字句讀》，中華書局 1988 年版，第 35 頁。

木之形訛作"✦"。春秋金文作"𦫵"（《洹子孟姜壺》"于大無嗣𦫵"），"✦"中加"＝"以爲飾筆①。"✦"形連筆誤作"✦"，而爲小篆所本。許慎以"＝"爲"仌"，注曰"从艸在仌中，仌寒故折"，望文爲說，誠屬牽強。王氏以籀文"𦫵"（隸作"𣂝"）形不誤，段氏不煩改字，其說頗爲精核。然以許書注文不誤，且極力助成許說，注云"《文子》：'冬仌可折。'"拘文牽義而失之穿鑿。

（三）

《說文·言部》："詅，詅，（此複舉字刪之未盡者。）擾也。（《手部》曰：'擾，煩也。'）一曰詅獪。从言，少聲。"②《說文釋例·存疑》："'詅'下云'詅擾也'，段氏謂'詅擾'之'詅'，乃複舉字刪之未盡者，非也。'詅擾'疊韻字，吾鄉謂有急而疾言者爲'詅擾'，或即此意。下文'一曰詅獪'，乃別一義，故又舉'詅'字而後以'獪'釋之，不連讀。"③

按：段氏創爲"篆下複寫隸字"說，以爲許書篆文下本有複寫隸字，而爲後人所刪。然有後人刪削而未盡者，如《言部》"詅"下"詅擾"之"詅"者是。王氏駁正此說，以許書注文"詅"字誠非複舉，"詅擾"乃疊韻連語，④且引山東安邱方言"詅擾"爲據。朱駿聲《說文通訓定聲·小部》曰："詅，詅擾也。……今蘇俗謂譁吷曰'炒鬧'，即此'詅擾'字。"張舜徽曰："唐寫本《玉篇》'詅'字下引《說文》：'詅擾也，一曰詅獪也。'與今本同。從知說解'詅擾'字乃原文如此，非誤衍'詅'字也。蓋'詅擾'爲疊韻連語，許君取以釋字。今湖湘間猶有此語。"⑤皆是其證。王氏

---

① 或曰加"＝"以示斷木處。
② 段玉裁：《說文解字注》，上海古籍出版社1988年版，第99頁。
③ 王筠：《說文釋例》，中華書局1987年版，第369頁。
④ "詅"字古音屬宵部，"擾"字古音屬幽部，幽宵旁轉韻通。
⑤ 張舜徽：《說文解字約注》，華中師範大學出版社2009年版，第598頁。

學古知今，深知方言俗語多存古音，每據安邱方言佐證許書古音古義、訂正段氏誤校誤釋，博採方音，以俗證雅，超越前賢，獨樹一幟。

三、綜合比勘，注重物情

王筠肆力經史，涵茹古今，治學嚴謹，長於校讎。藉以內外求證，力求經典復原，反覆參詳，甄別真偽，正訛糾謬，識力超拔。博極群籍而外，力戒空談，務求實證，考據詳核，以意融通。王氏訂正段說，或比勘異文及旁證，或詳審文意及義例，考訂精嚴，尤重物情，多可稱述。例如：

（一）

《說文·目部》："矇，兒初生蔽目者。（'蔽目'二字，各本作'瞥'，今依《篇》《韻》正。蔽目，謂外有物雍蔽之，非牟子之翳也。）从目，褱聲。"①《說文釋例·存疑》："'矇'下云：'兒初生瞥者。'《玉篇》：'小兒初生蔽目也。'段氏從之。案，'瞥'下云'過目也'，又'目翳也'，而《玉篇》第云'目瞥見'，與'過目'同義，不足兼'目翳'之義。似顧氏知'矇'之義爲'翳'，而不知'瞥'之義爲'蔽目也'。段氏謂'有物雍蔽之，非牟子之翳也'，夫既非牟子之翳，則是何物哉？此亦不知物情也。"②

按：《說文》"矇"下，各本注文作"兒初生瞥者"，段氏依《玉篇》《廣韻》改"瞥"作"蔽目"。王筠驗之《玉篇》，"瞥"下云"目瞥見"，以爲顧野王不知"瞥"有"目翳"之義，故"矇"下不曰"瞥"而曰"蔽目"。王氏以"瞥"即"蔽目"之義，段氏改"瞥"爲"蔽目"，誠屬不必；段氏又云："蔽目，謂有物雍蔽之，非牟子之翳也。"王氏以此不合物

---

① 段玉裁：《說文解字注》，上海古籍出版社1988年版，第130頁。
② 王筠：《說文釋例》，中華書局1987年版，第376頁。

情，不爲曲說所惑，曰："夫既非牟子之瞖，則是何物哉？此亦不知物情也。……故'眼'下云'瞥'，則'瞥'下所云'目瞖'者，爲瞼蔽其睛，而非如方書所謂'雲瞖'。"《說文解字句讀》曰："瞥，目瞖也。案，'瞖'非病，'瞖'乃瞼蔽其睛也。故老云：'兒生三日後乃張目。'"以"眼"爲小兒初生睛爲瞼蔽之義。張舜徽《說文解字約注》云："眼，之爲言繯也。本書《糸部》：'繯，落也。''落'即今之'絡'字。謂兒初生時，目若有物网絡之，無所見，斯名爲眼耳。……段氏注本必依《篇》《韻》改正，不悟《類篇》《集韻》仍作'瞥'，則作'蔽目'者，未必是也。"可爲王說之佐證。王筠長於名物訓詁，根柢文獻載籍，更重耳聞目驗，博通融貫，言之有據，言之成理。

（二）

　　《說文·艸部》："莜，薅田器也。（舊作'艸田器'，今依《韻會》。《論語疏》作'芸田器'。）从艸，攸聲。《論語》曰：'以杖荷莜。'（云以杖荷莜，置杖而芸，則莜爲芸田器明矣。《集解》包曰：'莜，竹器。'此有脫誤。）"①《說文釋例·存疑》："'莜'下云'艸田器'，段氏改'艸'爲'薅'。……包注曰：'竹器。'《玉篇》承《說文》之後，亦曰：'草器名。'《廣韻》云：'草田器。'蓋是也。……惟許君以字从艸而言'艸'，不如包氏所言'竹'。……不於事實求是，而見異思遷，是自蔽之道也。"②

　　按：《說文》"莜"下，各本注文作"艸田器"，段氏依《韻會》改"艸"作"薅"。王氏綜合比勘，以許書"艸"字不誤。其《說文釋例》曰："芸必用鋤，鋤可荷，而無事於以杖荷之。既以杖荷之，則其爲方圓器非長器可知也。……不知丈人之意，非爲芸田而來，特以既識子路，蹲

---

① 段玉裁：《說文解字注》，上海古籍出版社 1988 年版，第 43 頁。
② 王筠：《說文釋例》，中華書局 1987 年版，第 361 頁。

踞拔草，以示倨侮之意。其事同芸，因謂之芸，非誠以鋤芸之也。"王氏
揆諸經義，以"莜"非爲芸田之長器，而爲拔艸之方圓器。如依此說，則
《論語》"以杖荷莜""植杖而芸"云云文從字順，其義融通。《韻會》引小
徐本作"芸"，乃附會"植杖而芸"以改之。段氏不信許書，不依《篇》
《韻》，惟以《韻會》爲準，誠所謂"見異思遷，是自蔽之道也"；《說文釋
例》云："惟許君以字从艸而言'艸'，不如包氏所言'竹'。多竹之鄉，
田器率用竹，吾鄉則用梂條柳條鶖稭之屬。若以艸爲之，薄則不勝任，厚
則重疊，故知包氏是也。"王氏驗之物情，謂"田閒之器率以鶖稭爲之，
故曰'艸'"①。張舜徽《說文解字約注》曰："田器石類至夥，或以金或以
木。盛土之器，北人多以柳條鶖稭爲之，南人多用竹，猶之艸類也，故云
'艸田器'。段氏注本依《韻會》《論語疏》改作'蓲田器'，非也。"可爲
王說佐證。誠如王氏所言，"吾年逾五十而老於農，故知物情，以窺古人
製字之意。今之學者或不知也。"②

（三）

　　《說文·角部》："䚡，角中骨也。（骨，當作'肉'，字之誤也。鄭
注《樂記》'角觡生'曰：'無䚡曰觡。'謂角中堅實無肉者，麋鹿是
也。許亦解'觡'爲骨角，亦謂中無肉者也。）从角，思聲。"③《說文釋
例·存疑》："'䚡'下云'角中骨也'，段氏據'骼'④下云'骨角'定
其殊別，是也。而謂當作'角中肉也'，則又不識物情。䚡者，牛羊
之角外骨冒內骨，雖相附麗而不能合一，其內骨名曰䚡，䚡不堪作
器。茂堂在京師，獨不見東河沿以之砌牆，䚡之本纍纍外向乎？骼⑤

---

①　語見王筠《說文解字句讀》"莜"字注。
②　王筠：《說文釋例》，中華書局 1987 年版，第 38 頁。
③　段玉裁：《說文解字注》，上海古籍出版社 1988 年版，第 185 頁。
④　"骼"當爲"觡"之誤字。《骨部》"骼"下曰"禽獸之骨曰骼"，《角部》"觡"下曰"骨
　　角之名也"，"骼""觡"各字，所謂"骨角"者當作"觡"。
⑤　"骼"當爲"觡"之誤字。

則中外如一，渾合無閒，麋鹿之屬皆然。"①

按：《說文》"䚡"下，各本注文作"角中骨也"，段氏疑"骨"字當作"肉"，以爲角中肉謂之"䚡"，中無肉者謂之"觡"。王氏謂段氏以"䚡""觡"殊別，得之，然以"䚡"爲"角中肉"則非是。其《說文解字句讀》曰："《樂記》'角觡生'，鄭注：'無䚡曰觡。'然則有䚡曰角也。麋鹿之角，內外如一曰觡。牛羊之角，外骨冒內骨。嘗見牛鬥而隕其角者，內䚡故存，如小角也。"王氏揆諸經義，核之物情，驗以實物，以"䚡"即角之內骨，牛羊有䚡曰"角"，麋鹿無䚡曰"觡"。《玉篇·角部》："䚡，角中骨。"《廣韻·咍韻》："䚡，角中骨。"《六書故·動物二》："䚡，角中虛靐骨也。"《慧琳音義》卷四十"其䚡"注："《說文》作'䚡'，云'角中骨也。'"皆爲許書不誤之明證。徐灝《說文解字注箋》曰："'骨'字不誤。此謂角中脆骨也。"張舜徽《說文解字約注》曰："段玉裁謂'骨'當作'肉'，乃字形之誤，非是。獸角皆有文理，因引申爲文理之稱。本書《玉部》云'䚡理自外可以知中'，謂玉之文理也。"所言甚是。王氏據物情訂段，審察精微，考證精詳，其說確不可易。

---

①　王筠：《說文釋例》，中華書局 1987 年版，第 383 頁。

第五章　餘　論

　　高郵王氏父子、朱氏駿聲、王氏筠之治段書，涵泳潛研，閎通深肆，審擇精嚴且不盲從輕信，方法周備而能啟人心目，辭暢理順亦多不刊之論。惟其屢有失察，虛爲指畫，抑揚失當，時或難免。是本書於三家著述中，尋析明言段氏之非者，索隱鉤沈，釐清畛域，條分縷析，證同疑異，發覆深究，曉然辨晰。庶幾窺見三氏正段之大略，務求釐清個中之懸解，得其所宜。今約取本書之旨意、梗概，枚述如下：

　　王氏念孫、引之父子研治段氏《說文注》之著述，或爲事校段之專著，或屬隨文正段之札記，或是闡發本旨之序言。大抵關涉訂段氏之誤改篆文、訂段氏之誤改注文、正段氏之誤校書傳、正段氏之曲說經傳、正段氏之誤言聲韻數端。王氏或依聲破字、推求語源，或因文索義、前後融通，或根柢經傳、群書互證，程法周密，考證精嚴，結論精當，誠足以弼成段書。然王氏或未達物情，或過於深解，故偶出乖舛之論。推其致誤之由，要爲過信他書而誤、輕言假借而誤、形義未明而誤、以臆改字而誤、拘泥傳本而誤諸事。茲本書傾心言說者一。

　　朱氏駿聲之治《說文注》，要以宗段爲主，然不妄立異，亦未敢苟同。其於轉注、假借之推闡，於古韻、轉音之發明，能發前人所未發。其研治段氏《說文注》之著述，或爲專事正段之著述，或屬隨文正段之條目，要爲訂段之誤改篆文、訂段之誤刪篆文、訂段之誤增篆文、訂段之誤改注文、正段之誤作說釋數端。朱氏或闡發條例、上下互求，或發明假借、疏通引申，或徵引俗語、貫通古今，方法周備，思路清晰，見解獨到。而朱氏或疏於許書釋字之體，或浪為假借而偶事穿穴，或狃於古韻畛域而闇其通轉，或闇於省聲而委曲疏通，故其論閒有差忒。茲本書傾心言說者二。

　　王氏筠善於抽繹條分，稱褒段氏釋例之功而外，亦於段之專輒臆斷處特為措意，力為辯駁。《說文釋例》《說文句讀》隨文刊正，勝義層出。王氏或創通義例、以許證許，或廣羅古文、兼採方言，或綜合比勘、注重物情，術法詳備，論據充足，論述縝密，創獲豐贍。至其闇於韻轉、疏於義例、拘執省聲、誤施句讀、泥字生義等，則其乖失。今權其訂段之功過，殆有不相掩者。茲本書傾心言說者三。

　　本書研究主要建樹及創新之處有：其一，精梳語料，釐定範疇。本書對清人三家正段之條目進行全方位搜采、梳理，深入稽考並研讀了原始文獻，全面搜集並梳理了所需語料，並製作附錄、索引等，以資參照。進而為“小學”、文獻學等研究提供豐富而堅實之資料支撐；其二，精研文本，探求本真。本書以清人三家諟正段說為切入點，進而論及段氏《說文注》，再由《說文注》論及《說文》本體，條分縷析，層層推進，觸及語言文字之底蘊原委；其三，證同疑異，考校是非。本書利用新材料和方法，考辨段玉裁及高郵王氏、朱駿聲、王筠三家語言文字研究中諸多問題，證段氏之未允，補諸說之未備，詳細辨正諸說之未得情實者。此外，考見當前古籍校勘、辭書編纂、古文今釋等學術研究中相關問題，使其具有歷久彌新之學術生命力；其四，對比觀照，總結經驗。本書分類述評三家正段之經驗方法，進而觀照其於清人學術研究背景下貢獻及地位。為語言文字學研究添磚加瓦，亦為漢語史研究提供有益之借鑒。

　　然而囿於學識及精力，本書條目辨析零散而缺乏系統性，深層次理論總結多有不足。書中疏失訛謬，在所不免，方家時賢幸辱教之。

附錄一 《漢語大字典》（第二版）引段氏 《說文注》書證識誤

　　《漢語大字典》（以下簡稱《大字典》）每一字頭，凡屬《說文》收錄者，其釋義必先引用《說文》，段玉裁《說文解字注》在《大字典》書證系統中顯得尤爲重要。通過對相關書證的全面考察，我們發現，《大字典》在運用《說文注》說解義項時還存在不少紕漏，例如：義例不符、斷章取義、割裂複詞、誤解虛詞、錯字衍字等。因此，完全有必要對各類問題進行辨析，是正其謬誤。本文下面將進行詳細的討論。①

一、書證與釋義不符

　　《大字典》處理《說文注》相關書證時，時有引文與釋義照應不周、義例不合的情況。例如：

　　　　1. 詻　［詻詻］①同“謣謣”。直言爭辯。《說文·言部》：“詻，論訟也。”段玉裁注：“訟，當作頌，論訟即言容。”②②教令嚴。《玉篇·言部》：“詻，教令嚴也。”③

---

①　此文原發表於《中南大學學報》（社會科學版）2010 年第 3 期，收入本書時稍作修改。
②　爲行文簡潔方便，本文引用《漢語大字典》時，與論述無關的內容從略。
③　漢語大字典編輯委員會編纂：《漢語大字典》（第二版九卷本），四川辭書出版社、崇文書局 2010 年版，第 4228 頁。

　　按：《說文》釋"詻"爲"論訟"，義即爭論、爭辯。段氏認爲，"訟"字當作"頌"（《說文·頁部》"頌，兒也"），"論頌"即"言容"（即說話時的表情）。表面上看，《大字典》釋義與段氏書證似無矛盾之處，其實並未體會出段氏之真正含義。說話時人可以有多種表情，"詻詻"既可以指直言爭辯貌，如《墨子·親士》"君必有弗弗之臣，上必有詻詻之士"之"詻詻"；又可以表示嚴肅貌，如《禮記·玉藻》"戎容暨暨，言容詻詻"之"詻詻"。段氏理解的"詻詻"究竟何指，需要聯繫他在"言容"之後所作注解才能清楚。段云："《玉藻》曰：'戎容暨暨，言容詻詻。'注：'詻詻，教令嚴也。'《周禮·保氏·六儀》：'五曰軍旅之容'注：'軍旅之容，暨暨詻詻。'"其所謂之"言容"顯是指說話時嚴肅的神情，《大字典》將段氏注語作爲義項"直言爭辯"的書證，恐未妥當。

　　又，《大字典》另釋"詻"爲"教令嚴"，此係據《禮記》鄭玄注。《禮記·玉藻》"戎容暨暨，言容詻詻"，鄭玄注："詻詻，教令嚴也。"孔穎達疏："言容詻詻者，謂教令嚴猛也。軍旅行教令宜嚴猛也。"考"詻詻"所出語境，鄭氏所謂之"教令嚴"實是針對"言容詻詻"此一整句而言。"教令"即爲"言"之具體內容；"嚴"則專指"詻詻"之含義，亦即孔氏所謂之"嚴猛也"。故"教令嚴"既是"言容詻詻"的整體句義，又是"詻詻"的臨時義、語境義。《大字典》不察，將其照搬爲義項，此實失之。聯繫《說文》"詻，論訟也。《傳》曰：'詻詻孔子容'"所引《傳》文看，將"詻詻"釋爲"教令嚴"明顯不及釋作"嚴肅貌"精確。《大字典》義項"直言爭辯"後所引之段氏注文亦應調至義項"嚴肅貌"之下。

　　2.歇　悲意。《說文·欠部》："歇，悲意。"《玉篇·欠部》："歇，悲意。"按：清段玉裁《說文解字注·欠部》："（歇）又出歔篆下，當云悲意，从奧聲。今本舛奪，故《廣韻》《集韻》仍之。歇，注悲意，非也；《類篇》歔注：'馨叫切，悲意'，是也。"[1]

----

① 漢語大字典編輯委員會編纂：《漢語大字典》（第二版九卷本），四川辭書出版社、崇文書局 2010 年版，第 2306 頁。

按：今本《說文》未存"欯"字。段氏根據《公羊傳》"歑然而駭"及《玉篇》"欯，悲意"等故訓材料認爲，《說文》之"歑"當訓爲"小怖也"，"歑"字下當另有"欯"，訓爲"悲意"；今本《說文》存"歑"篆"欯"解，合二字訓釋爲一條，《廣韻》《集韻》均承其謬誤。《大字典》未解其意，不僅以《說文注》作爲義項"悲意"之書證，且將段氏原文"又出'欯'篆，下當云'悲意，从欠，奧聲'"改作"（歑）又出欯篆下，當云悲意，从奧聲"，顯與其後所引"歑，注悲意，非也"之意牴牾。

二、引文斷章取義

《大字典》片面截取《說文注》部分内容作爲持論之依據，因語境不完而有損文意表達。有時甚至改變了段氏原意，得出了錯誤的結論。例如：

> 1. 逑　配偶。《說文·辵部》："逑，又曰：'怨匹曰逑'。"段玉裁注："逑爲怨匹，而《詩》多以爲美詞者，取匹不取怨也。渾言則不別，析言則別。"①

按：《說文》釋"逑"爲"怨匹"（即不和睦的夫妻），《大字典》以"怨匹"是爲"逑"之語境義，故將其義概括爲"配偶"，並引《說文注》爲證。"逑"本指怨匹，然《詩經》多用指嘉偶，故"逑"渾言爲配偶，析言指怨偶。《大字典》引文與釋義間似無矛盾，因術語"渾言""析言"確可用來分析詞之泛指義與特指義。然考段氏原文，"桓二年《左傳》曰：'嘉偶曰妃，怨偶曰仇。古之命也。'謂古者命名之法如是。逑、仇古多通用。……逑爲怨匹，而《詩》多以爲美詈者，取匹不取怨也。渾言則不別，《爾雅》'仇、妃，匹也'是也；析言則別，左氏'嘉耦''怨耦'異名是

---

① 漢語大字典編輯委員會編纂：《漢語大字典》（第二版九卷本），四川辭書出版社、崇文書局 2010 年版，第 4090 頁。

也。"此處之"渾言""析言"顯係作者用以比較"妃""仇"("逑")二詞
意義之異同。即概括地講,"妃""仇"("逑")均指配偶;具體而論,"妃"
指和睦的配偶,"仇"("逑")則爲不和睦的配偶。《大字典》爲了證明其
所設義項,片面截取書證原文之内容,強行改變引文術語之含義,乃至脱
離了段氏本意。

　　2. 鷗　《說文》:"鷗,鳥也,其雌皇。从鳥,匽聲。一曰鳳皇
也。"按:段玉裁、王筠並謂"鳥也"當作"鳳也"。[1]

　　按:"鷗",《說文》本訓作"鳥也",王筠《說文解字句讀》云:"《說
文韻譜》作'鳳也',《廣韻》同。《玉篇》作'鷗鳳也',衍'鷗'字。"
《大字典》云王氏謂"鳥也"當作"鳳也",實無可厚非。然其亦謂段玉裁
謂此,則未必妥當。段氏改大徐本《說文》作:"鷗,鷗鳥也。其雌皇。"
並注曰:"《釋鳥》:'鷗鳳其雌皇。'說者便以鳳皇釋之。據許則有鳥名'鷗
鳳',非可以'鳳'釋'鷗'也。'鳥'字蓋'鳳'之誤。三字一句。"其
所謂"'鳥'字蓋'鳳'之誤"實是針對"鷗,鷗鳥也"一句而言,即
《說文》本應作:"鷗,鷗鳳也"。是說有理,"鳳"古代既可以特指雄性鳳
凰,也可以泛指兩性鳳凰,若《說文》以"鳳也"釋"鷗",則完全沒有
必要再設旁訓,云"一曰鳳皇"。依據段意,"鷗"或指鷗鳳鳥,或指鳳
凰,"鷗"字於《說文》當訓爲"鷗鳳也。一曰鳳凰也。"要之,王氏謂
"鷗"當訓作"鳳也",段氏則認爲"鷗"當訓作"鷗鳳也",二人指稱大
不相同,《大字典》云段王二人並謂"鳥也"當作"鳳也",不妥。

　　3. 戲　古代燕饗接近結束時所奏的樂曲。一說指完成一件事後
的歡樂。《說文·豈部》:"戲,記事之樂也。"段玉裁注:"終事之樂。

────────────

[1]　漢語大字典編輯委員會編纂:《漢語大字典》(第二版九卷本),四川辭書出版社、崇文
　　書局 2010 年版,第 4951 頁。

如'賓出奏陔，公入奏驁'是也。終事之樂，如言'可與樂成'是
也。其意一也。"①

按：段氏《說文注》兩處"終事之樂"後本分別有"五角切""盧各
切"諸字，《大字典》刪之，認爲兩處反切無關緊要。考段氏本意，"訖
事之樂"中的"樂"字可以兩讀：一爲五角切（今讀 yuè），義爲"音
樂"，如《儀禮·鄉飲酒禮》"賓出奏陔"及《大射禮》"公入，驁"中
之"陔""驁"，實爲宴會結束時所奏之音樂。一爲盧各切（今讀 lè），義
即"歡樂"，如《商君書·更法》"民不可與慮始，而可與樂成"之"樂"
（"樂成"，樂已成之業也）。故訓爲"訖事之樂"的"戁"字也可相應地解
釋爲宴會結束時所奏之音樂或完成一件事之後的快樂。《大字典》將兩處
反切刪去，顯然會給讀者的理解帶來困難。此其一；其二，《大字典》截
取的段氏注文前本有"說从豈之意也"諸字，從文意看，其說解"訖事
之樂"有兩種含義的目的也正是爲了說明"戁"字所以从豈的原因。"豈"
字，《說文》訓爲"還師振旅樂也"，文獻中常與義爲"康樂"的"愷"字
通用。"豈"字既有本義"軍隊勝利後所奏之音樂"，又可義表"安樂"，
此與以"豈"爲形旁的"戁"字表達的兩種意義是一致的。段氏所謂"其
意一也，故从豈"也顯是針對"戁""豈"兩字的關係而言。《大字典》將
"故从豈"三字刪去，段氏文意也隨之變成"終事之樂（yuè）"與"終事
之樂（lè）"意義相同。如此則與事實全然不符，故宜將引文補全。

4. 綢　纏紮；束縛。《說文·糸部》："綢，繆也。"段玉裁注："綢
繆二義皆與繆同也，今人綢繆字不分用。"②

---

① 漢語大字典編輯委員會編纂：《漢語大字典》（第二版九卷本），四川辭書出版社、崇文
書局 2010 年版，第 3807 頁。
② 漢語大字典編輯委員會編纂：《漢語大字典》（第二版九卷本），四川辭書出版社、崇文
書局 2010 年版，第 3644 頁。

　　按：《大字典》謂"綢繆"有兩個與"繆"字相同的義項，實際曲解了段氏之本意。由《説文·糸部》"繆，枲之十絜也。一曰綢繆也"可知，"枲之十絜"（義爲十束麻）與"綢繆"（義爲以絲束縛）是"繆"字的兩個義項；由《糸部》"綢，繆也"可知，"綢""繆"二字義同。段氏在《糸部》"綢，繆也"下注曰"謂'枲之十絜''一曰綢繆'二義皆與'繆'同也"，意思是説"綢"和"繆"一樣也有"枲之十絜"和"綢繆"兩個義項。《大字典》卻將原文"綢繆"二字之前的"謂枲之十絜一曰"諸字刪去，致使引文內容上下不相連屬，誤導讀者。

三、引文割裂複詞或誤解虛詞

　　《大字典》引自《説文注》的書證，斷句較爲隨意，時有割裂複詞或誤解虛詞的情況。例如：

　　　　1. 麶　磨碎後未分篩出麫與麩的麥屑。《説文·麥部》："麶，麥覈屑也。"段玉裁注："此云帶覈之屑，謂其糳。碎礳之尚未成末，麩與麫未分，是爲麶。"①

　　按：《大字典》引文將"碎""礳"連言，理解爲同義複詞，大概是受到《説文》釋"碎"爲"礳也"的影響。而段注本《説文》卻作："碎，糳也。"注云："糳，各本作礳，其義迥殊矣。礳，所以碎物，而非碎也，今正。《米部》曰：'糳，碎也。'二篆爲轉注。"在其看來，"礳"爲碎物之工具，與動詞"碎"義區別明顯，"碎""礳"二字絶無同義連言的可能。然真正結合爲同義複詞的是在段注本《説文》中互爲訓釋的"糳""碎"二字。《玉篇·米部》《廣韻·支韻》均以"糳碎"釋"糳"，是其明證。綜上，《大字典》引文中的"碎"字本屬上句，作"此云帶覈之屑，謂其

---

① 漢語大字典編輯委員會編纂：《漢語大字典》（第二版九卷本），四川辭書出版社、崇文書局 2010 年版，第 4909 頁。

糨碎。礳之尚未成未，麩與麪未分，是爲黐"乃確。

2. 㪺　酒舀子；一說酒溜子。《說文·斗部》："㪺，抒屚也。"段玉裁注："屚，各本作滿，誤。……元和汪元亮曰：今賣酒家汲酒於甕中之器，名曰酒端，傾入屚，筊而注於酒缾。是其物也。"①

按："屚"字，《說文》訓爲"屋穿水下"，段氏注："今字作漏，漏行而屚廢矣。""筊"字，《說文》訓爲"飲馬器"，又泛指盛物的器具。從辭彙構成看，"屚筊"當是一個偏正結構的複音詞，修飾語素"屚"指出了中心語素"筊"的功能特徵；從語言環境言，酒舀子舀酒注入酒缾需要借助名爲"屚筊"的工具，那麼"屚筊"必是一種空心圓錐狀的注酒器皿。《大字典》將"屚筊"從中點斷，文意遂不可解。

3. 醮　古代冠禮、婚禮的一種儀節。《說文·酉部》："醮，冠娶禮祭。"段玉裁注："詳經文不言祭也，蓋古本作：'冠娶妻禮也；一曰祭也。'轉寫有奪，與祭者別一義，不蒙冠婚。"②

按："歟"字，《說文·欠部》訓爲"安气也。从欠，與聲"，段氏注曰："今用爲語末之辭，亦取安舒之意。通作'與'。""與"字在段氏注文中常用作"歟"，表推測、疑問等語氣。《大字典》所引注文前本有"而許云'冠娶禮祭'，事屬可疑"諸字，聯繫其"蓋古本作……"等語不難看出，段氏此處並沒有自信十足地對《說文》原文直接改動，而是用一種推測的語氣，說大概古本《說文》在流傳過程中有所脫誤吧！其口吻與"與"字所承擔的表示某種安舒的語氣的功能是一致的。故其曰："蓋

---

① 漢語大字典編輯委員會編纂：《漢語大字典》（第二版九卷本），四川辭書出版社、崇文書局 2010 年版，第 2418 頁。
② 漢語大字典編輯委員會編纂：《漢語大字典》（第二版九卷本），四川辭書出版社、崇文書局 2010 年版，第 3837 頁。

古本作:'冠娶妻禮也;一曰祭也。'轉寫有奪與? 祭者,別一義,不蒙冠婚。"然《大字典》卻將"與"字屬下句,段氏文意隨之變爲"醮"字與"祭祀"義別、與"冠婚禮"無涉。此與段氏強調的《說文》"醮"字應有"冠婚禮"和"禮祭"兩個義項的觀點恰相反。《大字典》其致誤的原因在於誤解虛詞,將引文中的語氣詞"與"(歟)理解成了連詞。

四、引文有訛字或衍字

《大字典》引自《說文注》的書證訛、衍字現象較爲普遍,本文重點討論由此導致的背離段氏原意,乃至文意不通的情況。例如:

　　1. 灘　同"灘"。《說文·水部》:"灘,水濡而乾也。《詩》曰:'灘其乾矣。'灘,俗灘从佳。"段玉裁注:"灘字古義如此,後人用爲沙灘,此字謂古今字也。"①

　　按:古今字是一種歷時的一詞多形現象,反映的是某個詞因時間先後而用字不同的問題。《大字典》引文稱"灘"字謂古今字,不合常理。《說文》以"灘""灘"爲正俗字,然在段氏看來二者實爲古今字。"灘"本義爲植物被水浸泡而枯萎,後被借用爲沙灘之"灘";从佳的"灘"當是後人爲明確"灘"之假借義"沙灘"而造之分化字。因此他說:"'灘'字古義如此。後人用爲沙灘,此之謂古今字也。"《大字典》不明正俗字與古今字之別,將段文中的"灘"字改作"灘","之"字也誤作"字",文意遂不可通。

　　2. 鼎　《段注說文》:"鼎,鼎覆也。从鼎、冖,冖亦聲。"自注:"此九字各本無。(大徐、小徐)以鼎篆鼎解,牛頭馬脯而合之。今

---

① 漢語大字典編輯委員會編纂:《漢語大字典》(第二版九卷本),四川辭書出版社、崇文書局 2010 年版,第 1926 頁。

補正。"①

  鼏 《説文》："鼏，以木横貫鼎耳而舉之。从鼎，冂聲。"段玉裁注："大（徐）、小徐篆皆作鼏，解作冂聲，莫狄切，以鼎蓋之音，加諸横貫鼎耳之義，誤矣。"②

  按：《説文》收"鼏"篆（隸作"鼏"），訓爲"以木横貫鼎耳而舉之。从鼎，冂聲"。段氏認爲，"从鼎，冂聲"且義爲舉鼎所用木杠的字本應作"鼏"（隸作"鼏"），而"鼏"字另有他義，當訓爲"鼎覆也。从鼎、冖，冖亦聲"；且今本《説文》訛誤，以"鼏"字之釋（即"以木横貫鼎耳而舉之"）訓"鼏"字之篆（"鼏"），即所謂"以'鼏'篆'鼏'解，牛頭馬脯而合之"也。而《大字典》因"鼏""鼏"兩字形近，而將其互易位置，文意正與段氏相反。

  今本《説文》存"鼏"篆（即"鼏"）"鼏"解。段氏於"鼏"篆下本應注曰："大、小徐篆皆作'鼏'"；或將"鼏"篆隸定，謂："大、小徐篆皆作'鼏'"。然今影印經韻樓刻本《説文注》卻將此篆隸作"鼏"，云："大、小徐篆皆作'鼏'"，此實有誤。《説文》篆文"廾"本隸作"冂"，从"廾"之"鼏"實與从"冂"之"鼏"爲一字，隸定方式不同而已，其與从冖之"鼏"音義皆別。《大字典》不審，襲影印本之謬誤，不當。

  又，《大字典》"鼏"字下引《説文》段注本篆文作"鼏"，"鼏"字下引《説文》段注本篆文作作"鼏"，上下互訛，與段氏之意正相反，大誤。

  3. 硻 擊石聲。也作"硜""鏗""磬"。《説文·石部》："硻，餘堅也。"段玉裁注："硻下當云：'餘堅聲'……《論語》曰：'鄙哉硜硜乎。'又云：'硜硜然小人哉。'其字皆當作硻。硻段借爲古文磬字

① 漢語大字典編輯委員會編纂：《漢語大字典》（第二版九卷本），四川辭書出版社、崇文書局 2010 年版，第 5056 頁。
② 漢語大字典編輯委員會編纂：《漢語大字典》（第二版九卷本），四川辭書出版社、崇文書局 2010 年版，第 5056 頁。

耳。硜者，古文磬字也。'鏗爾舍琴'，亦當爲'礊爾'。又《禮記》：'石聲磬磬'，當爲礊。"①

按：根據段意，"硜"是爲"磬"字之古文，本義爲可演奏打擊樂的石器；"礊"則實指堅固物體發出的聲音，引申指固執、堅決貌。故《論語·憲問》"鄙哉，硜硜乎"及《子路》"硜硜然小人哉"中義爲小人固執堅決貌的"硜硜"均爲借字，本字當作"礊礊"。《大字典》未解其意，引文云"其字皆當作礊。礊段借爲古文磬字耳"，不僅將"礊礊"從中點斷，而且衍"爲"字。如是，"磬"（或"硜"）反成"礊"之本字，大乖原文之意。

---

① 漢語大字典編輯委員會編纂：《漢語大字典》（第二版九卷本），四川辭書出版社、崇文書局 2010 年版，第 2607 頁。

附錄二　上海古籍出版社"高郵二王著作集"點校勘誤

　　《廣雅疏證》《讀書雜志》《經義述聞》《經傳釋詞》乃高郵王念孫、引之父子之代表作，亦爲乾嘉學術名著。2014—2016年，上海古籍出版社以王氏家刻本爲底本，出版"高郵王氏四種"四體一式整理本。2019年，上海古籍出版社出版《高郵二王合集》，輯校"四種"以外之序跋、書札、考辨、碑傳、詩文等遺文。諸書合爲"高郵二王著作集"，沾溉學人，其功甚鉅。然卷帙浩繁，點校量大，其中訛誤，在所不免。現將部分訛錯，勘正如下：

一、誤字

　　1.《經義述聞·儀禮·扃鼏》："段氏若膺注曰：今《攷工記》作'大扃七个'，許所據作'鼏'。《金部》'鉉'下曰：'所以舉鼎也。《易》謂之鉉，《禮》謂之鼏。'據此，知《儀禮》古文本作'鼏'。古文以'鼏密'連文，今文以'鉉鼏'連文。鄭上字從古文，下字從今文，則'鼏鼏'連文，轉寫恐其易混，故易上字爲'扃'耳。引之謹案：段說非也。"①

---

① 虞思徵等點校：《經義述聞》，上海古籍出版社2016年版，第556頁。

　　按：《儀禮》"肩鼏"下鄭玄注"今文'肩'爲'鉉'，古文'鼏'爲'密'"，是知《儀禮》古文作"肩密"，今文作"鉉鼏"。而鄭氏上字取古文，下字從今文，故今《儀禮》"肩鼏"連文。然《說文》"鉉"下曰"《禮》謂之鼏"，與鄭玄所見古文不合，段氏故以鄭氏本"鼏鼏"連文，恐其轉寫牽混，遂以"肩"字代"鼏"字。王引之稱引段說，其《經義述聞》曰："據此，知《儀禮》古文本作'鼏'。古文以'鼏密'連文，今文以'鉉鼏'連文。鄭上字從古文，下字從今文，則'鼏鼏'連文，轉寫恐其易混，故易上字爲'肩'耳。"虞思徵等點校本《經義述聞》誤"鉉鼏"作"鉉鼏"，誤"鼏鼏"作"鼏鼏"，非是。

　　2.《經義述聞·春秋左傳上·昌歜》："《廣韻·入聲·一屋》：'歜，《說文》本才六切，歇歜也。'才六之音轉爲在感，乃幽、侵二部之通，'歜'從黿聲，而音在感切，猶'朘'從夋聲，而音徐鹽切。'黿''夋'皆以夫爲聲也。若從蜀聲之字，徧考諸書，無讀入侵部者。"①

　　按：《左傳·僖公三十年》"饗有昌歜"，陸德明釋文："歜，在感反。""歜"字從蜀聲，今音尺玉切，古音當屬屋部。此與陸氏在感反之音遠隔。王氏疑《左傳》"菖歜"乃"菖歜"之譌，"歜"字從黿聲，今音才六切，古音本在幽部，然幽、侵語音極近，故音轉而入侵部，今音俎感切。其《經義述聞》曰："'歜'從黿聲，而音在感切，猶'朘'從夋聲，而音徐鹽切。'黿''夋'皆以夋爲聲也。"（《說文》"黿""夋"皆從夋聲。）虞思徵等點校本《經義述聞》誤"夋"爲"夫"字，不確。

　　3.《經義述聞·爾雅下·其跡速》："'麠'字《說文》但云'速聲'，不云'速，籀文迹'，則其字之下體作'速'而非籀文'迹'明矣，何得改其篆而又增其注乎？'速'爲人與鳥獸足所踐之通稱，何

---

① 虞思徵等點校：《經義述聞》，上海古籍出版社 2016 年版，第 1009 頁。

得專屬之鹿而從鹿作'麤'乎?"①

按:《說文·鹿部》:"麤,鹿迹也。从鹿,速聲。"段氏改篆從"速"（籀文"迹"）,且云"'速'無妨專爲鹿迹之名"。若依段氏,則《爾雅·釋獸》"(鹿)其速速"不成文理,故王氏非之,謂"'速'爲人與鳥獸足所踐之通稱,何得專屬之鹿而從鹿作'麤'乎?"虞思徵等點校本《經義述聞》因字形相似,誤"麤"字爲"麤"字,是其大失。

4.《廣雅疏證·釋宮》:"樽謂之枅。（《爾雅》'闑謂之槷',郭注云:'柱上樽也,亦名枅,又曰楷。'《文選·魏都賦》注引《說文》云:'樽櫨,柱上枅也。'《淮南子·本經訓》云'欒林樽櫨,以相支持',《漢書·王莽傳》作'薄櫨',《明堂位》作'樽盧',竝字異而義同。)"②

按:《淮南子·本經訓》"欒林樽櫨,以相支持",高誘注:"欒林,柱類。""林"字从末聲,單用則爲木名,《廣雅·釋木》:"林,楷也。"《集韻·末韻》:"林,木名。"是其例。而"林"从末聲,《廣韻·泰韻》:"林,木名。"音莫貝切。《玉篇·木部》:"林,武賴切,木名。"是其例。是知二字有音別,張靖偉等點校本《廣雅疏證》誤"林"爲"林"字,失之。

5.《高郵二王合集·說文段注籤記》:"菫,許竹、丑六二音不誤。《齊民要術》亦音五六反。"③

按:《說文·艸部》"菫"下,段氏注:"里之切,一部。按,《廣韻》'菫'讀許竹、丑六二切者,因'菫''蓄'同物而誤讀'菫'同'蓄'

---

① 虞思徵等點校:《經義述聞》,上海古籍出版社 2016 年版,第 1734 頁。
② 張靖偉等點校:《廣雅疏證》,上海古籍出版社 2016 年版,第 1068 頁。
③ 舒懷等輯校:《高郵二王合集》,上海古籍出版社 2019 年版,第 1127 頁。

也。”以爲“堇”字《廣韻》音許切、丑六二切有誤。王氏不以段説爲是，故曰：“許竹、丑六二音不誤。《齊民要術》亦音丑六反。”《説文段注簽記》影印稿本作“《齊民要術》亦音丑六反”，不誤，舒懷等輯校《高郵二王合集》（以下簡稱《合集》）誤作“五六反”，未確。

6.《高郵二王合集·説文段注簽記》：“蔽，‘蒯’非‘剻’譌。”①

按：《説文·艸部》“蔽，艸也”，段氏注：“不知何時‘蔽’改作‘剻’，從朋、從刀，殊不可曉。蓋本扶風郿鄉之字誤，‘郿’讀若陪，在第一部、第六部，與十五部相隔絶遠，而誤其形作‘剻’，且用爲‘蔽’字，不可從也。”是段氏疑“剻”爲“郿”之字誤，而用爲“蔽”字。王氏不同此説，故當曰：“‘剻’非‘郿’譌。”影印稿本作：“‘剻’非‘剻’字譌。”“剻”“郿”一字，《集韻·灰韻》《尤韻》“郿，或作‘剻’”可證。而《合集》誤“剻”作“蒯”，誤“剻”作“蒯”，不可取。

7.《高郵二王合集·説文段注簽記》：“魗，不當入隹部。”②

按：《説文·鬼部》“魗”字，段氏移於《隹部》部末，注曰：“但大徐補入《鬼部》，未當。今依《爾雅》補入《隹部》。獸可言隹也。”王氏以此説爲非，故曰“不當入《隹部》。”《合集》“隹”字誤作“佳”，不當。

8.《高郵二王合集·説文段注簽記》：“肥，注當作‘卪已聲’。”③

按：《説文·肉部》“肥”下，大徐本作“從肉，從卪”，小徐本作“從肉，卪聲”。段氏改注文作“從肉卪”，王氏非之，故曰：“注當作‘從

---

①　舒懷等輯校：《高郵二王合集》，上海古籍出版社 2019 年版，第 1127 頁。
②　舒懷等輯校：《高郵二王合集》，上海古籍出版社 2019 年版，第 1130 頁。
③　舒懷等輯校：《高郵二王合集》，上海古籍出版社 2019 年版，第 1130 頁。

肉，巳聲'。"《合集》誤合"从肉"二字爲"筎"，誤"巳"作"已"，頗
爲淆亂，其謬殊甚。

9.《高郵二王合集·說文段注籤記》："刑，开聲在十二部
未確。"①

按：《說文·刀部》"刑，剄也。从刀，开聲"，段氏注："凡开聲在
十二部也。"王氏以"刑"字古音在十一部，故曰"开聲在十二部未確。"
《合集》誤"开"字作"開"，失之。

10.《高郵二王合集·說文段注籤記》："籓，'宋楚謂竹籓牆居也'
衍'竹'字。"②

按：《說文·竹部》"籓，笿也。宋楚謂竹籓牆以居也"，段氏注："各
本'牆''居'之間誤衍'以'字。《方言》曰：'籓，陳楚宋衛之間謂之
牆居。'"王氏依《方言》卷五，謂許書當作"宋楚謂籓，牆居也"，而今
本"謂""籓"之間衍"竹"字。《合集》誤"牆"作"牆"，謬矣。

11.《高郵二王合集·說文段注籤記》："頷，搖頭，動其頤耳，
非如今人所謂搖頭也。"③

按：《說文·頁部》"頷，低頭也。《春秋傳》曰'迎于門，頷之而
已'"，段氏注："《左傳·襄廿六年》：'衛獻公反國，大夫逆於竟者，執其
手而與之言；道逆者，自車揖之；逆於門者，頷之而已。'釋文：'頷，本
又作頷。'按，依許則'頷''頷'皆非也。杜注'搖頭'亦非。既不執

---

① 舒懷等輯校：《高郵二王合集》，上海古籍出版社 2019 年版，第 1130 頁。
② 舒懷等輯校：《高郵二王合集》，上海古籍出版社 2019 年版，第 1130 頁。
③ 舒懷等輯校：《高郵二王合集》，上海古籍出版社 2019 年版，第 1134 頁。

手而言，又不自車揖之，則在車首冃而已，不至搖頭也。"王氏以段氏解
"搖頭"爲非，"搖頭"者，"動其頏"也，與今人所謂不同。"頏"字，《廣
雅·釋親》"頏顣謂之髑髏"，王念孫疏證："急言之則曰頭，徐言之則曰
髑髏，轉之則曰頏顣。《說文》：'頏顣，首骨也。'"《合集》誤"頏"作
"頞"（《說文·頁部》"鼻莖也"），以"搖頭"爲"動其頞"，捍格難通。

12.《高郵二王合集·說文段注籤記》："馬，注不妥。"①

按：此字《說文段注籤記》廁於"駡""駥"之間，字頭當作"馬"。
《說文·馬部》："馬，馬一歲也。从馬一，絆其足。"影印稿本不誤，《合
集》誤"馬"作"馬"，未當。

13.《高郵二王合集·說文段注籤記》："鰥，'矜'非'清'之借
字。"②

按：《說文·魚部》"鰥，魚也"，段氏注："'鰥'多叚借爲鰥寡字，
鰥寡字蓋古秖作'矜'，'矜'即'憐'之叚借。"王氏不同段說，故曰：
"'矜'非'憐'之借字。"《合集》誤"憐"作"清"，失之。

14.《高郵二王合集·說文段注籤記》："姡，誤解'靦'、'姡'
二字。"③

按：《說文·女部》"姡，面醜也"，段氏注："《面部》'靦'下曰'面
見人也'，如今人言無面目相見，其義彼此相成，此許例也。"王氏《經
義述聞·爾雅·靦姡也》曰："（《說文》'靦，人面皃也'）今本'人面皃'

---

① 舒懷等輯校：《高郵二王合集》，上海古籍出版社 2019 年版，第 1135 頁。
② 舒懷等輯校：《高郵二王合集》，上海古籍出版社 2019 年版，第 1137 頁。
③ 舒懷等輯校：《高郵二王合集》，上海古籍出版社 2019 年版，第 1138 頁。

譌作‘面見’。……《說文繫傳》及段氏《注》皆誤解‘靦’字，今訂正。(《說文》‘婳，面靦也’）今本‘面靦’譌作‘面醜’。”據此，知王氏以爲段氏誤解“靦”“婳”二字。而《合集》誤“婳”作“姡”，失之疏。

15.《高郵二王合集·說文段注簽記》：“⿱埶女，不當改‘⿱埶女’爲‘⿱埶女’。”①

按：《說文·女部》“⿱執女”下，大徐本、小徐本皆作“从女，執聲”。段氏改篆作“⿱埶女”，注曰：“各本作‘執’聲，篆作‘⿱執女’，非也，今正。从執，則非聲矣。”王氏以其改篆爲非，故曰：“不當改‘⿱執女’爲‘⿱埶女’。”《合集》“⿱執女”字誤作“⿱埶女”，文意不通。

16.《高郵二王合集·說文段注簽記》：“嫫，《說文》‘糢，讀若嫫母之嫫’，則師古音不誤。”②

按：《說文·女部》“嫫”下，段氏注：“按，郭注《方言》：‘莽，音嫫母之嫫。’是其讀‘模’上聲，‘嫫’‘母’爲雙聲也。師古音‘謩’，似未協。”今按，《漢書·古今人表》“㑄母，黄帝妃，生蒼林”，顔師古注：“㑄，音謩，字從巾，即嫫母也。”顔氏“嫫”音“謩”，段氏以爲古音不協。王氏遂引《說文·木部》“模，讀若嫫母之嫫”以證顔音之不誤。《合集》誤“模”作“糢”，不合文理。

17.《高郵二王合集·說文段注簽記》：“𠂆，‘𠂆，明也’即《廣雅》之‘抴’。”③

---

① 舒懷等輯校：《高郵二王合集》，上海古籍出版社 2019 年版，第 1138 頁。

② 舒懷等輯校：《高郵二王合集》，上海古籍出版社 2019 年版，第 1138 頁。

③ 舒懷等輯校：《高郵二王合集》，上海古籍出版社 2019 年版，第 1138 頁。

按：《說文·厂部》"厂，抴也。明也。象抴引之形"，段氏注："（明也）此義未聞。（象抴引之形）依此則'明也'當爲衍文。"王氏蓋以許書注文不誤，故曰："'厂，明也'，即《廣雅》之'恄'。"此按，《廣雅·釋詁四》："恄，明也。"王氏以爲"厂"即"恄"字。《合集》"恄"字誤作"拽"，未合王意。

18.《高郵二王合集·說文段注籤記》："蠪，'蠪杸'上字不連讀。"①

按：《說文·虫部》"蠪"下，各本皆作"丁蠚也"，段氏改作"蠪，蠪丁，蠚也"，注曰："按，此當於'蠪丁'爲逗，各本刪'蠪'字者，非也。讀《爾雅》者，以'丁蠚'爲句，亦非。"王氏曰"'蠪杸'二字不連讀"，說與段氏有異。王氏《經義述聞·爾雅·蠪杸蠚》曰："蠪之言尨也，古者謂雜色爲尨，或借'龍'字爲之。故蠚之赤色斑駁者謂之蠪，義與'尨'同也。杸之言赬也。赬，赤也。蠚色赤駁，故又謂之赬蠚。"可爲參證。《合集》誤"二"爲"上"，語不可通。

二、脱字

1.《高郵二王合集·說文段注籤記》："溓，注當作'小水'，'濂'字不宜補。"②

按：《說文·水部》"溓"下，各本注文作"或曰中絕小水"，段氏注："《玉篇》《廣韻》作'大水中絕小水出也'，當是古人所見完本，後奪誤爲四字耳。謂大水中絕小水之流而出也。八字一句。"王氏似不同段說，故

① 舒懷等輯校：《高郵二王合集》，上海古籍出版社2019年版，第1139頁。
② 舒懷等輯校：《高郵二王合集》，上海古籍出版社2019年版，第1137頁。

曰"注當作'□小水'"，影印稿本"小水"上脱字，其意不明。《合集》
作"注當作'小水'"，不合王意。

2.《高郵二王合集·說文段注籤記》："鏊，汪當作羊車也，尚有
鍼。"①

按：《說文·金部》"鏊，羊箠，尚有鐵"，段氏改注文作"羊箠也。
尚有鐵"，注曰："'也'字，依《廣韻》補。箠者，所以擊馬也。因之擊
羊者謂之羊箠。其尚有鐵，故字从金。"王氏蓋以注文"羊"下脱"車"
字，"鐵"字當作"鍼"，故曰："注當作'羊車箠也，尚有鍼。'"。《說
文·竹部》："筊，羊車騶箠也。箸箴其尚，長半分。"可爲參證。今影印
稿本"羊車"下脱"箠"字，《合集》未能指正，且誤"注"字作"汪"，
未爲諦當。故此條當作："鏊，注當作'羊車□也，尚有鍼。'"或作：
"鏊，注當作'羊車〔箠〕也，尚有鍼。'"

3.《高郵二王合集·說文段注籤記》："斜，袤古通作斜，俗
譌。"②

按：《說文·斗部》"斜"字，段氏注："凡以斗挹出之，謂之斜。故
字從斗。音轉義移，乃用爲'袤'。俗人乃以人之袤正作'邪'，物之袤正
作'斜'，其可欸有如此者。"以爲"斜"字本義爲"抒"，今俗人用爲斜
正字，未當。王氏不以段說爲是，謂袤正字古通作"斜"，非俗人誤用，
故曰："'袤'古通作'斜'，非俗譌。"《合集》"俗譌"上誤奪"非"字，
殊失其怡。

①　舒懷等輯校：《高郵二王合集》，上海古籍出版社 2019 年版，第 1140 頁。
②　舒懷等輯校：《高郵二王合集》，上海古籍出版社 2019 年版，第 1140 頁。

三、誤校

1.《高郵二王合集·說文段注簽記》:"帝,(言)〔辛〕字不當刪。①

按:《說文·丄部》"帝"下,大徐本作"丄,古文上字。辛、示、辰、龍、童、音、章皆从古文上",小徐本作"丄,古文上字。辛、言、示、辰、龍、童、音、章皆从古文上"。小徐"辛"下有"言"字。段氏以大徐爲是,故曰:"俗本'辛'下有'言'字,非也。'言'從辛,舉'辛'可以包'言'。"然《說文繫傳》"帝"字下,徐鍇明謂"言"從辛聲,故王氏謂"言"字不當刪,當從小徐。影印稿本《說文段注簽記》曰:"帝,'言'字不當刪。"本無可疑。而《合集》改"言"爲"辛",云"'辛'字不當刪,以不誤爲誤,實屬誤校。

2.《高郵二王合集·說文段注簽記》:"少,(乀)〔丿〕諧聲未明。查。"②

按:《說文·小部》"少,从小,丿聲",段氏注:"丿,右戾也。房密、匹蔑二切,又於小切。按,上二切近是。少之形聲,蓋於古雙聲求之。書沼切,二部。"王氏蓋以此說牽強,當存疑待考,故曰"諧聲未明。查"。影印稿本即如此作。《合集》憑臆增"乀",且校爲"丿",實屬不必。

3.《高郵二王合集·說文段注簽記》:"舁,不當改爲(屳)〔屮〕聲。"③

---

① 舒懷等輯校:《高郵二王合集》,上海古籍出版社 2019 年版,第 1126 頁。
② 舒懷等輯校:《高郵二王合集》,上海古籍出版社 2019 年版,第 1128 頁。
③ 舒懷等輯校:《高郵二王合集》,上海古籍出版社 2019 年版,第 1129 頁。

按：《說文・収部》"𦥔"篆，影印稿本作"畀"，《合集》亦同。此按，字頭宜隸作"畁"，或隸作"畀"；大徐注文作"从廾，由聲"，段氏訂作"从廾，𡴇聲"，注曰"此從東楚名缶之𡴇"。然"𡴇"篆隸作"甾"，或隸作"由"，影印稿本曰"不當改爲由聲"，自屬不誤。《合集》改"𡴇"作"㞷"（《說文・土部》"㞷，塊也。塊，㞷或从鬼"），又校"㞷"作"𡴇"，恐有失察之嫌。

4.《高郵二王合集・說文段注簽記》："橐，篆文及（查）注皆不宜改。"①

按：《說文・橐部》"橐"下，小徐本、大徐宋本皆作"从木弓，弓亦聲"，段氏據注文改篆作"橐"，以爲此字本从弓作。而趙鈔宋本、宋刻《五音韻譜》此字注文則作"从木弓，弓亦聲"，準此，則許書篆文不必改。王氏疑段說非是，故曰"篆文及注皆不宜改"，然不能遽定，遂又曰"查"，暫付闕如。影印稿本"篆文及"三字與"注皆不宜改"五字雙行排列，而末字"查"誤入"及"字之下，文意遂不可解。故此條當作："橐，篆文及（查）注皆不宜改。〔查〕。"或作："篆文及注皆不宜改。查。"《合集》徑刪"查"字，失之審慎，似不可取。

5.《高郵二王合集・說文段注簽記》："炗，不當改爲'芺'。'𤎩'或作（𤎱）'〔𤑒〕'。"②

按：《說文・火部》："炗，小熱也。从火，干聲。《詩》曰：'憂心炗炗。'"段氏改篆作"芺"，注曰"芊，各本誤作'干'，篆體亦誤，今正"，改引文作"憂心如芺"，注曰"如芺，各本作'炗炗'，今正。《節南

① 舒懷等輯校：《高郵二王合集》，上海古籍出版社 2019 年版，第 1132 頁。
② 舒懷等輯校：《高郵二王合集》，上海古籍出版社 2019 年版，第 1135 頁。

山》釋文、正義皆引‘憂心如炗’。”王氏以其改篆爲非，故曰“不當改爲‘羙’”。又，《廣韻·鹽韻》“燅，《説文》曰：‘湯中爚肉也。’”“㷋，《説文》同上。”《集韻·鹽韻》“燅，《説文》曰：‘於湯中爚肉。’或作‘㷋’。”是知“燅”之或體“㷋”亦从“炗”作。王氏曰“‘燅’或作‘㷋’”，乃引之以證“炗”字不當改爲“羙”。影印稿本作：“炗，不當改爲‘羙’，‘燅’或作‘㷋’。”本屬無誤。而《合集》改“㷋”作“㷅”，使上下文意不相連貫，大誤。

6.《高郵二王合集·説文段注簽記》：“蠶，改□爲任，非。”①

按：《説文·䖵部》“蠶”下注文，大徐、小徐諸本頗有出入。大徐國圖藏宋刻元修本、平津館叢書本、藤花榭本、四部叢刊本、和刻本皆作“任絲也”，唯文淵閣四庫本、汲古閣本作“吐絲蟲”；小徐四庫本、四部叢刊本、祁嶲藻刻本皆作“任絲也”，新安江氏藏本則作“吐絲蟲”。段氏以“任絲”爲勝，王氏則以“吐絲蟲”爲得。影印稿本作“改‘吐’爲‘任’，非”，《合集》改“吐”字爲“□”，校曰“脱‘吐’字”，以不誤爲誤，考訂欠嚴謹。

四、誤標點

1.《經義述聞·尚書上·啟籥見書》：“段氏《説文》‘閽’字注，以此‘籥’爲關下牡。案《説文》：‘閽，關下牡也。’關以木横持門户也，是關閽惟門户用之，卜兆之書藏於匱中，安得有門户而施以關閽乎？”②

---

① 舒懷等輯校：《高郵二王合集》，上海古籍出版社2019年版，第1139頁。

② 虞思徵等點校：《經義述聞》，上海古籍出版社2016年版，第201頁。

按：《門部》"闔"下，段氏引《尚書》曰"啟籥見書"，以"籥"爲"闔"字之借，義爲"關下牡"，所謂"關閉兆書者"。王氏徵引《說文‧門部》"闔，關下牡也"（閉門直木）、"關，以木橫持門戶也"（閉門橫木），以爲"關""闔"僅用於門戶，不用於藏書之匱。虞思徵等點校本作"案《說文》：'闔，關下牡也。'關以木橫持門戶也，是關闔惟門戶用之"，誤以《說文》原文爲王氏說解之語，不確。

　　2.《經義述聞‧毛詩上‧暵其濕矣》："而云'暵其濕矣'者，此'濕'與'水濕'之'濕'異義。濕，亦且乾也。……古字假借，但以'濕'爲之耳。（草乾謂之'脩'，亦謂之'濕'，猶肉乾謂之'脩'，亦謂之'膠'。《釋名》曰：'脯，搏也，乾燥相搏著也。'又曰：'脩，脩縮也，乾燥而縮也。'《玉篇》：'膠，邱及切，朐脯也。'）"①

按：《詩‧王風‧中谷有蓷》："中谷有蓷，暵其濕矣。"王引之以"暵"爲狀乾之辭，故讀"濕"爲"㬠"，義爲且乾，若此則與前二章'暵其乾矣''暵其脩矣'文義正同。故草乾謂之"脩"，亦謂之"濕"。其《經義述聞》曰："《釋名》曰：'脯，搏也，乾燥相搏著也。又曰脩。脩，縮也，乾燥而縮也。'《玉篇》：'膠，邱及切，朐脯也。'"是肉乾謂之"脩"，亦謂之"膠"。虞思徵等點校本作"《釋名》曰：'脯，搏也，乾燥相搏著也。'又曰：'脩，脩縮也，乾燥而縮也。'"誤將《釋名》訓語拆作兩句，不明"脯"字兩訓，一爲"搏也"，一爲"脩"。又將"脩縮"二字連文，不知劉熙以"縮"釋"脩"乃爲聲訓（"縮"字古音在山母覺部，"脩"字古音在心母幽部，聲母準雙聲，韻部對轉，語音極近），謬矣。

　　3.《經義述聞‧毛詩中‧其灌其栵》："下文'椵栒屢柘'方及木

---

① 虞思徵等點校：《經義述聞》，上海古籍出版社 2016 年版，第 301 頁。

名。'藚嶨灌梂'則汎言木之形狀耳。……段氏《詩經小學》讀'梂'
爲《爾雅》'木相磨槮'之'槮'，非是。（段注《說文》'槮'字曰：
'《釋木》曰："木相磨槮。"槮即梂也，毛云："梂，梂也。"梂謂小木
相迫切，與《爾雅》義無不合也。'此尤迂曲而不可通。《爾雅》之
'梂''梂'與'椋''即''來''楰''落'竝列，其爲木名明甚，豈
謂'小木相迫切'乎?)"①

按：《詩經·大雅·皇矣》："作之屏之，其菑其翳。脩之平之，其
灌其梂。啟之辟之，其檉其椐。攘之剔之，其檿其柘。"王引之謂
"檉""椐""檿""柘"皆謂木名，"菑""翳""灌""梂"言木之形狀。故
《經義述聞》曰："下文'檉''椐''檿''柘'方及木名，'菑''翳''灌'
'梂'則汎言木之形狀耳。"虞思徵等點校本作"下文'檉椐檿柘'方及木
名。'菑翳灌梂'則汎言木之形狀耳"，皆合諸字爲一句，未當；《爾雅·釋
木》："立死，椔。蔽者，翳。木相磨，槮。"段氏以爲《爾雅》三句專爲
解《詩》，故讀"梂"爲"槮"，義爲小木相迫切。王氏則謂此說不可通，
其《經義述聞》曰："段氏《詩經小學》讀'梂'爲《爾雅》'木相磨，槮'
之'槮'，非是。"虞思徵等點校本兩引《爾雅》，皆作"木相磨槮"，不
確；《爾雅·木部》"梂，梂"，"椋，即來"，"楰，落"，依次爲文。王氏
據列字次序，以"梂"亦爲木名，非如段氏所謂"小木相迫切"。其《經
義述聞》曰："《爾雅》之'梂，梂'與'椋，即來''楰，落'竝列，其
爲木名明甚，豈謂'小木相迫切'乎?"虞思徵等點校本不明《爾雅》文
意，乃作："《爾雅》之'梂''梂'與'椋''即''來''楰''落'竝列，
其爲木名明甚，豈謂'小木相迫切'乎?"憑臆斷句，大謬。

4.《經義述聞·毛詩下·其蔌維何》："段氏注曰：'《詩》"其殽
維何，炰鱉鮮魚"，此謂鼎中肉也。"其蔌維何，維筍及蒲"，此謂鼎

中菜也。菜謂之芼。《釋器》曰："肉謂之羹，菜謂之蔌。"毛曰："蔌，菜殽也。""菜殽"對"肉殽"言之，凡《禮經》之"藿苦薇"，《昏義》之"蘋藻"，二《南》之"荇"，皆是。'"①

按：《詩經·大雅·韓奕》"其殽維何，維筍及蒲"，段氏以爲鼎中菜，"其殽維何，炰鼈鮮魚"，段氏以爲鼎中肉，菜殽與肉殽相對言之。《儀禮·公食大夫禮》："鉶芼：牛藿、羊苦、豕薇，皆有滑。""藿""苦""薇"爲菜殽，與"牛""羊""豕"對言。《禮記·昏義》："教成祭之，牲用魚，芼之以蘋藻，所以成婦順也。""蘋藻"爲菜殽，與"魚"對言。其《說文注》曰："'菜殽'對'肉殽'言之，凡《禮經》之'藿''苦''薇'，《昏義》之'蘋藻'，二《南》之'荇'，皆是。"虞思徵等點校本《經義述聞》作"凡《禮經》之'藿苦薇'"，"藿苦薇"連言，不當。

5.《經義述聞·春秋左傳下·是謂近女室疾如蠱》："晉侯以近女而生疾，不言'近女'而言'近女室'，於義轉迂。《易林·鼎之復》云'女室作毒，爲我心疾'，則漢人所見本已與今同。案：'室'當爲'生'，字之誤也。是謂'近女'爲句，'生疾如蠱'爲句，本文'女''蠱'爲韻，下文'食''志''祐'爲韻。若以'近女室'爲句，'疾如蠱'爲句，則失其韻矣。"②

按：《左傳·昭公元年》"是謂近女室疾如蠱"，段玉裁讀"是謂近女室疾"爲句，王念孫則曰："'近女室'非疾名，不得以'近女室疾'連讀。"故以"生"字易"室"字，云："蓋'生'誤爲'至'，又誤爲'室'。"如依王氏，則《左傳》當作："是謂近女，室疾如蠱。非鬼非食，惑以喪志。良臣不死，天命不祐。"皆四字一句，且"女""蠱"爲韻，

---

① 虞思徵等點校：《經義述聞》，上海古籍出版社 2016 年版，第 397 頁。
② 虞思徵等點校：《經義述聞》，上海古籍出版社 2016 年版，第 1093 頁。

"食""志""祐"爲韻。故其《經義述聞》曰："'是謂近女'爲句，'生疾如蠱'爲句，本文'女''蠱'爲韻，下文'食''志''祐'爲韻。若以'近女室'爲句，'疾如蠱'爲句，則失其韻矣。"虞思徵等點校本作"是謂'近女'爲句，'生疾如蠱'爲句"，辭不達意，顯與王意不合。

6.《經義述聞·春秋左傳下·官宿其業物乃坻伏》："杜解'物乃坻伏'云：'坻，止也。'釋文：'坻，音旨，又丁禮反'。正義曰：'若滅弃所掌之事，則其物乃止息而潛伏。'家大人曰：杜、孔分'坻伏'爲二義，非也。"①

按：《左傳》"官宿其業，其物乃至。若泯棄之，物乃坻伏，鬱湮不育"，杜預注："坻，止也。"孔穎達正義："若滅弃所掌之事，則其物乃止息而潛伏。"是杜、孔皆以"坻"義"止息"，與"伏"義"潛伏"有異。王念孫不同此說，其謂"坻""伏"二字同義連用，皆義"伏藏"。故《經義述聞》曰："家大人曰：杜、孔分'坻''伏'爲二義，非也。"虞思徵等點校本作："杜、孔分'坻伏'爲二義，非也。"以"坻伏"連讀且有兩義，亦非。

7.《經義述聞·爾雅中·釋言·覷姡也》："《說文》'覷，人面兒也'，（今本'人面兒'譌作'面見'。案：舍人曰：'覷，面貌也。'孫、李亦曰：'覷，人面姡然也。'《越語》注曰：'覷，面目之貌。是覷爲人面貌也。'《小雅·何人斯》正義引《說文》'覷，面見人'，亦是'人面兒'之譌。《說文繫傳》及段氏《注》皆誤解'覷'字，今訂正。）'姡，面覷也'，即孫、李所云'人面姡然'也。"②

---

① 虞思徵等點校：《經義述聞》，上海古籍出版社 2016 年版，第 1139 頁。
② 虞思徵等點校：《經義述聞》，上海古籍出版社 2016 年版，第 1647 頁。

按：《說文·面部》"䩾，面見也，"段氏據《毛詩正義》訂作"䩾，面見人"。王氏謂《說文》"䩾"下當作"人面皃也"。陸德明《經典釋文》引舍人云"䩾，面貌也"，《經典釋文》引孫、李云"䩾，人面姁然也"，《國語·越語》韋昭注"䩾，面目之貌"，皆爲"䩾"訓人面貌之明證。其《經義述聞》曰："舍人曰：'䩾，面貌也。'孫、李亦曰：'䩾，人面姁然也。'《越語》注曰：'䩾，面目之貌。'是'䩾'爲人面貌也。"虞思徵等點校本作："《越語》注曰：'䩾，面目之貌，是䩾爲人面貌也。'"以"是䩾爲人面貌也"亦爲韋昭注語，大誤。

8.《經義述聞·爾雅中·釋水·氿泉穴出穴出仄出也》："氿泉從旁出，故曰'穴出'，又曰'仄出'。（案：車軸兩端自轂中出者謂之軌，亦是從旁出也，故《釋名》曰：'側出曰氿泉。'氿，軌也，流狹而長，如車軌也。）"①

按：王氏謂《爾雅》"氿泉穴出"之"穴"乃"偏側"之義，非爲"孔穴"之"穴"，氿泉從旁出故曰"穴出"。以"氿""軌"二字同源，皆有"旁側"之義，並引《釋名》"側出曰氿泉。氿，軌也，流狹而長，如車軌也"爲據，故"氿泉穴出"言水泉自旁出，非謂自孔穴出。虞思徵等點校本作："故《釋名》曰：'側出曰氿泉。'氿，軌也，流狹而長，如車軌也。"乃不明劉熙釋字之例，誤以《釋名》原文爲王氏注解之語，未當。

9.《經義述聞·爾雅下·釋畜·膝上皆白惟馵面顙皆白惟駹》："'惟馵惟駹'，猶《釋魚》之'不類不若'，上一字皆詞也。自'馵'至'駹'，皆釋馬白色所在之異名也。唯首句末句有'惟'字，而他句皆無，則其爲語詞明矣。'膝上皆白'，及後'左足白'者，皆謂之馵。……又案：駹者，白色也。故鷗之白者謂之'鶄鷗'。邵以'駹'

---

① 虞思徵等點校：《經義述聞》，上海古籍出版社 2016 年版，第 1690 頁。

爲不純色，引《周官》‘大人用駹’，尤非。"①

按：《爾雅·釋畜》："馰上皆白，惟驈。四骹皆白，驓。四蹢皆白，
驩。前足皆白，騱。後足皆白，翑。前右足白，啟。左白，踦。後右足
白，驤。左白，馵。驪馬白腹，驈。騩馬白跨，騱。白州，驠。尾本白，
騴。尾白，駺。駒顙，白顛。白達，素縣。面顙皆白，惟駹。"王引之謂
《爾雅》自"馵"至"駹"，皆釋馬白色所在之異名。而首句"馰上皆白，
惟驈"、末句"面顙皆白，惟駹"之"惟"字，當爲語詞。《爾雅·釋魚》：
"龜，俯者靈，仰者謝，前弇諸果，後弇諸獵，左倪不類，右倪不若。"句
中"左倪不類""右倪不若"之"不"字，王氏亦以爲語詞。故其《經義
述聞》曰："‘惟驈’‘惟駹’，猶《釋魚》之‘不類’‘不若’，上一字皆詞
也。"虞思徵等點校本"惟驈惟駹""不類不若"皆四字連言，殊誤；《爾
雅》"後右足白，驤。左白，馵"，郭璞注："後左腳白。"是知馰上皆白
謂之"馵"，後左足白亦謂之"馵"。故《經義述聞》曰："‘膝上皆白’，
及‘後左足白’者，皆謂之馵。"虞思徵等點校本作"及後‘左足白’"，
亦非。

又，邵晉涵《爾雅正義》謂"駹"爲不純色，且引《周禮·秋
官·犬人》"凡幾、珥、沈、辜，用駹可也"爲證。王氏非之，以爲"駹"
自是白色，其《經義述聞》曰："駹者，白色也。故鷗之白者謂之‘鴗
鷗’。邵以‘駹’爲不純色，引《周官·犬人》‘用駹’，尤非。"虞思徵點
校本作"邵以‘駹’爲不純色，引《周官》‘大人用駹’，尤非"，誤"犬
人"作"大人"，且與"用駹"連言，既失其句讀，又失其辭意。

10.《廣雅疏證補正·釋詁》："攻，伏也。（諸書無訓‘攻’爲
‘伏’者。‘攻’當爲‘敃’，字之誤也。……襄二十九年《左傳》‘若
泯棄之物，乃坻伏’，釋文：‘坻，音旨，又丁禮反。’《後漢書·馬融

---

① 虞思徵等點校：《經義述聞》，上海古籍出版社 2016 年版，第 1744 頁。

傳》'駭恫底伏'，李賢注云：'底伏，猶滯伏也。'……《論衡·感虛篇》云'夏末政衰，龍乃隱伏'，即《傳》所云'物乃坻伏'也。)"①

按：《廣雅·釋詁》"攻，伏也"，王氏以"攻"字當作"攷"，與"坻""底"義通，伏藏之義，並引《左傳》《後漢書》等爲據。考《左傳·昭公二十九年》經文，曰："夫物，物有其官，官脩其方，朝夕思之。一日失職，則死及之。失官不食。官宿其業，其物乃至。若泯棄之，物乃坻伏，鬱湮不育。"是連用四字句。且王氏明謂《論衡》"龍乃隱伏"即《左傳》"物乃坻伏"。張靖偉等點校本《廣雅疏證》標點作："襄二十九年《左傳》'若泯棄之物，乃坻伏。'""物"字屬上句，未確。

11.《高郵二王合集·說文段注籤記》："犕，誤解。□犕二字。"②

按：《說文·牛部》"犕，牛踶犕也"，段玉裁注："《足部》曰'踶者，犕也。''犕'與'踶'互訓，'踶犕'猶踐踏也。"王氏蓋以段氏解"踶犕"未妥，故曰："誤解'踶犕'二字。"影印稿本誤脫"踶"字，惜《合集》未能補正。且《合集》"誤解"後點斷，不成文理，尤誤。

12.《高郵二王合集·說文段注籤記》："欈，'搖白'也乃'搖兒'之（僞）〔譌〕。"③

按：《說文·木部》"欈，木葉搖白也"，段氏注："凡木葉面青背白，爲風所攝則獵獵然背白盡露，故曰搖白。"王引之《經義述聞·爾雅·楓欈欈》曰："今本（《說文》）'兒'字譌作'白也'二字。徐鍇曰：'謂木遇風而翻見葉背，背多白，故曰搖白也。'此不得其解而強爲之辭。段

---

① 張靖偉等點校：《廣雅疏證》，上海古籍出版社2016年版，第461頁。
② 舒懷等輯校：《高郵二王合集》，上海古籍出版社2019年版，第1228頁。
③ 舒懷等輯校：《高郵二王合集》，上海古籍出版社2019年版，第1131頁。

氏《注》亦誤。"是王氏以許書"白也"上下二字乃"兒"字之譌，故曰："'搖白也'乃'搖兒'之譌。"說頗精核。《合集》於"白"後點斷，遂成"搖白"乃"搖兒"之譌，然與王意不符，有失妥當。

　　13.《高郵二王合集·說文段注籤記》："茍，'我是用急'，'急'字非，俗改。"①

　　按：《說文·茍部》"茍，自急敕也"，段氏注："《小雅·六月》古作'我是用戒'，亦作'我是用棘'，俗本改作'急'，與'飭''服''國'不韻，正同此。"段氏以爲《六月》"我是用棘"，俗本改"棘"作"急"，於韻不協。王氏不同此說，遂曰："'我是用急'，'急'字非俗改。"《合集》失其句讀，乃於"非"後點斷，文意遂成"急"字非是，爲俗所改，依此則與段說並無二致，而與王氏本意不合。

　　14.《高郵二王合集·說文段注籤記》："夭，說'申申夭夭'之義殊謬。"②

　　按：《說文·夭部》"夭，屈也"，段氏注："《論語》曰：'子之燕居，申申如也，夭夭如也。'上句謂其申，下句謂其屈，不屈不申之間，其斯爲聖人之容乎。"王氏謂段氏解《論語》不確，故曰："說'申申''夭夭'之義殊謬。"《合集》誤合"申申""夭夭"爲一句，失之疏。

　　15.《高郵二王合集·說文段注籤記》："湝，差許誤記，如'東方明矣'之類。"③

---

① 舒懷等輯校：《高郵二王合集》，上海古籍出版社 2019 年版，第 1134 頁。
② 舒懷等輯校：《高郵二王合集》，上海古籍出版社 2019 年版，第 1136 頁。
③ 舒懷等輯校：《高郵二王合集》，上海古籍出版社 2019 年版，第 1136 頁。

按：《説文·水部》"渻"下引《詩》曰"風雨渻渻"，段氏注云："今《鄭風》衹有'風雨淒淒'，《邶風》傳曰：'淒，寒風也。'許引《詩》證寒義，所據與今本異，或是兼采三家。"許書引《詩》"風雨渻渻"，然與今《鄭風·風雨》"風雨淒淒"有異，段氏遂疑許氏兼采三家詩。王氏蓋以許氏引《詩》本誤，而段氏彌縫許説，故曰："差。許誤記。"《日部》"昌"下引《詩》曰"東方昌矣"，與今《齊風·雞鳴》"東方明矣，朝既昌矣"有别，王氏亦以許氏引《詩》有誤，故又曰："如'東方明矣'。"《合集》"差許誤記"四字一句，意不可解。

16.《高郵二王合集·説文段注箋記》："染，差从九木，注穿鑿。"①

按：《説文·水部》"染，以繒染色。从水，杂聲"，段氏注："此當云'从水木，从九'。裴光遠曰：'从木，木者，所以染，栀茜之屬也。从九，九者，染之數也。'按，裴説近是。……字从九者，數之所究，言移易本質，必深入之也。"王氏不同此説，以爲段氏解"从九木"穿鑿，故曰："差。从九木，注穿鑿。"《合集》合"差从九木"四字爲一句，文意不可通。

五、失校

1.《廣雅疏證補正·釋嘼·牛屬》："郭㸬，丁犖。（'㸬'當爲'㹦'。《集韻》：'㹦，苦禾切'，引《博雅》'郭㹦，牛屬'。《玉篇》《廣韻》竝云：'㹦，牛無角也。'桓譚《新論》作'郭椒'，乃'㹦'之誤。……段氏《説文》'犖'字注引此二書，謂'科'、'椒'同韻，非也。）"②

---

①　舒懷等輯校：《高郵二王合集》，上海古籍出版社 2019 年版，第 1137 頁。

②　張靖偉等點校：《廣雅疏證》，上海古籍出版社 2016 年版，第 1873 頁。

　　按：《說文·牛部》"犖，駁牛也"，段氏注："《廣雅·牛屬》'郭牫，丁犖'，桓譚《新論》作'郭椒，丁櫟'。'牫''椒'、'犖''櫟'，皆同韻也。"王氏《廣雅疏證·釋嘼》謂"牫"字當作"牱"，桓譚《新論》"椒"字當作"科"，段氏以"牫""椒"同韻，未當。《廣雅疏證》王氏家刻本三"牱"字誤作"科"，"'牫''椒'同韻"誤作"'科''椒'同韻"，張靖偉等點校本襲其誤字，失於校正。此條當作："'牫'當爲'(科)〔牱〕'。《集韻》：'(科)〔牱〕，苦禾切'，引《博雅》'郭牱，牛屬'。《玉篇》《廣韻》竝云：'(科)〔牱〕，牛無角也。'桓譚《新論》作'郭椒'，乃'科'之誤。……段氏《說文》'犖'字注引此二書，謂'(科)〔牫〕''椒'同韻，非也。"

　　2.《高郵二王合集·說文段注籤記》："毳，'毳'字不當改爲'毳'，又不當以'臿'爲'毳'。"[1]

　　按：《說文·示部》"毳"下，大徐作"讀若春麥爲毳之毳"。段氏注本作"讀若春麥爲毳之毳"，改"毳"爲"毳"，注曰："《說文》無'毳'字，即《臼部》'春去麥皮曰臿也。'"乃以"臿"即"毳"字。王氏則謂許書"讀若春麥爲毳"之"毳"不當改字，且不當以"春去麥皮"之"臿"爲"毳"字。《廣雅·釋詁四》"毳，春也"，王念孫疏證："毳者，《說文》：'毳，數祭也。從示，毳聲。讀若春麥爲毳之毳。'《廣韻》：'毳，重擣也。''毳'各本訛作'毳'，今訂正。"可爲參證。影印稿本《說文段注籤記》作"又不當以'臿'爲'毳'"，誤"毳"字作"毳"，《合集》莫能校正。此條當作："毳，'毳'字不當改爲'毳'，又不當以'臿'爲'(毳)〔毳〕'。"

　　3.《高郵二王合集·說文段注籤記》："珤，'從玉，有玷'四字以意爲之。"[2]

———————————
① 舒懷等輯校：《高郵二王合集》，上海古籍出版社 2019 年版，第 1126 頁。
② 舒懷等輯校：《高郵二王合集》，上海古籍出版社 2019 年版，第 1126 頁。

按：《說文·玉部》“珛”下，大徐、小徐皆作“从玉，有聲”，段氏改篆文作“玊”，改注文作“从玊，有點”。王氏以爲段氏憑臆改字，故曰段氏“从玊，有點”四字，乃以意爲之。影印稿本《說文段注籤記》誤作“從玉，有玷”，《合集》失於勘正。此條當作：“珛，‘從（玉）〔玊〕，有（玷）〔點〕’四字，以意爲之。”

4.《高郵二王合集·說文段注籤記》：“壻，似當‘聲’字。”①

按：《說文·士部》“壻”下，大徐作“从士，胥聲”，小徐作“從士胥”。段氏從小徐，以鉉本爲誤。王氏則以大徐爲得，故曰：“似當有‘聲’字。”影印稿本《說文段注籤記》脫去“有”字，《合集》亦失之。今考《說文段注籤記》，王氏每謂“當有‘聲’字”，其數甚繁。例如，“袷”下云“當有‘聲’字”，“社”下云“當有‘聲’字”，“蕨”下云“當有‘聲’字”，等等。皆是其證。此條當作：“壻，似當〔有〕‘聲’字。”

5.《高郵二王合集·說文段注籤記》：“道，《說文》蓋以道、首爲二物。”②

按：影印稿本《說文段注籤記》字頭作“道”，《合集》亦同，且注曰“今本段注無此字”。今按，“道”字廁於“蕨”“萁”“芄”“菫”之間，實屬誤字，本當作“蓳”，影印稿本以二字形似，遂誤“蓳”爲“道”。

又，《艸部》“蓳”下，段氏注曰：“今《說文》各本於‘芡’‘葟’二字之下，又出‘芹’字，訓‘楚葵也。从艸，斤聲’。此恐不知‘蓳’即‘芹’者妄用《爾雅》增之。攷《周禮音義》曰：‘芹，《說文》作蓳。’則

① 舒懷等輯校：《高郵二王合集》，上海古籍出版社 2019 年版，第 1126 頁。
② 舒懷等輯校：《高郵二王合集》，上海古籍出版社 2019 年版，第 1127 頁。

《說文》之有‘莐’無‘芹’明矣。且《詩》箋引《周禮》‘芹菹’，《說文》引《周禮》‘莐菹’，豈得云二物也。”是知段氏以“莐”“芹”爲一物。王氏疑段說非是，故曰“《說文》蓋以‘莐’‘芹’爲二物”。影印稿本作：“《說文》蓋以‘道’‘首’爲二物。”《合集》亦同，皆誤“莐”字爲“道”，誤“芹”字爲“首”，其意遂不可通。此條當作：“(道)〔莐〕，《說文》蓋以‘(道)〔莐〕’‘(首)〔芹〕’爲二物。”

6.《高郵二王合集·說文段注簽記》：“苦，‘蘦’字似非後人所加。薊、芙二字亦不類列，䇳、虉、葥字亦不類薕。”①

按：《說文·艸部》“苦，大苦，苓也”，段氏注：“見《邶風》《唐風》毛傳。《釋艸》‘苓’作‘蘦’。……然則《釋艸》作‘蘦’，不若《毛詩》爲善。許君斷非於‘苦’襲《毛詩》，於‘蘦’下襲《爾雅》，劃分兩處，前後不相顧也。後文‘蘦’篆必淺人據《爾雅》妄增，而此‘大苦，苓也’固不誤。”今按，許書云“大苦，苓也”，中隔百數十字又出“蘦”篆，云“大苦也”，劃分兩處，未能類列，故段氏以爲“蘦”篆乃後人所增。王氏不取此說，以許書同物而不類列者多見。例如，《艸部》“薊”訓“芙也”，二字一物，但不類列；“菜”“莿”互訓，自爲一物，亦不類列；“虉”訓“牡茅也”，當與“菅”“茅”類廁，然中隔數篆，不能類列；“䔂”訓“烏喙也”，然廁於“茈”“蒐”“茜”諸染艸之間，不類列；“薕”訓“藍蓼秀”，與“茮”“葩”“芧”“蘿”“藳”“英”“繭”諸字同屬，亦不類列。故而王氏曰：“‘蘦’字似非後人所加。”影印稿本誤“蘦”作“蘦”，《合集》襲其誤，失於校正。且誤“菜”作“䇳”，誤“薊”作“葥”，殊誤。此條當作：“苦，(蕭)〔蘦〕字似非後人所加。薊、芙二字亦不類列，‘(䇳)〔菜〕’‘虉’‘(葥)〔薊〕’字亦不類‘薕’。”

---

①　舒懷等輯校：《高郵二王合集》，上海古籍出版社 2019 年版，第 1127 頁。

7.《高郵二王合集·說文段注籤記》："蘜，篆文誤。"①

按：《說文·艸部》"蘜，日精也"，各本篆文皆作"蘜"，段氏《說文注》亦如此作。然《玉篇·艸部》《廣韻·屋韻》篆文則作"蘜"，且並引《說文》曰："日精也。似秋華。"王氏亦以"蘜"篆有誤，故易許書字頭爲"蘜"，曰"篆文誤"。影印稿本字頭訛作"蘜"，《合集》襲之，未能刊正。此條當作："（蘜）〔蘜〕，篆文誤。"

8.《高郵二王合集·說文段注籤記》："並，當有'聲'字。"②

按：許書"並"字不當廁於"芑""菨"之間，王氏謂其"當有'聲'字"，文理不通。今按，"並"屬誤字，字頭當作"苖"。《說文·艸部》"苖"下，大徐本、小徐本皆作"从艸，出聲"，段氏依《韻會》所引改注文作"从艸出"，謂其會意包形聲。王氏非之，故曰："當有'聲'字。"影印稿本以二字形似，遂誤"苖"爲"並"。《合集》承其誤字，且校注曰"此條殆有誤"，不明個中緣由，莫能刊正。此條當作："（並）〔苖〕，當有'聲'字。"

9.《高郵二王合集·說文段注籤記》："菨，《唐韻》似不韻。"③

按：《說文·艸部》"菨"下，段氏注："《唐韻》儒佳切，非也。當儒隨切。"影印稿本作"《唐韻》似不韻"，恐屬不辭，疑王氏當曰："《唐韻》儒佳切似不誤。"因二字形似，遂誤"誤"作"韻"。《合集》亦不能校正。此條當作："菨，《唐韻》似不（韻）〔誤〕。"

① 舒懷等輯校：《高郵二王合集》，上海古籍出版社 2019 年版，第 1127 頁。
② 舒懷等輯校：《高郵二王合集》，上海古籍出版社 2019 年版，第 1127 頁。
③ 舒懷等輯校：《高郵二王合集》，上海古籍出版社 2019 年版，第 1127 頁。

10.《高郵二王合集·說文段注簽記》："趍，'久'字改'文'，
查。"①

按：《說文·走部》"趍"下，大徐本作"趍趙，久也"，小徐本作
"趍趙，久也"。段注本則作"趍趙，夊也'，注曰："夊，行遲曳夊夊也，
楚危切，各本皆譌'久'。《玉篇》《廣韻》不誤。"王氏疑"久"字似不當
改，故曰："'久'字改'夊'，查。"影印稿本誤"夊"作"文"，《合集》
沿其誤字，失於校正。此條當作："趍，'久'字改'(文)〔夊〕'，查。"

11.《高郵二王合集·說文段注簽記》："迭，注不當有□字。"②

按：《說文·辵部》"迭，一曰达"，段氏注："下脫'字'字，一曰
此'达'字之異體也。蓋'达''迭'二字互相爲用。"依其所言，許氏乃
以"一曰"明"迭"字或體，故"达"下當有"字"字，非謂"迭"字另
有"达"義。王氏蓋不取此說，故曰："注不當有'字'字。"《合集》"有"
下缺字，未能補正。

12.《高郵二王合集·說文段注簽記》："羺，注'讀若晉'不
誤。"③

按：《說文·羊部》："羺，羊名。从羊，執聲。讀若晉。"各本字頭
皆如是。影印稿本則作"羺"，誤从執聲，而《合集》未能是正，襲其誤
字。此條當作："(羺)〔羺〕，注'讀若晉'不誤。"

13.《高郵二王合集·說文段注簽記》："鶪，'鵙'者'鶪'之借

---

① 舒懷等輯校：《高郵二王合集》，上海古籍出版社 2019 年版，第 1128 頁。
② 舒懷等輯校：《高郵二王合集》，上海古籍出版社 2019 年版，第 1128 頁。
③ 舒懷等輯校：《高郵二王合集》，上海古籍出版社 2019 年版，第 1130 頁。

字，非誤字。”①

按：《説文·鳥部》“鶃，鶃鷊，鳧屬”，段氏注：“《南都賦》‘其鳥則有鶃鴲鷛鵜’，李引《説文》曰：‘鶃鴲，鳧屬。’按，‘鴲’皆‘鷊’之誤，故李音雅札反，與《集韻》牛轄切同。若‘鴲’，則五歷切，在今錫韻，不相謀也。”是知段氏以爲《南都賦》“鶃鴲”當作“鶃鷊”，“鴲”爲“鷊”之誤字。而王氏不同此説，故謂“鴲”爲“鷊”之借字，非爲誤字。影印稿本作“鴲者，‘鶃’之借字，非誤字”，誤“鷊”爲“鶃”，如依此作，則《南都賦》“鶃鶃”不成文理。《合集》襲稿本之誤，失於校正。此條當作：“鶃，鴲者，‘(鶃)〔鷊〕’之借字，非誤字。”

14.《高郵二王合集·説文段注簽記》：“鷙，‘埶’聲不誤。”②

按：《説文·鳥部》“鷙”下，大徐本、小徐本皆作“从鳥，執聲”，段氏改作“从鳥，从執”，注曰：“許説會意，鄭説形聲，皆可以知此字之非執聲也。不曰‘从執鳥’，而曰‘从鳥，从執’者，惡其以鳥殺鳥，且容所殺不獨鳥也。殺鳥必先攫搏之，故从執。”是知段氏刪去各本“聲”字，以“鷙”字不从執聲，而王氏不取此説，故曰：“執聲不誤。”影印稿本字頭誤作“鷙”，“執聲”亦誤作“埶聲”，《合集》沿用誤字，未作勘正。此條當作：“(鷙)〔鷙〕，‘(埶)〔執〕’聲不誤。”

15.《高郵二王合集·説文段注簽記》：“豋，案：《(枚)〔投〕壺》之‘壺中實小豆焉’，是古亦謂（未）爲豆。”③

按：《説文·豆部》“豋”字，段氏注：“周人之文皆言‘尗’，少言

---

① 舒懷等輯校：《高郵二王合集》，上海古籍出版社 2019 年版，第 1130 頁。
② 舒懷等輯校：《高郵二王合集》，上海古籍出版社 2019 年版，第 1130 頁。
③ 舒懷等輯校：《高郵二王合集》，上海古籍出版社 2019 年版，第 1131 頁。

'豆'者。惟《戰國策》張儀云：'韓地五穀所生，非麥而豆。'《史記》作
'菽'。"王氏以段說未確，且引《禮記·投壺》"壺中實小豆焉"爲證。影
印稿本誤"朹"作"未"，《合集》以"未"不當，然未作訂正。此條當
作："案：《(枚)〔投〕壺》之'壺中實小豆焉'，是古亦謂'(未)〔朹〕'
爲'豆'。"

16.《高郵二王合集·說文段注籤記》："栝，改'括'爲'栖'，
非。'囟'又讀若□。"①

按：《說文·木部》"栝，炊竈木。從木，舌聲"，段氏注：
"'栝''昏''銛'等字皆從囟聲。'囟'見《谷部》，轉寫譌爲'舌'耳。"
王氏則以諸字不當改，故曰："改'栝'爲'栖'，非。"影印稿本誤"栝"
作"括"，《合集》襲其誤字，非是。此條當作："栝，改'(括)〔栝〕'爲
'栖'，非。"

17.《高郵二王合集·說文段注籤記》："峔，弓聲不誤。"②

按：《說文·邑部》"扈"下，各本注文作："峔，古文扈從山己。"段
氏注："此未詳其右所從也。鍇曰：'從辰巳之巳。'竊謂當從戶，而轉寫
失之。"王氏則以"峔"字固從己聲，遂曰："己聲不誤。"影印稿本字頭
誤作"峔"，"己聲"誤作"弓聲"，《合集》亦同，未作校正。此條當作：
"(峔)〔峔〕，(弓)〔己〕聲不誤。"

18.《高郵二王合集·說文段注籤記》："馨，誤讀㮰卿《詩傳》。"③

---

①　舒懷等輯校：《高郵二王合集》，上海古籍出版社 2019 年版，第 1132 頁。

②　舒懷等輯校：《高郵二王合集》，上海古籍出版社 2019 年版，第 1132 頁。

③　舒懷等輯校：《高郵二王合集》，上海古籍出版社 2019 年版，第 1132 頁。

按：《說文·香部》"馨，香之遠聞者"，段氏注："按，《唐風·椒聊》一章曰：'椒聊且，遠脩且。'傳曰：'脩，長也。'二章：'椒聊且，遠條且。'傳曰：'條言馨之遠聞也。'今本前後章皆作'條'，則毛不應別爲傳矣。而足利古本尚可證經言'脩'者，枝條之長，'條'者，芬香條鬯之謂。傳'馨'字今譌'聲'。"王氏謂段氏誤讀《椒聊》毛氏傳。影印稿本作"誤讀《楸卿》詩傳"，誤"椒聊"作"楸卿"，《合集》沿其誤字，失於校正，標點亦有誤失。此條當作："馨，誤讀《(楸)〔椒〕(卿)〔聊〕》詩傳。"

19.《高郵二王合集·說文段注籤記》："甶，此非'粢'字。"①

按：《說文·甶部》"甶，舂去麥皮也"，段氏注："《示部》'粢'下曰：'讀若舂麥爲粢之粢。''甶''粢'古今字也，許於說解中用今字耳。"其以"甶"爲"粢"之古字。王氏謂其非，曰："此（'甶'）非'粢'字。"影印稿本誤"粢"作"粢"，《合集》亦同，不能校正。此條當作："甶，此非'(粢)〔粢〕'字。"

20.《高郵二王合集·說文段注籤記》："豕，招之，外豕之也。"②

按：《說文·豕部》"豕，豕絆足行豕豕也"，段氏注："豕豕，艱行之皃。《孟子》曰：'如追放豚，既入其苙，又從而招之。'趙曰：'招，罥也。'按，罥之，謂絆其足。經文'招'字，與'豕'古音相近，'招之'即'豕之'也。此猶'州吁'即'祝吁'。"影印稿本曰："招之，外豕之也"，《合集》亦同。此按，"豕"疊其字則爲"豕豕"，重言形況字，豬絆腳難行之貌，云"外豕之"，似文理不通。疑"外"爲"非"之誤書，即

① 舒懷等輯校：《高郵二王合集》，上海古籍出版社 2019 年版，第 1132 頁。
② 舒懷等輯校：《高郵二王合集》，上海古籍出版社 2019 年版，第 1135 頁。

王氏以爲《孟子》"招之"不當解作"豕之",遂曰:"招之,非'豕之'也。"此條當作:"豕,招之,(外)〔非〕'豕之'也。"

21.《高郵二王合集·說文段注簽記》:"鷙,似不當改爲'鷙'。"①

按:《說文·馬部》:"鷙,馬重皃也。从馬,執聲。"段氏改篆作"鷙",改注作"从馬,埶聲",注曰:"各本'埶'譌'執',篆體上从執,則失其聲矣,今皆正。"王氏疑段氏改篆非是,故曰:"似不當改爲'鷙'。"影印稿本字頭誤作"鷙","爲"下"鷙"字誤作"鷙",《合集》亦同,未能校正。此條當作:"(鷙)〔鷙〕,似不當改爲'(鷙)〔鷙〕'。"

22.《高郵二王合集·說文段注簽記》:"皋,不當牽扯'湲'義。"②

按:《說文·夲部》"皋,气皋白之進也",段氏注:"皋謂气白之進,故其字从白夲。……按,聲長必緩,故《左傳》'魯人之皋',注云:'緩也。'《召旻》'皋皋',《釋訓》曰:'刺素食也。'毛曰:'頑不知道也。'皆緩之意也。"王氏謂"皋"字不必牽扯"緩"義。影印稿本誤"緩"作"湲",《合集》亦同,未作勘正。此條當作:"皋,不當牽扯'(湲)〔緩〕'義。"

23.《高郵二王合集·說文段注簽記》:"恬,不當改爲'炳'。"③

按:《說文·心部》"恬,安也。从心,甛省聲",段氏改篆作"恬",改注作"从心,丙聲",注曰:"按,許書《木部》'栖'及此'恬'字,本从丙聲,轉寫从舌,乃改爲'甛省聲'矣。"王氏以爲不煩改字,故曰:"不當改爲'恬'字。"影印稿本誤"恬"作"炳",《合集》沿其訛字,皆

---

① 舒懷等輯校:《高郵二王合集》,上海古籍出版社 2019 年版,第 1135 頁。
② 舒懷等輯校:《高郵二王合集》,上海古籍出版社 2019 年版,第 1136 頁。
③ 舒懷等輯校:《高郵二王合集》,上海古籍出版社 2019 年版,第 1136 頁。

未確。此條當作："恬，不當改爲'(炳)〔恌〕'。"

24.《高郵二王合集·説文段注籤記》："患，下文作'愳'，則'患'非'貫'之譌。"①

按：《説文·心部》"患，憂也。从心上貫叩，叩亦聲。悶，古文从關省。愳，亦古文患"，段氏注："此八字乃淺人所竄，古本當作'从心，毌聲'四字。……'患'字上从毌，或横之作'申'，而又析爲二'中'之形。"段氏謂"患"字本从毌聲，字本作"思"，傳寫而訛从串。王氏不同此説，以爲許書"患"字古文或作"愳"，則"患"不當爲"思"字之訛。影印稿本作"則'患'非'貫'之譌"，《合集》亦同，皆誤"思"作"貫"，意不可通。此條當作："患，下文作'愳'，則'患'非'(貫)〔思〕'之譌。"

25.《高郵二王合集·説文段注籤記》："澔，此字非後人所造。"②

按：影印稿本字頭作"澔"，《合集》亦同。今按，"澔"當爲"濡"之訛字。《水部》"涽，流聲也。从水，昏聲。濡，涽或从昏"，段氏注："許書當亦本作'流貌'，淺人妄改竄之耳。……此字('濡')當是既改'貌'爲'聲'，讀古活切，乃製此字，非許書本有也。"許書"涽"或作"濡"，段氏以"濡"字非許書本有。而王氏不同此説，故謂："此字非後人所造。"《合集》襲用稿本之誤字，注曰"今本《説文》及段注無此字"，不明"澔"乃"濡"之誤字，遂有誤説。此條當作："(澔)〔濡〕，此字非後人所造。"

① 舒懷等輯校：《高郵二王合集》，上海古籍出版社 2019 年版，第 1136 頁。
② 舒懷等輯校：《高郵二王合集》，上海古籍出版社 2019 年版，第 1136 頁。

26.《高郵二王合集·說文段注簽記》："摰，當有'聲'字。"①

按：《說文·手部》"摰"下，大徐本作"从手，从執"，小徐本作"從手，執聲"。段氏改注文作"从手執"，注曰："會意也。"王氏則以小徐爲是，故曰："當有'聲'字。"《合集》字頭誤"摰"作"摯"，不當。此條當作："（摯）〔摰〕，當有'聲'字。"

27.《高郵二王合集·說文段注簽記》："匿，'目暱焉'與'息'、'極'爲韻，則'匿'字當在職部。"②

按：《說文·匸部》"匿"下，段氏注："古亦讀尼質切，在十二部，不在一部也。"王氏則以"匿"古音即在一部（職部），影印稿本作："'目暱焉'與'息'、'極'爲韻，則'匿'字當在職部。"今按，"目"當爲"自"字之訛，《合集》亦襲其誤字。王氏《讀書雜志·淮南内篇·兵略》曰："親暱之'暱'，古音在職部，故與'北'爲韻。《小雅·菀柳篇》'無自暱焉'與'息''極'爲韻，是其證。"準此，原文當作："'（目）〔自〕暱焉'與'息''極'爲韻，則'匿'字當在職部。"

28.《高郵二王合集·說文段注簽記》："緤，解'上也'二字穿鑿。"③

按：《說文·糸部》"緤，止也"，段氏注："鹿車下鐵，陳宋淮楚之間謂之畢，所謂鹿車緤也，與用組約圭中央，皆所以止者。"王氏以爲段氏解"止也"不確，遂曰："解'止也'二字穿鑿。"影印稿本誤"止"作"上"，《合集》亦同，皆繆。當作："緤，解'（上）〔止〕也'二字穿鑿。"

附錄三　《〈說文解字注〉研究文獻集成》點校勘誤

　　段玉裁的《說文解字注》，精審宏浹，博綜夐絕，是中國傳統語言學史上的一座豐碑。自其問世之後，即出現一大批糾補其訛誤的專著和札記，或匡段書之訛謬、或補段氏之未備等。諸家之言多爲散論，研究者窮搜之不易，部分著作刊行者少，流傳不廣，且未經校勘整理，給人們的閱讀和研究帶來極大不便。舒懷主編的《〈說文解字注〉研究文獻集成》（湖北教育出版社 2018 年版，以下簡稱《集成》）將十九部《說文注》研究專著、三十八種《說文注》研究散論整理刊行，爲我們研究《說文》《說文解字注》以及清人正段著述等提供了切實而有益的幫助。

　　但是，白璧微瑕，在閱讀、利用《集成》過程中，我們發現書中不少誤字、衍字、脫字以及句讀方面的問題，給後續相關研究帶來不便。鑒於此，現將其中部分訛錯，勘誤如下：

一、誤字

　　1.《說文段注箋記》："筑，筑筑皆从巩聲，筑與蓄通。"①

---

① 　舒懷主編：《〈說文解字注〉研究文獻集成》，湖北教育出版社 2018 年版，第 3 頁。

按：《說文·艸部》"苁，篇苁也。从艸，筑① 省聲"，段氏注："按，此不云'巩聲'而云'筑省聲'者，以'巩'字工聲，'筑'字竹亦聲也。"許書"苁"訓"筑省聲"，"筑"訓"从竹，从巩，竹亦聲"，王氏蓋以皆不可信，故曰"苁""筑"二字皆从巩聲。《集成》"苁筑"誤作"苁苁"，不成文理。

2.《說文段注簽記》："葋，當作葋，不當改爲蒢。"②

按：《說文·艸部》"葋"下，注文曰："《詩》曰：'葋葋山川。'"段氏注："《大雅》文。今《詩》作'滌滌'，毛云：'滌滌，旱氣也。山無木，川無水。'按，《玉篇》《廣韻》皆作'菽'。今疑當作'蒢'，艸木如盪滌無有也。叔聲、淑聲字多不轉爲徒歷切。"段氏疑此篆从滌作'蒢'，強合毛義。王氏則依《篇》《韻》，以"葋"字當作"菽"，故曰："當作'菽'，不當改爲'蒢'。"《集成》誤"菽"作"葋"，頗爲不辭。

3.《說文段注簽記》："耡，改冊叉爲（冊）〔冊〕叉，非。"③

按：《說文·耒部》"耡"下，大徐本注文作"冊又"，小徐本作"冊叉"，段氏改作"冊叉"，注曰"冊者，數之積也。……叉者，手甲也，今字作'爪'。冊叉可以劃麥，即今俗用麥杷也。"王氏則以鍇本爲是，故曰："改'冊叉'爲'冊叉'，非。"今影印稿本作"改'冊叉'爲'冊叉，非"，"冊叉"誤作"冊叉"，不合段意。《集成》校"冊"爲"冊"，得之，而又誤"冊叉"作"冊叉"，失之。此條當作："耡，改'冊叉'爲'（冊）〔冊〕叉，非。"

---

① "筑"字原作"苁"，此正。
② 舒懷主編：《〈説文解字注〉研究文獻集成》，湖北教育出版社 2018 年版，第 3 頁。
③ 舒懷主編：《〈説文解字注〉研究文獻集成》，湖北教育出版社 2018 年版，第 4 頁。

4.《說文段注籤記》："韄，誤解軒字。"①

按：《說文·舛部》"韄，車軸耑鍵也"，段氏注："按，鐵貫軸，如笄貫弁然。軸耑名斬者，以鐵名之也。"王氏以爲段氏誤解"斬"字。影印稿本"斬"字不誤，《集成》"斬"字作"軒"，失之。

5.《說文段注籤記》："韏，改辧爲辡非。"②

按：《說文·韋部》"韏，革中辧謂之韏"，段氏注："今按，當云'革辧謂之韏'，'中'乃衍文。……然則皮之縐文蹙蹙者曰韏何疑。《文部》曰：'辧，駁文也。'"段氏欲改注文作"革辧謂之韏"，以"韏"爲皮革之皺褶。王氏則謂段氏改"辧"爲"辡"非是，且"辡"義"駁文"，非爲"縐文"，誠與"韏"字無涉。以爲"革中辧謂之韏"之"辧"當作"䶪"（或作"㡀"），"䶪""韏"皆爲卷曲義。詳王氏《經義述聞·爾雅·釋器》。影印稿本作"改'辧'爲'辡'非"，不誤，《集成》"辧""辡"二字互訛，實屬大謬。

6.《說文段注籤記》："烕，當省聲字。"③

按：《說文·火部》"烕"下，各本注文作"从火戌"，段氏注曰："會意。《詩釋文》引有'聲'字。"王氏以《釋文》所引爲是，當作"从火，戌聲"，故曰："當有'聲'字。"《集成》誤"有"作"省"，意不可通。

7.《說文段注籤記》："氿，《爾雅》厬泉字作氿，借字耳。"④

---

① 舒懷主編：《〈說文解字注〉研究文獻集成》，湖北教育出版社 2018 年版，第 4 頁。
② 舒懷主編：《〈說文解字注〉研究文獻集成》，湖北教育出版社 2018 年版，第 4 頁。
③ 舒懷主編：《〈說文解字注〉研究文獻集成》，湖北教育出版社 2018 年版，第 4 頁。
④ 舒懷主編：《〈說文解字注〉研究文獻集成》，湖北教育出版社 2018 年版，第 6 頁。

按：《說文·水部》"氿，水厓枯土也"，段氏注："按，今《爾雅》：'水醮曰厬，仄出泉曰氿。'許書仄出泉曰厬，水厓枯土曰氿，與今《爾雅》正互易。依《毛詩》'有洌有泉'，似今《爾雅》不誤也。"王氏則以許書"厬"訓"仄出泉也"無誤，《爾雅》"仄出泉曰氿"之"氿"當爲"厬"之借字。《集成》"厬"（从厂，晷聲）字誤作"唇"，然"唇"不成字。

8.《說文段注籤記》："滑，《毛傳》之藪，即《方言》之䉛，注非。"①

按：《說文·水部》"滑，茜酒也"，段氏注："《小雅·伐木》云'釃酒有藇'，傳曰：'以筐曰釃，以藪曰滑。'又云'有酒滑我'，傳曰：'滑，茜之也。'……是則毛《傳》'滑'訓以藪茜之'藪'，謂艸如祭之用茅也，故亦曰茜。"王氏謂毛《傳》之"藪"當爲《方言》之"䉛"，段說非是。《方言》卷五："炊䉛謂之縮，或謂之䉛。"《廣雅·釋器》"䉛，䉛也"，王念孫疏證："䉛之言縮也，漉米而縮去其汁，如漉酒然。"可爲參證。《集成》誤"䉛"作"䉛"，未當。

9.《說文段注籤記》："坴，遂字不宜改。"②

按：《土部》"坴"字，大徐注文作"讀若逐"，小徐作"讀若速"，段氏注本從小徐。王氏則以大徐爲是，故曰："'逐'字不宜改。"《集成》之"遂"乃"逐"之誤字。

10.《段氏說文注訂》卷一："《石鼓文》有'麀□速 ='，則《釋獸》之'速'，《鹿部》之'麛'，並非後人改竄。'其速速'不成文理。"③

① 舒懷主編：《〈説文解字注〉研究文獻集成》，湖北教育出版社 2018 年版，第 6 頁。
② 舒懷主編：《〈説文解字注〉研究文獻集成》，湖北教育出版社 2018 年版，第 7 頁。
③ 舒懷主編：《〈説文解字注〉研究文獻集成》，湖北教育出版社 2018 年版，第 14 頁。

按：《爾雅·釋獸》"鹿，其迹速。"《說文·鹿部》："麤，鹿迹也。从鹿，速聲。"段氏以《爾雅》之"速"、《說文》之"麤"皆爲後人改易，故訂《爾雅》作"速"、訂《說文》作"麤"。鈕樹玉謂段說不可從，因"迹""速"一字，如依段氏，則《爾雅》"鹿，其速速"不成文理。故其曰："《釋獸》之'速'，《鹿部》之'麤'，並非後人改羼。"《集成》以"速""速"形似，誤"速"作"速"，當屬失察。

11.《段氏說文注訂》卷五："改騺爲鷙，執聲爲埶聲。注云：各本埶譌執，篆體上从執，則失其聲矣，今皆正。按所謂失其聲者，不合于十七部也，然《廣韻》鷙與摯鷙同收去聲六至，則執聲不誤。"①

《說文解字注匡謬》卷一："騺改作鷙，从鳥，埶聲。《注》云：'各本埶譌執，篆體上从執，則失其聲矣。今皆正。'"②

《說文解字注箋》卷十上："箋曰：騺與縶同，因絆馬之義而別从馬。縶讀如輒，而騺讀如摯者，聲之轉也。段改篆从埶聲，非是。"③

按：《說文·馬部》："騺，馬重皃。从馬，執聲。"段玉裁以爲"騺"（今音陟利切）字如从執（今音之入切）聲，則其韻不協，故改字从埶（今音魚祭切）而作"鷙"。鈕樹玉《段氏說文注訂》不同段說，並引《廣韻》《玉篇》等爲證。《集成》因"騺""鷙"二字形似，誤作："然《廣韻》鷙與摯鷙同收去聲六至，則執聲不誤。"誤"鷙"作"鷙"；徐承慶《說文解字注匡謬》曰："騺改作鷙，从馬，執聲。"《集成》因字形相似，誤"騺"爲"鷙"，誤"鷙"爲"騺"，"从馬"亦誤作"从鳥"；徐灝認爲"騺"爲"摯"之後出分化字，其《說文解字注箋》曰："縶讀如輒，而騺讀如摯者，聲之轉也。"《集成》誤"騺"作"鷙"，文意不可通。

---

① 舒懷主編：《〈說文解字注〉研究文獻集成》，湖北教育出版社 2018 年版，第 48 頁。
② 舒懷主編：《〈說文解字注〉研究文獻集成》，湖北教育出版社 2018 年版，第 299 頁。
③ 舒懷主編：《〈說文解字注〉研究文獻集成》，湖北教育出版社 2018 年版，第 1887 頁。

12.《段氏說文注訂》卷六："埶，至也。从女，執聲。注云：各本作執聲，篆作埶，非也。今正，从執則非聲矣。又改讀若摯爲埶。按下引《周書》曰大命不埶，讀若摯同。"①

《說文解字注匡謬》卷一："埶改作埶，从女，執聲。""按：《廣韻·廿六緝》：埶，之入切，至也。《六至》：埶，脂立切，至也。《玉篇》曰：埶，之利、之立二切，《說文》云至也。"②

按：《說文·女部》："埶，至也。从女，執聲。《周書》曰：'大命不埶。'讀若摯同。"段玉裁認爲"埶"（脂利切）字若从執（今音之入切）聲，則其聲不叶，故改字从執（今音魚祭切）而作"埶"。又改《周書》"大命不埶"爲"大命不埶"，改"讀若摯同"作"讀若埶同"。鈕樹玉以段氏改字不確，其《段氏說文注訂》曰："下引《周書》曰：'大命不埶。'讀若摯同。"《集成》因字形相似，誤"埶"作"埶"，誤"摯"爲"摯"，未得其解；徐承慶亦不同段說，並引《廣韻》《玉篇》爲證。其《說文解字注匡謬》曰："《（廣韻·）六至》：'埶，脂立切，至也。'"《集成》因"埶""埶"形似，誤"埶"爲"埶"，既不合於《廣韻》，又與徐意不符。

13.《說文解字注匡謬》卷五："增檽篆。……按：《說文》檽櫨字只作檽。《篇》《韻》字滋多，不可以證《說文》有檽篆。"③

按："《說文解字注匡謬》卷五"當作"《說文解字注匡謬》卷四"，《集成》卷數有誤；《說文》未收"檽"篆，而"檽"字又出"楷"篆下，曰："楷，檽櫨也。"（"檽櫨"，《漢書》又作"薄櫨"。）段氏以"楷""檽"爲兩字，今許書誤合爲一字，故據《玉篇》《廣韻》增補"檽"篆。徐承慶以段氏增篆非是，故其《說文解字注匡謬·四曰以它書亂本書》曰：

---

① 舒懷主編：《〈説文解字注〉研究文獻集成》，湖北教育出版社 2018 年版，第 65 頁。
② 舒懷主編：《〈説文解字注〉研究文獻集成》，湖北教育出版社 2018 年版，第 307 頁。
③ 舒懷主編：《〈説文解字注〉研究文獻集成》，湖北教育出版社 2018 年版，第 407 頁。

"按，《說文》'薄櫨'字只作'櫏'。《篇》《韻》字滋多，不可以證《說文》有'欂'篆。"《集成》誤"薄"爲"欂"，不合徐意，未爲允當。

14.《說文解字注匡謬》卷五："莧，莧菜也。《注》云：菜上莧字，乃複寫隸字刪之僅存者也。尋《說文》之例，云芺菜、葵者、葙菜、蘫菜、薇菜、蓷菜、蓯菜、蘘菜、莧菜以釋篆文。"①

《說文解字注匡謬》卷五："《艸部》蘮蕳蘇諸字但云艸也，亦承上爲句，謂蘮即蘇艸，蕳即蕳艸耳，非艸之通偁也。"②

按：段氏每據"三字句"之例以增改許書說解，以複舉隸字乃注文首字，複舉篆文"某"與注文"某也"合三字爲一句。故其《說文注》曰："菜上莧字，乃複寫隸字刪之僅存者也。尋《說文》之例，云芺菜、葵菜、葙菜、蘫菜、薇菜、蓷菜、蓯菜、蘘菜、莧菜以釋篆文。"錢氏發明許書"連篆讀"之義例，其《十駕齋養新錄·說文連上篆字爲句》曰："諸山水名，云山在某郡、水出某郡者，皆當連上篆讀。《艸部》'蘮''蕳''茵''蘇'諸字但云'艸也'，亦承上爲句，謂'蘮'即蘮艸，'蕳'即蕳艸耳，非艸之通偁也。"徐承慶《說文解字注匡謬·五曰以意說爲得理》稱引二氏之說，且以"連篆讀"說爲得。《集成》引書誤"葵菜"作"葵者"，誤"蘮即蘮艸"作"蘮即蘇艸"，語皆不可通。

15.《說文段注拈誤》："一下茀字，段謂俗作萉不可從，改从茀，非是。茀卵雙聲疊韻，二字同音，力九切者非也。"③

《說文解字注箋》卷一下："茀，原木篆作'𩑺'，今正。……卵本作夗，今正。"④

---

① 舒懷主編：《〈說文解字注〉研究文獻集成》，湖北教育出版社 2018 年版，第 420 頁。
② 舒懷主編：《〈說文解字注〉研究文獻集成》，湖北教育出版社 2018 年版，第 426 頁。
③ 舒懷主編：《〈說文解字注〉研究文獻集成》，湖北教育出版社 2018 年版，第 530 頁。
④ 舒懷主編：《〈說文解字注〉研究文獻集成》，湖北教育出版社 2018 年版，第 1236 頁。

按：《說文·艸部》"蕍，鳧葵也。从艸，疏聲"，段氏謂此字今音力久切，古音在三部，而俗字作"茆"，音卯，聲不相協，不可從。朱駿聲以"茆"字从卯聲不誤，段氏改字从疏則非是，故其《說文段注拈誤》曰："段謂俗作茆不可從，改作'蕍'，非是。"《集成》誤"作"字爲"从"字，云段氏改"茆"字从蕍，殊無意理；徐灝亦以"茆"字从卯聲，今許書、《說文注》篆文皆作"𦭁"，不足據信，故其《說文解字注箋》曰："茆，原本篆作'𦭁'，今正。"《集成》誤"本"字作"木"，失於檢校。

16.《說文段注拈誤》："八下覎字，段謂各本篆作覎，从氏聲，則應讀若低，與說解讀若迷不協，故《廣韻》作覎，且云，唐人諱民作氏，又誤氏耳。"①

按：《說文》"覎"篆，字从氏聲而讀若迷，"氏""迷"古音同在十五部，但聲紐遠隔。故段氏據《廣韻》改字从民聲，則音自協。故朱氏《說文段注拈誤》曰："段謂各本篆作'覎'，从氏聲，則應讀若低，與說解'讀若迷'不協。段依《廣韻》作'覎'，且云，唐人諱'民'作'氏'，又誤'氏'耳。""段依"二字《集成》作"故"字，以臆改字，殊不可取。

17.《說文段注拈誤》："一上祼字，段注引《周禮·玉人》注祼之言灌，謂是雙聲。按，'崔'下說解'讀如和'，則'萑'疑从崔罒會意，崔亦聲。'觀''歡'之類，漢時或有兩讀也。"②

按：《說文·示部》"祼，灌祭也。从示，果聲"，段氏注："《周禮》

<hr />

① 舒懷主編：《〈說文解字注〉研究文獻集成》，湖北教育出版社 2018 年版，第 534 頁。
② 舒懷主編：《〈說文解字注〉研究文獻集成》，湖北教育出版社 2018 年版，第 536 頁。

注曰：'裸之言灌，灌以鬱鬯。謂始獻尸求神時，周人先求諸陰也。'"以爲"裸"之音本讀如果，與"灌"爲雙聲。朱氏遂謂："一上'裸'字，段注引《周禮·玉人》注'裸之言灌'，謂是雙聲。"《集成》"注"下"裸"字誤作"裸"，影印稿本不誤；《說文·萑部》"萑，鴟屬。从隹，从丫，有毛角"，朱氏以爲"雚"字當从萑吅會意，萑亦聲。故曰："按，'萑'下說解'讀如和'，則'雚'疑从萑吅會意，萑亦聲。"《集成》誤"萑"作"雈"（《說文·艸部》"雈多兒。从艸，隹聲"），未能瞭然。

18.《說文段注拈誤》："二上牡字，段注：土非聲，當是从土，取土爲水牡之意；或曰从士，士者失也。按二說俱非。牡字从牛，埠省聲也。猶牝字舊音扶死切，从匕聲，亦非是。牝葢从牛，良省聲也。"①

按：《說文·牛部》"牝，畜母也。从牛，匕聲"，段氏注："毗忍切，古音在十五部。"朱氏《說文段注拈誤》疑"牡"字从艮省聲，故曰"'牝'葢从牛，艮省聲也"，其《說文通訓定聲》"牝"下又云"按，讀如妣，今音轉如牝。或曰艮省聲，非"，說不一例。影印稿本"牛"字下以"、"號斷句，《集成》遂誤合"、""艮"爲"良"字，然"牝""良"音讀遠隔，不合朱意，當屬大謬。

19.《說文解字段注考正》卷四上："王氏引之［春秋名字解詁］曰：眜，目不明也。以午未之未爲聲。《廣韻·十四泰》：眜，暗眜，目不明也。莫貝切。《十八隊》：眜，目暗。莫佩切。眜，目不正也。以木末之末爲聲。《廣韻·十三末》：眜，目不正也。莫撥切。今本《說文》形聲互誤，而解又皆誤作明。段氏不知釐正，而以莫佩切之眜爲《說文》所無，非也。案：《玉篇·目部》：眜，莫葢切。眜，莫達切。亦皆訓目不明。王氏引之不爲之分晰，亦非，故刪去《玉篇》

---

① 舒懷主編：《〈說文解字注〉研究文獻集成》，湖北教育出版社 2018 年版，第 539 頁。

云云。"①

按:《說文·目部》"眜""眛"二篆,皆訓"目不明也",一從末聲,一從未聲。王引之謂二字聲義皆別,末聲之"眜"許書當訓爲"目不正也",且引《廣韻》爲證。馮桂芬亦以此說爲得,故其《說文解字段注考正》備引王說,曰:"王氏引之曰:'眛,目不明也。'以午未之'未'爲聲。《廣韻·十四泰》'眜,暗②眜,目不明也。莫貝切',《十八隊》'眛,目暗。莫佩切';'眜,目不正也。'以木末之'末'爲聲。《廣韻·十三末》'眜,目不正也。莫撥切'。今本《說文》形聲互誤,而解又皆誤作'明'。段氏不知釐正,而以莫佩切之'眛'爲《說文》所無,非也。案:《玉篇·目部》'眛,莫蓋切','眜,莫達切',亦皆訓'目不明'。"《集成》因"眛""眜"形似,所引未聲之"眛"皆誤作"眜",遂與末聲之"眜"牽混爲一,頗爲淆亂。

20.《說文解字注箋》卷十二下:"埶,至也。"《注》曰:埶、至以雙聲疊韻釋之。各本作執聲,篆作埶,非也,今正。從執,則非聲矣。周當爲商,字之誤也。此《西伯戡黎》文。陸氏《釋文》云:摯,本又作埶。是陸氏所見尚有作埶者。"③

按:《說文·女部》"埶,至也。從女,執聲。《周書》曰:'大命不埶。'讀若摯同",段氏注:"陸氏《釋文》云:'摯,本又作埶。'是陸氏所見尚有作'埶'者。"《集成》所錄徐灝《說文解字注箋》作"陸氏《釋文》云:摯,本又作埶",誤"摯"爲"摯"字。

21.《說文解字注箋》卷十四上:"《注》曰:抵者,擠也。擠者,

① 舒懷主編:《〈説文解字注〉研究文獻集成》,湖北教育出版社 2018 年版,第 605 頁。
② 馮書原作"暗",當爲"晰"字之訛。
③ 舒懷主編:《〈説文解字注〉研究文獻集成》,湖北教育出版社 2018 年版,第 2111 頁。

排也。車抵於是而不過是，曰輊，如馬之不前曰樊鷔。"①

按：《說文·車部》"輊"下，大徐作"从車，執聲"，小徐篆文作
"輊"，訓曰"从車，執聲"。段氏以大徐爲是，注曰："車抵於是而不過
是，曰輊，如馬之不前曰樊鷔。"《集成》引段書誤"輊"字作"輊"，與
段意不合。

二、衍字

1.《段氏說文注訂》卷二："枌，高木也，今改爲高木下曲
也。……《說文》枌注乃後人改，今刪去樛篆文，又依《廣韻》枌下
改作高木下曲，不知枌自來不訓高木也。"②

按：段氏以爲許書"樛""枌"爲一字，遂據《韻會》所引，合併二
字說解，且刪去"樛"字。鈕樹玉則謂二篆同字，"枌"訓"高木也"當
爲後人所改，故其《段氏說文注訂》曰："然則'枌'當爲'樛'之重文
無疑。《說文》'枌'注乃後人改，今刪去'樛'篆，又依《韻會》'枌'
下改作'高木下曲'，不知'枌'自來不訓'高木'也。"《集成》引此書，
"今刪去樛篆"下誤增"文"字，亦屬失察。

2.《說文解字注匡謬》卷一："橐改作橐。《注》云：小徐本及大
徐、宋本皆同，惟趙鈔本、宋本作从木咠，咠亦聲。《五音韻譜》有同
之者，殊誤。"③

按：《說文·橐部》"橐"字，大徐宋本、小徐本皆作"从木咠，咠亦

① 舒懷主編：《〈說文解字注〉研究文獻集成》，湖北教育出版社 2018 年版，第 2264 頁。
② 舒懷主編：《〈說文解字注〉研究文獻集成》，湖北教育出版社 2018 年版，第 25 頁。
③ 舒懷主編：《〈說文解字注〉研究文獻集成》，湖北教育出版社 2018 年版，第 293 頁。

聲"，段氏據此改篆作"棗"，以其从马，不从弓。但趙鈔宋本《說文》及
《說文解字五音韻譜》皆作"从木弓，弓亦聲"，依此則許書篆文"棗"不
誤。段氏《說文注》曰："(从木马) 小徐本及大徐宋本皆同。惟趙抄宋本
作'从木弓，弓亦聲'，《五音韻譜》有同之者，殊誤。"《集成》稱引《說
文解字注匡謬》，將大徐宋本點斷，作"大徐、宋本"，將"趙鈔宋本"點
斷且誤增"本"字，作"趙鈔本、宋本"。不明許書版本，憑臆斷句、增
字，殊爲疏率。

三、脫字

1.《說文段注簽記》："溓，注當作小水，濂字不宜補。"(6 頁)

按：影印稿本"小水"上脫字，其意不明，《集成》亦同，頗爲不辭。
當作："注當作'□小水'，'濂'字不宜補。"本書附錄二"二、脫字"第
一條已辨。

2.《說文段注拈誤》："三下爽字重文㸒，段曰淺人竄補，當刪。
按篆文當作籀文，字之譌耳。葢从籀文大，其上校小篆多人，猶爾
之从冂也。"①

按：《說文·焱部》"爽"下，重文作"㸒"，段氏以爲淺人所增，當
刪。朱氏不同段說，謂此字爲籀文，其《說文段注拈誤》："三下'爽'字
重文'㸒'。段曰：淺人竄補，當刪。按，'篆文'當作'籀文'，字之譌
耳。葢从籀文'大'，其上校小篆多'人'，猶'爾'之从冂也。《㸒部》
'㸒'重文'奭'同。"《集成》稱引此書，誤脫"《㸒部》'㸒'重文'奭'
同"諸字，實屬不妥。

---

① 舒懷主編：《〈說文解字注〉研究文獻集成》，湖北教育出版社 2018 年版，第 531 頁。

3.《說文段注拈誤》："五下韓字，井垣也。各家訓韓字，亦皆謂井欄，段爲井橋也，不必。桓欄皆以韓字疊韻爲訓，必非譌文，未容擅改。"①

按：《說文·韋部》"韓，井桓也"，段氏改注作"井橋也"，注云："橋，各本作'桓'，今依《史記·孝武本紀》索隱正。'井橋'見《曲禮》《莊子》《說苑》《淮南子》。"朱氏以段氏不必改字，故曰："各家訓'韓'字，亦皆謂'井欄'，段改爲'井橋也'，不必。'桓''欄'皆以'韓'字疊韻爲訓，必非譌文，未容擅改。"《集成》"段"後脫"改"字，失之疏。

4.《說文段注拈誤》："八下肜字，段以爲即高宗肜日字。按船行義，姑从蓋闕。"②

按：《說文·舟部》"肜，船行也"，段氏注："夏曰復胙，商曰肜，周曰繹，即此字，取舟行延長之意也。"此按，《爾雅·釋天》："繹，又祭也。周曰繹，商曰肜，夏曰復胙。"《尚書·高宗肜日》"高宗肜日"，僞孔安國傳："祭之明日又祭，殷曰肜。"段氏以爲許書"肜"字即《爾雅》"商曰肜"、《尚書》"高宗肜日"之"肜"字。朱氏則謂"祭名"之"肜"與"船行"之"肜"其義遠隔，當存疑待考。故曰："八下'肜'字，段以爲即'高宗肜日'字。按，'船行'義遠，姑从蓋闕。"然《集成》"義"下脫"遠"字，其意遂不可通。

5.《說文段注拈誤》："九下庲字，卻屋也，段注：開其屋。非是，卻蓋枭陳之借字，猶空也，猶間田之間也，引申爲斥逐、充斥、指斥。"③

---

① 舒懷主編：《〈説文解字注〉研究文獻集成》，湖北教育出版社 2018 年版，第 532 頁。
② 舒懷主編：《〈説文解字注〉研究文獻集成》，湖北教育出版社 2018 年版，第 534 頁。
③ 舒懷主編：《〈説文解字注〉研究文獻集成》，湖北教育出版社 2018 年版，第 534 頁。

按：《說文·广部》"庲，卻屋也"，段玉裁注："卻屋者，謂開拓其屋使廣也。"朱氏非之，以"卻"字爲"裦"或"隙"之借字，其《說文段注拈誤》曰："九下'庲'字，卻屋也。段注'開拓其屋'，非是。'卻'葢'裦''隙'之借字，猶空也，猶間田之間也。引申爲斥逐、充斥、指斥。"《集成》引書，"開"下誤脫"拓"字，點校欠嚴謹。

6.《說文段注拈誤》："曡字，段訂从會聲，謂即《左傳》日月所會謂之會字，亦近是。但此字許不隸《辰部》，曰从辰會，會亦聲，則不必从《廣韻》議改也。"①

按：《說文·會部》"曡，日月合宿爲辰。从會，从辰，辰亦聲"，段氏改注作"日月合宿爲曡。从會辰，會亦聲"，注云："據《說文》，則日月之合宿謂之曡，據《周禮》《左傳》，則日月曡處謂之辰也。'曡'者，即《左傳》之'會'字，非《左傳》之'辰'字也。"以爲許書"曡"字，即《左傳·昭公七年》"日月之會是謂辰"之"會"字。朱氏以此說近是，故曰："'曡'字，段訂从會聲，謂即《左傳》'日月所會謂之辰''會'字，亦近是。"《集成》脫去"辰"字，作"謂即《左傳》日月所會謂之會字"，於文理不通。

7.《說文段注拈誤》："一上中字，段注改和也爲內也，改从口爲从口，尚未諦審。……至謂宋本作肉也，以證內之譌字，則篆體肉與內迥異，無緣致譌。又引衛宏說用字从卜册，則中之不从口可知，然中之不从口亦可知也。"②

按：《說文》"中"下，段氏注："按，中字會意之恉，必當从口，音圍。衛宏說用字'从卜册'，則'中'之不從口明矣。俗皆從口，失之。"

---

① 舒懷主編：《〈説文解字注〉研究文獻集成》，湖北教育出版社 2018 年版，第 538 頁。
② 舒懷主編：《〈説文解字注〉研究文獻集成》，湖北教育出版社 2018 年版，第 539 頁。

段氏以"中"字从口，朱氏不同此說，故曰："（段氏）又引衞宏說'用'字从卜用，則'中'之不从口可知，而改从口，然'中'之不从口亦可知也。"《集成》誤脫"而改从口"四字，意不可通。

四、誤標點

1.《說文段注籤記》："茵，非《凡將篇》。鍇本各字多不相屬，與□本不同，見《左・文五十三》下段注。"[①]

按：《說文・艸部》"茵"下，注文曰"鞇，司馬相如說：茵从革"，段氏注："蓋亦《凡將篇》字。"王氏疑"鞇"字非出《凡將篇》，故曰"非《凡將篇》"。《艸部》部末大徐本曰"左文五十三。重二。大篆从艸"，段氏注："鍇本無此十一大字，而'芄'字之下繫以'蘇'字、'芧'字、'蒉'字，乃後系以'蒜''芥''葱'字，'蘇'與'荏'一物不相屬，'芧''蒉'與'苑'同類不相屬，'蒜'與'菫'同類不相屬，又'菩'下出'筑'字，'菲'下重出'苗'字，又出'莆'字，'茸'下出'萑'字，皆與鉉本不同。蓋改竄者多，莫能肥說。"以爲《繫傳》各字同類而不相屬，乃失許書敘次之意，故王氏曰："鍇本各字多不相屬，與鉉[②]本不同，見'左文五十三'下段注。"而《集成》"非《凡將篇》"四字之下，誤合"鍇本各字多不相屬，與□本不同，見'左文五十三'下段注"諸字爲一條，當屬錯簡。至將許書"左文五十三"標點作"《左・文五十三》"，不得其義，更屬大謬。

2.《說文段注籤記》："犖，誤引廣注新編。"[③]

---

① 舒懷主編：《〈說文解字注〉研究文獻集成》，湖北教育出版社 2018 年版，第 3 頁。
② 影印稿本原脫"鉉"字，此補正。
③ 舒懷主編：《〈說文解字注〉研究文獻集成》，湖北教育出版社 2018 年版，第 3 頁。

按:《說文·牛部》"犖, 駁牛也", 段氏注:"《廣雅·牛屬》'郭犝,
丁犖', 桓譚《新論》作'郭椒, 丁櫟'。'犝''椒'、'犖''櫟', 皆同
韻也。"王氏以爲段注不確, 故曰:"誤引《廣雅》《新論》。"《廣雅·釋
畜·牛屬》"郭犝, 丁犖", 王念孫疏證補正:"段氏《說文》'犖'字注引
此二書, 謂'犝''椒'同韻, 非也。"可爲參證。影印稿本作"誤引廣注
新編",《集成》同之, 既失其句讀, 又失其辭意。此條當作:"犖, 誤引
《廣(注)〔雅〕》《新(編)〔論〕》。"

3.《說文段注簽記》:"本, 注不宜改下, 末字同。①

按:《說文·木部》"本, 木下曰本。从木, 一在其下", 段氏改注作
"從木, 從丁", 注云:"今依《六書故》所引唐本正, '本''末'皆於形
得義, 其形一從木丄, 一從木丁, 而意即在是。"《木部》"末, 木上曰末。
从木, 一在其上", 段氏改注作"從木, 從丄", 注云:"今依《六書故》
所引唐本正。"王氏謂"本"字注文不宜輕改,"本"下"末"字亦不煩改
字, 故曰:"注不宜改, 下'末'字同。"《集成》斷句"下"字屬上, 語
不可通。

4.《說文段注簽記》:"厂, 厂明也, 即《廣雅》之愜。"②

按:《說文·厂部》:"厂, 抴也。明也。"《廣雅·釋詁四》:"愜, 明
也。"是知"厂""明"二字不當連文, 宜標點作:"厂, 明也, 即《廣雅》
之'愜'。"本書附錄二"一、誤字"第十七條已辨。

5.《段氏說文注訂》卷一:"鷙从鳥, 埶聲。今改作从鳥从埶。

---

① 舒懷主編:《〈説文解字注〉研究文獻集成》, 湖北教育出版社 2018 年版, 第 4 頁。
② 舒懷主編:《〈説文解字注〉研究文獻集成》, 湖北教育出版社 2018 年版, 第 6 頁。

按摯鷙並从執聲。《繫傳》摯本作執聲，而《解字》刪去聲字。今鷙下亦刪去聲字，並非。"①

按：《說文·手部》"摯，握持也。从手，从執"，小徐本作"从手，執聲"，段注本作"从手執"，刪去"聲"字；《說文·鳥部》"鷙，擊殺鳥也。从鳥，執聲"，段注本作"从鳥，从執"。鈕樹玉《段氏說文注訂》曰："按，'摯''鷙'並从'執聲'。《繫傳》'摯'本作'執聲'，而解字刪去'聲'字。今'鷙'下亦刪去'聲'字，並非。"其謂"摯"下當從小徐本作"从手，執聲"，而段氏解字刪去"聲"字，非是；"鷙"下"从鳥，執聲"，段氏說字又刪去"聲"字，亦非是。《集成》不明鈕意，"解字"外加書名號，誤以《解字》即是《說文》，既失其句讀，又失其辭意。

6.《段氏說文注訂》卷四："按《周禮音義》䂞引李軌思亦反，不作䂞。鄭注云：䂞古字從石，折聲。摘即擿之隸體。擿，拓。果，樹實。義正合。李注《吳都賦》引《說文》亦作摘，𡐛墮本通，徒紛更耳。"②

按：《說文·石部》"䂞，上摘巖空青、珊瑚墮之。从石，折聲"，段氏改作"䂞，上摘山巖空青、珊瑚𡐛之。从石，析聲"。"䂞"字从折聲，鄭眾讀"䂞"爲"摘"，段氏改"䂞"从"析"以諧其聲。鈕樹玉以爲段氏武斷，其《段氏說文注訂》曰："按，《周禮音義》'䂞'引李軌思亦反，不作'䂞'。鄭注云：'䂞古字從石，折聲。''摘'即'擿'之隸體。'擿，拓果樹實'，義正合。李注《吳都賦》引《說文》亦作'摘'，'𡐛''墮'本通，徒紛更耳。"《說文·手部》"擿，拓果樹實也"，鈕氏引此以解"䂞"

① 舒懷主編：《〈說文解字注〉研究文獻集成》，湖北教育出版社 2018 年版，第 20 頁。
② 舒懷主編：《〈說文解字注〉研究文獻集成》，湖北教育出版社 2018 年版，第 46 頁。

下注文之"摘"，謂其義正合。《集成》未解鈕意，斷句作："摘，拓。果，樹實。義正合。"不得其句讀，辭意不可通。

7.《說文段注拈誤》："五下既字，段注：引申爲盡也，已也，此如亂訓治，徂訓存，以相反爲用。按盡已之義，乃訖之段借字，非廢置、特匹之比。"①

按：《說文·皀部》"既，小食也"，段氏注："引伸之義，爲盡也，已也。……此如'亂'訓'治'，'徂'訓'存'。既者，終也，終則有始。小食則必盡，盡則復生。"以爲"既"引申則義"盡""已"，相反爲用。朱氏則以"既"訓"盡"、"已"乃"訖"之借義，誠與"廢"訓"置"、"特"訓"匹"相反爲訓不同。②故曰："五下'既'字，段注：'引申爲盡也，已也，此如亂訓治，徂訓存，以相反爲用。'按，'盡''已'之義，乃'訖'之段借字，非'廢，置''特，匹'之比。"《集成》標點作"非廢置、特匹之比"，文理不通。

8.《說文段注拈誤》："五下啚字，段引《書》反鄙我周邦，謂當作此。非是。《大誥》之鄙，自是《左傳》鄭鄙邑也，亦弗爲也、越國以鄙遠之鄙。"③

按：《說文·㐭部》"啚，嗇也"，段氏注："凡鄙吝字當作此，鄙行而啚廢矣。《論語》'鄙夫'，《周書》'鄙我周邦'，皆當作此。"朱氏以爲《周書·大誥》"鄙我周邦"之"鄙"誠非鄙吝義，當與《左傳》"鄙邑""鄙遠"之"鄙"義同。今考《左傳》，《昭公十六年》曰："若大國令，而共

---

① 舒懷主編：《〈説文解字注〉研究文獻集成》，湖北教育出版社 2018 年版，第 532 頁。

② 《廣雅·釋詁四》："廢，置也。"《詩·鄘風·柏舟》"實維我特"，毛亨傳："特，匹也。"是其例。

③ 舒懷主編：《〈説文解字注〉研究文獻集成》，湖北教育出版社 2018 年版，第 532 頁。

無藝，鄭鄙邑也，亦弗爲也。"《僖公三十年》曰："越國以鄙遠，君知其難也。"據此，當標點作："《大誥》之'鄙'，自是《左傳》'鄭鄙邑也，亦弗爲也''越國以鄙遠'之'鄙'。"《集成》斷句頗爲淆亂，其意難通。

9.《說文段注拈誤》："七下窌字，與《大部》奅字，段俱改从卯，非是。窌，窖也，穿地曰窌。《吕覽·月令》《淮南》皆作窖，惟《左傳》石窌，釋文有力救、力到二切。"①

按：《說文·穴部》"窌，窖也。从穴，卯聲"，段玉裁注："《攷工記·匠人》注曰：'穿地曰窌。'《吕覽》：'穿竇窌。'《月令》《淮南》皆作'窖'。"朱氏拈誤："七下'窌'字，與《大部》'奅'字，段俱改从卯，非是。窌，窖也，穿地曰窖。《吕覽》《月令》《淮南》皆作'窖'，惟《左傳》'石窌'，《釋文》有力救、力到二切。"此按，《周禮·考工記·匠人》"囷窌倉城"，鄭玄注："穿地曰窌。"陸德明釋文："劉古孝反，依字當爲'窖'，作'窌'，假借也。"今《周禮》、鄭注皆作"窌"，不作"窖"，段說不確；《吕覽·季春紀》"發倉窌"，高誘注："穿地曰窌。"《吕覽·仲秋紀》"穿竇窌"，高誘注："穿窌，所以盛穀也。"《禮記·月令》"穿竇窖"，鄭玄注："隋曰竇，方曰窖。"《吕覽》作"窌"，《月令》作"窖"，朱氏謂《吕覽》《月令》皆作"窖"，亦非情實。《集成》引書不得其句讀，誤合《吕覽》《月令》爲一書，當屬大謬。

10.《說文段注拈誤》："十一上池字，段補。按，池即沱，大徐不誤。陂也之訓，當沾補沱下，陂沱疊韻字也，非聲。"②

按：《說文·水部》："沱，江別流也。……从水，它聲。"段氏以此字

①　舒懷主編：《〈說文解字注〉研究文獻集成》，湖北教育出版社 2018 年版，第 533 頁。
②　舒懷主編：《〈說文解字注〉研究文獻集成》，湖北教育出版社 2018 年版，第 535 頁。

與"池"字形義有別，遂增補"池"篆，訓曰"陂也。从水，也聲"。朱駿聲以爲"池"爲"沱"之俗字，本从它聲，轉寫而誤作"池"，非从也聲，即《說文》確有"陂也"訓，亦當沾補"沱"篆下。其《說文段注拈誤》曰："十一上'池'字，段補。按，'池'即'沱'，大徐不誤。'陂也'之訓，當沾補'沱'下。'陂''沱'疊韻字。'也'非聲。"《集成》斷句作"陂沱疊韻字也，非聲"，"也"字上屬爲句，文理不通。

五、失校

1.《說文段注籤記》："櫐，櫐字不當改爲櫐，又不當以畾爲櫐。"①

按：影印稿本誤"櫐"字作"櫐"，《集成》未能校正。此條當作："櫐，'櫐'字不當改爲'櫐'，又不當以'畾'爲'(櫐)〔櫐〕'。"本書附錄二"五、失校"第二條已辨。

2.《說文段注籤記》："珤，从玉有玷四字，以意爲之。"②

按：影印稿本誤"王"爲"玉"，誤"點"爲"玷"，《集成》亦不能正。此條當作："珤，'从（玉）〔王〕，有（玷）〔點〕'四字以意爲之。"本書附錄二"五、失校"第三條已辨。

3.《說文段注籤記》："道，《說文》蓋以道首爲二物。"③

按：影印稿本誤"迌"字爲"道"，誤"芇"字爲"首"，《集成》沿其誤字。此條當作："（道）〔迌〕，《說文》蓋以'（道）〔迌〕''（首）〔芇〕'

① 舒懷主編：《〈説文解字注〉研究文獻集成》，湖北教育出版社 2018 年版，第 3 頁。
② 舒懷主編：《〈説文解字注〉研究文獻集成》，湖北教育出版社 2018 年版，第 3 頁。
③ 舒懷主編：《〈説文解字注〉研究文獻集成》，湖北教育出版社 2018 年版，第 3 頁。

爲二物。"本書附錄二"五、失校"第五條已辨。

4.《說文段注籤記》："苦，蕭字似非後人所加，薊芙二字亦不類列。菄蘮葥字亦不類蒩。"①

按：影印稿本誤"薵"作"蕭"，《集成》襲其誤字，失於校正。《集成》"蘮"字作"蘮"，亦誤。此條當作："苦，'（蕭）〔薵〕'字似非後人所加。薊、芙二字亦不類列，'菄''（蘮）〔蘮〕''葥'字亦不類'蒩'。"本書附錄二"五、失校"第六條已辨。

5.《說文段注籤記》："蘜，篆文誤。"②

按：影印稿本字頭訛作"蘜"，《集成》襲之，未能刊正。此條當作："（蘜）〔蘜〕，篆文誤。"本書附錄二"五、失校"第七條已辨。

6.《說文段注籤記》："並，當有聲字。"③

按：影印稿本字頭誤"苗"爲"並"，《集成》承其誤字，莫能刊正。此條當作："（並）〔苗〕，當有'聲'字。"本書附錄二"五、失校"第八條已辨之。

7.《說文段注籤記》："蕤，《唐韻》似不韻。"④

按：影印稿本"不韻"似當作"不誤"，《集成》未能校正。此條當

① 舒懷主編：《〈説文解字注〉研究文獻集成》，湖北教育出版社 2018 年版，第 3 頁。
② 舒懷主編：《〈説文解字注〉研究文獻集成》，湖北教育出版社 2018 年版，第 3 頁。
③ 舒懷主編：《〈説文解字注〉研究文獻集成》，湖北教育出版社 2018 年版，第 3 頁。
④ 舒懷主編：《〈説文解字注〉研究文獻集成》，湖北教育出版社 2018 年版，第 3 頁。

作："蕤,《唐韻》似不(韻)〔誤〕。"本書附錄二"五、失校"第九條
已辨。

8.《說文段注簽記》:"睿,注解辛鑿。"(3頁)

按:影印稿本"穿鑿"誤作"辛鑿",辭不可通,《集成》沿其誤字。
此條當作:"睿,注解(辛)〔穿〕鑿。"

9.《說文段注簽記》:"㖶,注視字不當重。"①

按:《說文·叩部》"㖶"下,各本注文作"讀若祝",段氏注:"依
《風俗通》,則'祝'當重,謂㖶㖶讀若祝祝也。《左傳》'州吁',《穀梁》
作'祝吁'。《博物志》云:'祝雞翁善養雞,故呼祝祝。'"王氏則以許書
"讀若祝"不當改爲"讀若祝祝",故曰:"注'祝'字不當重。"影印稿本
作"注視字不當重",誤"祝"作"視",《集成》襲其誤字,皆失之。此
條當作:"㖶,注'(視)〔祝〕'字不當重。"

10.《說文段注簽記》:"趠,久字改文,查。"②

按:影印稿本誤"夂"作"文",《集成》沿其誤字,失於校正。此條
當作:"趠,'久'字改'(文)〔夂〕',查。"本書附錄二"五、失校"第
十條已辨。

11.《說文段注簽記》:"鷃,鴳者,鷃之借字,非誤字。"③

---

① 舒懷主編:《〈说文解字注〉研究文獻集成》,湖北教育出版社2018年版,第3頁。
② 舒懷主編:《〈说文解字注〉研究文獻集成》,湖北教育出版社2018年版,第3頁。
③ 舒懷主編:《〈说文解字注〉研究文獻集成》,湖北教育出版社2018年版,第4頁。

按：影印稿本誤"鱹"爲"鶏"，《集成》襲稿本誤字，不能勘正。此條當作："鶏，鴟者，'（鶏）〔鱹〕'之借字，非誤字。"本書附錄二"五、失校"第十三條已辨。

12.《説文段注簽記》："肊，教字非後人所增。"①

按：《説文·肉部》"肊"下，大徐本、小徐本皆作"从肉，乙聲"，段氏改作"从肉乙"，注曰："各本作'乙聲'，今按，'聲'字淺人所增也。智臆字古今音皆在職德韻，乙字古今音皆在質櫛韻。是則作'臆'者形聲，作'乙'②者會意也。從乙者，兒其骨也。魚骨亦有名乙者。"段氏以"肊"字從乙聲不協，遂刪"聲"字，以爲會意字。王氏不同此説，以許書各本不誤，注文"聲"字不當刪。影印稿本"聲"字誤爲"教"，《集成》承其謬。此條當作："肊，'（教）〔聲〕'字非後人所增。"

13.《説文段注簽記》："案枚壺之壺中實小豆焉，是古亦謂（未）〔尗〕爲豆。"③

按：影印稿本誤"投"作"枚"，《集成》沿其誤字，未作訂正。此條當作："案：《（枚）〔投〕壺》之'壺中實小豆焉'，是古亦謂'（未）〔尗〕'爲'豆'。"本書附錄二"五、失校"第十五條已辨。

14.《説文段注簽記》："栝，改括爲栖非。西又讀若□。"④

按：影印稿本誤"栝"作"括"，《集成》襲其誤字，非是。此條當

---

① 舒懷主編：《〈説文解字注〉研究文獻集成》，湖北教育出版社 2018 年版，第 4 頁。
② "乙"當爲"肊"字之訛。
③ 舒懷主編：《〈説文解字注〉研究文獻集成》，湖北教育出版社 2018 年版，第 4 頁。
④ 舒懷主編：《〈説文解字注〉研究文獻集成》，湖北教育出版社 2018 年版，第 4 頁。

作：“栝，改‘（括）〔栝〕’爲‘栖’，非。”本書附錄二“五、失校”第
十六條已辨。

15.《説文段注籤記》：“峫，弓聲不誤。”①

按：影印稿本字頭誤作“峫”，“弓聲”誤作“弓聲”，《集成》亦同，
未作校正。此條當作：“（峫）〔峫〕，（弓）〔弓〕聲不誤。”本書附錄二“五、
失校”第十七條已辨。

16.《説文段注籤記》：“舀，此非纍字。”②

按：影印稿本誤“纍”作“纍”，《集成》亦同，未能校正。此條當
作：“舀，此非‘（纍）〔纍〕’字。”本書附錄二“五、失校”第十九條
已辨。

17.《説文段注籤記》：“豕，招之，外豕之也。”③

按：影印稿本王氏曰：“招之，外豕之也”，《集成》亦同。“外豕之”
似文理不通。疑“外”爲“非”之誤書，即王氏以爲“招之”不當解作
“豕之”。此條當作：“豕，招之，（外）〔非〕‘豕之’也。”本書附錄二“五、
失校”第二十條已辨。

18.《説文段注籤記》：“鷩，似不當改爲鷩。”④

---

①　舒懷主編：《〈説文解字注〉研究文獻集成》，湖北教育出版社 2018 年版，第 4 頁。
②　舒懷主編：《〈説文解字注〉研究文獻集成》，湖北教育出版社 2018 年版，第 4 頁。
③　舒懷主編：《〈説文解字注〉研究文獻集成》，湖北教育出版社 2018 年版，第 5 頁。
④　舒懷主編：《〈説文解字注〉研究文獻集成》，湖北教育出版社 2018 年版，第 5 頁。

按：《說文》"鷺"字，段氏改篆作"鷺"，王氏非之，故曰："似不當改爲'鷺'。"影印稿本字頭誤作"鷺"，"爲"下"鷺"字誤作"鷺"，《集成》亦同，未作校正。此條當作："（鷺）〔鷺〕，似不當改爲'（鷺）〔鷺〕'。"本書附錄二"五、失校"第二十一條已辨。

19.《說文段注籤記》："皋，不當牽扯湲義。"①

按：影印稿本誤"緩"作"湲"，《集成》亦同，未作勘正。此條當作："皋，不當牽扯'（湲）〔緩〕'義。"本書附錄二"五、失校"第二十二條已辨。

20.《說文段注籤記》："恬，不當改爲'炳'。"

按：影印稿本誤"恬"作"炳"，《集成》沿其訛字，皆未確。此條當作："恬，不當改爲'（炳）〔恬〕'。"本書附錄二"五、失校"第二十三條已辨。

21.《說文段注籤記》："患，下文作愚，則患非貫之譌。"②

按：影印稿本誤"思"作"貫"，《合集》亦同，意不可通。此條當作："患，下文作'愚'，則'患'非'（貫）〔思〕'之譌。"本書附錄二"五、失校"第二十四條已辨。

22.《說文段注籤記》："澔，此字非後人所造。"③

---

① 舒懷主編：《〈説文解字注〉研究文獻集成》，湖北教育出版社 2018 年版，第 5 頁。
② 舒懷主編：《〈説文解字注〉研究文獻集成》，湖北教育出版社 2018 年版，第 6 頁。
③ 舒懷主編：《〈説文解字注〉研究文獻集成》，湖北教育出版社 2018 年版，第 6 頁。

　　按：影印稿本字頭作"澔"，《合集》亦同。"澔"當爲"潚"之訛字。
許書"浩"或作"潚"，段氏以"潚"字非許書本有。而王氏不同此說，
故謂："此字非後人所造。"此條當作："（澔）〔潚〕，此字非後人所造。"
本書附錄二"五、失校"第二十五條已辨。

　　23.《說文段注籤記》："鰕，注不當改。"①

　　按：《說文·魚部》"鰕，魵也。从魚，段聲"，段氏改注作"鰕魚
也"，注曰："三字句。各本作'魵也'，今正。鰕者，今之'蝦'字。古
謂之鰕魚，如䵷曰䵷魚。"王氏明謂許書不當改注。影印稿本字頭誤作
"鰕"，《集成》亦同，皆失之。此條當作："（鰕）〔鰕〕，注不當改。"

　　24.《說文段注籤記》："摯，當有聲字。"②

　　按：字頭"摯"當爲"摯"之誤字，影印稿本誤"摯"作"摯"，《集
成》襲其誤字，皆未允當。本書附錄二"五、失校"第二十六條已辨。

　　25.《說文段注籤記》："匿，目瞑焉，與息極爲韻，則匿字當在
職部。"③

　　按："目"當爲"自"字之訛，《集成》襲其誤字。原文當作："'（目）
〔自〕瞑焉'與'息''極'爲韻，則'匿'字當在職部。"本書附錄二
"五、失校"第二十七條已辨。

---

① 舒懷主編：《〈説文解字注〉研究文獻集成》，湖北教育出版社 2018 年版，第 6 頁。
② 舒懷主編：《〈説文解字注〉研究文獻集成》，湖北教育出版社 2018 年版，第 6 頁。
③ 舒懷主編：《〈説文解字注〉研究文獻集成》，湖北教育出版社 2018 年版，第 6 頁。

26.《說文段注籤記》："繛,解上也二字穿鑿。"①

按：影印稿本誤"止"作"上",《集成》亦同,皆繆。當作："繛,解'(上)〔止〕也'二字穿鑿。"本書附錄二"五、失校"第二十八條已辨。

27.《說文解字注匡謬》卷一："橐改作橐。……按：徐鍇曰：戶即弓字。《玉篇》引《說文》亦作橐,非寫者之屈曲反覆,以致沿誤也。"②

按：段氏刪去《說文‧弓部》"弓"篆,並改《橐部》"橐"篆作"橐"。徐承慶以段改爲非,且引《繫傳》《玉篇》等爲據,其《說文解字注匡謬》曰："徐鍇曰：'弓'即'弓'字也。《玉篇》引《說文》亦作'橐',非寫者之屈曲反覆,以致沿誤也。"今徐書"弓"字誤作"弓",《集成》沿其誤,不能勘正。依此書校字體例,宜改作："徐鍇曰：'弓即(弓)〔弓〕字。'"

28.《說文段注拈誤》："三上句字,段謂淺俗分別鉤、屢兩音非。……《淮南書》二'攫援',高誘注：'攫,讀屈直木令句、欲句此木之句。'……《淮南書》十三'鉤'注：'讀如濟陽句陽之句。'"③

按：影印稿本"《淮南書》二"當作"《淮南書》十九",高誘注見《淮南子》卷十九"攫援"下；影印稿本"濟陽"當爲"濟陰"之訛,高誘注見《淮南子》卷十三"木鉤而樵"下。《集成》皆未作勘正。

29.《說文段注拈誤》："一上上字,段以說解言字衍,舉辛可該

① 舒懷主編：《〈說文解字注〉研究文獻集成》,湖北教育出版社 2018 年版,第 6 頁。

② 舒懷主編：《〈說文解字注〉研究文獻集成》,湖北教育出版社 2018 年版,第 293 頁。

③ 舒懷主編：《〈說文解字注〉研究文獻集成》,湖北教育出版社 2018 年版,第 530 頁。

言，是矣。但童龍亦皆从辛。"①

按：影印稿本"一上上字"，當作"一上'帝'字"。《說文・上部》
"帝"下，小徐本注文曰："二，古文上字，辛言示辰龍童音章皆從古文
丄。"段氏以"言"爲衍文，許氏舉"辛"可以包"言"。《集成》不能
校正。

30.《說文段注拈誤》："三下封字，段注：之，是也；之土者，是
土也。按，與邦下古文訓之適也矛盾，當以邦下之訓爲正。"②

按：影印稿本"三"上脫"十"字，"封"字見許書十三卷《土部》。
《集成》亦不能正。

31.《說文段注拈誤》："許書不錄斬字、靶字，段于此獨訾其涉
獵廣博，或有抵牾。"③

按：依全書體例，文上宜補"十四上'軎'字"五字，其意乃明。
《說文・車部》"軎"字，段氏注："然則作《說文》者，當云'斬，軎也。
从車，幵聲。讀若笄。軎，車軸崝也。从車，象形'乃合。而乃舍'斬'
存'軎'，'軧'不爲'輢之直者衡者'，而訓爲'車轂小穿'，'軹'不作
'靶'，祇作'軹'，皆使古形、古訓散佚無徵。豈所謂涉獵廣博，或有抵
牾者與？"朱氏似不同此論，故曰："許書不錄'斬'字、'靶'字，段于
此獨訾其'涉獵廣博，或有抵牾'。"

32.《說文解字注箋》卷九下："《注》曰：篆當作𥁃，从析

---

① 舒懷主編：《〈說文解字注〉研究文獻集成》，湖北教育出版社 2018 年版，第 536 頁。
② 舒懷主編：《〈說文解字注〉研究文獻集成》，湖北教育出版社 2018 年版，第 537 頁。
③ 舒懷主編：《〈說文解字注〉研究文獻集成》，湖北教育出版社 2018 年版，第 538 頁。

聲。……今本《周禮》《説文》皆誤。箋曰：《周禮》各本皆作哲，鄭注亦云折聲，無作析聲者，段氏誤也。"①

按：《説文·石部》："碝，上摘巖空青、珊瑚墮之。从石，折聲。《周禮》有碝蔟氏。"段氏訂此字作"碝"，从析聲，以爲今《周禮》《説文》作"碝"皆誤。徐灝謂許書不宜輕改，其《説文解字注箋》曰："《周禮》各本皆作'碝'，鄭注亦云'折聲'，無作'析聲'者，段氏誤也。"今本徐書作"《周禮》各本皆作'哲'"，誤"碝"作"哲"，違本失真，惜《集成》未能刊正。依《集成》校字之例，此當作"《周禮》各本皆作（哲）〔碝〕"爲宜。

六、誤校

1.《説文段注箋記》："炗，不當改爲羙。燅或作（羡）〔㷔〕。"②

按：影印稿本作："炗，不當改爲'羙'，'燅'或作'羡'。"本屬無誤。而《集成》改"羡"作"㷔"，使上下文意不相連貫，大誤。本書附録二"三、誤校"第五條已辨。

2.《説文段注箋記》："湝，（差）〔湝〕許誤記，如'東方明矣'之類。"③

按：《集成》訂"差"作"湝"，憑臆改字，誠不可取。此條當作："湝，差。許誤記，如'東方明矣'之類。"本書附録二"四、誤標點"第十五條已辨。

---

① 舒懷主編：《〈説文解字注〉研究文獻集成》，湖北教育出版社 2018 年版，第 1864 頁。

② 舒懷主編：《〈説文解字注〉研究文獻集成》，湖北教育出版社 2018 年版，第 5 頁。

③ 舒懷主編：《〈説文解字注〉研究文獻集成》，湖北教育出版社 2018 年版，第 6 頁。

3. 《說文段注簽記》："染，（差）从九木，注穿鑿。"①

按：《集成》蓋以"差"爲衍字。許書"染"字从水，杂聲，段氏謂當作"从水木，从九"。王氏不同此說，故曰"差"，故"差"字非衍。本書附錄二"四、誤標點"第十六條已辨。

4. 《說文段注拈誤》："十二上拑字，段謂即《鬼谷子》飛鉆之字，《木部》櫼字下亦謂即鉆字，實則鉆者鐵釘，櫼者木釘，拑非其類。拑者以物夾持物。"②

按：《說文·手部》"拑"字，段氏注："《鬼谷子》有'飛鉆'，'鉆'即'拑'字。"《木部》"櫼"字，段氏注："櫼，亦作'鉆'。"朱氏以"拑"非"鉆""櫼"字，故曰："十二上'拑'字，段謂即《鬼谷子》'飛鉆''鉆'字，《木部》'櫼'字下亦謂即'鉆'字。"影印稿本"飛鉆"下有重文符號"ヾ"，意"拑"字即《鬼谷子》"飛鉆"之"鉆"。《集成》憑臆改"ヾ"作"之"，作"飛鉆之字"，其意不通，當屬誤校。

---

① 舒懷主編：《〈說文解字注〉研究文獻集成》，湖北教育出版社 2018 年版，第 6 頁。
② 舒懷主編：《〈說文解字注〉研究文獻集成》，湖北教育出版社 2018 年版，第 535 頁。

索引一　高郵王氏諟正段氏《說文注》條目索引

說明：

1. 本索引輯錄高郵王氏諟正段氏《說文注》之條目，凡 563 條。

2. 本索引共分五欄：第一欄列條目序號；第二欄列條目字頭；第三欄列條目所出書目；第四欄列條目所在頁碼；第五欄註明正段之類型。

3.《經義述聞》《讀書雜志》《廣雅疏證》據 2000 年江蘇古籍出版社影印王氏家刻本；《高郵王氏遺書》據 2000 年江蘇古籍出版社影印羅振玉輯印本；《說文段注籤記》據 2007 年作家出版社影印稷香館叢書本。

序號	字頭	書目	頁碼	類型
1	矞	經義述聞	88	正段氏之誤作訓解（誤釋書傳）
2	軏	經義述聞	124	正段氏之誤作訓解（誤釋書傳）
3	菸	經義述聞	130	正段氏之誤作訓解（誤釋書傳）
4	漆	經義述聞	158	正段氏之誤作訓解
5	樴	經義述聞	160	正段氏之誤作訓解（誤釋書傳）
6	鬻	經義述聞	168	正段氏之誤作訓解（誤釋書傳）

續表

序號	字頭	書目	頁碼	類型
7	䇷	經義述聞	217	正段氏之誤改篆文
8	鼎	經義述聞	234	正段氏之誤作訓解（誤校書傳）
9	差	經義述聞	408	正段氏之誤作訓解（誤釋書傳）
10	歜	經義述聞	414	正段氏之誤作訓解（誤釋書傳）
11	閣	經義述聞	445	正段氏之誤作訓解
12	蠱	經義述聞	449	正段氏之誤作訓解（誤釋書傳）
13	能	經義述聞	454	正段氏之誤作訓解（誤釋書傳）
14	迂	經義述聞	465	正段氏之誤作訓解（誤釋書傳）
15	昧	經義述聞	536	正許書段書之篆文
16	悊	經義述聞	539	正許書段書之篆文
17	郡	經義述聞	629	正段氏之誤作訓解（誤校書傳）
18	猶	經義述聞	633	正段氏之誤作訓解（誤釋書傳）
19	覞	經義述聞	645	正段氏之誤改注文
20	閣	經義述聞	649	正段氏之誤作訓解（誤釋書傳）
21	旐	經義述聞	651	正段氏之誤作訓解（誤釋書傳）
22	羣	經義述聞	652	正段氏之誤作訓解（誤釋書傳）
23	沈	經義述聞	661	正段氏之誤作訓解（誤釋書傳）
24	橐	經義述聞	667	正段氏之誤作訓解

續表

序號	字頭	書目	頁碼	類型
25	楸	經義述聞	669	正段氏之誤改注文
26	鼀	經義述聞	671	正段氏之誤改注文
27	廛	經義述聞	676	正段氏之誤改篆文
28	駾	經義述聞	681	正段氏之誤作訓解（誤釋書傳）
29	睭 睭	經義述聞	682	正段氏之誤作訓解（誤釋書傳）
30	焉	經義述聞	722	正段氏之誤作訓解
31	鳶	經義述聞	734	正段氏之誤作訓解
32	膏	讀書雜志	268	正段氏之誤改注文
33	鵬	廣雅疏證	436	正段氏之誤作訓解
34	搴	廣雅疏證	438	正段氏之誤作訓解
35	帝	說文段注籤記	603 下	正段氏之誤改注文
36	祜	說文段注籤記	603 下	正段氏之誤改注文（誤從大徐）
37	禜	說文段注籤記	603 下	正段氏之誤改注文
38	禜	說文段注籤記	603 下	①
39	社	說文段注籤記	603 下	正段氏之誤改注文（誤從大徐）
40	祹	說文段注籤記	603 下	正段氏之誤作訓解（誤校書傳）
41	祲	說文段注籤記	603 下	正大小徐注文之誤
42	祟	說文段注籤記	603 下	正許書段書之注文
43	禰 禰	說文段注籤記	603 下	正段氏之誤刪篆文
44	璠	說文段注籤記	603 下	正段氏之誤改注文 正許書段書之注文
45	瓊	說文段注籤記	603 下	正段氏之誤改注文

---

① 影印稿本脫字，王意不明。

續表

序號	字頭	書目	頁碼	類型
46	珦	說文段注籤記	603下	正段氏之誤改注文
47	珩	說文段注籤記	603下	正段氏之誤改注文（誤從小徐） 正許書段書之注文
48	琚	說文段注籤記	603下	正段氏之誤改注文
49	瑰	說文段注籤記	603下	正段氏之誤作訓解（誤言聲韻） 正許書段書之注文
50	璑	說文段注籤記	603下	正段氏之誤增篆文
51	班	說文段注籤記	603下	正段氏之誤作訓解（誤言聲韻）
52	壻	說文段注籤記	603下	正段氏之誤改注文（誤從小徐）
53	中	說文段注籤記	603下	正段氏之誤作訓解
54	𰀁（莊古文）	說文段注籤記	603下	正段氏之誤作訓解
55	蔪	說文段注籤記	603下	正段氏之誤改注文（誤從大徐）
56	其	說文段注籤記	603下	正段氏之誤作訓解
57	虆	說文段注籤記	603下	正許書段書之注文
58	莚①	說文段注籤記	603下	正段氏之誤作訓解
59	芎	說文段注籤記	603下	正段氏之誤作訓解
60	苬	說文段注籤記	603下	正許書段書之注文
61	菫	說文段注籤記	603下	正段氏之誤作訓解（誤言聲韻）
62	苦	說文段注籤記	603下	正段氏之誤作訓解
63	苓	說文段注籤記	603下	正段氏之誤改注文
64	蔽	說文段注籤記	603下	正段氏之誤作訓解

① 影印稿本作"道"，當爲"莚"之誤字，此正。

續表

序號	字頭	書目	頁碼	類型
65	蒐	說文段注簽記	603 下	正許書段書之注文 正許書段書之注文
66	薽	說文段注簽記	603 下	正段氏之誤作訓解
67	蒚①	說文段注簽記	603 下	正許書段書之注文
68	藩	說文段注簽記	603 下	正段氏之誤改篆文
69	芌	說文段注簽記	603 下	②
70	芘	說文段注簽記	603 下	③
71	苗④	說文段注簽記	603 下	正段氏之誤改注文
72	蘷	說文段注簽記	603 下	正段氏之誤作訓解 （誤言聲韻）
73	蒡	說文段注簽記	603 下	正段氏之誤刪篆文
74	蓻	說文段注簽記	603 下	正許書段書之注文
75	薈	說文段注簽記	603 下	正段氏之誤改注文
76	薇	說文段注簽記	603 下	正段氏之誤改篆文
77	芼	說文段注簽記	603 下	正段氏之誤作訓解 （誤釋書傳）
78	菸	說文段注簽記	603 下	正段氏之誤作訓解 （誤釋書傳）
79	茷	說文段注簽記	603 下	正段氏之誤作訓解 （誤釋書傳）
80	蕾	說文段注簽記	603 下	正段氏之誤作訓解
81	蘇	說文段注簽記	603 下	正段氏之誤改注文
82	薙	說文段注簽記	603 下	正段氏之誤刪篆文
83	蘔 （蕲或體）	說文段注簽記	603 下	正段氏之誤作訓解

---

① 影印稿本作"蓊"，當爲"蒚"之誤字，此正。

② 影印稿本脫字，王意不明。

③ 王氏曰："查。"存疑待考。

④ 影印稿本作"並"，當爲"苗"之誤字，此正。

續表

序號	字頭	書目	頁碼	類型
84	芰	說文段注籤記	603 下	正段氏之誤改注文（誤從大徐）
85	茨	說文段注籤記	603 下	正段氏之誤改注文
86	薀 蘊	說文段注籤記	603 下	①
87	革	說文段注籤記	603 下	補段氏訓解之未備
88	茵	說文段注籤記	603 下	正段氏之誤作訓解
89	藻	說文段注籤記	603 下	正許書段書之注文
90	薅	說文段注籤記	603 下	正段氏之誤改注文（誤從小徐）
91	少	說文段注籤記	603 下	正段氏之誤作訓解（誤言聲韻）
92	八	說文段注籤記	603 下	正段氏之誤作訓解
93	家	說文段注籤記	603 下	正段氏之誤作訓解（誤言聲韻）
94	叛	說文段注籤記	603 下	正段氏之誤改注文
95	牛	說文段注籤記	603 下	正段氏之誤作訓解
96	牡	說文段注籤記	603 下	正段氏之誤改注文
97	犅	說文段注籤記	603 下	正段氏之誤作訓解
98	犖	說文段注籤記	603 下	正段氏之誤作訓解
99	牢	說文段注籤記	603 下	正段氏之誤改注文 正許書段書之注文
100	牽	說文段注籤記	603 下	正段氏之誤作訓解
101	呰 （君古文）	說文段注籤記	603 下	正段氏之誤作訓解
102	噭	說文段注籤記	603 下	正段氏之誤作訓解
103	右	說文段注籤記	603 下	正許書段書之注文
104	哇	說文段注籤記	603 下	正許書段書之注文

---

① 影印稿本脫字，王意不明。

續表

序號	字頭	書目	頁碼	類型
105	嗙	說文段注籤記	603 下	正段氏之誤作訓解
106	呷	說文段注籤記	603 下	正段氏之誤改注文
107	嘆	說文段注籤記	603 下	正段氏之誤作訓解
108	吝	說文段注籤記	603 下	正段氏之誤改注文
109	否	說文段注籤記	603 下	正段氏之誤改注文（誤從大徐）
110	吠	說文段注籤記	603 下	正許書段書之篆文
111	唬	說文段注籤記	603 下	正許書段書之注文
112	合	說文段注籤記	603 下	正段氏之誤改注文
113	容（合古文）	說文段注籤記	603 下	正段氏之誤作訓解
114	冊	說文段注籤記	603 下	正段氏之誤改注文
115	喪	說文段注籤記	603 下	①
116	趏	說文段注籤記	603 下	正段氏之誤改注文
117	赽	說文段注籤記	603 下	正許書段書之篆文
118	趧	說文段注籤記	603 下	正段氏之誤作訓解
119	趕	說文段注籤記	603 下	正段氏之誤作訓解
120	歸	說文段注籤記	603 下	②
121	慭	說文段注籤記	603 下	正段氏之誤作訓解
122	辵	說文段注籤記	603 下	正段氏之誤作訓解（誤言聲韻）
123	迋	說文段注籤記	603 下	正段氏之誤作訓解（誤釋書傳）
124	送	說文段注籤記	603 下	正許書段書之注文
125	遷	說文段注籤記	603 下	正段氏之誤作訓解
126	逡	說文段注籤記	603 下	正許書段書之注文

① 影印稿本脫字，王意不明。

② 影印稿本脫字，王意不明。

續表

序號	字頭	書目	頁碼	類型
127	鼚	說文段注籤記	603 下	正段氏之誤改篆文
128	达 （達或體）	說文段注籤記	①	正段氏之誤改注文
129	迭	說文段注籤記		正段氏之誤改注文
130	遂	說文段注籤記		正段氏之誤作訓解
131	逐	說文段注籤記		正段氏之誤改注文
132	遏	說文段注籤記		正許書段書之注文
133	迁	說文段注籤記		正許書段書之注文
134	邍	說文段注籤記		正許書段書之注文
135	道	說文段注籤記		正許書段書之注文 正段氏之誤作訓解
136	御	說文段注籤記		正許書段書之注文
137	衙	說文段注籤記		正段氏之誤作訓解 （誤釋書傳） （誤言聲韻）
138	衞	說文段注籤記		正段氏之誤作訓解 （誤言聲韻）
139	斷	說文段注籤記		正段氏之誤作訓解
140	齮	說文段注籤記		正段氏之誤作訓解
141	足	說文段注籤記		正段氏之誤作訓解
142	踽	說文段注籤記		正段氏之誤作訓解
143	跂	說文段注籤記		正段氏之誤刪篆文
144	跰	說文段注籤記	604 上	正許書段書之注文
145	喬	說文段注籤記	604 上	正段氏之誤改注文 （誤從大徐）

---

① 自"达"至"跂"十六字，董蓮池主編《說文解字研究文獻集成（古代卷）》（作家出
版社 2007 年版）所錄影印本缺失，此據舒懷主編《〈說文解字注〉研究文獻集成》（湖
北教育出版社 2018 年版）、舒懷等輯校《高郵二王合集》（上海古籍出版社 2019 年版）
補入，故不注頁碼。

續表

序號	字頭	書目	頁碼	類型
146	謂	說文段注簽記	604 上	正段氏之誤作訓解（誤釋書傳）
147	諑	說文段注簽記	604 上	正段氏之誤作訓解
148	識	說文段注簽記	604 上	正段氏之誤改注文
149	諶	說文段注簽記	604 上	正段氏之誤改注文
150	詧	說文段注簽記	604 上	正段氏之誤作訓解
151	誣	說文段注簽記	604 上	正許書段書之注文
152	詥	說文段注簽記	604 上	正段氏之誤作訓解
153	訇	說文段注簽記	604 上	正段氏之誤作訓解
154	諕	說文段注簽記	604 上	正許書段書之注文
155	討	說文段注簽記	604 上	正許書段書之注文
156	畀	說文段注簽記	604 上	正段氏之誤改注文
157	飘	說文段注簽記	604 上	正段氏之誤改注文
158	㕚	說文段注簽記	604 上	正段氏之誤改注文
159	殸	說文段注簽記	604 上	正段氏之誤作訓解
160	敕	說文段注簽記	604 上	正段氏之誤改注文
161	敘	說文段注簽記	604 上	正段氏之誤改注文
162	縣	說文段注簽記	604 上	正許書段書之篆文
163	眣	說文段注簽記	604 上	正段氏之誤作訓解
164	瞑	說文段注簽記	604 上	正段氏之誤作訓解（誤言聲韻）
165	瞑	說文段注簽記	604 上	補段氏訓解之未備
166	睸	說文段注簽記	604 上	正段氏之誤改注文（誤從小徐）
167	魯	說文段注簽記	604 上	正段氏之誤作訓解（誤釋書傳）
168	翀	說文段注簽記	604 上	正段氏之誤作訓解
169	羿	說文段注簽記	604 上	正段氏之誤作訓解（誤言聲韻）

續表

序號	字頭	書目	頁碼	類型
170	翳①	說文段注簽記	604 上	正段氏之誤作訓解
171	魋	說文段注簽記	604 上	正段氏之誤歸部首
172	摯②	說文段注簽記	604 上	正段氏之誤作訓解（誤言聲韻）
173	鳳	說文段注簽記	604 上	補段氏訓解之未備
174	鶪	說文段注簽記	604 上	正段氏之誤作訓解（誤校書傳）
175	鴗	說文段注簽記	604 上	正段氏之誤作訓解
176	鶠	說文段注簽記	604 上	正段氏之誤作訓解
177	鳶	說文段注簽記	604 上	正段氏之誤作訓解（誤釋書傳）
178	鵬	說文段注簽記	604 上	正段氏之誤作訓解（誤校書傳）
179	鷖③	說文段注簽記	604 上	正段氏之誤改注文 正段氏之誤作訓解（誤言聲韻）
180	畢	說文段注簽記	604 上	正段氏之誤改注文
181	叀	說文段注簽記	604 上	正段氏之誤改注文
182	殅	說文段注簽記	604 上	正段氏之誤改篆文
183	臚	說文段注簽記	604 上	正段氏之誤作訓解（誤釋書傳）
184	膏 肪 肵	說文段注簽記	604 上	正段氏之誤改注文
185	肒	說文段注簽記	604 上	正段氏之誤改注文
186	臑	說文段注簽記	604 上	正許書段書之注文

---

① 影印稿本作"翳"，當爲"翳"之誤字，此正。
② 影印稿本作"摯"，當爲"摯"之誤字，此正。
③ 影印稿本作"鷖"，當爲"鷖"之誤字，此正。

續表

序號	字頭	書目	頁碼	類型
187	肥	說文段注籤記	604 上	正段氏之誤改注文（誤從大徐）
188	腄	說文段注籤記	604 上	正段氏之誤改注文（誤從小徐）
189	胸	說文段注籤記	604 上	補段氏訓解之未備
190	臄	說文段注籤記	604 上	①
191	散	說文段注籤記	604 上	正許書段書之注文
192	胆	說文段注籤記	604 上	正段氏之誤作訓解
193	肙	說文段注籤記	604 上	正段氏之誤改注文
194	刑	說文段注籤記	604 上	正段氏之誤作訓解（誤言聲韻）
195	耕	說文段注籤記	604 上	正段氏之誤改注文
196	桂	說文段注籤記	604 上	正段氏之誤改注文
197	隼	說文段注籤記	604 上	正段氏之誤作訓解
198	等	說文段注籤記	604 下	正許書段書之注文
199	笄	說文段注籤記	604 下	正段氏之誤作訓解（誤言聲韻）
200	籩	說文段注籤記	604 下	正段氏之誤作訓解
201	簹	說文段注籤記	604 下	正段氏之誤改注文
202	个（個）	說文段注籤記	604 下	正段氏之誤增篆文
203	笙	說文段注籤記	604 下	正段氏之誤改注文
204	管	說文段注籤記	604 下	正段氏之誤改注文
205	第	說文段注籤記	604 下	正段氏之誤增篆文
206	迓	說文段注籤記	604 下	正許書段書之注文
207	差	說文段注籤記	604 下	正段氏之誤改注文
208	覡	說文段注籤記	604 下	正許書段書之注文
209	奇	說文段注籤記	604 下	正許書段書之注文

① 影印稿本作："注不聲。"殆有訛誤，王意不明。

序號	字頭	書目	頁碼	類型
210	彭	說文段注簽記	604 下	正段氏之誤改注文
211	登	說文段注簽記	604 下	正段氏之誤作訓解
212	䰙	說文段注簽記	604 下	正許書段書之注文
213	虍	說文段注簽記	604 下	正段氏之誤改注文
214	虔	說文段注簽記	604 下	正段氏之誤改注文
215	虞	說文段注簽記	604 下	補段氏訓解之未備
216	虢	說文段注簽記	604 下	正段氏之誤改注文
217	盬	說文段注簽記	604 下	正段氏之誤改注文
218	盇	說文段注簽記	604 下	正段氏之誤作訓解（誤言聲韻）
219	青	說文段注簽記	604 下	正許書段書之注文
220	舖	說文段注簽記	604 下	正段氏之誤改注文
221	央	說文段注簽記	604 下	正段氏之誤作訓解（誤釋書傳）
222	晵	說文段注簽記	604 下	正許書段書之注文
223	糅	說文段注簽記	604 下	正段氏之誤作訓解
224	鞌	說文段注簽記	604 下	正段氏之誤作訓解（誤釋書傳）
225	鞻	說文段注簽記	604 下	正段氏之誤改注文
226	韓	說文段注簽記	604 下	正段氏之誤改注文
227	黎	說文段注簽記	604 下	正段氏之誤作訓解（誤釋書傳）
228	栩	說文段注簽記	604 下	正段氏之誤改注文（誤從大徐）
229	本 末	說文段注簽記	604 下	正段氏之誤改注文
230	橐	說文段注簽記	604 下	正許書段書之注文
231	柀	說文段注簽記	604 下	正段氏之誤改注文
232	榙	說文段注簽記	604 下	正段氏之誤作訓解

續表

序號	字頭	書目	頁碼	類型
233	槸	說文段注簽記	604 下	正段氏之誤作訓解 （誤釋書傳）
234	檥	說文段注簽記	604 下	正段氏之誤作訓解 （誤釋書傳）
235	桰	說文段注簽記	604 下	正段氏之誤改篆文
236	柷	說文段注簽記	604 下	正段氏之誤作訓解
237	栵	說文段注簽記	604 下	正段氏之誤作訓解 正許書段書之篆次
238	孛	說文段注簽記	604 下	正段氏之誤改注文
239	索	說文段注簽記	604 下	正段氏之誤作訓解
240	甤	說文段注簽記	604 下	正段氏之誤作訓解 （誤言聲韻）
241	東	說文段注簽記	604 下	正段氏之誤作訓解
242	員	說文段注簽記	604 下	正許書段書之注文
243	峆 （㕣古文）	說文段注簽記	604 下	正段氏之誤作訓解
244	郝	說文段注簽記	604 下	正許書段書之注文
245	郠	說文段注簽記	604 下	正段氏之誤作訓解
246	邙	說文段注簽記	604 下	正許書段書之注文
247	晉	說文段注簽記	605 上	正段氏之誤改注文 （誤從大徐）
248	㬥	說文段注簽記	605 上	正段氏之誤改注文
249	昏	說文段注簽記	605 上	正段氏之誤作訓解
250	旐	說文段注簽記	605 上	正許書段書之注文
251	旟	說文段注簽記	605 上	正段氏之誤施句讀
252	旞	說文段注簽記	605 上	正段氏之誤施句讀
253	旇	說文段注簽記	605 上	正段氏之誤作訓解
254	曑	說文段注簽記	605 上	正段氏之誤改注文
255	晨	說文段注簽記	605 上	正段氏之誤作訓解

續表

序號	字頭	書目	頁碼	類型
256	盟	說文段注簽記	605 上	正段氏之誤改注文
257	棗	說文段注簽記	605 上	正段氏之誤改篆文 正段氏之誤改注文
258	秀	說文段注簽記	605 上	正段氏之誤作訓解
259	馨	說文段注簽記	605 上	正段氏之誤作訓解 （誤釋書傳）
260	米	說文段注簽記	605 上	正段氏之誤改注文
261	粱	說文段注簽記	605 上	正段氏之誤改注文
262	粲	說文段注簽記	605 上	正許書段書之篆文
263	舀	說文段注簽記	605 上	正段氏之誤作訓解
264	函	說文段注簽記	605 上	正段氏之誤作訓解
265	絫	說文段注簽記	605 上	正段氏之誤作訓解 （誤言聲韻）
266	朿	說文段注簽記	605 上	正段氏之誤作訓解
267	㨖	說文段注簽記	605 上	正段氏之誤作訓解
268	院	說文段注簽記	605 上	正段氏之誤作訓解 （誤言聲韻）
269	容	說文段注簽記	605 上	正段氏之誤作訓解
270	寒	說文段注簽記	605 上	正段氏之誤改注文
271	寑	說文段注簽記	605 上	正段氏之誤改注文
272	突	說文段注簽記	605 上	正段氏之誤改注文 （誤從大徐）
273	穿	說文段注簽記	605 上	正段氏之誤作訓解 （誤言聲韻）
274	窴	說文段注簽記	605 上	正段氏之誤改注文 （誤從大徐）
275	窬	說文段注簽記	605 上	正段氏之誤作訓解 （誤釋書傳）
276	窔	說文段注簽記	605 上	補段氏訓解之未備

續表

序號	字頭	書目	頁碼	類型
277	疾	說文段注籤記	605 上	正段氏之誤改注文
278	瘉	說文段注籤記	605 上	正段氏之誤作訓解（誤釋書傳）
279	冣	說文段注籤記	605 上	正段氏之誤作訓解
280	冡	說文段注籤記	605 上	正許書段書之注文
281	冒	說文段注籤記	605 上	正段氏之誤改注文（誤從大徐）
282	最	說文段注籤記	605 上	正段氏之誤改注文（誤從大徐）
283	羈	說文段注籤記	605 上	①
284	帛	說文段注籤記	605 上	正段氏之誤改注文
285	幦	說文段注籤記	605 上	正段氏之誤作訓解
286	香	說文段注籤記	605 上	正許書段書之注文
287	疢	說文段注籤記	605 上	正段氏之誤作訓解
288	佩	說文段注籤記	605 上	正許書段書之注文
289	伊	說文段注籤記	605 上	正許書段書之注文
290	俌	說文段注籤記	605 上	正段氏之誤改注文（誤從大徐）
291	位	說文段注籤記	605 上	正許書段書之注文
292	倪	說文段注籤記	605 上	正段氏之誤作訓解（誤釋書傳）
293	俔	說文段注籤記	605 上	正許書段書之注文
294	佻	說文段注籤記	605 上	正段氏之誤作訓解
295	偹	說文段注籤記	605 上	正段氏之誤作訓解（誤言聲韻）
296	臮	說文段注籤記	605 上	正段氏之誤作訓解（誤釋書傳）
297	褒	說文段注籤記	605 上	正段氏之誤改注文

---

①　影印稿本脫字，王意不明。

續表

序號	字頭	書目	頁碼	類型
298	襢	說文段注簽記	605 上	正段氏之誤作訓解 （誤釋書傳）
299	袲	說文段注簽記	605 上	正段氏之誤作訓解
300	㐁 （裔古文）	說文段注簽記	605 上	正段氏之誤作訓解 （誤言聲韻）
301	襞	說文段注簽記	605 上	正段氏之誤作訓解 （誤釋書傳）
302	屇	說文段注簽記	605 上	正段氏之誤改注文 （誤從大徐）
303	便	說文段注簽記	605 上	止段氏之誤作訓解 （誤言聲韻）
304	儿	說文段注簽記	605 上	正許書段書之注文
305	允	說文段注簽記	605 上	正段氏之誤改注文
306	亮	說文段注簽記	605 上	正段氏之誤增篆文
307	秃	說文段注簽記	605 上	正段氏之誤作訓解
308	覞	說文段注簽記	605 上	正段氏之誤作訓解
309	覵	說文段注簽記	605 上	正段氏之誤作訓解
310	欽	說文段注簽記	605 上	正段氏之誤作訓解
311	欵 （款）	說文段注簽記	605 上	正段氏之誤改注文 （誤從大徐）
312	歃	說文段注簽記	605 上	正段氏之誤作訓解 （誤釋書傳）
313	歔	說文段注簽記	605 上	正段氏之誤作訓解
314	次	說文段注簽記	605 上	正段氏之誤改注文 正段氏之誤作訓解 （誤言聲韻）
315	羨	說文段注簽記	605 上	正許書段書之注文
316	歎	說文段注簽記	605 上	正段氏之誤改注文
317	頁	說文段注簽記	605 下	正段氏之誤作訓解
318	頊	說文段注簽記	605 下	補段氏訓解之未備

續表

序號	字頭	書目	頁碼	類型
319	順	説文段注箋記	605 下	正段氏之誤改注文（誤從大徐）
320	頜	説文段注箋記	605 下	正段氏之誤作訓解（誤釋書傳）
321	籲	説文段注箋記	605 下	正段氏之誤作訓解
322	覎	説文段注箋記	605 下	正許書段書之注文
323	首	説文段注箋記	605 下	正許書段書之注文
324	㟃	説文段注箋記	605 下	正許書段書之注文
325	髮	説文段注箋記	605 下	正許書段書之注文
326	罶	説文段注箋記	605 下	正段氏之誤改注文（誤從大徐）
327	苟	説文段注箋記	605 下	正段氏之誤作訓解（誤校書傳）
328	誻（㺊或體）	説文段注箋記	605 下	正段氏之誤作訓解
329	巍	説文段注箋記	605 下	正段氏之誤作訓解（誤言聲韻）
330	岨	説文段注箋記	605 下	正段氏之誤作訓解（誤釋書傳）
331	崇	説文段注箋記	605 下	正段氏之誤改注文
332	嶅	説文段注箋記	605 下	正段氏之誤刪篆文
333	廟	説文段注箋記	605 下	正段氏之誤改注文
334	硈	説文段注箋記	605 下	正段氏之誤改篆文
335	砭	説文段注箋記	605 下	正段氏之誤作訓解（誤校書傳）
336	毅	説文段注箋記	605 下	正段氏之誤作訓解（誤釋書傳）
337	獮	説文段注箋記	605 下	正段氏之誤作訓解
338	豕	説文段注箋記	605 下	正段氏之誤作訓解（誤釋書傳）

續表

序號	字頭	書目	頁碼	類型
339	驚	說文段注籤記	605 下	正段氏之誤改注文 正段氏之誤作訓解 （誤言聲韻）
340	馬	說文段注籤記	605 下	正段氏之誤作訓解
341	駓	說文段注籤記	605 下	正段氏之誤作訓解 （誤釋書傳）
342	駓	說文段注籤記	605 下	正段氏之誤改注文
343	篤	說文段注籤記	605 下	正段氏之誤作訓解
344	馭	說文段注籤記	605 下	正段氏之誤改注文
345	馮	說文段注籤記	605 下	正段氏之誤作訓解
346	鷙①	說文段注籤記	605 下	正段氏之誤改篆文
347	駘	說文段注籤記	605 下	正段氏之誤作訓解
348	馴	說文段注籤記	605 下	正段氏之誤作訓解
349	駧	說文段注籤記	605 下	正段氏之誤改注文
350	駮	說文段注籤記	605 下	正段氏之誤作訓解 （誤釋書傳）
351	灋	說文段注籤記	605 下	正許書段之注文
352	廌	說文段注籤記	605 下	正段氏之誤作訓解 （誤釋書傳）
353	麐	說文段注籤記	605 下	正段氏之誤刪篆文 正段氏之誤作訓解 （誤言聲韻）
354	麤	說文段注籤記	605 下	正段氏之誤作訓解 （誤言聲韻）
355	猛	說文段注籤記	605 下	正段氏之誤改注文 （誤從大徐）
356	狀	說文段注籤記	605 下	正段氏之誤改注文
357	戾	說文段注籤記	605 下	正段氏之誤作訓解
358	狄	說文段注籤記	605 下	正段氏之誤改注文

① 影印稿本作"鷙"，當爲"鷙"之誤字，此正。

續表

序號	字頭	書目	頁碼	類型
359	猶	說文段注簽記	605 下	正段氏之誤作訓解
360	烈	說文段注簽記	605 下	正段氏之誤作訓解
361	[illegible]	說文段注簽記	605 下	正段氏之誤作訓解
362	灭	說文段注簽記	605 下	正段氏之誤改篆文
363	[illegible]	說文段注簽記	605 下	正段氏之誤改注文（誤從大徐）
364	燓	說文段注簽記	605 下	正段氏之誤改篆文
365	烕	說文段注簽記	605 下	正許書段書之注文
366	[illegible]	說文段注簽記	605 下	正段氏之誤改篆文
367	燅	說文段注簽記	605 下	正許書段書之注文
368	粦	說文段注簽記	605 下	正段氏之誤改注文（誤從大徐）
369	黑	說文段注簽記	605 下	正段氏之誤改注文
370	恖	說文段注簽記	605 下	正段氏之誤作訓解
371	窗（囪或體）	說文段注簽記	605 下	正段氏之誤刪篆文
372	熒	說文段注簽記	605 下	正段氏之誤作訓解（誤釋書傳）
373	夾	說文段注簽記	605 下	正段氏之誤改注文
374	亦	說文段注簽記	605 下	正段氏之誤作訓解
375	夭	說文段注簽記	605 下	正段氏之誤作訓解（誤釋書傳）
376	騎	說文段注簽記	605 下	正段氏之誤作訓解（誤釋書傳）
377	懿	說文段注簽記	605 下	正段氏之誤作訓解
378	頏（亢或體）	說文段注簽記	605 下	正段氏之誤作訓解（誤釋書傳）
379	臯	說文段注簽記	605 下	正段氏之誤作訓解（誤釋書傳）

續表

序號	字頭	書目	頁碼	類型
380	規	說文段注箋記	605 下	正段氏之誤改注文 （誤從大徐）
381	竦	說文段注箋記	605 下	正許書段書之注文
382	渌	說文段注箋記	605 下	正段氏之誤改注文 （誤從大徐）
383	思	說文段注箋記	605 下	正段氏之誤改注文
384	息	說文段注箋記	605 下	正段氏之誤改注文
385	意	說文段注箋記	605 下	正段氏之誤改注文 （誤從大徐）
386	恬	說文段注箋記	605 下	正段氏之誤改篆文
387	恢	說文段注箋記	605 下	正段氏之誤作訓解 （誤言聲韻）
388	忓	說文段注箋記	605 下	正段氏之誤作訓解
389	思	說文段注箋記	605 下	正段氏之誤改注文 （誤從大徐） 正段氏之誤作訓解 （誤釋書傳）
390	恁	說文段注箋記	605 下	正段氏之誤改注文
391	悃	說文段注箋記	605 下	正段氏之誤作訓解
392	念	說文段注箋記	605 下	正段氏之誤作訓解
393	愚	說文段注箋記	605 下	正許書段書之注文
394	態	說文段注箋記	605 下	正許書段書之注文
395	恣	說文段注箋記	605 下	正段氏之誤作訓解 （誤言聲韻）
396	慫	說文段注箋記	605 下	正段氏之誤作訓解
397	惑	說文段注箋記	605 下	正段氏之誤作訓解
398	悥	說文段注箋記	605 下	正段氏之誤改注文 （誤從大徐）
399	患	說文段注箋記	605 下	正段氏之誤作訓解

續表

序號	字頭	書目	頁碼	類型
400	忝	說文段注籤記	605 下	正段氏之誤作訓解（誤言聲韻）
401	㶊	說文段注籤記	605 下	正段氏之誤作訓解（誤言聲韻）正段氏之誤改注文
402	漆	說文段注籤記	606 上	正段氏之誤作訓解
403	洛	說文段注籤記	606 上	正段氏之誤作訓解
404	漳	說文段注籤記	606 上	正段氏之誤作訓解（誤校書傳）
405	洋	說文段注籤記	606 上	正許書段書之篆文
406	衍	說文段注籤記	606 上	正許書段書之注文
407	潘（活或體）	說文段注籤記	606 上	正段氏之誤作訓解
408	湝	說文段注籤記	606 上	正段氏之誤作訓解（誤釋書傳）
409	沖	說文段注籤記	606 上	正段氏之誤作訓解（誤釋書傳）
410	沇	說文段注籤記	606 上	正段氏之誤作訓解（誤釋書傳）
411	瀌	說文段注籤記	606 上	言許書注文不可解
412	氿	說文段注籤記	606 上	補段氏訓解之未備
413	滎	說文段注籤記	606 上	正段氏之誤作訓解
414	瀆	說文段注籤記	606 上	正段氏之誤改注文
415	汙	說文段注籤記	606 上	正許書段書之注文
416	灒（砅或體）	說文段注籤記	606 上	正許書段書之注文正段氏之誤改篆文
417	叿	說文段注籤記	606 上	正段氏之誤作訓解
418	瀘	說文段注籤記	606 上	正段氏之誤改注文
419	溓（濂）	說文段注籤記	606 上	正許書段書之注文正段氏之誤補篆文

續表

序號	字頭	書目	頁碼	類型
420	漅	說文段注簽記	606 上	正段氏之誤作訓解
421	潦	說文段注簽記	606 上	正段氏之誤作訓解（誤釋書傳）
422	汱	說文段注簽記	606 上	正段氏之誤作訓解（誤釋書傳）
423	瀹	說文段注簽記	606 上	正段氏之誤作訓解
424	湑	說文段注簽記	606 上	正段氏之誤作訓解（誤釋書傳）
425	溢	說文段注簽記	606 上	正段氏之誤作訓解
426	墶	說文段注簽記	606 上	正段氏之誤作訓解（誤言聲韻）
427	汛	說文段注簽記	606 上	正段氏之誤作訓解
428	染	說文段注簽記	606 上	正段氏之誤作訓解
429	泰	說文段注簽記	606 上	正段氏之誤作訓解
430	瀕	說文段注簽記	606 上	正段氏之誤改注文（誤從大徐）
431	漏	說文段注簽記	606 上	正段氏之誤改注文
432	覂	說文段注簽記	606 上	正段氏之誤作訓解（誤言聲韻）
433	㢑	說文段注簽記	606 上	正許書段書之注文
434	覶	說文段注簽記	606 上	正許書段書之注文
435	冶	說文段注簽記	606 上	正段氏之誤改注文
436	霏	說文段注簽記	606 上	正段氏之誤改注文（誤從大徐）
437	霠	說文段注簽記	606 上	正段氏之誤作訓解（誤言聲韻）
438	霧	說文段注簽記	606 上	正段氏之誤作訓解
439	需	說文段注簽記	606 上	正段氏之誤改注文
440	魳	說文段注簽記	606 上	正段氏之誤作訓解

續表

序號	字頭	書目	頁碼	類型
441	鰥	說文段注簽記	606 上	正段氏之誤作訓解
442	鯿	說文段注簽記	606 上	正段氏之誤作訓解 （誤釋書傳）
443	鰕①	說文段注簽記	606 上	正段氏之誤改注文
444	灥	說文段注簽記	606 上	正段氏之誤作訓解
445	龍	說文段注簽記	606 上	正段氏之誤作訓解 （誤釋書傳）
446	龗	說文段注簽記	606 上	正段氏之誤作訓解
447	龖	說文段注簽記	606 上	正段氏之誤作訓解 （誤言聲韻）
448	甬	說文段注簽記	606 上	正段氏之誤改注文 正段氏之誤作訓解 （誤言聲韻）
449	乞	說文段注簽記	606 上	正段氏之誤改注文
450	鼇	說文段注簽記	606 上	正段氏之誤作訓解
451	棲	說文段注簽記	606 上	正段氏之誤作訓解 （誤校書傳）
452	鹽	說文段注簽記	606 上	正段氏之誤改注文
453	扇	說文段注簽記	606 上	正段氏之誤改注文
454	尼	說文段注簽記	606 上	正段氏之誤改注文
455	闠	說文段注簽記	606 上	正段氏之誤作訓解 （誤釋書傳）
456	開	說文段注簽記	606 上	正段氏之誤作訓解 （誤言聲韻）
457	閉	說文段注簽記	606 上	正段氏之誤作訓解 （誤言聲韻）
458	耳	說文段注簽記	606 上	正段氏之誤作訓解 （誤釋書傳）

---

① 影印稿本作“鰕”，當爲“鰕”之誤字，此正。

序號	字頭	書目	頁碼	類型
459	耽	說文段注籤記	606 上	正段氏之誤作訓解 （誤校書傳）
460	耿	說文段注籤記	606 上	正段氏之誤作訓解
461	搯	說文段注籤記	606 上	正段氏之誤作訓解 （誤釋書傳）
462	摯①	說文段注籤記	606 上	正段氏之誤改注文 （誤從大徐）
463	挾	說文段注籤記	606 上	正段氏之誤改篆文
464	掤	說文段注籤記	606 上	正段氏之誤作訓解
465	扺	說文段注籤記	606 上	正段氏之誤作訓解
466	摼	說文段注籤記	606 上	正段氏之誤改注文
467	扰	說文段注籤記	606 上	正段氏之誤作訓解
468	掖	說文段注籤記	606 上	正段氏之誤作訓解 （誤釋書傳）
469	妃	說文段注籤記	606 上	正段氏之誤改注文
470	媲	說文段注籤記	606 上	正段氏之誤改注文
471	奴	說文段注籤記	606 上	正許書段書之注文
472	嫡	說文段注籤記	606 上	正段氏之誤作訓解 （誤言聲韻）
473	嫴	說文段注籤記	606 上	正段氏之誤作訓解
474	嬌	說文段注籤記	606 上	正段氏之誤作訓解 （誤釋書傳）
475	姞	說文段注籤記	606 上	正段氏之誤作訓解
476	孀	說文段注籤記	606 上	正段氏之誤改注文
477	如	說文段注籤記	606 上	正許書段書之注文
478	嬪	說文段注籤記	606 上	正段氏之誤作訓解
479	埶②	說文段注籤記	606 上	正段氏之誤改篆文

---

① 影印稿本作"摯"，當爲"摯"之誤字，此正。
② 影印稿本作"埶"，當爲"埶"之誤字，此正。

續表

序號	字頭	書目	頁碼	類型
480	晏	說文段注籤記	606 上	正段氏之誤作訓解
481	嫛	說文段注籤記	606 上	正段氏之誤改注文
482	媚	說文段注籤記	606 上	正段氏之誤作訓解
483	姓	說文段注籤記	606 上	正段氏之誤作訓解
484	嫠	說文段注籤記	606 上	正段氏之誤作訓解（誤言聲韻）
485	娗	說文段注籤記	606 上	正段氏之誤作訓解
486	妥	說文段注籤記	606 上	正段氏之誤作訓解
487	厂	說文段注籤記	606 上	正段氏之誤作訓解
488	戭	說文段注籤記	606 上	正段氏之誤改注文
489	戲	說文段注籤記	606 上	正段氏之誤作訓解（誤言聲韻）
490	䩅（義或體）	說文段注籤記	606 上	①
491	乍	說文段注籤記	606 上	正段氏之誤改注文 正段氏之誤作訓解
492	匼	說文段注籤記	606 上	正段氏之誤作訓解（誤言聲韻）
493	匡	說文段注籤記	606 上	正段氏之誤作訓解（誤釋書傳）
494	匱	說文段注籤記	606 上	正段氏之誤作訓解
495	弭	說文段注籤記	606 上	正段氏之誤作訓解
496	引	說文段注籤記	606 上	正段氏之誤改注文（誤從大徐）
497	弘（彈或體）	說文段注籤記	606 上	正段氏之誤改篆文
498	彌	說文段注籤記	606 上	正段氏之誤作訓解
499	繭	說文段注籤記	606 下	正段氏之誤改注文

_____

① 影印稿本脫字，王意不明。

續表

序號	字頭	書目	頁碼	類型
500	繼	説文段注籤記	606 下	正段氏之誤改篆文
501	縮	説文段注籤記	606 下	正段氏之誤作訓解
502	繯	説文段注籤記	606 下	正段氏之誤作訓解 （誤校書傳）
503	繂	説文段注籤記	606 下	正段氏之誤作訓解
504	綷	説文段注籤記	606 下	正段氏之誤作訓解 （誤釋書傳）
505	纔	説文段注籤記	606 下	正段氏之誤作訓解
506	紽	説文段注籤記	606 下	正段氏之誤作訓解
507	綵	説文段注籤記	606 下	正段氏之誤改注文
508	彝	説文段注籤記	606 下	正段氏之誤改注文
509	螾	説文段注籤記	606 下	正段氏之誤作訓解 （誤言聲韻）
510	蠱	説文段注籤記	606 下	正段氏之誤作訓解
511	蠹	説文段注籤記	606 下	正段氏之誤施句讀
512	蠓	説文段注籤記	606 下	正段氏之誤作訓解
513	蟄①	説文段注籤記	606 下	正段氏之誤作訓解
514	蠹	説文段注籤記	606 下	正段氏之誤改注文
515	蟲	説文段注籤記	606 下	正段氏之誤作訓解 （誤言聲韻）
516	蟲	説文段注籤記	606 下	正段氏之誤改注文
517	蠱	説文段注籤記	606 下	正段氏之誤作訓解
518	黿	説文段注籤記	606 下	正段氏之誤作訓解
519	墬 （地籀文）	説文段注籤記	606 下	正段氏之誤改注文
520	垚	説文段注籤記	606 下	正段氏之誤改注文 （誤從小徐）

---

① 影印稿本作"螫"，當爲"蟄"之誤字，此正。

續表

序號	字頭	書目	頁碼	類型
521	홅 （墉古文）	說文段注簽記	606 下	正許書段書之篆文
522	聖	說文段注簽記	606 下	正段氏之誤作訓解 （誤言聲韻）
523	埤	說文段注簽記	606 下	正段氏之誤作訓解
524	圣	說文段注簽記	606 下	正段氏之誤作訓解 （誤言聲韻）
525	圮	說文段注簽記	606 下	正段氏之誤作訓解 （誤言聲韻）
526	勃	說文段注簽記	606 下	正段氏之誤作訓解
527	勳	說文段注簽記	606 下	正段氏之誤作訓解
528	劫	說文段注簽記	606 下	補段氏改注之未備
529	劦	說文段注簽記	606 下	正段氏之誤作訓解 （誤言聲韻）
530	坻	說文段注簽記	606 下	正段氏之誤作訓解 （誤校書傳）
531	鋪	說文段注簽記	606 下	正段氏之誤作訓解
532	銛	說文段注簽記	606 下	正段氏之誤改篆文
533	鐅	說文段注簽記	606 下	正許書段書之注文
534	釿	說文段注簽記	606 下	正許書段書之注文
535	所	說文段注簽記	606 下	正段氏之誤作訓解 （誤釋書傳）
536	斯	說文段注簽記	606 下	正段氏之誤作訓解 （誤言聲韻）
537	斷	說文段注簽記	606 下	正段氏之誤作訓解 （誤言聲韻）
538	新	說文段注簽記	606 下	正段氏之誤改注文
539	斜	說文段注簽記	606 下	正段氏之誤作訓解
540	軓	說文段注簽記	606 下	正段氏之誤作訓解 （誤釋書傳）
541	曹	說文段注簽記	606 下	正段氏之誤作訓解 （誤校書傳）

續表

序號	字頭	書目	頁碼	類型
542	軌	說文段注簽記	606 下	正段氏之誤作訓解
543	輄	說文段注簽記	606 下	正段氏之誤改注文（誤從小徐）
544	輂	說文段注簽記	606 下	正段氏之誤改篆文（誤從大徐）
545	軵	說文段注簽記	606 下	正許書段書之注文正段氏之誤作訓解
546	陧	說文段注簽記	606 下	正段氏之誤作訓解（誤釋書傳）
547	陞	說文段注簽記	606 下	正段氏之誤作訓解
548	阺	說文段注簽記	606 下	正段氏之誤作訓解
549	馗	說文段注簽記	606 下	正許書段書之注文
550	辟	說文段注簽記	606 下	正許書段書之注文
551	挽	說文段注簽記	606 下	正段氏之誤作訓解
552	存	說文段注簽記	606 下	正段氏之誤改注文（誤從小徐）
553	育	說文段注簽記	606 下	正段氏之誤作訓解
554	毓（育或體）	說文段注簽記	606 下	正段氏之誤作訓解
555	醫	說文段注簽記	606 下	正許書段書之注文
556	醉	說文段注簽記	606 下	正許書段書之注文
557	醺	說文段注簽記	606 下	正段氏之誤改注文
558	配	說文段注簽記	606 下	正段氏之誤作訓解（誤言聲韻）
559	敘曰	說文段注簽記	607 上	正段氏之誤移字次
560	會意	說文段注簽記	607 上	補段氏訓解之未備
561	苛	說文段注簽記	607 上	補段氏訓解之未備
562	鄙	說文段注簽記	607 上	正段氏之誤作訓解
563	廛	高郵王氏遺書·與王畹馨中丞書	205	正段氏之誤改篆文

索引二　朱駿聲諟正段氏《說文注》條目索引

說明：

1. 本索引輯錄朱駿聲諟正段氏《說文注》之條目，凡 153 條。

2. 本索引共分五欄：第一欄列條目序號；第二欄列條目字頭；第三欄列條目所出書目；第四欄列條目所在頁碼；第五欄註明正段之類型。

3. 《說文通訓定聲》據 1984 年中華書局影印臨嘯閣刻本；《說文段注拈誤》據 2007 年作家出版社影印穗香館叢書本。

序號	字頭	書目	頁碼	類型
1	鍾	說文通訓定聲	32	正段氏之誤作訓解
2	中	說文通訓定聲	37	正段氏之誤改注文
3	欽	說文通訓定聲	97	正段氏之誤作訓解
4	軹	說文通訓定聲	103	正段氏之誤作訓解
5	圅	說文通訓定聲	138	正段氏之誤作訓解
6	薔	說文通訓定聲	268	正段氏之誤刪篆文
7	頁	說文通訓定聲	269	正段氏之誤改注文
8	肇	說文通訓定聲	334	正段氏之誤刪篆文
9	麑	說文通訓定聲	385	正段氏之誤改篆文
10	夵	說文通訓定聲	491	正段氏之誤改注文
11	氏	說文通訓定聲	526	正段氏之誤作訓解

續表

序號	字頭	書目	頁碼	類型
12	乖	說文通訓定聲	533	正段氏之誤改注文
13	蓷	說文通訓定聲	608	正段氏之誤改注文
14	狁	說文通訓定聲	635	正段氏之誤改篆文
15	連	說文通訓定聲	774	正段氏之誤改注文
16	免	說文通訓定聲	822	正段氏之誤歸部首
17	洆 （經或體）	說文通訓定聲	882	正段氏之誤改注文
18	砡	說文通訓定聲	922	正段氏之誤改篆文
19	禫	說文段注拈誤	174 下	正段氏之誤刪篆文
20	帝①	說文段注拈誤	174 下	正段氏之誤改注文
21	祥	說文段注拈誤	174 下	正段氏之誤改注文
22	祼	說文段注拈誤	174 下	正段氏之誤作訓解
23	祝	說文段注拈誤	174 下	正段氏之誤作訓解
24	中	說文段注拈誤	176 上	正段氏之誤改注文
25	苞	說文段注拈誤	171 下	正段氏之誤作訓解
26	茾	說文段注拈誤	171 下	正段氏之誤作訓解
27	蒲	說文段注拈誤	171 下	正段氏之誤改注文 正段氏之誤改篆次
28	藕	說文段注拈誤	171 下	正段氏之誤改篆文
29	薙	說文段注拈誤	171 下	正段氏之誤刪篆文
30	茀	說文段注拈誤	171 下	正段氏之誤改篆文
31	牛	說文段注拈誤	171 下	正段氏之誤作訓解
32	告	說文段注拈誤	176 上	正段氏之誤歸部首 正段氏之誤改注文
33	牡	說文段注拈誤	176 上	正段氏之誤改注文
34	詹	說文段注拈誤	176 上	正段氏之誤改注文
35	哇	說文段注拈誤	171 下	正段氏之誤作訓解

---

①　影印稿本原作"上"，當爲"帝"之誤字，此正。

續表

序號	字頭	書目	頁碼	類型
36	哭	說文段注拈誤	171 下	正段氏之誤改注文
37	遬	說文段注拈誤	171 下	正段氏之誤刪篆文
38	送	說文段注拈誤	175 上	正段氏之誤作訓解
39	足	說文段注拈誤	172 上	正段氏之誤改注文
40	句	說文段注拈誤	172 上	正段氏之誤作訓解
41	廿	說文段注拈誤	172 上	正段氏之誤作訓解
42	卉	說文段注拈誤	172 上	正段氏之誤改注文 正段氏之誤作訓解
43	敠	說文段注拈誤	172 上	正段氏之誤作訓解
44	爽 (爽篆文)	說文段注拈誤	172 上	正段氏之誤刪篆文
45	睡	說文段注拈誤	172 上	正段氏之誤作訓解
46	臾	說文段注拈誤	172 上	正段氏之誤作訓解
47	翳	說文段注拈誤	172 上	正段氏之誤作訓解
48	乖	說文段注拈誤	175 上	正段氏之誤改注文
49	畢	說文段注拈誤	172 上	正段氏之誤作訓解
50	華	說文段注拈誤	172 上	正段氏之誤作訓解
51	幻	說文段注拈誤	172 上	正段氏之誤作訓解
52	爰	說文段注拈誤	172 上	正段氏之誤作訓解
53	叡	說文段注拈誤	172 下	正段氏之誤作訓解
54	胸	說文段注拈誤	172 下	正段氏之誤作訓解
55	劑	說文段注拈誤	172 下	正段氏之誤作訓解
56	贏	說文段注拈誤	174 下	正段氏之誤作訓解
57	籢	說文段注拈誤	172 下	正段氏之誤作訓解
58	箠	說文段注拈誤	172 下	正段氏之誤改注文
59	圖 (啚籀文)	說文段注拈誤	172 下	正段氏之誤改注文
60	虎	說文段注拈誤	172 下	正段氏之誤改注文

續表

序號	字頭	書目	頁碼	類型
61	盗	說文段注拈誤	172 下	正段氏之誤作訓解
62	盡	說文段注拈誤	172 下	正段氏之誤作訓解
63	愷	說文段注拈誤	173 上	正段氏之誤作訓解
64	嘗	說文段注拈誤	174 下	正段氏之誤作訓解
65	既	說文段注拈誤	172 下	正段氏之誤作訓解
66	食	說文段注拈誤	172 下	正段氏之誤改注文
67	飤	說文段注拈誤	173 上	正段氏之誤刪篆文
68	啚	說文段注拈誤	173 上	正段氏之誤作訓解
69	韓	說文段注拈誤	173 上	正段氏之誤改注文
70	夆	說文段注拈誤	173 上	正段氏之誤作訓解
71	煬	說文段注拈誤	174 下	正段氏之誤改篆文
72	餐	說文段注拈誤	175 上	正段氏之誤作訓解
73	霽	說文段注拈誤	175 下	正段氏之誤改注文
74	本	說文段注拈誤	175 上	正段氏之誤改篆文
75	末	說文段注拈誤	175 上	正段氏之誤改篆文
76	格	說文段注拈誤	173 上	正段氏之誤作訓解
77	柞	說文段注拈誤	173 上	正段氏之誤作訓解
78	梟	說文段注拈誤	173 上	正段氏之誤改注文
79	梃	說文段注拈誤	175 下	正段氏之誤作訓解
80	欚	說文段注拈誤	175 下	正段氏之誤增篆文
81	杻 （杶古文）	說文段注拈誤	175 下	正段氏之誤作訓解
82	國 （囫或體）	說文段注拈誤	173 上	正段氏之誤改注文
83	員	說文段注拈誤	173 上	正段氏之誤作訓解
84	賂	說文段注拈誤	173 上	正段氏之誤作訓解
85	否	說文段注拈誤	173 上	正段氏之誤改注文
86	昆	說文段注拈誤	175 上	正段氏之誤作訓解

續表

序號	字頭	書目	頁碼	類型
87	曑	說文段注拈誤	175 上	正段氏之誤改注文
88	突	說文段注拈誤	173 上	正段氏之誤作訓解
89	窌	說文段注拈誤	173 上	正段氏之誤改篆文
90	奅	說文段注拈誤	173 上	正段氏之誤改篆文
91	㾗	說文段注拈誤	173 上	正段氏之誤作訓解
92	兩	說文段注拈誤	173 下	正段氏之誤改注文
93	帕	說文段注拈誤	175 下	正段氏之誤刪篆文
94	坙 （丘古文）	說文段注拈誤	173 下	正段氏之誤作訓解
95	襺	說文段注拈誤	173 上	正段氏之誤作訓解
96	襲	說文段注拈誤	173 下	正段氏之誤作訓解
97	卒	說文段注拈誤	173 下	正段氏之誤改注文
98	裘	說文段注拈誤	174 下	正段氏之誤改注文
99	尼	說文段注拈誤	173 上	正段氏之誤作訓解
100	彤	說文段注拈誤	173 下	正段氏之誤作訓解
101	服	說文段注拈誤	173 下	正段氏之誤改注文
102	兒	說文段注拈誤	173 上	正段氏之誤改注文
103	覎	說文段注拈誤	173 下	正段氏之誤改篆文
104	欲	說文段注拈誤	175 下	正段氏之誤作訓解
105	印	說文段注拈誤	173 下	正段氏之誤作訓解
106	頂	說文段注拈誤	175 下	正段氏之誤作訓解
107	魑	說文段注拈誤	176 上	正段氏之誤歸部首
108	汲	說文段注拈誤	175 上	正段氏之誤改注文
109	庈	說文段注拈誤	173 下	正段氏之誤作訓解
110	勿	說文段注拈誤	173 下	正段氏之誤作訓解
111	犾	說文段注拈誤	173 下	正段氏之誤作訓解
112	鷟	說文段注拈誤	173 下	正段氏之誤作訓解
113	篤	說文段注拈誤	173 下	正段氏之誤作訓解

續表

序號	字頭	書目	頁碼	類型
114	馱	說文段注拈誤	173 下	正段氏之誤改注文
115	煇	說文段注拈誤	173 下	正段氏之誤作訓解
116	懿	說文段注拈誤	173 下	正段氏之誤改注文
117	亢	說文段注拈誤	173 下	正段氏之誤作訓解
118	囪	說文段注拈誤	174 上	正段氏之誤改篆文
119	思	說文段注拈誤	174 上	正段氏之誤改注文
120	息	說文段注拈誤	174 上	正段氏之誤改注文
121	悤	說文段注拈誤	174 上	正段氏之誤改注文
122	浩	說文段注拈誤	174 上	正段氏之誤改注文
123	池	說文段注拈誤	174 上 175 上	正段氏之誤增篆文
124	漢	說文段注拈誤	174 下	正段氏之誤改注文
125	拑	說文段注拈誤	174 上	正段氏之誤作訓解
126	括	說文段注拈誤	174 上	正段氏之誤作訓解
127	探	說文段注拈誤	174 上	正段氏之誤作訓解
128	扰	說文段注拈誤	174 上	正段氏之誤作訓解
129	委	說文段注拈誤	174 上	正段氏之誤改注文
130	乑	說文段注拈誤	174 上	正段氏之誤作訓解
131	戲	說文段注拈誤	175 上	正段氏之誤作訓解
132	氏	說文段注拈誤	175 上	正段氏之誤作訓解
133	由 (繇)	說文段注拈誤	175 下	正段氏之誤增篆文
134	終	說文段注拈誤	174 上	正段氏之誤改注文
135	蝸	說文段注拈誤	174 上	正段氏之誤改注文
136	蝱	說文段注拈誤	174 上	正段氏之誤作訓解
137	飆	說文段注拈誤	174 上	正段氏之誤改注文
138	封	說文段注拈誤	175 上	正段氏之誤作訓解
139	鐔	說文段注拈誤	174 上	正段氏之誤改篆文

續表

序號	字頭	書目	頁碼	類型
140	鏂	說文段注拈誤	174 上	正段氏之誤改篆文
141	新	說文段注拈誤	174 上	正段氏之誤改注文
142	斞	說文段注拈誤	174 上	正段氏之誤作訓解
143	斜	說文段注拈誤	174 上	正段氏之誤改注文
144	輚	說文段注拈誤	174 上	正段氏之誤作訓解
145	厵	說文段注拈誤	175 下	正段氏之誤作訓解
146	甹①	說文段注拈誤	175 下	正段氏之誤作訓解
147	禩	說文段注拈誤	174 上	正段氏之誤改注文
148	子	說文段注拈誤	174 下	正段氏之誤作訓解
149	疑	說文段注拈誤	174 下	正段氏之誤改注文
150	釃	說文段注拈誤	174 下	正段氏之誤改注文
151	配	說文段注拈誤	174 下	正段氏之誤改注文
152	壬	說文段注拈誤	174 下	正段氏之誤作訓解
153	辰	說文段注拈誤	174 下	正段氏之誤作訓解

---

① 　影印稿本字頭原缺失，此據文意補。

索引三　王筠諟正段氏《說文注》
條目索引

說明：

1. 本索引輯錄王筠諟正段氏《說文注》之條目，凡 472 條。

2. 本索引共分五欄：第一欄列條目序號；第二欄列條目字頭；第三欄列條目所出書目；第四欄列條目所在頁碼；第五欄註明正段之類型。

3.《說文釋例》據 1987 年中華書局據道光三十年刻本影印本；《說文解字句讀》據 1988 年中華書局影印清刻本；《說文繫傳校錄》據 2003 年上海古籍出版社影印咸豐七年王彥侗刻本；《說文篆譜校》據 2007 年作家出版社影印光緒十六年濰縣劉氏素心琴室刻本；《文字蒙求》據 2012 年中華書局影印道光二十六年王氏重訂本。

序號	字頭	書目	頁碼	類型
1	兆	說文釋例	16	正段氏之誤作訓解
2	麗	說文釋例	19	正段氏之誤改注文
3	畫	說文釋例	22	訂段氏之誤改篆文
4	斉（裔古文）	說文釋例	26	正段氏之誤作訓解
5	凶	說文釋例	31	正段氏之誤改篆文
6	臣	說文釋例	31	正段氏之誤作訓解
7	羽	說文釋例	34	正段氏之誤作訓解

續表

序號	字頭	書目	頁碼	類型
8	牛	說文釋例	35	正段氏之誤改篆文
9	麻	說文釋例	40	正段氏之誤改注文
10	弋	說文釋例	45	正段氏之誤改注文 正段氏之誤作訓解
11	衣	說文釋例	46	正段氏之誤改篆文
12	斗	說文釋例	48	正段氏之誤作訓解
13	睡	說文釋例	51	正段氏之誤改注文
14	新	說文釋例	54	正段氏之誤改注文
15	柵	說文釋例	55	正段氏之誤改注文
16	鑘	說文釋例	56	正段氏之誤改注文
17	璓	說文釋例	57	正段氏之誤改注文
18	櫋	說文釋例	61	正段氏之誤改注文
19	產	說文釋例	62	正段氏之誤作訓解
20	聲	說文釋例	63	正段氏之誤改注文
21	駒	說文釋例	64	正段氏之誤改注文
22	贏	說文釋例	66	正段氏之誤改注文
23	蜥	說文釋例	67	正段氏之誤改注文
24	開	說文釋例	83	正段氏之誤改注文
25	棘	說文釋例	85	正段氏之誤作訓解
26	巜	說文釋例	88	正段氏之誤改注文
27	个 (個)	說文釋例	89 385	正段氏之誤增篆文 正段氏之誤作訓解
28	辰	說文釋例	92	正段氏之誤作訓解
29	聯	說文釋例	94	正段氏之誤改注文
30	丙	說文釋例	94	正段氏之誤改注文
31	柘	說文釋例	96	正段氏之誤作訓解
32	恚	說文釋例	97	正段氏之誤改注文
33	市	說文釋例	98	正段氏之誤改注文

續表

序號	字頭	書目	頁碼	類型
34	厶	說文釋例	98	正段氏之誤改注文
35	庸	說文釋例	102	正段氏之誤改注文
36	滕	說文釋例	103	正段氏之誤改注文
37	鑄	說文釋例	103	正段氏之誤改注文
38	戔	說文釋例	113	正段氏之誤改注文
39	怒	說文釋例	114	正段氏之誤改注文
40	識	說文釋例	116	正段氏之誤改注文
41	丄	說文釋例	119	正段氏之誤改篆文
42	丅	說文釋例	119	正段氏之誤改篆文
43	屮 (中古文)	說文釋例	119	正段氏之誤作訓解
44	雁	說文釋例	120	正段氏之誤作訓解
45	觀	說文釋例	122	正段氏之誤改篆文
46	番	說文釋例	127	正段氏之誤作訓解
47	糶 (逳或體)	說文釋例	130	正段氏之誤作訓解
48	鬻	說文釋例	132	正段氏之誤作訓解
49	禂 (櫨或體)	說文釋例	137	正段氏之誤改注文
50	豫 (豫古文)	說文釋例	142	正段氏之誤改篆文
51	泲	說文釋例	143	正段氏之誤增篆文
52	閔	說文釋例	146	正段氏之誤作訓解
53	兇 (民古文)	說文釋例	147	正段氏之誤改篆文
54	鬻 (甄籀文)	說文釋例	147	正段氏之誤改篆文
55	斬	說文釋例	151	正段氏之誤改篆文
56	趜	說文釋例	156	正段氏之誤作訓解

續表

序號	字頭	書目	頁碼	類型
57	靮	說文釋例	158	正段氏之誤作訓解
58	䏶	說文釋例	158	正段氏之誤刪篆文
59	盦	說文釋例	159	正段氏之誤作訓解
60	粆	說文釋例	160	正段氏之誤作訓解
61	姞	說文釋例	162	正段氏之誤改注文
62	鼹	說文釋例	164	正段氏之誤作訓解
63	畀	說文釋例	164	正段氏之誤作訓解
64	坴	說文釋例	171	正段氏之誤作訓解
65	伸	說文釋例	176	正段氏之誤刪篆文
66	像	說文釋例	176	正段氏之誤改篆次
67	鬛	說文釋例	181	正段氏之誤刪篆文
68	卟	說文釋例	182	正段氏之誤作訓解
69	醁	說文釋例	205	正段氏之誤改篆文
70	葦	說文釋例	211	正段氏之誤作訓解
71	竊	說文釋例	212	正段氏之誤作訓解
72	麂	說文釋例	214	正段氏之誤改篆次
73	綢	說文釋例	220	正段氏之誤作訓解
74	粉	說文釋例	221	正段氏之誤作訓解
75	嫛	說文釋例	223	正段氏之誤改注文
76	麥	說文釋例	223	正段氏之誤作訓解
77	鹽	說文釋例	224	正段氏之誤改注文
78	鹽	說文釋例	225	正段氏之誤改注文
79	舳	說文釋例	236	正段氏之誤改注文
80	胏	說文釋例	236	正段氏之誤作訓解
81	食	說文釋例	236	正段氏之誤改注文
82	痕	說文釋例	237	正段氏之誤作訓解
83	幷	說文釋例	238	正段氏之誤改注文

續表

序號	字頭	書目	頁碼	類型
84	驃	說文釋例	239 439	正段氏之誤作訓解
85	瀆	說文釋例	241	正段氏之誤改注文
86	擣	說文釋例	242	正段氏之誤改注文
87	婚	說文釋例	243	正段氏之誤改注文
88	里	說文釋例	245	正段氏之誤改注文
89	劫	說文釋例	245	正段氏之誤改注文
90	鈐	說文釋例	246	正段氏之誤改注文
91	登	說文釋例	248	正段氏之誤作訓解
92	𠀤	說文釋例	249	正段氏之誤作訓解
93	宋	說文釋例	253	正段氏之誤作訓解
94	磬	說文釋例	255	正段氏之誤作訓解
95	長	說文釋例	255	正段氏之誤改注文
96	奭	說文釋例	255	正段氏之誤改注文
97	龍	說文釋例	256	正段氏之誤改注文
98	耴	說文釋例	256 165	正段氏之誤改篆文 正段氏之誤作訓解
99	鶚	說文釋例	257	正段氏之誤作訓解
100	子	說文釋例	258	正段氏之誤作訓解
101	寅	說文釋例	258	正段氏之誤改注文
102	酉	說文釋例	264	正段氏之誤改注文
103	会	說文釋例	266	正段氏之誤改注文
104	戟	說文釋例	267 469	正段氏之誤改注文
105	圣	說文釋例	271	正段氏之誤改注文
106	㧖	說文釋例	271	正段氏之誤改注文
107	竅	說文釋例	273	正段氏之誤改注文
108	惢	說文釋例	273 451	正段氏之誤作訓解

續表

序號	字頭	書目	頁碼	類型
109	牑	說文釋例	275	正段氏之誤改注文
110	孃	說文釋例	276	正段氏之誤改注文
111	孋	說文釋例	276	正段氏之誤改注文
112	蠸	說文釋例	277	正段氏之誤改注文
113	鋏	說文釋例	277	正段氏之誤改注文
114	褚	說文釋例	288	正段氏之誤改注文
115	跋	說文釋例	294	正段氏之誤改注文
116	踢	說文釋例	294	正段氏之誤改注文
117	棜	說文釋例	294	正段氏之誤改注文
118	簡	說文釋例	295	正段氏之誤改注文
119	导	說文釋例	296	正段氏之誤改注文
120	媛	說文釋例	299	正段氏之誤作訓解
121	絆	說文釋例	299	正段氏之誤改注文
122	迥	說文釋例	299	正段氏之誤改注文
123	崒	說文釋例	300	正段氏之誤作訓解
124	餤	說文釋例	300	正段氏之誤改注文
125	委	說文釋例	300	正段氏之誤改注文
126	歎	說文釋例	300	正段氏之誤改注文
127	怺	說文釋例	300	正段氏之誤改注文
128	驢	說文釋例	301	正段氏之誤改注文
129	兔	說文釋例	301	正段氏之誤改注文
130	瓊	說文釋例	302	正段氏之誤改注文
131	訐	說文釋例	303	正段氏之誤改注文
132	甇	說文釋例	304	正段氏之誤改注文
133	差	說文釋例	305 387	正段氏之誤改注文
134	韐	說文釋例	306	正段氏之誤改注文

續表

序號	字頭	書目	頁碼	類型
135	录 (彔古文)	說文釋例	309	正段氏之誤改篆文
136	彔 (彔籀文)	說文釋例	309	正段氏之誤刪篆文
137	緣	說文釋例	311	正段氏之誤改注文
138	上	說文釋例	313	正段氏之誤改篆文
139	丁	說文釋例	313	正段氏之誤改篆文
140	㜪 (妻古文)	說文釋例	317	正段氏之誤改篆文
141	昏	說文釋例	318	正段氏之誤作訓解
142	痛	說文釋例	319	正段氏之誤改篆文
143	㞴	說文釋例	319	正段氏之誤改篆文
144	豆	說文釋例	341	正段氏之誤改篆文
145	皀	說文釋例	342	正段氏之誤改篆文
146	槮	說文釋例	342	正段氏之誤改篆文
147	戨 (燧古文)	說文釋例	344	正段氏之誤改篆文
148	瀑	說文釋例	344	正段氏之誤改篆文
149	昇	說文釋例	345	正段氏之誤作訓解
150	琚	說文釋例	356	正段氏之誤改注文
151	玅	說文釋例	356	正段氏之誤改注文
152	蓲	說文釋例	360	正段氏之誤改注文
153	茨	說文釋例	361	正段氏之誤改注文
154	蕅	說文釋例	361	正段氏之誤作訓解
155	茜	說文釋例	361	正段氏之誤作訓解
156	葰	說文釋例	361	正段氏之誤改注文
157	犓	說文釋例	363	正段氏之誤改注文
158	冎	說文釋例	365	正段氏之誤改注文
159	遏	說文釋例	366	正段氏之誤作訓解

續表

序號	字頭	書目	頁碼	類型
160	齎	說文釋例	367	正段氏之誤作訓解
161	記	說文釋例	369	正段氏之誤改注文
162	訬	說文釋例	369	正段氏之誤改注文
163	畫	說文釋例	375	正段氏之誤改篆文
164	睮	說文釋例	376	正段氏之誤改注文
165	叓	說文釋例	380	正段氏之誤改注文
166	臑	說文釋例	381	正段氏之誤改注文
167	脃	說文釋例	382	正段氏之誤作訓解
168	筋	說文釋例	383	正段氏之誤改注文
169	腮	說文釋例	383	正段氏之誤改注文
170	竹	說文釋例	384	正段氏之誤作訓解
171	箭	說文釋例	384	正段氏之誤作訓解
172	笑	說文釋例	385	正段氏之誤改篆文
173	第	說文釋例	386	正段氏之誤增篆文
174	畀	說文釋例	386	正段氏之誤改篆次
175	兮	說文釋例	389	正段氏之誤作訓解
176	登	說文釋例	390	正段氏之誤作訓解
177	籛	說文釋例	396	正段氏之誤改注文
178	韓	說文釋例	396	正段氏之誤改注文
179	柔	說文釋例	400	正段氏之誤作訓解
180	橪	說文釋例	400	正段氏之誤作訓解
181	楓	說文釋例	400	正段氏之誤作訓解
182	樛	說文釋例	402	正段氏之誤刪篆文
183	樺	說文釋例	402	正段氏之誤作訓解
184	榎	說文釋例	403	正段氏之誤作訓解
185	柎	說文釋例	403	正段氏之誤改注文
186	枹	說文釋例	403	正段氏之誤改注文
187	魶	說文釋例	406	正段氏之誤改注文

序號	字頭	書目	頁碼	類型
188	乇	說文釋例	406	正段氏之誤改注文
189	稴	說文釋例	406	正段氏之誤作訓解
190	柬	說文釋例	407	正段氏之誤改注文
191	噎	說文釋例	409	正段氏之誤改注文
192	膽	說文釋例	410	正段氏之誤作訓解
193	施	說文釋例	410	正段氏之誤改注文
194	旖	說文釋例	410	正段氏之誤改注文
195	弓	說文釋例	412	正段氏之誤刪篆文
196	鼎	說文釋例	413	正段氏之誤改注文
197	案	說文釋例	414	正段氏之誤作訓解
198	糧	說文釋例	415	正段氏之誤作訓解
199	瓠	說文釋例	415	正段氏之誤作訓解
200	窔	說文釋例	416	正段氏之誤改篆文
201	瘬	說文釋例	416	正段氏之誤作訓解
202	瘁 （癃古文）	說文釋例	416	正段氏之誤改篆文
203	网	說文釋例	417	正段氏之誤改篆文
204	罪	說文釋例	418	正段氏之誤改注文 正段氏之誤作訓解
205	帠	說文釋例	418	正段氏之誤改注文
206	仞	說文釋例	423	正段氏之誤作訓解
207	借	說文釋例	424	正段氏之誤增篆文
208	卒	說文釋例	428	正段氏之誤改注文
209	豸	說文釋例	428	正段氏之誤改注文
210	儿	說文釋例	430	正段氏之誤改注文
211	晲	說文釋例	431	正段氏之誤改篆文
212	歖 （喜古文）	說文釋例	431	正段氏之誤作訓解

續表

序號	字頭	書目	頁碼	類型
213	頤	說文釋例	432	正段氏之誤改注文
214	彡	說文釋例	432	正段氏之誤作訓解
215	司	說文釋例	433	正段氏之誤作訓解
216	勺	說文釋例	435	正段氏之誤作訓解
217	凶	說文釋例	437	正段氏之誤改篆文
218	广	說文釋例	437	正段氏之誤改篆文
219	厝	說文釋例	438	正段氏之誤改注文
220	廢	說文釋例	438	正段氏之誤作訓解
221	硍	說文釋例	439	正段氏之誤改篆文
222	貛	說文釋例	439	正段氏之誤刪篆文
223	紺	說文釋例	439	正段氏之誤作訓解
224	駛	說文釋例	440	正段氏之誤改注文
225	騑	說文釋例	440	正段氏之誤改注文
226	廛	說文釋例	441	正段氏之誤刪篆文
227	麈	說文釋例	442	正段氏之誤改注文
228	獠	說文釋例	442	正段氏之誤改注文
229	魖	說文釋例	443	正段氏之誤作訓解
230	爄	說文釋例	444	正段氏之誤作訓解
231	熅	說文釋例	444	正段氏之誤作訓解
232	炅	說文釋例	444	正段氏之誤作訓解
233	姞	說文釋例	445	正段氏之誤改篆文
234	黟	說文釋例	446	正段氏之誤改注文
235	奇	說文釋例	447	正段氏之誤改篆文
236	壺	說文釋例	447	正段氏之誤作訓解
237	鼠	說文釋例	448	正段氏之誤改注文
238	悳	說文釋例	448	正段氏之誤改篆文
239	怕	說文釋例	449	正段氏之誤改注文
240	悔	說文釋例	449	正段氏之誤改篆文

續表

序號	字頭	書目	頁碼	類型
241	悬 （怛或體）	說文釋例	450	正段氏之誤作訓解
242	夭	說文釋例	450	正段氏之誤改注文
243	漳	說文釋例	454	正段氏之誤作訓解
244	沇	說文釋例	454	正段氏之誤刪篆文
245	菏	說文釋例	455	正段氏之誤改注文
246	瀎	說文釋例	456	正段氏之誤作訓解
247	濫	說文釋例	456	正段氏之誤作訓解
248	渾	說文釋例	456	正段氏之誤改注文
249	砅	說文釋例	457	正段氏之誤作訓解
250	瀧	說文釋例	457	正段氏之誤改注文
251	涸	說文釋例	457	正段氏之誤改注文
252	瀺	說文釋例	457	正段氏之誤改注文
253	萍	說文釋例	458	正段氏之誤刪篆文
254	霣	說文釋例	459	正段氏之誤作訓解
255	雲	說文釋例	459	正段氏之誤作訓解
256	銅	說文釋例	460	正段氏之誤改注文
257	至	說文釋例	461	正段氏之誤作訓解
258	蕎	說文釋例	462	正段氏之誤改注文
259	闡	說文釋例	462	正段氏之誤作訓解
260	閣	說文釋例	463	正段氏之誤作訓解
261	闥	說文釋例	463	正段氏之誤作訓解
262	耿	說文釋例	463	正段氏之誤改注文
263	聊	說文釋例	463	正段氏之誤改篆文
264	挐	說文釋例	464	正段氏之誤改篆文
265	挈	說文釋例	464	正段氏之誤改篆文
266	癉	說文釋例	464	正段氏之誤作訓解
267	擧	說文釋例	464	正段氏之誤改篆文

續表

序號	字頭	書目	頁碼	類型
268	舉	說文釋例	464	正段氏之誤作訓解
269	捎	說文釋例	465	正段氏之誤作訓解
270	揮	說文釋例	465	正段氏之誤作訓解
271	摩	說文釋例	465	正段氏之誤改注文
272	扔	說文釋例	466	正段氏之誤作訓解
273	扜	說文釋例	466	正段氏之誤作訓解
274	娟	說文釋例	466	正段氏之誤作訓解
275	妥	說文釋例	467	正段氏之誤改注文
276	姅	說文釋例	467	正段氏之誤作訓解
277	姙	說文釋例	467	正段氏之誤改注文
278	乀	說文釋例	468	正段氏之誤作訓解
279	氒	說文釋例	468	正段氏之誤改注文
280	戕	說文釋例	470	正段氏之誤作訓解
281	我	說文釋例	470	正段氏之誤作訓解
282	匃	說文釋例	471	正段氏之誤作訓解
283	匫	說文釋例	471	正段氏之誤作訓解
284	甈	說文釋例	471	正段氏之誤改注文
285	弓	說文釋例	471	正段氏之誤作訓解
286	繭	說文釋例	474	正段氏之誤作訓解
287	繼	說文釋例	474	正段氏之誤改篆文
288	繪	說文釋例	474	正段氏之誤作訓解
289	纕	說文釋例	476	正段氏之誤作訓解
290	綱	說文釋例	476	正段氏之誤改注文
291	緁	說文釋例	476	正段氏之誤作訓解
292	絮	說文釋例	477	正段氏之誤作訓解
293	紙	說文釋例	477	正段氏之誤作訓解
294	轡	說文釋例	477	正段氏之誤改篆文
295	蚖	說文釋例	478	正段氏之誤作訓解

續表

序號	字頭	書目	頁碼	類型
296	螚	說文釋例	479	正段氏之誤改注文
297	蛸	說文釋例	480	正段氏之誤作訓解
298	蠻	說文釋例	480	正段氏之誤改注文
299	蝸	說文釋例	481	正段氏之誤改注文
300	䖵	說文釋例	482	正段氏之誤作訓解
301	坤	說文釋例	483	正段氏之誤作訓解
302	垍	說文釋例	483	正段氏之誤改注文
303	堇	說文釋例	484	正段氏之誤改篆文
304	鐙	說文釋例	485	正段氏之誤作訓解
305	釦	說文釋例	485	正段氏之誤作訓解
306	鉏	說文釋例	486	正段氏之誤作訓解
307	鏝	說文釋例	487	正段氏之誤作訓解
308	鑿	說文釋例	487	正段氏之誤作訓解
309	鐧	說文釋例	487	正段氏之誤作訓解
310	鈌	說文釋例	488	正段氏之誤改注文
311	开	說文釋例	488	正段氏之誤作訓解
312	尻	說文釋例	489	正段氏之誤作訓解
313	且	說文釋例	489	正段氏之誤作訓解
314	所	說文釋例	490	正段氏之誤作訓解
315	輜	說文釋例	490	正段氏之誤改注文
316	輹	說文釋例	491	正段氏之誤作訓解
317	暈	說文釋例	491	正段氏之誤改注文
318	軛	說文釋例	492	正段氏之誤作訓解
319	軍	說文釋例	492	正段氏之誤改注文
320	幀	說文釋例	492	正段氏之誤作訓解
321	軭	說文釋例	492	正段氏之誤作訓解
322	軵	說文釋例	492	正段氏之誤作訓解
323	軧	說文釋例	492	正段氏之誤作訓解

續表

序號	字頭	書目	頁碼	類型
324	輐	說文釋例	492	正段氏之誤作訓解
325	輈	說文釋例	493	正段氏之誤改篆文
326	陳	說文釋例	493	正段氏之誤作訓解
327	隔	說文釋例	493	正段氏之誤改注文
328	隙	說文釋例	494	正段氏之誤改注文
329	子	說文釋例	495	正段氏之誤作訓解
330	毃	說文釋例	495	正段氏之誤改注文
331	厺	說文釋例	495	正段氏之誤作訓解
332	丑	說文釋例	496	正段氏之誤改注文
333	巳	說文釋例	496	正段氏之誤作訓解
334	醓	說文釋例	498	正段氏之誤作訓解
335	醖	說文釋例	498	正段氏之誤改注文
336	醫	說文釋例	498	正段氏之誤作訓解
337	瑳	說文解字句讀	10	正段氏之誤刪篆文
338	毒	說文解字句讀	18	正段氏之誤改篆文
339	蒟	說文解字句讀	28	正段氏之誤作訓解
340	蓋	說文解字句讀	31	正段氏之誤改篆次 正段氏之誤改注文
341	芧	說文解字句讀	31	正段氏之誤改篆次 正段氏之誤改注文
342	荐	說文解字句讀	32	正段氏之誤改注文
343	折	說文解字句讀	35	正段氏之誤改篆文
344	咀	說文解字句讀	47	正段氏之誤改注文
345	徢	說文解字句讀	66	正段氏之誤改注文
346	踖	說文解字句讀	71	正段氏之誤改注文
347	跛	說文解字句讀	72	正段氏之誤刪篆文
348	記	說文解字句讀	83	正段氏之誤改注文
349	誹	說文解字句讀	84	正段氏之誤作訓解

續表

序號	字頭	書目	頁碼	類型
350	詭	說文解字句讀	87	正段氏之誤作訓解
351	欀	說文解字句讀	97	正段氏之誤改注文
352	鞈	說文解字句讀	98	正段氏之誤作訓解
353	父	說文解字句讀	101	正段氏之誤改注文
354	鬪	說文解字句讀	101	正段氏之誤改注文
355	鬨	說文解字句讀	101	正段氏之誤改注文
356	鬮	說文解字句讀	101	正段氏之誤改注文
357	鬩	說文解字句讀	101	正段氏之誤改注文
358	燮 (燮籀文)	說文解字句讀	102	正段氏之誤作訓解
359	睦	說文解字句讀	117	正段氏之誤改篆文
360	映	說文解字句讀	118	正段氏之誤作訓解
361	扮	說文解字句讀	126	正段氏之誤改注文
362	鵑	說文解字句讀	129	正段氏之誤刪篆文
363	鶄	說文解字句讀	132	正段氏之誤改篆文
364	鷹	說文解字句讀	133	正段氏之誤改注文
365	鷽	說文解字句讀	134	正段氏之誤作訓解
366	肒	說文解字句讀	144	正段氏之誤改注文
367	骨	說文解字句讀	148	正段氏之誤增篆文
368	箈	說文解字句讀	163	正段氏之誤改注文
369	彭	說文解字句讀	171	正段氏之誤作訓解
370	豑	說文解字句讀	171	正段氏之誤改注文
371	餲	說文解字句讀	183	正段氏之誤作訓解
372	短	說文解字句讀	187	正段氏之誤改注文
373	棄	說文解字句讀	194	正段氏之誤作訓解
374	樿	說文解字句讀	199	正段氏之誤改篆文
375	樗	說文解字句讀	199	正段氏之誤改篆文
376	樛	說文解字句讀	205	正段氏之誤刪篆文

續表

序號	字頭	書目	頁碼	類型
377	櫨	說文解字句讀	207	正段氏之誤改注文
378	栝	說文解字句讀	214	正段氏之誤改篆文
379	棓	說文解字句讀	214	正段氏之誤改篆文
380	銛	說文解字句讀	214	正段氏之誤改篆文
381	㷭	說文解字句讀	247	正段氏之誤作訓解
382	旦	說文解字句讀	248	正段氏之誤改注文
383	否	說文解字句讀	248	正段氏之誤作訓解
384	禾	說文解字句讀	256	正段氏之誤改注文
385	抗 （𠧢或體）	說文解字句讀	265	正段氏之誤作訓解
386	仞	說文解字句讀	292	正段氏之誤作訓解
387	儳	說文解字句讀	297	正段氏之誤改篆文
388	侚	說文解字句讀	302	正段氏之誤改注文
389	匙	說文解字句讀	304	正段氏之誤改注文
390	倒	說文解字句讀	304	正段氏之誤作訓解
391	舳	說文解字句讀	321	正段氏之誤改注文
392	欺	說文解字句讀	328	正段氏之誤改注文
393	頤	說文解字句讀	333	正段氏之誤改注文
394	后	說文解字句讀	339	正段氏之誤作訓解
395	詞	說文解字句讀	340	正段氏之誤改篆文
396	毅	說文解字句讀	360	正段氏之誤作訓解
397	彔	說文解字句讀	362	正段氏之誤作訓解
398	影 （馬籀文）	說文解字句讀	366	正段氏之誤作訓解
399	騫	說文解字句讀	370	正段氏之誤改注文
400	鴌	說文解字句讀	370	正段氏之誤增篆文
401	煦	說文解字句讀	381	正段氏之誤作訓解
402	篷	說文解字句讀	382	正段氏之誤作訓解

序號	字頭	書目	頁碼	類型
403	𤲃	說文解字句讀	382	正段氏之誤作訓解
404	黨	說文解字句讀	388	正段氏之誤改注文
405	会	說文解字句讀	393	正段氏之誤改注文
406	壹	說文解字句讀	395	正段氏之誤改注文
407	愁	說文解字句讀	410	正段氏之誤改注文
408	淦	說文解字句讀	427	正段氏之誤改注文
409	溜	說文解字句讀	433	正段氏之誤改篆文
410	澳	說文解字句讀	435	正段氏之誤改注文
411	瀕	說文解字句讀	449	正段氏之誤改注文
412	川	說文解字句讀	450	正段氏之誤改注文
413	瀨	說文解字句讀	453	正段氏之誤改篆文
414	霸	說文解字句讀	455	正段氏之誤作訓解
415	挐	說文解字句讀	476	正段氏之誤改篆文
416	抪	說文解字句讀	478	正段氏之誤改篆次
417	披	說文解字句讀	486	正段氏之誤作訓解
418	晏	說文解字句讀	498	正段氏之誤作訓解
419	戕	說文解字句讀	505	正段氏之誤作訓解
420	柩	說文解字句讀	509	正段氏之誤刪篆文
421	蛚	說文解字句讀	530	正段氏之誤作訓解
422	𧲲	說文解字句讀	556	正段氏之誤作訓解
423	鎛	說文解字句讀	568	正段氏之誤改注文 正段氏之誤作訓解
424	軍	說文解字句讀	579	正段氏之誤作訓解
425	陻	說文解字句讀	585	正段氏之誤作訓解
426	禩	說文解字句讀	591	正段氏之誤改注文
427	申	說文解字句讀	595	正段氏之誤改篆文
428	奥	說文解字句讀	596	正段氏之誤改注文
429	上	說文繫傳校錄	458	正段氏之誤改篆文

續表

序號	字頭	書目	頁碼	類型
430	帝 (帝古文)	說文繫傳校錄	458	正段氏之誤作訓解
431	珝	說文繫傳校錄	459	正段氏之誤改篆文
432	瑳	說文繫傳校錄	460	正段氏之誤刪篆文
433	中	說文繫傳校錄	460	正段氏之誤改注文
434	蘭 (古文毒)	說文繫傳校錄	461	古段氏之誤改篆文
435	莠	說文繫傳校錄	461	正段氏之誤作訓解
436	鄁	說文繫傳校錄	461	正段氏之誤改注文
437	范	說文繫傳校錄	462	正段氏之誤改篆文
438	蘇	說文繫傳校錄	462	正段氏之誤改注文
439	噲	說文繫傳校錄	464	正段氏之誤改篆文
440	艸	說文繫傳校錄	481	正段氏之誤改篆文
441	齜	說文繫傳校錄	468	正段氏之誤改篆文
442	隼 (雖或體)	說文繫傳校錄	478	正段氏之誤改注文
443	主	說文繫傳校錄	486	正段氏之誤改注文
444	來	說文繫傳校錄	487	正段氏之誤改注文
445	篁 (築古文)	說文繫傳校錄	490	正段氏之誤改篆文
446	吅	說文繫傳校錄	494	正段氏之誤作訓解
447	盘	說文繫傳校錄	497	正段氏之誤作訓解
448	网	說文繫傳校錄	505	正段氏之誤改篆文
449	袗	說文繫傳校錄	511	正段氏之誤作訓解
450	褚	說文繫傳校錄	511	正段氏之誤改注文
451	臺 (屋古文)	說文繫傳校錄	512	正段氏之誤改篆文
452	頂	說文繫傳校錄	516	正段氏之誤改篆文
453	嵼	說文繫傳校錄	518	正段氏之誤改篆文

續表

序號	字頭	書目	頁碼	類型
454	碬	說文繫傳校錄	518	正段氏之誤改注文
455	囟	說文繫傳校錄	524	正段氏之誤改篆文
456	慈	說文繫傳校錄	524	正段氏之誤改篆文
457	愁	說文繫傳校錄	524	正段氏之誤改注文
458	霝	說文繫傳校錄	531	正段氏之誤改注文
459	霅	說文繫傳校錄	531	正段氏之誤改注文
460	嬬	說文繫傳校錄	538	正段氏之誤改注文
461	也 它 （也重文）	說文繫傳校錄	539	正段氏之誤改注文 正段氏之誤作訓解
462	戈	說文繫傳校錄	540	正段氏之誤作訓解
463	窗 （窻或體）	說文韻譜校	314	正段氏之誤刪篆文
464	臑	說文韻譜校	316	正段氏之誤改注文
465	鞻	說文韻譜校	316	正段氏之誤改篆文
466	袀	說文韻譜校	318	正段氏之誤改篆文
467	兆	說文韻譜校	332	正段氏之誤改篆文
468	鴫	說文韻譜校	339	正段氏之誤改注文
469	迏	說文韻譜校	345	正段氏之誤改篆文
470	駉	說文韻譜校	354	正段氏之誤改注文
471	丄	文字蒙求	32	正段氏之誤改篆文
472	丁	文字蒙求	32	正段氏之誤改篆文

參 考 文 獻

（一）著作

1. 白於藍編著：《簡帛古書通假字大系》，福建人民出版社 2017 年版。

2. 班固：《漢書》，中華書局 1962 年版。

3. 程俊英：《詩經譯注》，上海古籍出版社 2012 年版。

4. 承培元：《說文引經證例》，載續修四庫全書編委會編《續修四庫全書》，上海古籍出版社 2003 年版。

5. 程燕主編：《望山楚簡文字編》，中華書局 2007 年版。

6. 陳彭年等：《宋本廣韻》，江蘇教育出版社 2002 年版。

7. 陳清仙：《王紹蘭〈說文段注訂補〉研究》，臺灣花木蘭文化出版社 2007 年版。

8. 陳紹慈：《徐灝〈說文解字注箋〉研究》，臺灣花木蘭文化出版社 2006 年版。

9. 陳壽：《三國志》，中華書局 1962 年版。

10. 戴侗：《六書故》，上海社科院出版社 2006 年版。

11. 丁度等：《宋刻集韻》，中華書局 2005 年版。

12. 丁福保主編：《說文解字詁林》，中華書局 1988 年版。

13. 董蓮池：《段玉裁評傳》，南京大學出版社 2006 年版。

14. 董蓮池主編：《古文字考釋提要總覽》（第三冊），上海人民出版社、上海書店出版社 2019 年版。

15. 董蓮池主編：《說文解字研究文獻集成》（古代卷），作家出版社 2007 年版。

16. 董蓮池主編：《說文解字研究文獻集成》（現當代卷），作家出版社 2006 年版。

17. 杜恒聯：《段玉裁古音學諧聲原理研究》，中國社會科學出版社 2019 年版。

18. 段玉裁：《汲古閣說文訂》，載續修四庫全書編委會編《續修四庫全書》，上海古籍出版社 2003 年版。

19. 段玉裁全書編纂委員會主編：《段玉裁全書》，江蘇人民出版社 2015 年版。

20. 段玉裁：《說文解字注》，上海古籍出版社 1988 年版。

21. 段玉裁撰，許惟賢整理：《說文解字注》，鳳凰出版社 2015 年版。

22. 段玉裁撰，趙航等校點：《經韻樓集》，鳳凰出版社 2010 年版。

23. 房玄齡：《晉書》，中華書局 1974 年版。

24. 范曄：《後漢書》，中華書局 1965 年版。

25. 馮桂芬：《說文解字段注考正》，載續修四庫全書編委會編《續修四庫全書》，上海古籍出版社 2003 年版。

26. 高明等編著：《古文字類編》（增訂本），上海古籍出版社 2008 年版。

27. 郭沫若主編：《甲骨文合集》，中華書局 1980 年版。

28. 郭慶藩：《莊子集釋》，中華書局 1961 年版。

29. 郭錫良編著：《漢字古音手冊》（增訂本），商務印書館 2010 年版。

30. 郭在貽：《訓詁叢稿》，上海古籍出版社 1985 年版。

31. 古文字詁林編纂委員會編纂：《古文字詁林》，上海教育出版社 2006 年版。

32. 桂馥：《說文解字義證》，中華書局 1987 年版。

33. 桂馥：《札樸》，中華書局 1992 年版。

34. 顧野王：《大廣益會玉篇》，中華書局 1987 年版。

35. 顧野王：《原本玉篇殘卷》，中華書局 2004 年版。

36. 漢語大詞典編纂處編：《康熙字典》（標點整理本），上海古籍出版社 2007 年。

37. 漢語大詞典編纂委員會漢語大詞典編纂處編纂：《漢語大詞典》（縮印本），漢語大詞典出版社 1997 年版。

38. 漢語大字典編纂委員會編纂：《漢語大字典》（第二版九卷本），四川辭書出版社、崇文書局 2010 年版。

39. 郝懿行：《爾雅義疏》，中華書局 2017 版。

40. 郝懿行：《山海經箋疏》，上海古籍出版社 2019 年版。

41. 何九盈：《語言叢稿》，商務印書館 2006 年版。

42. 何儀琳：《戰國古文字典》，中華書局 1998 年版。

43. 洪誠：《洪誠文集》，江蘇古籍出版社 2000 年版。

44. 黃德寬主編：《古文字譜系疏證》，商務印書館 2007 年版。

45. 黃公紹等整理：《古今韻會舉要》，中華書局 2000 年版。

46. 黃暉：《論衡校釋》，中華書局 1990 年版。

47. 黃侃：《黃侃論學雜著》，中華書局 1964 年版。

48. 黃侃：《說文箋識》，中華書局 2006 年版。

49. 黃侃：《文字聲韻訓詁筆記》，上海古籍出版社 1983 年版。

50. 黃生撰，黃承吉合按：《字詁義府合按》，中華書局 1984 年版。

51. 胡樸安：《古書校讀法》，江蘇古籍出版社 1985 年版。

52. 胡樸安：《中國文字學史》，中國書店 1983 年版。

53. 賈海生：《說文解字音證》，浙江大學出版社 2014 年版。

54. 賈思勰：《齊民要術》，吉林出版集團有限責任公司 2005 年版。

55. 蔣冀騁：《說文段注改篆評議》，湖南教育出版社 1993 年版。

56. 焦延壽：《焦氏易林》，光明日報出版社 2005 年版。

57. 季旭昇：《說文新證》，福建人民出版社 2010 年版。

58. 柯明傑：《〈說文解字〉釋義析論》，臺灣花木蘭文化出版社 2008 年版。

59. 梁啟超：《中國近三百年學術史》，河北人民出版社 2004 年版。

60. 李白著，王琦注：《李太白全集》，中華書局 1977 年版。

61. 李傳書：《說文解字注研究》，湖南人民出版社 1997 年版。

62. 李富孫：《詩經異文釋》，載續修四庫全書編委會編《續修四庫全書》，上海古籍出版社 2003 年版。

63. 林義光：《文源》，載董蓮池主編《說文解字研究文獻集成》（古代卷），作家出版社 2007 年版。

64. 李圃等主編：《古文字釋要》，上海教育出版社 2010 年版。

65. 李守奎等編著：《上海博物館藏戰國楚竹書（一——五）文字編》，作家出版社 2007 年版。

66. 李延壽：《南史》，中華書局 1997 年版。

67. 劉盼遂輯：《段王學五種》，藝文印書館 1970 年版。

68. 劉淇：《助字辨略》，中華書局 1954 年版。

69. 劉師培：《劉申叔遺書》，江蘇古籍出版社 1997 年版。

70. 劉文典：《淮南鴻烈集解》，中華書局 1989 年版。

71. 劉熙：《釋名》，中華書局 2016 年版。

72. 劉向：《古列女傳》，哈爾濱出版社 2009 年版。

73. 劉向：《說苑校證》，中華書局 1987 年版。

74. 劉釗：《古文字構形學》，福建人民出版社 2006 年版。

75. 劉志基等主編：《古文字考釋提要總覽》（第二冊），上海人民出版社 2010 年版。

76. 李時珍：《本草綱目》，時代文藝出版社 2005 年版。

77. 李學勤主編：《四庫全書大辭典》，吉林大學出版社 1996 年版。

78. 李學勤主編：《字源》，天津古籍出版社 2012 年版。

79. 李運富主編：《清代〈說文解字〉研究稿抄本叢刊》，社會科學文獻出版社 2020 年版。

80. 李宗焜編著：《唐寫本說文解字輯存》，中西書局 2015 年版。

81. 陸德明：《經典釋文》，上海古籍出版社 2013 年版。

82. 陸佃：《埤雅》，吉林出版集團有限責任公司 2005 年版。

83. 羅常培等：《漢魏晉南北朝韻部演變研究》，中華書局 2007 年版。

84. 陸宗達：《說文解字通論》，北京出版社 1981 年版。

85. 呂景先：《說文段注指例》，河南人民出版社 1988 年版。

86. 馬建忠：《馬氏文通》，商務印書館 2008 年版。

87. 馬景侖：《段注訓詁研究》，江蘇教育出版社 1997 年版。

88. 毛亨：《宋本毛詩故訓傳》，中華書局 2017 年版。

89. 馬瑞辰：《毛詩傳箋通釋》，中華書局 1989 年版。

90. 紐樹玉：《說文段注訂》，載續修四庫全書編委會編《續修四庫全書》，上海古籍出版社 2003 年版。

91. 鈕樹玉：《說文解字校錄》，載續修四庫全書編委會編《續修四庫全書》，上海古籍出版社 2003 年版。

92. 潘玉坤主編：《古文字考釋提要總覽》（第一冊），上海人民出版社 2008 年版。

93. 錢大昕：《十駕齋養新錄》，商務印書館 1935 年版。

94. 錢繹：《方言箋疏》，上海古籍出版社 2017 年版。

95. 裘錫圭：《文字學概要》，商務印書館 2013 年版。

96. 容庚編著：《金文編》，中華書局 1985 年版。

97. 阮元校刻：《十三經注疏》，中華書局 2009 年版。

98. 阮元：《揅經室集》，中華書局 1985 年版。

99. 單殿元：《王念孫王引之著作析論》，社會科學文獻出版社 2009 年版。

100. 商承祚編著：《石刻篆文編》，中華書局 1996 年版。

101. 邵晉涵：《爾雅正義》，中華書局 2017 年版。

102. 沈兼士：《沈兼士學術論文集》，中華書局 1986 年版。

103. 沈兼士主編：《廣韻聲系》，中華書局 1985 年版。

104. 沈濤：《說文古本考》，上海古籍出版社 2003 年版。

105. 沈知言：《通玄祕術》，商務印書館 1926 年版。

106. 釋空海：《篆隸萬象名義》，中華書局 1995 年版。

107. 釋行均：《龍龕手鏡》，中華書局 1985 年版。

108. 舒懷等輯校：《高郵二王合集》，上海古籍出版社 2019 年版。

109. 舒懷主編：《〈說文解字注〉研究文獻集成》，湖北教育出版社 2018 年版。

110. 司馬光：《太玄集注》，中華書局 1998 年版。

111. 司馬遷：《史記》，中華書局 1982 年版。

112. 孫欽善：《清代考據學》，中華書局 2018 年版。

113. 孫詒讓：《墨子閒詁》，中華書局 1997 年版。

114. 孫詒讓：《十三經注疏校記》，齊魯書社 1983 年版。

115. 孫詒讓：《周禮正義》，中華書局 1987 年版。

116. 湯可敬：《說文解字今釋》（增訂本），上海古籍出版社 2018 年版。

117. 湯餘惠主編：《戰國文字編》（修訂本），福建人民出版社 2015 年版。

118. 唐作藩編著：《上古音手冊》（增訂本），中華書局 2013 年版。

119. 王國維：《觀堂集林》，中華書局 1959 年版。

120. 王輝編著：《古文字通假字典》，中華書局 2008 年版。

121. 王輝主編：《秦文字編》，中華書局 2015 年版。

122. 王利器：《風俗通義校注》，中華書局 1981 年版。

123. 王利器：《鹽鐵論校注》，中華書局 1992 年版。

124. 王力：《中國語言學史》，山西人民出版社 1981 年版。

125. 王力主編：《王力古漢語字典》，中華書局 2000 版。

126. 王念孫等撰，羅振玉輯印：《高郵王氏遺書》，江蘇古籍出版社 2000 年版。

127. 王念孫：《讀書雜志》，江蘇古籍出版社 2000 年版。

128. 王念孫：《廣雅疏證》，江蘇古籍出版社 2000 年版。

129. 王念孫：《說文解字校勘記》，載續修四庫全書編委會編《續修四庫全書》，上海古籍出版社 2003 年版。

130. 王念孫：《說文段注簽記》，載董蓮池主編《說文解字研究文獻集成》（古代卷），作家出版社 2007 年版。

131. 王念孫：《王氏讀說文記》，載董蓮池主編《說文解字研究文獻集成》（古代卷），作家出版社 2007 年版。

132. 王念孫撰，徐煒君等點校：《讀書雜志》，上海古籍出版社 2014 年版。

133. 王念孫撰，張靖偉等點校：《廣雅疏證》，上海古籍出版社 2016 年版。

134. 王平：《〈說文〉重文研究》，華東師范大學出版社 2008 年版。

135. 王聘珍：《大戴禮記解詁》，中華書局 1983 年版。

136. 王紹蘭：《說文段注訂補》，載續修四庫全書編委會編《續修四庫全書》，上海古籍出版社 2003 年版。

137. 王先謙：《釋名疏證補》，中華書局 2008 年版。

138. 王先謙：《詩三家義集疏》，中華書局 1987 年版。

139. 王引之：《經義述聞》，江蘇古籍出版社 2000 年版。

140. 王引之：《經傳釋詞》，江蘇古籍出版社 2000 年版。

141. 王引之撰，李花蕾點校：《經傳釋詞》，上海古籍出版社 2014 年版。

142. 王引之撰，虞思徵等點校：《經義述聞》，上海古籍出版社 2016 年版。

143. 王雲路：《詞彙訓詁論稿》，北京語言大學出版社 2002 年版。

144. 王逸：《楚辭章句》，上海古籍出版社 2017 年版。

145. 王筠：《說文解字句讀》，中華書局 1988 年版。

146. 王筠：《說文釋例》，中華書局 1987 年版。

147. 王筠：《說文繫傳校錄》，載續修四庫全書編委會編《續修四庫全書》，上海古籍出版社 2003 年版。

148. 王筠：《說文韻譜校》，載董蓮池主編《說文解字研究文獻集成》（古代卷），作家出版社 2007 年版。

149. 王筠：《文字蒙求》，中華書局 2012 年版。

150. 王禎：《東魯王氏農書》，上海古籍出版社 2008 年版。

151. 王重民等編：《敦煌變文集》，人民文學出版社 1957 年版。

152. 萬獻初：《〈說文〉學導論》，武漢大學出版社 2014 年版。

153. 衛喻章：《段注說文解字斠誤》，成都古籍書店 1981 年版。

154. 無名氏：《爾雅》，中華書局 2016 年版。

155. 無名氏：《黃帝内經素問》，人民衛生出版社 2012 年版。

156. 吳其濬：《植物名實圖考》，中華書局 2018 年版。

157. 吳其濬：《植物名實圖考長編》，中華書局 2018 年版。

158. 蕭統編，李善注：《文選》，中華書局 1977 年版。

159. 許寶華等主編：《漢語方言大詞典》，中華書局 1999 年版。

160. 徐承慶：《說文解字注匡謬》，載續修四庫全書編委會編《續修四庫全書》，上海古籍出版社 2003 年版。

161. 薛正興：《王念孫王引之評傳》，南京大學出版社 2008 年版。

162. 徐灝：《說文解字注箋》，載續修四庫全書編委會編《續修四庫全書》，上海古籍出版社 2003 年版。

163. 許嘉璐：《未綴集》，中國社會科學出版社 2000 年版。

164. 徐鍇：《說文解字繫傳》，中華書局 1987 年版。

165. 徐前師：《唐寫本玉篇校段注本說文》，上海古籍出版社 2008 年版。

166. 許慎：《說文解字》，吉林出版集團有限責任公司 2005 年版。

167. 許慎：《說文解字》，中華書局 1963 年版。

168. 許慎：《說文解字》，中國書店 1989 年版。

169. 許慎：《宋本說文解字》，中華書局 2017 年版。

170. 徐時儀校注：《一切經音義三種校本合刊》（修訂本），上海古籍出版社 2012 年版。

171. 許維遹：《呂氏春秋集釋》，中華書局 2009 年版。

172. 許維遹：《韓詩外傳集釋》，中華書局 1980 年版。

173. 許雄志主編：《秦印文字匯編》，河南美術出版社 2001 年版。

174. 續修四庫全書總目提要編纂委員會編：《續修四庫全書總目提要·經部》，上海古籍出版社 2015 年版。

175. 徐元浩：《國語集釋》，中華書局 2002 年版。

176. 徐振邦主編：《聯綿詞大詞典》，商務印書館 2013 年版。

177. 徐中舒主編：《漢語古文字字形表》，中華書局 2010 年版。

178. 徐中舒主編：《甲骨文字典》，四川辭書出版社 2014 年版。

179. 楊伯峻：《春秋左傳注》，中華書局 1900 年版。

180. 楊伯峻：《列子集釋》，中華書局 1979 年版。

181. 楊劍橋：《漢語音韻學講義》，復旦大學出版社 2005 年版。

182. 楊上善：《黃帝內經太素》，中醫古籍出版社 2016 年版。

183. 楊樹達：《中國文字概要　文字形義學》，上海古籍出版社 2006 年版。

184. 揚雄：《方言》，中華書局 2016 年版。

185. 楊筠如：《尚書覈詁》，陝西人民出版社 2005 年版。

186. 嚴可均編：《全上古三代秦漢三國六朝文》，中華書局 2009 年版。

187. 嚴可均等：《說文校議》，載續修四庫全書編委會編《續修四庫全書》，上海古籍出版社 2003 年版。

188. 嚴可均：《說文訂訂》，載續修四庫全書編委會編《續修四庫全書》，上海古籍出版社 2003 年版。

189. 姚孝遂：《許慎與〈說文解字〉》（精校本），作家出版社 2008 年版。

190. 殷寄明：《漢語同源詞大典》，復旦大學出版社 2018 年版。

191. 余行達：《說文段注研究》，巴蜀書社 1998 年版。

192. 于省吾：《甲骨文字釋林》，中華書局 1979 年版。

193. 于省吾主編：《甲骨文字詁林》，中華書局 1996 年版。

194. 臧克和：《說文解字的文化說解》，湖北人民出版社 1994 年版。

195. 張標：《20 世紀〈說文〉學流別考論》，中華書局 2003 年版。

196. 張道俊：《〈說文解字注〉古韻訂補》，中國社會科學出版社 2014 年版。

197. 張杲：《醫說》，中國中醫藥出版社 2009 年版。

198. 張錦少：《王念孫古籍校本研究》，上海古籍出版社 2014 年版。

199. 張其昀：《"說文學"源流考略》，貴州人民出版社 1998 年版。

200. 張世超：《金文形義通釋》，京都中文出版社 1996 年版。

201. 張守中編：《包山楚簡文字編》，文物出版社 1996 年版。

202. 張守中編：《郭店楚簡文字編》，文物出版社 2000 年版。

203. 張守中編：《睡虎地秦墓竹簡文字編》，文物出版社 1994 年版。

204. 張舜徽：《說文解字約注》，華中師範大學出版社 2009 年版。

205. 張新俊等編：《新蔡葛陵楚簡文字編》，巴蜀書社 2008 年版。

206. 張亞初：《商周古文字源流疏證》，中華書局 2014 年版。

207. 張湧泉：《著名中年語言學家自選集·張湧泉卷》，上海教育出版社 2011 年版。

208. 張再興主編：《古文字考釋提要總覽》（第三冊），上海人民出版社 2011 年版。

209. 張自烈：《正字通》，中國工人出版社 1996 年版。

210. 趙誠：《古代文字音韻論文集》，中華書局 1991 年版。

211. 趙爾巽等：《清史稿》，中華書局 1977 年版。

212. 趙平安：《〈說文〉小篆研究》，廣西教育出版社 1999 年版。

213. 鄭玄等注：《十三經古注》，中華書局 2014 年版。

214. 中國社科院考古研究所編：《甲骨文編》，中華書局 1965 年版。

215. 周法高主編：《金文詁林》，香港中文大學出版社 1975 年版。

216. 周密：《齊東野語》，中華書局 1983 年版。

217. 周生春：《吳越春秋輯校匯考》，上海古籍出版社 1987 年版。

218. 周祖謨編：《唐五代韻書集存》，中華書局 1983 年版。

219. 周祖謨：《爾雅校箋》，雲南人民出版社 2001 年版。

220. 周祖謨：《問學集》，中華書局 1966 年版。

221. 周祖謨：《周祖謨學術論文自選集》，北京師範大學出版社 1993 年版。

222. 朱駿聲：《說文通訓定聲》，中華書局 1984 年版。

223. 朱駿聲：《說文段注拈誤》，載董蓮池主編《說文解字研究文獻集成》（古代卷），作家出版社 2007 年版。

224. 朱士端：《說文校定本》，載續修四庫全書編委會編《續修四庫全書》，上海古籍出版社 2003 年版。

225. 朱熹：《詩集注》，上海古籍出版社 1980 年版。

226. 宗福邦等主編：《故訓匯纂》（兩卷本），商務印書館 2007 年版。

（二）論文

1. 白兆麟：《再論〈說文通訓定聲〉》，《杭州師範學院學報》（社會科學版）2003 年第 6 期。

2. 陳勝長：《說文段注牴牾考》，碩士學位論文，香港中文大學研究院中國語言文學會，1970 年。

3. 傅東華：《略論〈說文解字〉段注的局限性》，《中國語文》1961 年第 10、11 期。

4. 郭在貽：《〈說文段注〉與漢語詞彙研究》，《社會科學戰線》1978 年第 3 期。

5. 蔣冀聘：《說文段注改段簡論》，《古漢語研究》1992 年第 2 期。

6. 劉世昌：《段注說文武斷說舉例》，《師大月刊》1935 年第 22、26 期。

7. 劉家忠：《王筠研治〈說文〉的特色與成就》，《蘭臺世界》2008 年第 10 期。

8. 劉躍進：《朱駿聲著目述略》，《清華大學學報》（哲學社會科學版）1987 年第 1 期。

9. 李文：《論段玉裁的"古異平同入說"》，《古漢語研究》1997 年第 2 期。

10. 魯一帆：《王筠訂段舉例》，《芒種》2013 年第 6 期。

11. 毛遠明：《〈說文段注〉校釋群書述評》，《文獻季刊》1999 年第 1 期。

12. 沈寶春：《王筠之金文學研究》，博士學位論文，臺灣大學文學院，1990 年。

13. 舒懷：《高郵王氏父子〈說文〉研究緒論》，《古漢語研究》1997 年第 4 期。

14. 宋鐵全：《〈漢語大字典〉引〈說文解字注〉書證識誤》，《中南大學學報》（社會科學版）2010 年第 3 期。

15. 宋鐵全：《〈說文〉"二義並訓"類例析論》，《吉林師範大學學報》（人文社會科學版）2011 年第 1 期。

16. 宋鐵全：《〈說文解字注〉"合韻說"研究》，《江南大學學報》（人文社科版）2013 年第 3 期。

17. 宋鐵全：《〈說文〉三字釋語研究》，碩士學位論文，蘇州大學文學院，2007 年。

18. 王棟：《王筠諟正段氏〈說文注〉研究》，碩士學位論文，湖南師範大學文學院，2019 年。

19. 王其和：《朱駿聲〈說文通訓定聲〉引蘇俗考》，《漢語史研究集刊》2017 年第 2 期。

20. 汪耀楠：《朱駿聲〈說文通訓定聲〉的假借理論和實踐》，《湖北大學學報》（哲學社會科學版）1985 年第 4 期。

21. 徐復：《〈說文〉引經段說述例》，《制言半月刊》1937 年第 37、38 期。

22. 徐復：《說文疑義舉例》，《金聲》1931 年第 1 期。

23. 楊清澄：《辭書中〈說文〉"詞"訓誤讀誤解舉例》，《辭書研究》1999 年第 3 期。

24. 殷孟倫：《段玉裁和他的〈說文解字注〉》,《中國語文》1961 年 8 月號。

25. 章太炎撰,駱鴻凱錄：《餘杭章公評校段氏說文解字注》,《制言半月刊》1936 年第 27 期。

26. 張滌華：《說文段注與辭書編寫》,《辭書研究》1984 年第 5 期。

27. 張生漢等：《說文解字注勘誤》(正、續),《華中師院研究生學報》1984 年第 3 期、1985 年第 1 期。

28. 張希峰：《〈毛詩〉故訓辨正》(五篇),《中國文化研究》2005 年冬之卷。

29. 趙少咸：《斠段》,《學林》1938 年第 1、2 期。

30. 鍾歆：《〈說文〉重文讀若轉音考》,《制言半月刊》1936 年第 29 期。

後　記

　　此書在本人博士論文基礎上修改完善而成。

　　筆者有志於段氏《說文注》研究，始於 2004 年。當年考入蘇州大學文學院，從業師徐山教授撰寫碩士論文，初窺學術堂奧。徐師學養深厚，視野廣博，爲人寬厚，獲其教誨，受益良多。2008 年，考入北京語言大學人文學院攻博士學位，受業張希峰教授門下，治古文字與詞彙史。張師學識淵博，治學謹嚴，待人謙和，幸得指導，最爲感激。

　　2011 年，筆者入職福州大學人文社會科學學院，得領導與同事諸多扶持。拙著出版亦獲學院學科建設經費資助，特此說明。人民出版社編輯細心編校，在此一併致謝。

　　深知學淺識陋，書中紕謬在所不免，敬祈方家不吝賜教。

　　最後，將此書獻給内子胡婕女士，一路前行，感謝有你。

責任編輯:宮　共
封面設計:源　源

圖書在版編目(CIP)數據

清人三家諟正段氏《說文注》考論/宋鐵全 著. —北京:人民出版社,2020.9
ISBN 978-7-01-022373-5

Ⅰ. ①清…　Ⅱ. ①宋…　Ⅲ. ①《說文》-研究　Ⅳ.①H161

中國版本圖書館 CIP 數據核字(2020)第 147956 號

清人三家諟正段氏《說文注》考論
QINGREN SANJIA SHIZHENG DUANSHI SHUOWENZHU KAOLUN

宋鐵全　著

人民出版社 出版發行
(100706　北京市東城區隆福寺街 99 號)

北京佳未印刷科技有限公司印刷　新華書店經銷

2020 年 9 月第 1 版　2020 年 9 月北京第 1 次印刷
開本:710 毫米×1000 毫米 1/16　印張:25　字數:369 千字

ISBN 978-7-01-022373-5　定價:67. 00 圓

郵購地址 100706　北京市東城區隆福寺街 99 號
人民東方圖書銷售中心　電話 (010)65250042　65289539